DUMONT

Denn sie kontrollieren, was du denkst – und wählst!

Cambridge Analytica hat die Daten von mehr als 87 Millionen Einzelpersonen gesammelt und analysiert, um diese dann im US-Wahlkampf gezielt beeinflussen zu können. Aber auch bei anderen scheinbar demokratischen Entscheidungen, etwa der Brexit-Abstimmung oder den Wahlen in Nigeria, wurde diese Form der Manipulation genutzt.

Der Kanadier und politisch liberale Christopher Wylie hat als Profiler daran gearbeitet »zornige junge Männer« zu manipulieren und zu mobilisieren. Erst 24-jährig hatte er einen Job bei einer Londoner Firma angeboten bekommen, die mit dem britischen Verteidigungsministerium zusammenarbeitete. Angeblich damit beauftragt neue Strategien zur Identifizierung und Bekämpfung von radikalem Extremismus zu entwickeln, nutzten sie jedoch in kurzer Zeit dieselben digitalen Werkzeuge für manipulative Zwecke, und Cambridge Analytica war geboren.

Wylies Buch deckt auf wie durch digitale Propaganda von Firmen wie Cambridge Analytica vermeintlich freie Wahlen bereits online für denjenigen entschieden werden, der mit genügend finanziellen Mitteln die Ängste und Hoffnungen der Wähler schürt.

»Ein verstörender Blick in den Abgrund.«
Erik Raidt, STUTTGARTER ZEITUNG

Christopher Wylie, 1989 in British Columbia, Kanada, geboren, wurde zum »ersten Whistleblower der Millennials«. Seine Enthüllungen, die den ungezügelten Missbrauch von Daten aufdecken, erschütterten die Welt und führten zur größten multinationalen Untersuchung zu Datenkriminalität aller Zeiten. Er studierte Rechtswissenschaften an der London School of Economics, bevor er sich in die Bereiche Cultural Data Science und Fashion Trend Forecasting begab. Er lebt in London.

CHRISTOPHER WYLIE
FERNGESTEUERT
Wie die Demokratie durch Social Media untergraben wird

Aus dem Englischen von
Gabriele Gockel, Bernhard Jendricke,
Claus Varrelmann und Thomas Wollermann

*Für meine Eltern Kevin und Joan,
die mir beigebracht haben,
mutig zu sein, mich zu behaupten
und das Richtige zu tun.*

On résiste à l'invasion des armées;
on ne résiste pas à l'invasion des idées.

Man kann der Invasion von Armeen widerstehen,
nicht aber der Invasion von Ideen.

Victor Hugo

Inhalt

Die Entstehungsgeschichte

Bei jedem Schritt drücken mich die neuen Schuhe an den Fersen. Ich halte einen dunkelblauen Ordner voller Dokumente umklammert, die mit Hilfe farbiger Reiter sortiert sind. Da ich eingeschüchtert von dem Ort bin, an dem ich mich befinde, und Angst vor dem habe, was mir bevorsteht, konzentriere ich mich auf unsere Schritte. Ein Assistent fordert uns auf, schneller zu gehen, damit wir unerkannt bleiben. Wir passieren uniformierte Wachposten, durchqueren erst einen Innenhof, dann einen Flur. Der Assistent öffnet eine Tür, wir laufen ein paar Stufen hinunter und gelangen in einen weiteren Flur, der genauso aussieht wie der vorige – Marmorboden, hohe Decke, Holztüren und hier und da eine amerikanische Flagge. Wir sind zu siebt, unsere Schritte hallen von den Wänden wider. Es ist nicht mehr weit; dann werde ich erkannt. Ein Kongressabgeordneter sieht mich, winkt mir zu und ruft: »Schon wieder hier?« Eine Gruppe von Journalisten kommt aus einer Pressekonferenz. Ihnen fällt mein pinkfarbenes Haar auf, und sie wissen sofort, wer ich bin.

Zwei Kameramänner rennen ein paar Meter voraus und beginnen im Rückwärtsgehen zu filmen. Es bildet sich eine Menschentraube und Rufe ertönen – »Mr. Wylie, eine Frage von NBC!« »Eine Frage von CNN!« »Warum sind Sie hier?« –

und einer meiner Anwälte ermahnt mich, zu schweigen. Wir steuern einen Fahrstuhl an, und ehe wir ihn betreten, fordert der Assistent die Journalisten auf, zurückzubleiben. Während die Türen zugehen, schießen die Kameras weiter Fotos. Ich stehe eingezwängt an der Rückwand der Kabine, umgeben von Anzugträgern. Wir fahren tief nach unten. Niemand sagt ein Wort. Ich gehe im Geist die Gespräche durch, die ich zur Vorbereitung mit meinen Anwälten geführt habe – welche US-amerikanischen Gesetze von wem gebrochen wurden, welche Rechte ich als ausländischer Besucher in den USA habe und welche nicht, wie man es anstellt, ruhig auf Anschuldigungen zu reagieren, was passieren wird, wenn ich noch heute verhaftet werde. Ich weiß nicht, was mir bevorsteht. Niemand weiß es.

Der Fahrstuhl hält, und seine Türen öffnen sich. Vor uns ist eine weitere Tür mit einem großen roten Schild, auf dem in weißen Buchstaben »Eingeschränkter Zutritt« und »Kein Zugang für Besucher und Journalisten« steht. Wir befinden uns in der dritten unterirdischen Etage des Kapitols in Washington.

Hinter der Tür ist der Boden mit einem dicken kastanienbraunen Teppich ausgelegt. Uniformierte Wachposten nehmen uns unsere Mobiltelefone und anderen elektronischen Geräte ab und legen sie auf ein mit Nummern versehenes Regal hinter ihrem Tresen, wobei jedem einzelnen eine davon zugeteilt wird und wir eine Marke mit der jeweiligen Nummer erhalten. Uns wird mitgeteilt, dass wir jenseits dieser Kontrollstelle nur Stift und Papier verwenden dürfen. Und sie weisen darauf hin, dass unsere Notizen auf dem Rückweg beschlagnahmt werden können, sollte festgestellt werden, dass wir Informationen aufgeschrieben haben, die der Geheimhaltung unterliegen.

Zwei Wachposten öffnen eine schwere Stahltür. Einer gibt uns ein Zeichen, hindurchzugehen, und wir betreten im Gänsemarsch einen langen, von Neonlicht matt erleuchteten Flur. Die Wände sind mit dunklem Holz getäfelt und mit einer Vielzahl amerikanischer Flaggen auf Ständern gesäumt. Es riecht wie in einem alten Gebäude, muffig, mit einem Hauch von Putzmittel. Die Wachposten führen uns den Flur hinunter, dann biegen wir nach links ab und gelangen zur nächsten Tür. Über ihr blickt uns ein hölzernes Wappen entgegen, das ein riesiger Adler mit Pfeilen in den Krallen zeigt. Wir sind an unserem Ziel angekommen: Die Sensitive Compartmentalized Information Facility (SCIF) des Geheimdienstausschusses des Abgeordnetenhauses der USA – derselbe Raum, in dem vertrauliche Unterrichtungen des Kongresses durch die Regierung stattfinden.

Drinnen müssen sich meine Augen erst einmal an das grelle Neonlicht gewöhnen. Der Raum ist völlig unspektakulär, mit leeren beigefarbenen Wänden und einem Konferenztisch, umgeben von Stühlen. Es könnte jeder x-beliebige Raum in einem der vielen öden, über Washington verteilten Regierungsgebäude sein. Allerdings fällt mir die Stille auf. Der Raum ist schalldicht, seine Wände bestehen aus mehreren Schichten, die ihn abhörsicher machen. Angeblich ist er auch bombensicher. Ein geschützter Ort, erbaut für Amerikas Geheimnisse.

Nachdem wir Platz genommen haben, erscheinen die ersten Kongressabgeordneten. Assistenten stellen vor jedem Ausschussmitglied Aktenordner auf den Tisch – Adam Schiff, ranghöchstes Mitglied der Demokratischen Partei im Ausschuss, sitzt mir direkt gegenüber und zu seiner Linken die Abgeordnete Terri Sewell, während Eric Swalwell und Joaquin Castro am Ende des Tisches Platz genommen haben. Ich bin flankiert von meinen Anwälten und meinem Freund Shahmir Sanni, ebenfalls ein Whistleblower. Wir warten ein paar Minuten auf die Republikaner. Sie erscheinen nicht.

Es ist Juni 2018, und ich bin in Washington, um vor dem US-Kongress über Cambridge Analytica auszusagen, einen Militärdienstleister auf dem Gebiet der psychologischen Kriegführung, für den ich gearbeitet hatte, und über ein kompliziertes Netzwerk, bei dem Facebook, Russland, WikiLeaks, Trumps Präsidentschaftswahlkampf und das Brexit-Referendum eine Rolle spielten. Ich war Forschungsleiter der Firma gewesen und hatte Beweise dabei, wie Daten von Facebook mithilfe von Cambridge Analytica zu Waffen gemacht und durch die Programme, die man dort entwickelt hatte, Millionen von Amerikanern zu leicht angreifbaren Zielen für die Propaganda feindlich gesinnter Staaten wurden. Schiff leitet die Befragung. Als ehemaliger Bundesstaatsanwalt weiß er seine Fragen klar und präzise zu formulieren, und er kommt ohne Umschweife auf den Kern der Sache zu sprechen.

Haben sie mit Steve Bannon zusammengearbeitet?
Ja.
Hatte Cambridge Analytica Kontakt zu Personen,
die womöglich russische Agenten waren?
Ja.
Glauben Sie, dass diese Daten benutzt wurden, um
während des amerikanischen Präsidentschaftswahl-
kampfs die Wählerschaft zu beeinflussen?
Ja.

Eine Stunde verstreicht, dann zwei, dann drei. Ich bin freiwillig hierhergekommen, um zu erklären, wie ich, ein fortschrittlich gesinnter, schwuler, 24-jähriger Kanadier zu einem leitenden Angestellten eines britischen Militärdienstleisters geworden war und für die amerikanische Alt-Right-Bewegung Instrumente zur psychologischen Kriegführung entwickelt hatte. Kurz nach Abschluss meines Studiums hatte ich eine Stelle bei einer Londoner Firma namens SCL Group angetreten, die für das britische Verteidigungsministerium und die NATO-Streitkräfte als Berater auf dem Gebiet der Informationstechnologie fungierte. Da die westlichen Armeen mit dem Problem der Online-Radikalisierung nicht zurechtkamen, wollte die Firma, dass ich ihnen half, ein Team aus Informatikern aufzubauen, das neue Mittel zum Aufspüren und Bekämpfen von Extremismus im Netz kreieren sollte. Eine Aufgabe, die faszinierend, anspruchsvoll und aufregend zugleich war. Wir waren drauf und dran, mit grundlegenden Neuerungen auf dem Gebiet der Cyber-Abwehr für Großbritannien, die USA und ihre Alliierten aufzuwarten und aufkeimenden Aufruhr radikaler Extremisten mit Daten, Algorithmen und gezielt eingesetzten Narrativen im Netz zu bekämpfen. Aber aufgrund einer Abfolge von Ereignissen im Jahr 2014 übernahm ein Milliardär unser Projekt, um seine eigene radikale Revolte in Amerika anzuzetteln. Die Rede ist von Cambridge Analytica, eine damals weitgehend unbekannte Firma, die Forschungen auf dem Gebiet des psychologischen Profiling missbrauchte und am Ende weltweite Turbulenzen auslöste.

Wenn Waffen in die falschen Hände geraten, nennt man das beim Militär *Blowback*. Es schien so, als sei dieser *Blowback* im Innern des Weißen Hauses detoniert. Ich konnte nicht länger bei etwas mitwirken, das derart zersetzend auf die Gesellschaft von Staaten wirkte, also wurde ich zum Whistleblower, erstattete den Behörden Bericht über alles, was ich wusste, und arbeitete mit Journalisten zusammen, um die Öffentlichkeit zu warnen. Während ich vor den Ausschussmitgliedern sitze, den Jetlag vom transatlantischen Flug am Vortag noch in den Knochen, spüre ich die Zwickmühle, in der ich mich befinde, umso deutlicher, je bohrender die Fragen werden. Da meine Versuche, die Details der Firmentätigkeit zu erklären, mehrfach nur ratlose Mienen hervorrufen, hole ich schließlich einen Aktenordner hervor und schiebe ihn zu den Kongressabgeordneten hinüber. Was soll's, denke ich. Ich bin inzwischen an einen Punkt gelangt, an dem sie von mir aus alles kriegen sollen, was ich dabeihabe. Es geht ohne Pause weiter, und die Tür hinter mir bleibt die ganze Zeit verschlossen. Ich bin in einem fensterlosen, stickigen Raum unter der Erde eingesperrt und schaue mangels Alternative direkt in die Gesichter dieser Kongressabgeordneten, die sich offenbar gerade fragen, was zum Teufel kürzlich mit ihrem Land passiert ist.

Drei Monate zuvor, am 17. März 2018, hatten der *Guardian*, die *New York Times* und *Channel 4 News* gleichzeitig die Ergebnisse einer gemeinsamen, ein Jahr dauernden Recherche veröffentlicht, die von meiner Entscheidung ausgelöst worden war, die Wahrheit über die Vorgänge bei Cambridge Analytica und Facebook zu enthüllen. Mein Coming-out als Whistleblower zog die größte Untersuchung über Datenkriminalität aller Zeiten nach sich. In Großbritannien beteiligten sich daran sowohl das nationale Kriminalamt NCA (National Crime Agency) als auch der Inlandsgeheimdienst MI5, das Büro des Datenschutzbeauftragten ICO (Information Commissioner's Office), die Wahlbehörde und die Londoner Polizei. In den Vereinigten Staaten wurden das FBI, das Justizministerium, die Börsenaufsichtsbehörde SEC (Securities and Exchange

Commission) und die Wettbewerbs- und Verbraucherschutz-behörde FTC (Federal Trade Commission) aktiv.

In den Wochen vor jener ersten Veröffentlichung hatte die Untersuchung des Sonderbeauftragten Robert Mueller Fahrt aufgenommen. Im Februar klagte Mueller dreizehn russische Staatsbürger und drei russische Unternehmen der Verschwörung in zwei Fällen an. Eine Woche später folgte die Anklage von Trumps ehemaligem Wahlkampfleiter Paul Manafort und seinem Stellvertreter Rick Gates. Am 16. März entließ Justizminister Jeff Sessions den stellvertretenden FBI-Direktor Andrew McCabe nur etwas mehr als 24 Stunden, ehe er mit einem Pensionsanspruch in den Ruhestand hätte gehen können. Die Öffentlichkeit verlangte Informationen darüber, was sich zwischen Trumps Wahlkampfteam und Russland abgespielt hatte, aber niemand war in der Lage, ein schlüssiges Bild des Ganzen zu zeichnen. Ich lieferte die nötigen Beweise, indem ich die Verbindungen von Cambridge Analytica zu Donald Trump, Facebook, den russischen Geheimdiensten, international tätigen Hackern und dem Brexit-Referendum belegte. Die Beweise enthüllten, auf welche Weise eine obskure ausländische Dienstleistungsfirma sowohl illegale Handlungen verübt als auch in die erfolgreichen Wahlkämpfe Donald Trumps und des Pro-Brexit-Lagers verwickelt gewesen war. Den von mir präsentierten E-Mail-Verläufen, internen Memos, Rechnungen, Überweisungsbelegen und Projektberichten konnte man entnehmen, dass Trump und die Brexit-Befürworter dieselben Strategien angewandt hatten, die von denselben Technologien ermöglicht wurden, oft auf Anweisung derselben Leute – und all das verbunden mit dem Schreckgespenst verdeckter russischer Beteiligung.

Zwei Tage nach der Veröffentlichung der Story wurde im britischen Parlament eine dringliche Anfrage eingebracht. In einem seltenen Moment der Eintracht beklagten sich Minister und führende Abgeordnete der Opposition unisono über die Fahrlässigkeit von Facebook, mit der der Konzern zugelassen hatte, dass er zu einem feindlichen Propagandanetzwerk für den Einsatz bei Wahlkämpfen geworden war, mit entsprechenden Folgen für die westlichen Demokratien. Die nächste Welle an Artikeln beschäftigte sich mit dem Brexit-Referendum, und es wurde die Gültigkeit seines Ergebnisses infrage gestellt. Aus etlichen Dokumenten, die ich den Ermittlungsbehörden zur Verfügung gestellt hatte, ging hervor, dass das Pro-Brexit-Lager geheime Tochterfirmen von Cambridge Analytica benutzt hatte, um mithilfe von Geldern geheimer Gönner Desinformationen via Werbeanzeigen auf Facebook und Google zu verbreiten. Dies wurde von der britischen Wahlkommission als illegal eingestuft und gilt inzwischen als gravierendster und folgenreichster Verstoß gegen die Gesetze zur Wahlkampffinanzierung in der Geschichte des Vereinigten Königreichs. Das Büro des Premierministers, Downing Street 10, geriet in äußerste Erklärungsnot, als die Beweise über den Betrug der Brexit-Befürworter ans Licht kamen. Dem NCA und dem MI5 wurden später Beweise für die direkten Kontakte zwischen der russischen Botschaft und den wichtigsten Geldgebern der Brexit-Befürworter in der Zeit vor dem Referendum ausgehändigt. In der darauffolgenden Woche fiel Facebooks Aktienkurs um 18 Prozent, wodurch sein Börsenwert um 80 Milliarden Dollar einbrach. Die Turbulenzen hielten an und erreichten ihren Höhepunkt in dem größten Verlust, den ein einzelnes Unternehmen in Amerika je an einem einzigen Tag erlitten hat.

Für den 27. März 2018 wurde ich zu einer öffentlichen Anhörung im Parlament vorgeladen – dergleichen sollte für mich in den nächsten Monaten fast zur Routine werden. Die Themen der Befragung reichten von der Beauftragung von Hackern und der Zahlung von Schmiergeldern durch Cambridge Analytica über Facebooks Verstöße gegen den Datenschutz bis hin zu russischen Geheimdienstoperationen. Nach der Anhörung setzten FBI, DOJ, SEC und FTC eigene Ermittlungen in Gang. Der Geheimdienstausschuss des US-amerikanischen Abgeordnetenhauses, der Justizausschuss des Abgeordnetenhauses, der Geheimdienstausschuss des Senats und der Justizausschuss des Senats – alle wollten sie mit mir sprechen. Binnen weniger Wochen leiteten die EU und über zwanzig Länder Ermittlungen in Sachen Facebook, soziale Medien und Desinformation ein.

Ich erzählte der ganzen Welt meine Geschichte und war auf den Bildschirmen allgegenwärtig. Zwei Wochen lang war mein Leben das reinste Chaos. Die Tage fingen damit an, dass ich um sechs Uhr früh Londoner Zeit im britischen Frühstücksfernsehen oder bei Sendern vom europäischen Kontinent auftrat, gefolgt von Interviews mit US-amerikanischen Sendern bis Mitternacht. Reporter folgten mir auf Schritt und Tritt. Immer mehr Drohungen gingen bei mir ein. Sicherheitshalber engagierte ich Bodyguards für meine öffentlichen Auftritte. Meine Eltern, beides Ärzte, mussten vorübergehend ihre Praxen schließen, da dort ständig Journalisten auftauchten, die sie mit Fragen bombardierten und die Patienten verängstigten. In den folgenden Monaten wurde mein Leben schier unerträglich, aber ich wusste, dass ich nicht aufhören durfte, die Alarmglocke zu läuten.

Die Geschichte von Cambridge Analytica zeigt, wie unsere Identität und unser Verhalten zu Waren auf dem hart umkämpften Markt des Datenhandels geworden sind. Die Firmen, die den Informationsfluss kontrollieren, zählen zu den mächtigsten der Welt; die Algorithmen, die sie insgeheim entwickelt haben, beeinflussen die Nutzer in einem zuvor unvorstellbaren Maße. Egal welches Thema einem Menschen am wichtigsten ist – Waffengewalt, Einwanderung, Meinungs- oder Religionsfreiheit – Silicon Valley, dem neuen Epizentrum unserer Wahrnehmungskrise, kann er nicht entrinnen. Meine Arbeit bei Cambridge Analytica offenbarte die Schattenseite der technologischen Innovationen. Wir schufen Innovationen. Die Alt-Right-Bewegung schuf Innovationen. Russland schuf Innovationen. Und Facebook, jene Webseite, auf der man Partyeinladungen und Babyfotos verbreitete, ließ zu, dass diese Innovationen auf die Menschheit losgelassen wurden.

Vermutlich hätte ich mich nicht für Technik interessiert und wäre demzufolge auch nicht bei Cambridge Analytica gelandet, wäre ich in einem anderen Körper geboren worden. Ich suchte Zuflucht beim Computer, weil es für ein Kind wie mich kaum andere Alternativen gab. Ich bin an der Westküste British Columbias aufgewachsen, auf Vancouver Island, umgeben von Wasser, Wäldern und Äckern. Meine beiden Eltern sind, wie schon erwähnt, Ärzte, und ich bin ihr ältestes Kind. Nach mir bekamen sie noch zwei Mädchen, meine Schwestern Jaimie und Lauren. Als ich elf war, fiel mir eines Tages auf, dass meine Beine immer steifer wurden. Ich konnte nicht so schnell rennen wie die anderen Kinder und entwickelte einen merkwürdigen Gang, was mich natürlich zur Zielscheibe für Hänseleien machte. Nach medizinischen Untersuchungen wurden bei mir zwei ziemlich seltene Krankheiten diagnostiziert, zu deren Symptomen heftige neuropathische Schmerzen, Muskelschwäche und eine Beeinträchtigung der Seh- und Hörfähigkeit zählen. Mit zwölf saß ich im Rollstuhl – gerade rechtzeitig zum Beginn der Pubertät – und war während meiner gesamten restlichen Schulzeit auf ihn angewiesen.

Wenn man im Rollstuhl sitzt, behandeln einen die Menschen anders. Manchmal kommt man sich eher wie ein Gegenstand vor – die Art und Weise, wie man von A nach B gelangt, prägt das Bild, das die Leute von einem haben. Man nähert sich Gebäuden mit anderen Gedanken – durch welchen Eingang komme ich hinein? Wie gelange ich an mein Ziel, ohne Treppen zu benutzen? Man lernt, nach Dingen Ausschau zu halten, die anderen Leuten niemals auffallen.

Schon bald, nachdem ich den Computerraum der Schule entdeckt hatte, wurde er zu dem einzigen Ort, an dem ich mir nicht fremd vorkam. Draußen hatte ich es entweder mit Mobbern oder bevormundenden Schulmitarbeitern zu tun. Die Lehrer veranlassten die anderen Kinder zwar, mich miteinzubeziehen, doch das taten sie dann nur, weil sie sich dazu verpflichtet fühlten, was im Endeffekt noch schlimmer war, als ignoriert zu werden. Da zog ich mich lieber in den Computerraum zurück.

Meine ersten Webseiten programmierte ich, als ich etwa dreizehn war. Meine allererste war eine Flash-Animation des rosaroten Panthers, wie er von dem tollpatschigen Inspektor Clouseau verfolgt wird. Bald darauf sah ich ein Video über die Programmierung von *3 gewinnt* bei JavaScript und fand das unglaublich cool. Das Spiel scheint simpel zu sein, bis man versucht, seiner Logik auf den Grund zu gehen. Man kann den Computer nicht einfach ein zufälliges Kästchen auswählen lassen, denn das wäre öde. Man muss ihn vielmehr mit Regeln steuern, beispielsweise, dass er ein X in ein Kästchen neben einem anderen X setzen soll – aber nur, wenn in der Reihe oder Spalte noch keine Null ist. Und was ist mit Diagonalreihen? Wie formuliert man Anweisungen dafür?

Nach einer Weile hatte ich Hunderte Stränge Spaghetti-code erzeugt. Ich erinnere mich noch daran, wie es war, wenn ich einen Zug getätigt hatte und dann der Reaktion meiner kleinen Schöpfung zuschaute. Ich kam mir vor wie ein Zauberer. Und je länger ich an meinen Tricks übte, desto überzeugender wurde deren Ergebnis.

Außerhalb des Computerraums brachte man mir in der Schule fortlaufend bei, was ich nicht tun konnte oder durfte und was für ein Mensch ich nicht werden könnte. Meine Eltern ermunterten mich, etwas zu finden, dem ich mich zugehörig fühlte, und deshalb verbrachte ich im Alter von fünfzehn Jahren den Sommer 2005 auf dem Gelände des Lester B. Pearson United World College, einer internationalen Schule in Victoria, benannt nach dem Friedensnobelpreisträger und kanadischem Premierminister, der während der Sueskrise in den 1950er-Jahren für die erstmalige Entsendung von UN-Friedenstruppen gesorgt hatte. Den ganzen Tag mit Schülern aus allen Teilen der Welt zu verbringen, begeisterte mich, und zum ersten Mal interessierte ich mich ernsthaft für den Unterrichtsstoff und die Ansichten der anderen Mädchen und Jungen. Ich freundete mich mit einem Überlebenden des Völkermordes in Ruanda an, der mir einmal spätabends in unserem Wohnheim von der Ermordung seiner Familie erzählte und davon, wie es gewesen war, als Kind allein und zu Fuß die weite Strecke bis zu einem Flüchtlingslager in Uganda zurückzulegen.

Doch erst an einem Abend im Speisesaal, an dem sich palästinensische und israelische Schüler, die sich an einem Tisch direkt gegenübersaßen, leidenschaftlich über die Zukunft ihrer jeweiligen Heimat stritten, öffnete ich endgültig die Augen für die Welt um mich herum. Mir wurde klar, dass ich nur sehr wenig darüber wusste, was vor sich ging, und dass ich das ändern wollte – und daraus entstand binnen kurzem mein Interesse für Politik. Im folgenden Schuljahr schwänzte ich des Öfteren den Unterricht, um an öffentlichen Veranstaltungen mit den örtlichen Parlamentsabgeordneten teilzunehmen. In der Schule redete ich nur selten mit anderen, aber bei diesen Veranstaltungen hatte ich keine Scheu, das Wort zu ergreifen. Im Klassenzimmer sitzt man einfach da, während der Lehrer einem erklärt, was und wie man denken soll. Es gibt einen Lehrplan, der die Inhalte vorschreibt. Aber bei den öffentlichen Veranstaltungen war es völlig anders. Zwar steht der Politiker oder die Politikerin vorne, aber es sind *wir*, die Menschen im Publikum, die wir *unsere* Meinung über ihn oder sie äußern. Diese Umkehrung fand ich unglaublich reizvoll, und jedes Mal, wenn eine solche Versammlung stattfand, ging ich hin, stellte Fragen und äußerte sogar meine Meinung.

Meine eigene Stimme zu finden, wirkte befreiend. Wie jeder andere Teenager war ich auf der Suche nach mir selbst, aber für einen Schwulen im Rollstuhl war das eine besonders große Herausforderung.

Als ich an diesen öffentlichen Veranstaltungen teilzunehmen begann, wurde mir nach und nach bewusst, dass viele der Dinge, die ich durchlebte, nicht bloß persönliche Probleme berührten, sondern auch politische. Meine Probleme waren politischer Natur. Mein Leben war politisch. Meine Existenz an sich war politisch. Und so beschloss ich, mich politisch zu engagieren. Einem Berater eines der Abgeordneten namens Jeff Silvester fiel der vorlaute Junge auf, der zu allen Veranstaltungen kam. Er bot mir Hilfe dabei an, einen Platz für mich in der Liberal Party of Canada (LPC) zu finden, die auf der Suche nach Leuten mit Computerkenntnissen war. Schon bald kamen wir überein, dass ich im Herbst 2007 meinen ersten richtigen Job als politischer Assistent im Parlament von Ottawa antreten würde.

Den Sommer davor verbrachte ich in Montreal, wo ich mich in der Hackerszene herumtrieb, die größtenteils aus frankokanadischen Technoanarchisten bestand. Diese Leute trafen sich gern in umgebauten Industriegebäuden mit Betonboden und Sperrholzwänden, in Räumen, die mit Retrogeräten wie dem Apple II oder dem Commodore 64 dekoriert waren. Zu jener Zeit konnte ich mich bereits dank Behandlungserfolgen ohne Rollstuhl fortbewegen. (Mein Zustand hat sich fortwährend verbessert, aber die Erlebnisse als Whistleblower haben mir meine physischen Grenzen aufgezeigt. Kurz vor der Veröffentlichung der ersten Geschichte über Cambridge Analytica hatte ich einen Anfall, brach bewusstlos auf einer Straße in Südlondon zusammen und wachte im University College Hospital davon auf, dass eine Krankenschwester mir eine Infusionsnadel in den Arm stach.) Den meisten Hackern war es völlig egal, wie man aussah und ob man einen komischen Gang hatte. Sie teilten die Leidenschaft für Computersysteme und wollten, dass man dazulernte.

Meine kurze Zugehörigkeit zur Hackerszene hinterließ bei mir einen bleibenden Eindruck. Man lernt, dass kein System der Weisheit letzter Schluss ist. Keines ist undurchdringlich, und Schranken dienen als Ansporn. Die Hackerphilosophie hat mich gelehrt, dass es oft reicht, ein System – einen Computer, ein Netzwerk und sogar eine Gesellschaft – aus einem veränderten Blickwinkel zu betrachten, um deren Fehler und Schwächen zu erkennen. Als schwuler Junge im Rollstuhl habe ich schon früh im Leben das Wesen von Machtsystemen erkannt. Aber als Hacker habe ich gelernt, dass jedes System Schwachstellen besitzt, die geradezu darauf warten, ausgenutzt zu werden.

Kurz nachdem ich meinen Job beim kanadischen Parlament angetreten hatte, begann sich die Liberal Party dafür zu interessieren, was südlich der Landesgrenze geschah. Damals wurde Facebook gerade zu einem Netzwerk, das die breite Masse benutzte, und Twitter stand erst am Beginn seines Siegeszugs; niemand hatte eine Vorstellung davon, wie man die sozialen Medien für Wahlkämpfe einspannen könnte, denn sie steckten noch in den Kinderschuhen. Aber ein Shootingstar im Präsidentschaftswahlkampf schickte sich an, in dieser Hinsicht Vollgas zu geben.

Während andere Kandidaten sich mit dem Internet noch schwertaten, lancierte Obamas Team die Webseite My.Barack-Obama.com und startete damit eine Graswurzel-Revolution. Während andere Internetauftritte (zum Beispiel Hillary Clintons) primär die üblichen Werbebotschaften verbreiteten, lag bei Obama der Schwerpunkt darauf, Basisorganisationen eine Plattform für die Konzeptionierung und Durchführung von Kampagnen zur Wählermobilisierung anzubieten. Obamas Webseite steigerte die Begeisterung für den Senator aus Illinois, der viel jünger und viel versierter in moderner Technologie als seine Konkurrenten war. Obama wirkte so, wie ein Anführer sein sollte. Und nachdem mir während meiner bisherigen Jugend ständig meine Grenzen vor Augen geführt worden waren, sprach mich der trotzige Optimismus der schlichten Botschaft *Yes, we can!* direkt an. Obama und sein Team veränderten die Politik von Grund auf, und daher wurde ich im Alter von achtzehn Jahren zusammen mit anderen Mitarbeitern der Liberal Party in die USA geschickt, um mich mit verschiedenen Facetten seines Wahlkampfs zu beschäftigen und herauszufinden, welche seiner Taktiken man bei künftigen Wahlkampagnen fortschrittlicher kanadischer Politiker kopieren konnte.

Zuerst besuchte ich einige der Bundesstaaten, in denen die frühesten Vorwahlen stattfanden, angefangen mit New Hampshire, wo ich ausgiebig mit Wählern sprach und die US-amerikanische Kultur aus der Nähe kennenlernte. Das machte Spaß und war zugleich erhellend. Als Kanadier verblüffte mich, wie stark sich unsere Einstellungen bei vielen Themen unterschieden. Als mir zum ersten Mal ein Amerikaner erzählte, er sei strikt gegen »Medizin-Sozialismus« – womit er die Form von staatlicher Gesundheitsversorgung meinte, die ich zu Hause fast jeden Monat nutzte –, war ich schockiert, dass jemand eine solche Meinung vertrat. Beim x-ten Mal wunderte ich mich nicht mehr.

Es gefiel mir, herumzureisen und mit Menschen zu reden, weshalb sich meine Freude in Grenzen hielt, als es an der Zeit war, mein Augenmerk auf die Arbeit der Datenspezialisten zu richten. Doch dann wurde mir Ken Strasma vorgestellt, bei Obama zuständig für das Targeting, die Bestimmung von Zielgruppen und deren exakte Anvisierung mit spezifisch auf sie zugeschnittenen Werbebotschaften, und er sorgte bei mir rasch für einen Sinneswandel.

Obamas Wahlkampf galt insbesondere wegen des Brandings und der Verwendung neuer Medien wie YouTube als sexy. Das war der heiße Scheiß, eine visuelle Strategie, die schon deshalb niemand zuvor angewandt hatte, weil YouTube noch ganz neu war. Diese Videos wollte ich studieren, aber Ken verhinderte es. »Vergiss die Videos«, sagte er zu mir. Ich sollte weiter in die Tiefe gehen, zum Zentrum der Technologiestrategie der Wahlkampagne. »Alles, was wir tun«, sagte er, »basiert auf dem Wissen darüber, wen genau wir mit welchen Themen ansprechen müssen.«

Mit anderen Worten: Das Rückgrat der Kampagne waren Daten. Und die wichtigste Arbeit von Strasmas Team war die

Systemmodellierung, mit deren Hilfe sie diese Daten analysierten und bewerteten, um sie passgenau anwenden zu können. Somit entwickelten sie eine Kommunikationsstrategie für das reale Leben mittels künstlicher Intelligenz. Moment mal – KI für einen Wahlkampf? Das schien reine Zukunftsmusik zu sein, so als bauten sie einen Roboter, der Massen an Informationen über Wähler verschlang und Targeting-Kriterien ausspuckte. Die gewonnenen Informationen wanderten anschließend bis in die oberste Ebene des Wahlkampfteams, wo sie für Entscheidungen über Obamas zentrale Botschaften und sein Branding verwendet wurden.

Die Infrastruktur für die Verarbeitung all dieser Daten stammte von einer Firma, die damals Voter Activation Network, Inc. (VAN) hieß und von Mark Sullivan und Jim St George geleitet wurde, einem grandiosen schwulen Paar aus der Nähe von Boston. Am Ende des Wahlkampfs von 2008 besaß das Democratic National Committee dank VAN zehn Mal so viele Daten über Wähler wie nach dem Wahlkampf des Jahres 2004. Diese Datenmenge und die Methoden, sie zu ordnen und zu handhaben, verschaffte den Demokraten einen eindeutigen Vorteil bei der Wählermobilisierung.

Je mehr ich über die Obama-Maschinerie erfuhr, desto faszinierter war ich. Und später hatte ich Gelegenheit, Mark und Jim alle möglichen Fragen zu stellen, da sie es amüsant fanden, dass dieser junge Kanadier in die USA gekommen war, um etwas über den Zusammenhang von Daten und Politik zu lernen. Ehe ich miterlebte, was Ken, Mark und Jim taten, wäre es mir nicht in den Sinn gekommen, dass Mathematik und KI wichtige Bestandteile eines Wahlkampfs sein könnten. Als ich zum ersten Mal in Obamas Hauptquartier reihenweise Menschen vor Computern sitzen sah, dachte ich noch: Botschaften und Gefühle bestimmen den Erfolg einer Kampagne, nicht Computer und Zahlen. Aber dann begriff ich, dass es die Zahlen – und die Vorhersage-Algorithmen, die aus ihnen entstanden – waren, die Obama von allen früheren Präsidentschaftskandidaten unterschieden.

Als ich kapiert hatte, wie effizient die Obama-Kampagne Algorithmen für die Verbreitung ihrer Botschaften einsetzte, begann ich zu überlegen, selbst welche zu entwickeln. Ich brachte mir die Nutzung von grundlegender Software wie MATLAB und SPSS bei, die es mir erlaubte, mit Daten herumzuspielen. Statt ein Handbuch zu konsultieren, begann ich, mit dem Iris-Datensatz zu experimentieren – dem klassischen Datensatz für jeden Statistikanfänger –, und wandte die Trial-and-Error-Methode an. Die Möglichkeit der Datenverarbeitung, unter Verwendung der verschiedenen Merkmale der Iris, wie Farbe und Länge des Blütenblatts, die Blumenart zu identifizieren, schlug mich völlig in den Bann.

Sobald ich die Grundlagen begriffen hatte, wechselte ich von Pflanzen zu Menschen. VAN besaß eine Unmenge Informationen über Alter, Geschlecht, Einkommen, ethnische Abstammung, Immobilienbesitz – sogar über Zeitschriftenabonnements und Vielfliegermeilen. Mithilfe des richtigen Dateninputs konnte man Vorhersagen wagen, ob bestimmte Menschen für die Demokraten oder die Republikaner stimmen würden. Man konnte die Themen ermitteln und benennen, die für sie am wichtigsten waren. Und man konnte dadurch Botschaften formulieren, die eine bessere Chance hatten, einen Meinungsumschwung herbeizuführen.

Für mich war das eine komplett neue Weise, Wahlen anzugehen. Daten waren eine positive Kraft, sie standen im Dienste einer politischen Kampagne, die sich den Fortschritt auf die Fahnen geschrieben hatte. Sie wurden verwendet, um Menschen zu mobilisieren, die noch nie gewählt hatten und die sich von der Politik missachtet fühlten. Je tiefer ich in die Materie eindrang, desto überzeugter war ich, dass Daten eine heilsame Kraft für das politische System sein würden. Ich konnte es kaum abwarten, nach Kanada zurückzukehren und der Liberal Party beizubringen, was ich von dem kommenden Präsidenten der Vereinigten Staaten gelernt hatte.

Im November errang Obama einen deutlichen Sieg über John McCain. Zwei Monate später flog ich, nachdem mir Freunde eine Einladung zur Amtseinführung verschafft hatten, nach Washington, um mit den Siegern zu feiern. (Zuerst gab es allerdings ein bisschen Aufruhr am Eingang, weil man einen Teenager nicht in einen Saal lassen wollte, in dem kostenloser Alkohol ausgeschenkt wurde). Ich verbrachte einen denkwürdigen Abend, plauderte mit Jennifer Lopez und Marc Anthony und sah zu, wie Barack und Michelle Obama ihren ersten Tanz als Präsident und First Lady genossen. Eine neue Ära war angebrochen. Jener Tag war ein Anlass, darauf anzustoßen, was alles möglich war, wenn die richtigen Leute begriffen, wie die Verwendung von Daten in heutiger Zeit einen wesentlichen Beitrag zu einem Wahlsieg leisten konnte.

Aber mit der direkten Übermittlung ausgewählter Botschaften an ausgewählte Wähler, dem Mikrotargeting des Obama-Teams, hatte eine Entwicklung hin zur Privatisierung des öffentlichen Diskurses in den USA begonnen. Direktmarketing per E-Mail war zwar schon seit einer Weile ein Bestandteil amerikanischer Wahlkampagnen gewesen, aber erst datenbasiertes Mikrotargeting ermöglichte es einer Kampagne, Mikrowählergruppen unzählige Mikronarrative zuzuordnen: Ihr Nachbar bekommt womöglich eine völlig andere Botschaft als Sie selbst, ohne dass einer von Ihnen sich das erklären kann.

Wurde der Wahlkampf auf die private Ebene verlagert, vermied man die kritische Überprüfung durch Debatten und die Öffentlichkeit. Die Versammlung der Bürger, und damit ein wesentlicher Pfeiler der amerikanischen Demokratie, wurde zunehmend durch Online-Werbenetzwerke ersetzt. Und ohne jegliche kritische Überprüfung mussten Wahlkampfbotschaften nicht einmal mehr wie Wahlkampfbotschaften aussehen. Die sozialen Medien schufen eine Sphäre, in der Wahlkampagnen fortan, so wie es Obama vorgemacht hatte, den Eindruck erweckten, als würde ein Freund einem eine Nachricht schicken, ohne dass einem bewusst wurde, wer mit einem Kontakt aufnahm und was der Absender bezweckte. Wahlwerbung konnte nun aussehen wie die Mitteilung eines Nachrichtenmediums, einer Universität oder einer Behörde. Der Erfolg der sozialen Medien zwingt uns, auf die Ehrlichkeit politischer Kampagnen zu vertrauen, denn sollten uns Lügen erzählt werden, würden wir das womöglich gar nicht merken. Innerhalb eines privaten Werbenetzwerks gibt es kein Korrektiv, das eingreifen kann.

In den Jahren vor dem ersten Obama-Wahlkampf wurde in den Firmenzentralen des Silicon Valley ein neues Geschäftsfeld kreiert: Technologiefirmen begannen, ihre Fähigkeit, Informationen zu sammeln und auszuwerten, zu Geld zu machen. Im Zentrum dieses Geschäftsmodells stand eine grundlegende Wissensungleichheit – die Maschinen wissen eine Menge über unser Verhalten, aber wir wissen nur sehr wenig über ihres. Mit dem Argument der Bequemlichkeit bieten diese Firmen Informationsdienste im Tausch gegen noch mehr Informationen – Daten – an. Daten sind immer wertvoller geworden, was sich daran zeigt, dass Facebook mit jedem seiner 170 Millionen amerikanischen Nutzer durchschnittlich 30 Dollar verdient. Und gleichzeitig hängen wir dem Glauben an, die Dienste solcher Firmen seien »kostenlos«. In Wahrheit finanzieren wir mit unseren Daten ein Geschäftsmodell, das von der Erzeugung menschlicher Aufmerksamkeit lebt.

Immer mehr Daten führten zu immer höheren Profiten, und daher wurden Entwurfsmuster implementiert, die die Nutzer stimulieren, immer mehr über sich selbst preiszugeben. Plattformen begannen, sich den Anschein eines Kasinos zu geben, mit Innovationen wie Infinite Scrolling und suchtfördernden Features, die auf das Belohnungssystem im Gehirn abzielen. Dienste wie Gmail fingen an, unsere Korrespondenz in einem Ausmaß zu durchforsten, der einen Postangestellten ins Gefängnis brächte. Unsere Mobiltelefone wurden um das Live-Tracking ergänzt, das ursprünglich nur bei elektronischen Fußfesseln zum Einsatz gekommen war, und was man früher eine Abhöraktion genannt hätte, wurde zu einer Standardfunktion zahlloser Programme.

Schon bald teilten wir, ohne auch nur eine Sekunde zu zögern, persönliche Informationen. Dies wurde teilweise durch neue Begriffe begünstigt. Privatfirmen, die eigentlich Überwachungsnetzwerke waren, wurden zu »Communitys«, Gemeinschaften, und die Menschen, die diese Netzwerke verwendeten und sie dadurch profitabel machten, zu »Usern«, und eine suchtfördernde Webseitengestaltung wurde als »Anwendererlebnis« oder »Interaktion« beworben. Man begann, das Persönlichkeitsprofil eines Menschen anhand seines »Daten-Ausstoßes« oder seiner »digitalen Brotkrümel« zu erstellen. Seit Jahrtausenden war es bei dem vorherrschenden Wirtschaftsmodell darum gegangen, Rohstoffe zu gewinnen und diese in Waren zu verwandeln. Aus Baumwolle wurde Stoff, aus Eisenerz Stahl, aus Bäumen Nutzholz. Aber erst das Aufkommen des Internets machte es möglich, aus unserem Leben – unserem Verhalten, unserer Aufmerksamkeit, unserer

Identität – Handelswaren zu machen. Menschen wurden zu Daten verarbeitet. Wir dienten nun als Rohstoff dieser Datenindustrie.

Einer der ersten, der das politische Potenzial dieser Neuerungen erkannte, war Steve Bannon, ein relativ unbekannter Mitarbeiter der rechtsgerichteten Webseite *Breitbart News*, die gegründet worden war, um die amerikanische Kultur gemäß der nationalistischen Vision Andrew Breitbarts umzuformen. Bannon hatte einen regelrechten Kulturkrieg im Sinn, ihm war aber, als ich ihn kennenlernte, bewusst, dass er noch nicht über die richtigen Waffen dafür verfügte. Während für Generäle die Übermacht ihrer Artillerie und die Lufthoheit wichtig sind, musste Bannon nach kultureller Übermacht und *Informationshoheit* streben – mithilfe eines Arsenals aus Datenwaffen, die in der Lage waren, auf diesem neuen Schlachtfeld Herz und Verstand zu erobern. Die neu entstandene Firma Cambridge Analytica wurde zu diesem Arsenal. Indem sie Methoden der psychologischen Kriegführung (PSY-OPS) verfeinerte, verlieh sie Steve Bannons Alt-Right-Bewegung einen ungeheuren Schub. In diesem neuen Krieg wurde der amerikanische Wähler Zielscheibe für Verunsicherung, Manipulation und Betrug. An die Stelle der Wahrheit traten alternative Narrative und virtuelle Realitäten.

Cambridge Analytica (CA) wandte diese neue Form der Kriegführung zuerst in Afrika und auf tropischen Inseln an. Die Firma experimentierte mit gewaltiger Online-Desinformation, Fake News und Massen-Profiling. Sie kooperierte mit russischen Agenten und engagierte Hacker, die sich Zugriff auf die E-Mail-Konten von Kandidaten der Opposition verschaffen sollten. Nachdem CA innerhalb relativ kurzer Zeit seine Methoden weit entfernt vom Augenmerk westlicher Medien perfektioniert hatte, verlagerte die Firma ihren Fokus und zettelte nun statt Konflikten zwischen afrikanischen Stämmen Konflikte zwischen amerikanischen Stämmen an. Scheinbar aus dem Nichts brach eine Revolte in den USA aus, deren Anhänger »Make America Great Again!« und »Build the Wall!« brüllten. Bei den Debatten im Präsidentschaftswahlkampf ging es plötzlich weniger um politische Positionen als um den absurden Streit, was *Real News* und was *Fake News* seien. Derzeit durchleben die Amerikaner die Nachwehen des ersten groß angelegten Einsatzes einer psychologischen Massenvernichtungswaffe.

Als ehemaliger leitender Angestellter von Cambridge Analytica trage ich Mitschuld an dem, was passiert ist, und es ist mein innigster Wunsch, die Verfehlungen meiner Vergangenheit wiedergutzumachen. Wie so viele andere Menschen im Technologiesektor war ich so dumm, auf Facebooks größenwahnsinniges Motto *move fast and break things*, sei schnell und brich die Regeln, hereinzufallen. Nie in meinem Leben habe ich etwas so sehr bereut. Ich war schnell, ich erschuf unglaublich mächtige Dinge, und erst, als es zu spät war, wurde mir vollständig bewusst, was ich zerstört hatte.

Als ich mich an jenem Tag im Frühsommer 2018 auf den Weg zu dem gesicherten Raum tief unter dem Kapitol machte, war ich geradezu abgestumpft gegen die Dinge, die um mich herum geschahen. Die Republikaner suchten bereits nach Material, mit dem sich meine Glaubwürdigkeit unterminieren ließ. Facebook hatte PR-Firmen angeheuert, um seine Kritiker zu diskreditieren, und die Anwälte der Firma hatten gedroht, mich beim FBI wegen eines nicht näher genannten Cyberverbrechens anzuzeigen. Das Justizministerium wurde inzwischen von einem Trump-Gefolgsmann geleitet, der schon mehrfach öffentlich mit langjährigen juristischen Gepflogenheiten gebrochen hatte. Ich hatte so viele mächtige Interessensgruppen gegen mich aufgebracht, dass meine Anwälte ernsthaft befürchteten, ich könnte nach der Anhörung verhaftet werden. Einer meiner Anwälte hatte gemeint, ich solle mir überlegen, aus Sicherheitsgründen in Europa zu bleiben.

Ich kann aus juristischen Gründen und um meiner Sicherheit willen nicht wörtlich aus meiner Befragung in Washington zitieren. Aber ich kann berichten, dass ich mit zwei dicken Aktenordnern in jenen Raum ging, die jeweils mehrere Hundert Seiten Dokumente enthielten. Im ersten Ordner befanden sich E-Mails, Memos und Unterlagen, die zeigten, in welchem Ausmaß Cambridge Analytica persönliche Daten gesammelt hatte. Dieses Material bewies, dass die Firma Hacker und Personen, die bekanntermaßen über Verbindungen zum russischen Geheimdienst verfügten, engagiert hatte und dass sie an Bestechungen, Erpressungen und Desinformationskampagnen vor Wahlen überall auf der Welt beteiligt gewesen war. Ich hatte vertrauliche Stellungnahmen von Anwälten dabei, in denen sie Steve Bannon warnten, dass Cambridge Analytica gegen das Gesetz über die Anmeldung von Tätigkeiten für ausländische Auftraggeber in den USA verstieß, sowie ein Konvolut Dokumente, aus denen hervorging, wie sich die Firma unrechtmäßig Zugriff auf über 87 Millionen private Facebook-Konten verschafft und diese Daten benutzt hatte, um Afroamerikaner von den Wahlurnen fernzuhalten.

Der Inhalt des zweiten Ordners war noch heikler. Er bestand aus Hunderten Seiten E-Mails, Finanzunterlagen, Textnachrichten und Abschriften von Audioaufnahmen, die ich in den Monaten zuvor heimlich in London zusammengetragen hatte. Bei diesen Dokumenten, nach denen der US-amerikanische Geheimdienst geforscht hatte, handelte es sich um detaillierte Belege für die engen Beziehungen, die die russische Botschaft in London sowohl zu Vertrauten von Trump als auch zu wichtigen Vertretern des Pro-Brexit-Lagers pflegte. Sie zeigten, dass führende Mitglieder der britischen Alt-Right-Bewegung sich mit Angehörigen der russischen Botschaft getroffen hatten, bevor und nachdem sie in den USA mit Trumps Wahlkampfteam zusammengekommen waren; mindestens drei von ihnen hatten Angebote über bevorzugte Investitionsmöglichkeiten in russische Bergbauunternehmen erhalten, was potenziell ein Vermögen wert war. Aus dieser Korrespondenz ging klar hervor, dass die russische Regierung schon sehr früh auf das angloamerikanische Alt-Right-Netzwerk aufmerksam geworden war und sie womöglich Vertreter dieser Bewegung bearbeitet hatte, damit sie als Kontaktpersonen zu Donald Trump fungierten. Mein Material veranschaulichte die Verbindungen zwischen den wichtigsten politischen Ereignissen des Jahres 2016: dem Aufstieg der Alt-Right-Bewegung, dem überraschenden Ergebnis des Brexit-Referendums und der Wahl Trumps.

Vier Stunden verstrichen. Fünf. Ich konzentrierte mich gerade auf die Beschreibung der Rolle von Facebook bei – und seiner Schuld an – den Geschehnissen.

Sind die Daten, die von Cambridge Analytica benutzt wurden, jemals in die Hände potenzieller russischer Agenten gelangt?
Ja.
Glauben Sie, dass es gezielte Aktivitäten staatlicher russischer Stellen in London während des Präsidentschaftswahlkampfs des Jahres 2016 und des Wahlkampfs vor dem Brexit-Referendum gab?
Ja.

Hat ein Informationsaustausch zwischen Cambridge
Analytica und WikiLeaks stattgefunden?
Ja.

Endlich sah ich in den Augen der Ausschussmitglieder einen
Funken des Begreifens. Facebook ist nicht mehr bloß irgendeine Firma, es ist das Tor zu den Köpfen der Amerikaner, und
Mark Zuckerberg ließ die Tür für Cambridge Analytica, die
Russen und wer weiß für wen sonst noch sperrangelweit offen. Facebook hat ein Monopol, aber sein Verhalten ruft nicht
nur nach neuen Regularien – es stellt auch eine Bedrohung
der nationalen Sicherheit dar. Die Machtkonzentration, derer
Facebook sich erfreut, gefährdet die amerikanische Demokratie.

Inzwischen habe ich in etlichen Ländern bei Geheimdiensten, parlamentarischen Anhörungen und Polizeibehörden
Rede und Antwort gestanden, dabei über zweihundert Stunden unter Eid ausgesagt und Dokumente im Umfang von
mindestens zehntausend Seiten ausgehändigt. Ich bin um
die halbe Welt gereist, war in Washington und Brüssel, um
nicht nur über Cambridge Analytica aufzuklären, sondern
auch über die Gefahren, die soziale Medien für die Unabhängigkeit unserer Wahlen darstellen.

Doch in den vielen Stunden, während derer ich ausgesagt
habe, wurde mir klar, dass die Polizei, die Politiker, die Be-
hördenchefs und die Medien allesamt nicht recht wussten,
was sie aus meinen Informationen folgern sollten. Weil die
Verbrechen im Netz geschehen waren und nicht an einem realen Ort, waren sich die Polizeibehörden nicht einig, wer für
die Verfolgung zuständig sein sollte. Weil es bei der Geschichte um Software und Algorithmen ging, rangen viele ratlos
mit den Händen. Bei einer Befragung durch eine der Strafver-

folgungsbehörden musste ich ein grundlegendes Prinzip der Computerwissenschaft einer Gruppe von Beamten erklären, die angeblich Experten für Cyberkriminalität waren. Ich kritzelte ein Diagramm auf einen Zettel, und sie beschlagnahmten ihn. Formell war es ein Beweisstück. Aber sie meinten scherzhaft, dass sie es als Spickzettel brauchten, um zu begreifen, worum es bei ihren Ermittlungen ging. *LOL, guter Witz, Leute.*

Wir werden dazu erzogen, unseren Institutionen zu vertrauen – unserer Regierung, unserer Polizei, unseren Schulen, unseren Behörden. Es ist so, als würden wir annehmen, dass es einen Typ gibt, der mit einem Team von Fachleuten in einem geheimen Büro sitzt und einen Plan A verfolgt, und wir uns selbst für den Fall, dass dieser Plan nicht funktioniert, keine Sorgen zu machen brauchen, denn er hat auch einen Plan B und einen Plan C parat – einer der Verantwortlichen wird es schon regeln. Aber in Wahrheit gibt es diesen Typ nicht. Von daher hat es keinen Sinn, darauf zu warten, dass er irgendwann in Erscheinung tritt.

Lektionen im Scheitern

Acht Jahre vor diesen Ereignissen zog ich nach England, wo die Geschichte von meiner Verwicklung in Cambridge Analytica ihren Anfang nahm. Ich hatte ein paar Jahre in der kanadischen Politik gearbeitet, und es liegt eine gewisse Ironie darin, dass ich nach London ging, um Abstand von der Politik zu gewinnen. Im Sommer 2011 bezog ich eine Wohnung am Südufer der Themse, unweit der Tate Modern, dem Museum für moderne Kunst, das in der riesigen alten Bankside Power Station, einem ehemaligen Kraftwerk, untergebracht ist. Nach mehreren Jahren in Ottawa hatte ich mit einundzwanzig Jahren beschlossen, die Politik hinter mir zu lassen und jenseits des Atlantiks an der London School of Economics and Political Science Jura zu studieren. Ich war befreit von der Politik und von den Rücksichten auf die Partei. Jetzt spielte es keine Rolle mehr, mit wem ich gesehen wurde, ich musste nicht mehr aufpassen, was ich sagte oder wer vielleicht gerade zuhörte. Es stand mir frei, neue Leute kennenzulernen, und ich freute mich auf einen Neuanfang.

Bei meiner Ankunft war noch Sommer, und sofort, nachdem ich ausgepackt hatte, zog es mich in den Hyde Park, zu den Sonnenbadenden, den Touristen und jungen Paaren. Ich nutzte in London alle sich bietenden Möglichkeiten, die Freitag- und Samstagabende verbrachte ich in Shoreditch und Dalston, und regelmäßig besuchte ich den Borough Market, Londons ältesten Lebensmittelmarkt in einer riesigen offenen Halle mit zahllosen Imbissständen, wo die Händler laut durcheinanderriefen und es vor Besuchern nur so wimmelte. Ich schloss Freundschaft mit Gleichaltrigen, und zum ersten Mal fühlte ich mich *jung*.

Aber wenige Tage nach meiner Ankunft, immer noch leicht benommen vom Jetlag, erhielt ich einen Anruf, der mir klarmachte, dass es nicht so leicht sein würde, die Politik abzuschütteln. Vier Monate zuvor war ein gewisser Nick Clegg stellvertretender britischer Premierminister geworden.

Im Jahr 1999 als Abgeordneter ins Europaparlament gewählt, hatte sich Clegg von da an stetig nach oben gearbeitet, bis er 2007 Vorsitzender der Liberaldemokraten wurde. Zu dieser Zeit waren die Lib Dems die radikale dritte Partei in der britischen Politiklandschaft – die ersten, die die gleichgeschlechtliche Ehe unterstützten, und die einzige Partei, die sich gegen den Irakkrieg ausgesprochen hatte und die Aufgabe des britischen Nukleararsenals forderte. Bei den Parlamentswahlen 2010, nach mehr als einem Jahrzehnt des inzwischen holprigen »dritten Wegs« von Labour, wurde das Land von der »Cleggmania« erfasst. Auf dem Höhepunkt seiner Beliebtheit genoss Clegg Umfragewerte wie einst Winston Churchill. Er selbst sah sich als die britische Antwort auf Barack Obama. Nach der Wahl bildete er unter dem konservativen Premierminister David Cameron eine Koalitionsregierung. Der Anruf kam aus Cleggs Büro: Man hatte von meiner Datenarbeit in Kanada und den USA durch gemeinsame Kontakte in der liberalen Politik erfahren und wollte Genaueres darüber wissen.

Zur vereinbarten Zeit traf ich in der Parteizentrale der Liberaldemokraten ein, die damals noch ihren Sitz in der Cowley Street 4 in Westminster hatte. Sie lag nur ein paar Straßenzüge vom Westminster Palace entfernt, das umgebaute neugeorgianische Stadtpalais stand reich verziert mit seinen zwei markanten Kaminen in karmesinrotem Ziegelwerk da. Für die kleine, verwinkelte Straße war das Gebäude ziemlich protzig, sodass ich es nicht verfehlen konnte. Da sich in ihm die Büros einer Partei der Regierung Ihrer Majestät befanden, wurde es von einer bewaffneten Einheit der Londoner Polizei bewacht. Die Beamten patrouillierten in der engen Seitenstraße auf und ab. Der Türöffner summte, ich drückte die schwere Pforte auf und ging zur Rezeption, wo ich von einem Mitarbeiter begrüßt wurde, der mich zu dem Treffen führte. Das Palais, noch geschmückt mit originalen Kronleuchtern, Eichenholzvertäfelung und offenen Kaminen, verströmte die verblasste Eleganz dieser einst prachtvollen Residenz, was seltsam passend schien für diese Partei, die auch schon bessere Tage gesehen hatte.

Cowley Street, wie sie den Parteisitz nannten, war anders als alles, was ich in Kanada oder den Vereinigten Staaten gesehen hatte. Ich fragte mich, wie all diese Parteimitarbeiter, die sich in den engen Fluren mit den knarzenden Böden aneinander vorbeidrückten, irgendetwas zustande brachten. Ehemalige Schlafräume waren mit Schreibtischen vollgestellt, und entlang der Wände und um die Türrahmen herum waren Kabel für die Computer verlegt. In einer Besenkammer lag ein Mann, offenbar mit Schlafapnoe, auf dem Boden und schnarchte lautstark, aber niemand schien ihn weiter zu beachten. Nach meinem Eindruck ging es hier eher wie im Clubhaus einer Altherrenriege zu als bei einer Regierungspartei. Ich stieg eine breite Treppe mit geschnitztem Ziergeländer hinauf und wurde in ein weitläufiges Sitzungszimmer geführt, das einst der Speisesaal gewesen sein musste. Nach einigen

Minuten Warten marschierte ein kleiner Trupp Mitarbeiter herein. Nachdem wir den obligatorischen britischen Smalltalk beendet hatten, sagte einer: »Dann erzählen Sie uns mal von dem Netzwerk der Wähleraktivierung.«

Nach Obamas Sieg 2008 interessierten sich überall auf der Welt Parteien für diesen neuen »Wahlkampf auf amerikanische Art«, der von Datenbanken zur landesweiten Zielgruppenansprache und großangelegten digitalen Verfahren befeuert worden war. Dahinter stand die neue Methode des *Mikrotargeting*, bei der selbstlernende Algorithmen riesige Mengen an Wählerdaten verarbeiteten, um die Wählerschaft in kleine Segmente zu unterteilen und schließlich vorherzusagen, welche *individuellen* Wähler am ehesten von dem Kandidaten überzeugt werden konnten, für den man warb, oder davon, auch wirklich zur Wahl zu gehen. Die Lib Dems waren sich unsicher, ob sich diese neue Wahlkampfmethode auf die britischen Verhältnisse übertragen ließ. Das Projekt für die LPC, bei dem ich mitgearbeitet hatte – der Aufbau eines Systems für Wählertargeting vergleichbar mit dem von Obamas Wahlkampf –, war deshalb so interessant für sie, weil es das erste seiner Art und Größe außerhalb der USA gewesen war. Und Kanada praktiziert wie Großbritannien das Modell der Mehrheitswahl und hat ebenfalls eine breite Palette politischer Parteien. Den Parteileuten wurde klar, dass die Hälfte der Arbeit bereits getan wäre, wenn sie einfach die kanadische Version der Technologie importierten. Am Ende des Meetings, als sie begriffen hatten, was dieses System alles leisten konnte, waren sie ganz aus dem Häuschen. Anschließend machte ich mich schleunigst auf den Weg zur Universität, um noch das Ende einer Vorlesung in Rechtstheorie über die Auslegung von Gesetzen mitzubekommen, und dachte mir, damit sei die Sache erledigt.

Doch tags darauf riefen mich die Berater der Lib Dems schon wieder an und baten mich, noch einmal vorbeizukommen, um das System einer noch größeren Gruppe zu erläutern. Ich saß gerade mitten in einer Lehrveranstaltung, deshalb nahm ich das Telefonat zuerst nicht an, aber nach vier verpassten Anrufen von einer mir unbekannten Nummer ging ich dann doch nach draußen, um nachzusehen, wer mich denn so dringend erreichen wollte. Am Nachmittag sollte es eine Sitzung hochrangiger Funktionäre geben, und so fragten sie mich, ob ich eine spontane Präsentation zum Mikrotargeting durchführen könne. Also machte ich mich nach dem Seminar wieder auf den Weg in die Cowley Street, den Rucksack voller Lehrbücher. Wegen des kurzfristigen Termins hatte ich keine Zeit, mich umzuziehen. Die Berater des stellvertretenden Premierministers mussten mit mir in einem T-Shirt mit Stüssy-Aufdruck und einer Jogginghose in Tarnfarben Vorlieb nehmen.

Ich betrat dasselbe Sitzungszimmer, das nun brechend voll und von Stimmengewirr erfüllt war. Man führte mich umgehend an die Stirnseite des Tisches, und nachdem ich mich für meinen albernen Aufzug entschuldigt hatte, begann ich zu improvisieren. Ich schilderte, wie die Lib Dems Mikrotargeting nutzen könnten, um die Nachteile solch kleiner Parteien wie der ihren wettzumachen. Rasch redete ich mich in Begeisterung. Seit meinem Abschied von der LPC hatte ich nicht mehr über dieses Thema gesprochen, und so schüttete ich jetzt einfach mein Herz aus. Ich erzählte, was ich beim Wahlkampf von Obama erlebt hatte, wie es sich angefühlt hatte, dass so viele Leute zum ersten Mal überhaupt wählen gingen und zu sehen, wie Afroamerikaner bei Wahlveranstaltungen plötzlich wieder Hoffnung schöpften. Ich sagte, dabei sei es nicht einfach nur um Daten gegangen, sondern darum, wie wir Menschen erreichen konnten, die der Politik den Rücken gekehrt hatten. Darum, wie wir sie finden und dazu motivieren konnten, überhaupt wählen zu gehen. Aber vor allem ginge es darum, dass diese Technologie für diese Partei, die nun an den Schalthebeln der Macht saß, das Mittel sein könnte, das verkrustete Klassensystem aufzubrechen, das die britische Politik so sehr prägt.

Einige Wochen später baten mich die Lib Dems, für sie zu arbeiten und ein Projekt zum Wählertargeting zu entwickeln. Ich hatte gerade mit meiner Abschlussarbeit an der Universität begonnen und als einundzwanzigjähriger Student in London angefangen, Fuß zu fassen. Deshalb zögerte ich und überlegte, ob es wirklich eine gute Idee war, mich erneut auf die Politik einzulassen. Aber hier gab es die Chance, dieselbe Technologie anzuwenden – dieselbe Software und im Grunde dasselbe Projekt – und zu Ende zu führen, was ich in Kanada begonnen hatte. Den Ausschlag gab etwas, das ich zufällig an der Wand in einem der Büros in der Cowley Street hängen sah. Es war ein alter, vergilbter Karton mit leicht aufgebogenen Ecken, darauf ein Ausschnitt aus dem Parteiprogramm der Liberaldemokraten: Niemand soll durch Armut, Unwissenheit oder Konformitätsdruck versklavt werden.

Ich sagte zu.

Nach den US-Präsidentschaftswahlen 2008 kehrte ich nach Ottawa zurück und schrieb einen Bericht über die neuen technologischen Strategien im Wahlkampf von Obama. Es war eine glatte Bauchlandung. Sie hatten erwartet, dass ich über das tolle Branding und Design der Kampagne und über die viralen Videos berichtete. Stattdessen ließ ich mich über relationale Datenbanken, maschinell lernende Algorithmen und darüber aus, wie diese Dinge mittels Software und Fundrai-

sing-Systemen miteinander verbunden waren. Als ich emp-
fahl, die Partei solle in Datenbanken investieren, dachten sie,
ich sei verrückt geworden. Man hatte sexy Antworten erwartet – nicht so ein Zeug. Obama war ihre Messlatte, ihr Traum-
Wahlkampf, und sie schwärmten von hohen Wangenkno-
chen und Kusslippen, das Skelett und das Nervensystem, die
das alles erst ermöglichten, interessierten sie nicht.

Die meisten Wahlkämpfe lassen sich auf zwei Kernberei-
che reduzieren: *Überzeugungsarbeit* und *Wahlbeteiligung*. Im
Bereich der Wahlbeteiligung oder Motivierung der eigenen
Anhänger geht es um jene Leute, die vermutlich den Kandidaten gutheißen, aber nicht immer zur Wahl gehen. Im Bereich
Überzeugungsarbeit verhält es sich umgekehrt, er umfasst
jene, die wahrscheinlich wählen gehen, aber nicht unbedingt
unsere Partei wählen. Die Leute, die entweder höchstwahrscheinlich nicht wählen gehen oder höchstwahrscheinlich
nie uns wählen werden, kann man ausklammern, es hat keinen Sinn, sich mit ihnen zu beschäftigen. Wähler, die sowohl
sehr wahrscheinlich unseren Kandidaten favorisieren als auch
sehr wahrscheinlich wählen gehen, sind die »Sockel«-Wäh-
ler. Sie werden üblicherweise nicht kontaktiert, aber man kann
sie als freiwillige Helfer oder als Spendensammler gewinnen.
Ziel des Spiels ist es also, die richtige Wählergruppe anzusprechen.

In den 1990er-Jahren funktionierte das Targeting noch
anders: Amerikanische Wähler wurden in der Regel mittels
Daten anvisiert, die örtliche Behörden oder Einrichtungen
der Bundesstaaten zur Verfügung stellten. Normalerweise
handelte es sich dabei um Angaben zur Partei, die die Wähler freiwillig bei ihrer Wahlregistrierung als Präferenz angaben (sofern sie das taten), und ihre Wahlhistorie (bei welchen
Wahlen sie ihre Stimme abgegeben haben). Die Einschrän-

kung dieser Methode bestand darin, dass nicht alle Bundesstaaten diese Informationen herausgaben, die Wähler häufiger ihre Meinung als ihre Parteiregistrierung wechselten (oder sich für überhaupt keine Partei registrieren ließen) und diese Information nichts über die Themen aussagte, die die Wähler aktuell bewegten. Mit dem Mikrotargeting hingegen konnte man zusätzliche Datenfelder erschließen, beispielsweise den Immobilienkredit des betreffenden Wählers, für welche Abonnements er Beiträge entrichtete oder welche Automarke er fuhr, sodass er in einen größeren Zusammenhang eingeordnet wurde. Anhand solcher Daten und in Kombination mit Umfragen ist es mit statistischen Verfahren möglich, den Wähler in einem Punktesystem zu bewerten und dadurch viel genauere Informationen über ihn zu erhalten.

Obamas Wahlkampf setzte diese Technik auf breiter Basis ein und machte sie zum Zentrum der Wahlkampfoperationen. Das ist wichtig, denn das organisierte Chaos eines Wahlkampfs hat üblicherweise nichts mit dem zu tun, was auf den Bildschirmen als Reden und Wahlkampfauftritte erscheint. Es geht vielmehr um die Abermillionen direkter Kontakte freiwilliger Stimmwerber oder gezielt an einzelne Wähler versendete Direktwerbung im ganzen Land. Auch wenn das weniger sexy ist als eine zündende Rede oder ein tolles Branding, ist dies die unsichtbare Maschinerie, das entscheidende Antriebsmoment eines modernen Präsidentschaftswahlkampfs. Während alle anderen Leute auf die öffentliche Person des Kandidaten fixiert sind, konzentrieren sich die Strategen darauf, diese verborgene Maschinerie am Laufen zu halten und ständig neu zu justieren.

Schließlich erkannten einige von uns im Büro des kanadischen Oppositionsführers, wo ich damals arbeitete, dass wir der Partei zeigen konnten, wie nützlich das Netzwerk der Wähleraktivierung (Voter Activation Network, VAN) sein würde, wenn wir eine sozusagen parlamentarische Version davon für die Kontakte des Oppositionsführers zu den Wählern und Bürgern seines Wahlkreises entwickelten. Die Partei war nicht bereit, Geld für etwas so Abwegiges wie eine neue Datenbank zur Verfügung zu stellen, aber wir wussten, dass im offiziellen parlamentarischen Budget des Oppositionsführers noch Mittel vorhanden waren. Das Problem war nur, dass dies eigentlich öffentliche Mittel waren und wir jedwede Datenbank, die wir damit versuchsweise erstellen würden, nicht für politische Zwecke verwenden durften. Aber das kümmerte uns nicht sonderlich. Eine parlamentarische Version würde Angaben zu Wählern und Bürgern aus dem Wahlkreis des Oppositionsführers umfassen, die ihn kontaktiert hatten, und da Wähler seines Wahlkreises einfach auch nur Wähler wie alle anderen waren, würde sie uns erlauben, der Partei alle Funktionsweisen des VAN zu verdeutlichen, ohne dass diese dafür Geld aufwenden müsste. Und wenn die Liberale Partei Kanadas erst einmal ein solches System gesehen hatte, würde sie allmählich das Potenzial einer solchen Datensammlung erkennen. Wir fragten Mark Sullivan und Jim St George, ob sie je daran gedacht hatten, VAN international zu expandieren – nach Kanada. Bis dahin hatten sie außerhalb der USA noch kein großes Projekt durchgeführt, aber sie waren von der Möglichkeit einer Zusammenarbeit mit uns begeistert. Sullivan und St. George halfen uns, innerhalb von sechs Monaten eine auf Kanada zugeschnittene VAN-Infrastruktur zu erstellen. Zur Freude der Partei arbeitete unser VAN nicht nur auf Englisch, sondern auch auf Französisch. Es gab nur ein Problem: *Es waren keine Daten vorhanden, um das System zu füttern.*

Computermodelle sind keine magischen Kristallkugeln – sie können Vorhersagen nur dann treffen, wenn es eine ausreichende Menge Daten gibt, auf die sie sich stützen können. Hat man keine Daten, um das System zu füttern, dann sind auch keine Modelle und kein Targeting möglich. Das wäre so, als würde man einen Rennwagen kaufen, aber beim Sprit knausern – ganz gleich, wie technisch aufgemotzt der Wagen ist, er läuft einfach nicht. Also bestand der nächste Schritt darin, Daten für das VAN zu beschaffen. Aber Daten kosten Geld, und wenn sie für einen Wahlkampf verwendet werden, muss laut Gesetz die Partei dafür aufkommen und nicht das Parlamentsbüro des Oppositionsführers. Und umgehend gab es harten Widerstand seitens der Partei, die nicht gerade auf Veränderung aus war. Deshalb wandte ich mich an den Abgeordneten, der mich zur Politik gebracht hatte, Keith Martin. Er hatte mir mein erstes Praktikum verschafft, als ich noch zur Schule ging, und später meinen ersten richtigen Job im kanadischen Parlament. Martin wurde oft als der » Querdenker« in der kanadischen Politik bezeichnet, und er besetzte auch sein Büro mit Querdenkern. Für mich war er der perfekte Ansprechpartner. Als ausgebildeter Notarzt hatte Martin seine medizinische Laufbahn in afrikanischen Konfliktzonen begonnen, wo er von Verletzungen durch Landminen bis hin zu Unterernährung alles behandelt hatte. Ein echt cooler Typ, der vor der Politik ein unglaubliches Leben geführt hatte – in seinem Büro hingen Fotos, auf denen er wie Indiana Jones im khakifarbenen Hemd zwischen Leoparden saß. Als Notarzt war er darauf geeicht, keine Zeit zu verlieren, aber in der Politik überlebt man nur dann, wenn man Zeit verschwendet. Einmal war er über die zeitraubenden Prozeduren des Parlaments so aufgebracht, dass er mitten in der Debatte zur »Mace« griff, der vergoldeten mittelalterlichen Streitkeule, die wir von den Briten geerbt haben und die im Mittelgang des Unterhauses aufbewahrt wird.

Damals, 2009, war Jeff Silvester, Martins Chefberater und ehemaliger Softwareingenieur, der in die Politik gewechselt war, einer der wenigen in der Partei, der verstand, was ich vorhatte. Während meiner Arbeit für das Parlament war er mein Mentor und mein Rückhalt. Ich erklärte ihm, wir müssten unbedingt mit dem datenbasierten Targeting-Programm weitermachen, auch wenn die Partei kein grünes Licht gab. Und das bedeutete, dass wir eine Finanzierung brauchten. Mit Martins Billigung willigte Jeff ein, Geld zu beschaffen, ohne dass die Parteizentrale davon erfuhr. Wir begannen Geheimtreffen abzuhalten, auf denen ich potenziellen Spendern erklärte, dass wir das Programm brauchten, wenn die LPC im 21. Jahrhundert wettbewerbsfähig bleiben wollte. In kurzer Zeit warben wir mehrere Hunderttausend kanadische Dollar ein, was ausreichte, um das Programm zu starten. Der mit der Parteiführung unzufriedene Parteiflügel von British Columbia willigte ein, sich als Versuchskaninchen für unser Experiment zur Verfügung zu stellen.

Es war nicht klar, ob überhaupt etwas funktionieren würde. In den USA gibt es nur zwei große Parteien, in Kanada hingegen fünf. Das bedeutet, die Dimensionalität der Vorhersage ist nicht mehr binär (Demokraten oder Republikaner), sondern multivariat (Liberale, Konservative, Neue Demokratische Partei, Grüne und Bloc Québécois). Aufgrund der größeren Anzahl Optionen sind viele verschiedene Arten von Wechselwählern möglich (z. B. Liberale-Konservative vs. Liberale-NDP vs. Liberale-Grüne usw.). Auch war in Kanada und Europa der Markt für Konsumentendaten weitaus weniger entwickelt, deshalb standen viele der in den USA üblichen Datensätze nicht zur Verfügung oder mussten aus zahlreichen anderen Quellen zusammengestückelt werden. Schließlich sind in anderen Ländern Wahlkampfspenden und –ausgaben oft streng gedeckt. Nicht wenige Leute waren skeptisch, ob das Mikrotargeting außerhalb der USA überhaupt angewandt werden könnte, aber ich wollte es trotzdem versuchen.

Deshalb rief ich Ken Strasma an, der 2008 Obamas Targeting-Programm geleitet hatte, und fragte ihn, ob er uns helfen würde, in Kanada ein solches Programm zu erstellen. Daraufhin entwickelte Strasmas Team in Washington die Modelle. Das Büro in Vancouver stellte brauchbare Datensätze zusammen, zum Beispiel alte Ergebnisse aus Umfragen und von Aktionen zur Stimmenwerbung, und Strasma arbeitete aus, wie man die zusätzlichen Komplexitäten einer vielgestaltigen Parteienlandschaft in den Griff bekam. Freiwillige in ganz British Columbia erhielten sodann Listen zur Stimmenwerbung – entweder die neu erstellten zur Erprobung oder alte zur Gegenkontrolle. Die Parteimitarbeiter in British Columbia seufzten erleichtert auf, als die Ergebnisse eintrudelten. Bei vielen Wahlkämpfen versucht die Partei im direkten Kontakt mit Wählern, die sich noch nicht entschieden haben, herauszufinden, welcher Partei sie ihre Stimme geben wollen, und sie für sich zu gewinnen. Durch den Vergleich der erfolgreichen Wechselraten (wie viele der zuvor unentschiedenen Wähler ihre Unterstützung für die sie umwerbende Partei erklären), wie sie in den alten Listen verzeichnet waren, mit jenen der neuen Mikrotargeting-Listen zeigte sich klar, dass die neue Targeting-Methode in British Columbia zu höheren Wechselraten führte. Das war sensationell. Wir hatten bewiesen, dass das, was Obama in den USA geschafft hatte, auch in anderen politischen Systemen weltweit möglich war. Aber als die Parteiführung in Ottawa von unserem Projekt Wind bekam, lehnte sie ab, es landesweit durchzuführen. Sie wollten zwar Wahlkämpfe führen wie Obama, doch wenn man ihnen zeigte, wie das ging, verloren sie die Lust.

Ich hatte mich auf die Politik eingelassen, weil mir das als eine Möglichkeit erschienen war, die Welt ein wenig zu verändern. Aber nachdem ich mehr als ein Jahr lang gegen die Wand gelaufen war, zweifelte ich am Sinn meines Tuns. Dann geschah etwas Unerwartetes. In der Liberalen Partei bestand ein Großteil des Sekretariatspersonals aus einer Riege älterer Damen aus Québec, die lange genug dabei waren, um zu wissen, wie die Politik einen verändert. Sie luden mich zum Mittagessen nach Gatineau ein, dem französischen Teil der Stadt jenseits des Ottawa River. Nachdem sie sich ihre Zigaretten angezündet hatten, sagten sie zu mir mit ihren kratzigen Stimmen mit französischem Akzent: »Hör zu, werde nicht so wie wir.« Sie hätten ihr ganzes Leben der Partei geopfert, sagten sie, aber die Partei habe ihnen nichts zurückgegeben außer »Hüftspeck und diversen Scheidungen«. »Geh, genieße deine Jugend«, sagten sie »Mach, dass du von hier wegkommst, bevor du in der Falle sitzt.« Und ich begriff, dass sie recht hatten. Mit nur zwanzig Jahren stand ich schon kurz vor einer Midlife-Crisis.

Ich entschied mich für ein Jurastudium an der London School of Economics, da London wahrscheinlich weit genug von Ottawa entfernt war – mehr als 5000 Kilometer und fünf Zeitzonen jenseits des Atlantiks. Später erfuhr ich, dass einige Leute aus der Parteiführung in Kanada eigennützige Motive verfolgten. Die Partei vergab immer noch viele ihrer Werbe- und Beraterverträge sowie Druckaufträge an Firmen im Besitz und unter der Leitung hochrangiger Parteimitglieder oder von deren Freunden. Mit einer neuen, datenbasierten Methode hätten »Freunde und Angehörige« der Partei den Kürzeren gezogen. 2011, ein Jahr nachdem ich Ottawa verlassen hatte, wurde die LPC bei den Parlamentswahlen von der Konservativen Partei vernichtend geschlagen. Die Konservativen hatten auf Anraten ihrer aus den USA importierten republikanischen Berater in ausgefeilte Datensysteme investiert. Zum ersten Mal überhaupt musste sich die Liberale Partei mit dem dritten Platz zufriedengeben, mit nur 34 Sitzen im Parlament. Es war eine historische Niederlage.

Anfangs arbeitete ich für die Liberaldemokraten in London nur einige wenige Stunden pro Woche zwischen meinen Kursen an der Universität. Aber fast vom ersten Moment an war mir klar, dass die Lib Dems im Vergleich mit der Kampagne von Obama oder selbst mit der LPC ein Totalausfall von Partei waren. Die Zentrale wirkte wie ein muffiger Ramschladen, nicht wie das Herz einer politischen Maschine. Das Personal dort bestand hauptsächlich aus bärtigen Männern in Anzügen und Sandalen, die mehr Zeit damit verbrachten, Anekdoten von vorgestern zu erzählen, als irgendetwas zu tun, damit ihr Wahlkampf in Schwung kam. Ich bat darum, mir ihr Datensystem ansehen zu dürfen, woraufhin mir jemand etwas über ein System namens EARS erzählte, was für Electoral Agents Record System stand. »Wow, okay. Das sieht ... nach alter Schule aus«, sagte ich. »Stammt das aus den Achtzigern?« Es war, als würde man nach einer Grafikdemo für ein Computerspiel fragen und bekäme eines dieser alten *Pong*-Spiele serviert. Man erzählte mir, eines der Systeme sei während des Vietnamkriegs entworfen worden.

Vielen in der Partei wurde schnell klar, wie überlegen VAN gegenüber allem sonst Erhältlichem war, und schließlich genehmigte die Partei einen Vertrag mit VAN zum Aufbau einer Dateninfrastruktur. Aber jetzt benötigten wir eben Daten – den Sprit, damit der Ferrari auch lief. Bei diesem Schritt war das Projekt in Kanada gescheitert, und in Großbritannien lief er auch nicht stolperfrei ab. Dort gibt es kein landesweites Wahlregister – das wird alles von den Stadtverwaltungen geführt –, also mussten wir uns an Hunderte verschiedene städtische Behörden im ganzen Land wenden und sie um die Wählerdaten bitten. Einmal hatte ich eine Agnes in West Somerset am Telefon, die klang, als sei sie hundertfünf Jahre alt, und die wahrscheinlich das Wählerregister führte, seit das Frauenwahlrecht eingeführt worden war. Als ich sie fragte, ob sie eine digitale Kopie des Registers habe, verneinte sie. Sie führe es, wie es schon immer geführt worden sei, nämlich auf Papier, aber ich könne mir eine Kopie in einem gebundenen Buch im Rathaus ansehen. Manchmal waren die örtlichen Beamten bereit, uns die Daten auszuhändigen, manchmal nicht. Manchmal hatten sie sie in elektronischer Form, manchmal war es ein PDF, manchmal waren es Papierstapel, die wir einscannen mussten. Excel-Dateien wurden in der Regel ohne Passwort per E-Mail zugestellt – wer stahl denn schon Wählerdaten?

Das britische Wahlsystem steckte noch in den 1850er-Jahren fest und, wie ich bald feststellte, ebenso die Taktik der Lib Dems. Es war nicht schwer zu verstehen, warum die Partei und ihr Vorläufer, die Liberale Partei, seit dem Zweiten Weltkrieg eine Niederlage nach der anderen kassiert hatten. Ihre Vorsitzenden wussten nicht mehr, wie man gewinnt, und waren vor allem davon besessen, Faltblätter zu verteilen. Sie wurden als »Focus« bezeichnet und beschäftigten sich in der Regel mit »örtlichen Missständen« wie Schlaglöchern oder der Müllabfuhr. Die Lib Dems hielten dies für eine schlaue Methode, ihre Botschaft in etwas einzukleiden, das wie eine Lokalzeitung aussah. Aber mit dieser Ramschladen-*Prawda* der Lib Dems gab es ein Problem: Keiner las sie. Ihrer Vorstellung nach war ein Wähler jemand, der das Wochenende damit verbrachte, Kataloge von Versandhäusern und politischer Literatur zu durchblättern – Funktionäre politischer Parteien sind oft sozial so ahnungslos, dass sie vergessen, dass gewöhnliche Leute auch ein Leben haben. Obwohl die kleinste der drei wichtigsten Parteien, verfügten die Lib Dems über die meisten Freiwilligen, die mit Feuereifer ihre Faltblätter bei Wind und Wetter unter Haustüren hindurchschoben. Die Partei beschloss sogar, wie viele Faltblätter verteilt werden sollten, noch bevor sie festgelegt hatte, was in ihnen stehen sollte.

In der Welt der Hacker bezeichnet der Ausdruck »brute force«, rohe Gewalt, die Methode, auf gut Glück jede mögliche Kombination eines Passworts auszuprobieren, bis man auf die richtige stößt. Eine Strategie braucht man dazu nicht – man probiert einfach alles aus und schaut, was funktioniert. Das war es im Grunde, was die Lib Dems praktizierten, sie gaben Unmengen Geld für Faltblätter aus, ohne bestimmte Wähler anzuvisieren. Brute Force ist geistloses Hacken, lächerlich ineffizient, aber gelegentlich von Erfolg gekrönt. Es gab mit Sicherheit wirksamere Methoden, Wahlen zu gewinnen. Aber als ich Alternativen zur üblichen Praxis, die Wähler mit Propaganda für die obere Mittelschicht zuzumüllen, aufzuzeigen versuchte, inklusive Clip Art von MS Word, erhielt ich einen Vortrag darüber, »wie Lib Dems gewinnen«. Und man belehrte mich über die legendäre Nachwahl in Eastbourne 1990 – den Überraschungssieg des ersten Abgeordneten der Lib Dems seit dem Zusammenschluss der Liberalen Partei mit der Sozialdemokratischen Partei 1988 –, wo sie offensichtlich eine *Unmenge* Faltblätter verteilt hatten. An Eastbourne herumzukritteln war Gotteslästerung. Sekten fordern Konformismus ein, die Lib Dems waren keine Ausnahme. Die Partei war eine Faltblatt-Sekte.

Nachwahlen sind außerplanmäßige Wahlen, die etwa dann notwendig werden, wenn ein Parlamentsmitglied verstirbt.

Die Lib Dems waren ganz besessen von Nachwahlen. Hatte die Partei eine Nachwahl gewonnen, benahmen sich die Abgeordneten aus irgendeinem Grund, als hätten sie ganz Großbritannien mit Transparenten gewonnen, auf denen zu lesen stand: Hier gewinnen Liberaldemokraten! Aber ich beschloss, bei meinen Recherchen jede Wahl und jede Nachwahl seit 1990 aufzulisten, und stellte fest, dass die Partei die allermeisten davon verloren hatte. »Was Sie tun, hilft Ihnen nicht beim Gewinnen. Es hilft Ihnen beim Verlieren. Hier sind die Daten«, sagte ich zu ihnen. »Das sind Tatsachen.«

Einige aus der Parteiführung hörten mir zu, aber die meisten schienen einfach nur sauer zu sein. Sie verkauften sich dem treuen Parteivolk als »Wahlgurus« und waren nicht scharf darauf, dass ein dahergelaufener Neuling ihnen erklärte, wie man ihr System ins 21. Jahrhundert holen könnte. Das versprach nichts Gutes.

Inzwischen hatte ich begonnen, mit den Wählerdaten herumzuspielen, die wir von Datenhändlern wie Experian bekamen. Ich experimentierte mit verschiedenen Arten von Sandkastenmodellen, ähnlich wie ich es in Kanada gemacht hatte. Aber egal, wie ich die Modelle anlegte, es gelang mir kein einziges, das verlässlich Wähler der Lib Dems vorhersagen konnte. Für Wähler der Tories oder von Labour war es dagegen überhaupt kein Problem. Schnieker Typ in einer ländlichen Gemeinde in Waldnähe? Tory. Lebt in einer Sozialsiedlung in Manchester? Labour. Lib Dems hingegen waren diese Sonderlinge mittendrin, die sich jeder genaueren Zuordnung entzogen. Manche wirkten labourmäßig, andere toryartig. Verdammt, was hatte ich übersehen? Ich überlegte, ob vielleicht eine latente Variable im Spiel war. In den Sozialwissenschaften ist eine »latente Variable« ein Element, das das Ergebnis beeinflusst, das man aber noch nicht beachtet bzw. gemessen hat – ein darunterliegendes Konstrukt, das man einfach nicht im Blick hat. Also wo war hier das unerkannte Konstrukt?

Ein Problem war, dass ich mir von einem Wähler der Lib Dems überhaupt kein Bild machen konnte. Tories konnte ich visualisieren, sie waren – ganz allgemein gesagt – entweder reiche Schnösel wie aus *Downton Abbey* oder Typen aus der Arbeiterklasse mit immigrationsfeindlicher Haltung. Die Wähler von Labour kamen eher aus dem Norden, waren Gewerkschaftsmitglieder, lebten in Sozialwohnungen oder arbeiteten bei öffentlichen Unternehmen. Aber wer waren die Wähler der Lib Dems? Ich konnte mir keinen Weg zum Sieg vorstellen, wenn ich mir nicht vorstellen konnte, wer mit uns auf diesem Weg mitmarschieren würde.

Also begann ich im späten Frühjahr 2011, in Großbritannien umherzureisen, um das herauszufinden. Mehrere Monate lang besuchte ich morgens meine Kurse an der Universität, und nachmittags setzte ich mich in den Zug, um an Orte mit so reizenden Namen wie Scunthorpe, West Bromwich und Stow-on-the-Wold zu fahren. Meine Absicht war, Wähler und Fokusgruppen zu befragen, aber nicht auf die übliche Art. Statt vorbereitete, schriftlich fixierte Fragen zu stellen, führte ich unstrukturierte Gespräche, sodass mir die Leute von ihrem Leben erzählen konnten und davon, was ihnen wichtig war. Ich hätte direkt auf das Thema des Abstimmungsverhaltens umschwenken können, aber mir war klar, dass jede Frage, die ich stellte, davon beeinflusst war, welche Frage ich, der Fragende, für die wichtigste hielt. Sicher, ich hätte Antworten auf meine Fragen zum Abstimmungsverhalten bekommen, aber was, wenn das die falschen Fragen waren? Ich sprach ja deshalb mit den Leuten, weil ich wusste, dass ich bereits durch meine eigenen Erfahrungen voreingenommen war. Dabei hatte ich keine Ahnung, wie das Leben eines älteren

Briten, der in Newcastle in einer Sozialsiedlung wohnte, wirklich aussah, oder das einer alleinerziehenden Mutter mit drei Kindern in Bletchley. Ich wollte, dass sie mir das erzählten, was sie mir über ihr Leben wirklich mitteilen wollten, in ihren eigenen Worten und nach ihren eigenen Vorstellungen. Von örtlichen Wahlkreisgruppen der Partei und Meinungsforschungsinstituten ließ ich mir dabei helfen, nach dem Zufallsprinzip Leute für solche Gespräche auszuwählen.

Die Fokusgruppen in kleineren Dörfern hatten oft keine Adresse. Dann hieß es: »Wir treffen uns oben im Landhaus auf dem Hügel. Sie gehen einfach am Pub vorbei, über das Feld mit den Narzissen, und nach einer Weile sehen Sie es schon.« Ein paar Leute aus der Stadt würden kommen, und vielleicht würde auch Clive, der Dorfkneipenwirt, oder Lord Hillingham, der Gutsbesitzer, vorbeischauen. Manchmal ging ich auch einfach in das Dorfpub und plauderte dort mit den Gästen. Die Briten waren schrullig, tiefgründig, und oft machte es Spaß, mit ihnen zu reden. Die Fokusgruppen erinnerten mich an die Gemeindeversammlungen, die ich in British Columbia so sehr gemocht hatte. Die Leute redeten, und ich hörte ihnen einfach zu und machte mir Notizen.

Diese vielen Gespräche führte ich allein, denn die Partei war nicht sonderlich an dem interessiert, was mir vorschwebte. Aber ich fing an, die vielen Facetten der Lib Dems zusammenzupuzzeln. Schnell wurde klar, dass sie viele verschiedene Leben lebten. Es waren Farmer in Norfolk, die Hüte mit Schottenkaros trugen. Hipster aus der Kunstszene in Shoreditch. Ältere walisische Damen in den Mumbles oder in Llanfihangel-y-Creuddyn. Schwule in Soho. Professoren in Cambridge, die sich seit 12 Jahren die Haare nicht mehr gekämmt hatten. Die Wähler der Lib Dems waren ein sonderbarer, bunter Haufen.

Zwar sahen sie alle unterschiedlich aus, aber eine Gemeinsamkeit hatten sie. Wähler von Labour sagten: »Meine Partei ist Labour.« Und die Konservativen sagten: »Ich gehöre zu den Tories.« Aber die Liberaldemokraten sagten fast nie »Ich gehöre zu den Lib Dems«, sondern »Ich *wähle* die Liberaldemokraten.« Das war ein kleiner, aber letztlich wichtiger Unterschied. Es dauerte eine Weile, bis ich herausfand, dass dies mit der Geschichte der Partei zu tun haben könnte. Die Partei war in ihrer modernen Form erst 1988 offiziell entstanden, nach dem Zusammenschluss zweier kleinerer Parteien, was bedeutete, viele ihrer jetzigen Wähler stammten ursprünglich aus alten Tory- oder Labour-Familien. Das wiederum bedeutete, dass sie an einem bestimmten Punkt in ihrem Leben eine aktive Entscheidung getroffen hatten, von der alten Partei zu dieser neuen Partei zu wechseln. Für sie war die Unterstützung der Liberaldemokraten eine *Handlung*, keine Frage der *Identität*.

Einer der Menschen, die mich nach London gelockt hatten, war Mark Gettleson, der bald zu einem meiner besten Freunde wurde. Ich hatte Gettleson ausgerechnet in Texas kennengelernt. Als ich damals 2007 bei der LPC anfing, sollte ich auf einem Kongress der Demokratischen Partei in Dallas ein wenig netzwerken. Ich schlenderte zwischen Hunderten Leuten in einem riesigen Saal umher und staunte über all die Cowboyhüte, als eine nuschlige britische Stimme hinter mir sagte: »*Hoppla,* du bist aber nicht von hier!« Ich wandte mich um, und vor mir stand ein Kerl, der über beide Ohren grinste, waldgrüne Hosen und ein geblümtes Liberty-Hemd trug. Ich mit meinem gebleichten, platinblonden Haar und dem klassischen Pony der Nullerjahre, er mit seinem dandymäßigen Aufzug – wir wurden voneinander angezogen wie zwei Schmetterlinge auf einem Mottenkongress.

Gettleson, Sprössling einer Familie von jüdischen Anti-
quitätenhändlern auf der Londoner Portobello Road, ist eine
schicke Erscheinung, exzentrisch, herrlich manieriert, und er
spricht auf eine Art, die an den Schauspieler Stephen Fry erinnert. Im 18. Jahrhundert wäre er ein Dandy in den Londoner
Salons gewesen. Er verfügt über eine unglaublich vielseitige
Bildung. Unterhält man sich mit ihm, kann er in einem einzigen Atemzug Verbindungen zwischen dem Hip-Hop der
frühen 1990er-Jahre und dem Deutsch-Französischen Krieg
ziehen. An jenem Abend waren Gettleson und ich sofort auf
einer Wellenlänge, und in den folgenden Jahren traf ich ihn
bei verschiedenen politischen Veranstaltungen in den USA
und Großbritannien. Als ich dann in England wohnte, begannen wir, um die Häuser zu ziehen, und manchmal landeten
wir in der ehemaligen Krypta unter einer alten Kirche, die er
in eine sagenhafte Wohnung umgewandelt hatte, mit bizarren antiken Miniaturen und Kunstwerken, die überall herum-
lagen inmitten eines Chaos, das irgendwie funktionierte. »Ich
habe es nicht so mit dem Minimalismus, Chris. Ich bin ein *Ma-
ximalist*«, sagte er, als ich mir seine Objekte genauer ansah.

Mir ging es toll in London, und ich hatte schnell einen großen Freundeskreis. Obwohl ich an der LSE Jura studierte und
für das Parlament arbeitete, waren die meisten meiner Freunde Clubgänger, Tänzer, Tunten, extravagante Kreative und
Designstudenten aus Central Saint Martins, eine der weltweit
besten Design- und Fashionschulen, an der Leute wie Alexander McQueen, John Galliano und Stella McCartney studiert
haben. Was Gettleson so einzigartig machte, war, dass er wie
ich zwischen all diesen verschiedenen Welten mühelos hin
und her wechselte. Damals arbeitete er für das Londoner Büro
von Penn, Schoen and Berland, das bekannte Beratungsun-

ternehmen, zu dessen Kunden auch die Clintons gehört hatten. Er war die *einzige* mir bekannte Person, die mich zu einem formellen Empfang mit Ministern im Terrace Pavilion im Parlament begleiten konnte und später am Abend dann mit mir, aufgebrezelt mit Make-up, Glitter und Perücken, in einer wogenden Prozession von Tunten auf einem Glam-Ball von »Sink the Pink« landete. Gettleson war unwiderstehlich, und alle meine Freunde himmelten ihn an. Er war so einfühlsam wie ausgelassen, und wenn wir ausgingen, behütete er junge Schwule wie ein Collie seine Lämmer. Sie waren völlig hingerissen, wenn er spontan mithilfe von Barbiepuppen und Stimmenimitation erläuterte, warum die Appeasement-Politik von Neville Chamberlain gescheitert war – um vier Uhr morgens, auf dem Höhepunkt einer gewaltigen Hausparty.

Gettleson war auch einer der wenigen, die verstanden, was ich mit den Daten erreichen wollte. Eines Nachmittags, als ich mich darüber beklagte, wie schwierig es sei, ein Modell für das Wahlverhalten von Anhängern der Lib Dems zu entwerfen, erzählte ich ihm, dass ich darüber nachdenke, ob ich mir nicht Rat bei Professoren aus Cambridge holen sollte. Er verschaffte mir den Kontakt zu Brent Clickard, der gerade seine Doktorarbeit in Experimentalpsychologie in Cambridge abschloss und mich vielleicht einigen dortigen Professoren vorstellen konnte. Wie sich herausstellte, war Clickard alles andere als nur eine bloße Verbindungsstelle zu Cambridge. Wie Gettleson war er ein Dandy, und zwar von der Art, die sich in Tweed kleidet und stets ein frisches Paisley-Einstecktuch trägt. Er stammte aus einer wohlhabenden Familie im Mittleren Westen der USA, sprach aber mit einem herrlich affektierten mittelatlantischen Akzent, als spielte er eine Rolle in *Casablanca*. Bevor er beschlossen hatte, nach England zu ziehen, war er Tänzer im Los Angeles Ballet gewesen.

Im Laufe mehrerer alkoholgeschwängerter Unterhaltungen schlug Clickard vor, ich solle mir die Persönlichkeit als Faktor des Wahlverhaltens genauer ansehen. Vor allem wies er mich auf das Fünf-Faktoren-Modell der Persönlichkeit hin, das eine Persönlichkeit als ein Set von Einstufungen auf fünf Skalen darstellt: Offenheit, Gewissenhaftigkeit, Extraversion, Verträglichkeit und Neurotizismus. Im Laufe ihrer Erprobung hat sich die Messung dieser fünf Merkmale als effektive Vorhersage für viele Aspekte im Leben eines Menschen erwiesen. Eine Person beispielsweise, deren Faktor Gewissenhaftigkeit einen hohen Wert aufweist, wird wahrscheinlich in der Schule gut abschneiden. Jemand mit höherem Wert im Faktor Neurotizismus ist anfälliger für Depressionen. Künstler und Kreative haben tendenziell höhere Werte, was Offenheit betrifft. Menschen, die weniger offen und eher gewissenhaft sind, neigen dazu, Republikaner zu wählen. Das klingt simpel, aber das Fünf-Faktoren-Modell kann ein enorm nützliches Werkzeug für die Vorhersage des Abstimmungsverhaltens sein. Im politischen Diskurs tauchen oft Phrasen zur Beschreibung der Kandidaten, der Politik oder der Parteien auf, die sich auf Persönlichkeitsmerkmale beziehen. Obama propagierte *Wandel*, *Hoffnung* und *Fortschritt* – anders gesagt, er bot ein Wahlprogramm der Offenheit für neue Ideen. Andererseits setzen die Republikaner den Schwerpunkt eher auf *Stabilität*, *Unabhängigkeit* und *Tradition* – im Grunde ein Programm der Gewissenhaftigkeit.

Als ich spät in der Nacht in meinen Aufzeichnungen las, wurde mir schließlich etwas klar. Vielleicht hatten die Lib Dems keine geografische oder demografische Basis; vielleicht waren sie das Produkt einer *psychologischen Basis*. Ich stellte eine Pilotstudie zusammen und fand heraus, dass die Lib Dems tendenziell bei Offenheit höhere Werte und bei Verträglichkeit niedrigere Werte erzielen als Labour- und Tory-Wähler. Da merkte ich, dass diese Lib Dems ebenso wie ich dazu neigten, offen, neugierig, exzentrisch, verbohrt und zuweilen ein wenig zickig zu sein. Deshalb konnten ein Künstler im Londoner Osten, ein Professor in Cambridge und ein Farmer in Norfolk sich auf ihre jeweils eigene Weise mit dieser Partei identifizieren, obwohl sie ein sehr unterschiedliches Leben führten.

Das Fünf-Faktoren-Modell war der Schlüssel, mit dem sich der Code der Lib Dems knacken ließ – und schließlich wurde es zur zentralen Idee hinter Cambridge Analytica. Das Fünf-Faktoren-Modell half mir, Menschen auf eine neue Weise zu verstehen. Meinungsforscher sprechen oft von monolithischen Wählergruppen – weibliche Wähler, Wähler aus der Arbeiterschicht, schwule Wähler. Auch wenn dies sicherlich wichtige Faktoren für die Identität und das Leben der Menschen sind, gibt es nicht so etwas wie die weiblichen Wähler, die Latino-Wähler oder was dergleichen Etiketten sind. Überlegen Sie: Wenn Sie auf der Straße zufällig hundert Frauen auswählen, haben diese dann alle dieselbe Persönlichkeit? Oder hundert Afroamerikaner? Sind sie alle gleich? Können wir wirklich sagen, dass diese Leute aufgrund ihrer Hautfarbe oder ihrer Vagina Klone sind? Sie alle haben unterschiedliche Erfahrungen, Probleme und Träume.

Als ich die Nuancen der Identität und Persönlichkeit erforschte, begann mir zu dämmern, warum Politiker, obwohl sie ständig Meinungsumfragen durchführen lassen, dennoch oft so fürchterlich wirklichkeitsfremd wirken. Es liegt daran, dass so viele ihrer Meinungsforscher wirklichkeitsfremd sind. Meinungsforschungsinstitute beeinflussen die Vorstellung der Politiker darüber, wie die Identität ihrer Wähler beschaffen sei, und die ist in der Regel entsetzlich vereinfacht oder schlichtweg falsch. Die Identität ist überhaupt nichts einfach zu Benennendes, sondern besteht aus vielen verschiedenen Facetten. Die meisten Menschen sehen sich nicht einmal als »Wähler«, ganz zu schweigen davon, dass sich ihre Identität nicht nach ihrer Haltung zur Steuerpolitik ausrichtet. Wenn eine Frau in einem Lebensmittelladen einkaufen geht, wird sie vermutlich nicht den Einkauf plötzlich in einem Moment greller Selbsterkenntnis abbrechen und mitten im Geschäft begreifen, dass sie eine *weiße, akademisch gebildete, in einer Vorstadt lebende Frau aus einem Wechselwählerstaat* ist. Jedes Mal, wenn ich mich mit Fokusgruppen unterhalten habe, erzählten mir die Leute davon, wie sie aufgewachsen sind, was sie arbeiten, wie es ihrer Familie geht, welche Musik sie mögen, was sie am meisten ärgert und wie sie sich selbst sehen – die Art von Dingen, über die man beim ersten Rendezvous spricht. Können Sie sich vorstellen, wie schrecklich ein solches erstes Rendezvous enden würde, wenn man dabei nur die üblichen Fragen von Meinungsforschern stellen dürfte? Ja, genau.

Ende 2011 eröffnete ich Nick Cleggs Team, dass meiner Meinung nach die Partei in ernsten Schwierigkeiten stecke. Die Daten hätten gezeigt, dass die Wähler der Lib Dems ideologisch verbohrt und starrsinnig seien und Kompromisse hassten. Doch die Partei sei seit ihrem Eintritt in die Koalitionsregierung mit den Tories das genaue Gegenteil davon. Die Partei werde von kompromisslosen Anhängern unterstützt, und dennoch beteilige sie sich an einer Regierung, die darauf gründe, dass sie ihre Prinzipien zur Disposition stelle. Diese nachgiebige Haltung sei ein Verrat an den Idealen der Lib-Dem-Wähler und treibe Mitglieder aus der Partei.

In einem alten, holzvertäfelten Ausschussraum des Parlaments bereitete ich für die Parteiführer der Lib Dems eine

Präsentation vor. Sie waren zusammengekommen, um sich ein vorläufiges Fazit meiner Forschungen anzuhören, und waren gespannt, was man mit all dieser neuen Technologie herausfinden konnte. Aber ihr Lächeln gefror schlagartig, als ich sie mit einem Untergangsszenario konfrontierte und in allen Einzelheiten die taktischen Defizite der Parteistrategie erläuterte. Auf einer meiner Folien war zu sehen, dass sowohl Labour als auch die Tories über umfangreiche Datenerhebungen zur Wahlbevölkerung verfügten, was bedeutete, dass sie ziemlich viele Daten zu jedem einzelnen Wähler zusammengetragen hatten, während die Lib Dems nicht einmal über 2 Prozent davon verfügten. Mein Bericht war vernichtend und beschämend, und keiner wollte etwas damit zu tun haben – und letztlich auch nicht mit mir. Der Fairness halber muss ich hinzufügen, dass ich zuweilen ein wenig unverblümt bin und dazu neige, Leute vor den Kopf zu stoßen. Ich bin ein wenig so wie Marmite, dieser typisch britische Brotaufstrich, die Leute mögen oder hassen ihn, aber niemand ist ihm gegenüber gleichgültig. Es erübrigt sich, zu sagen, dass die Parteimitglieder nicht gerade Lust darauf hatten, sich von einem dahergelaufenen Kanadier, der wie ein Praktikant aussah, erklären zu lassen, was sie alles falsch machten.

Der einzige Liberaldemokrat, der wirklich zuhörte, war der Fraktionschef, Alistair Carmichael. Er ist so schottisch, wie man nur schottisch sein kann, und stammt aus Islay, der südlichsten Insel der Inneren Hebriden. Mit der gälischen Sprache aufgewachsen, pflegt Carmichael heute einen Highlander-Akzent, vermischt mit einem eher »saubereren« Edinburgh-Akzent, den er sich in seinen ersten Jahren als Staatsanwalt angeeignet hat. Er ist mitteilsam und warmherzig, und wenn ich ihn in seinem Büro aufsuchte, lud er mich stets zu einem Glas Whisky aus seiner gut bestückten Vitrine ein. Als Fraktionsführer einer Regierungspartei war er ein abgebrühter politischer Ränkeschmied, hinter dessen lockerer Art sich ein profundes Wissen über die Hebel der Macht verbarg. In seiner Position sah und hörte er alles, deshalb wandte ich mich an ihn um Rat, wie man aus der Sackgasse herauskommen könnte, die ich in der Partei wahrnahm. Ich hatte immer das Gefühl, mit Carmichael völlig offen reden zu können, was er als jemand, der selbst kein Blatt vor den Mund nahm, respektierte. Und er versuchte, leider mit wenig Erfolg, die Parteifunktionäre davon zu überzeugen, meinem Rat zu folgen.

All das war enorm frustrierend. Ich zeigte ihnen Daten, ergänzt durch von Fachleuten geprüfte Literatur. Ich legte ihnen wissenschaftliche Studien vor. Und sie reagierten darauf, indem sie mich als pessimistisch und problematisch und als schlechten Teamplayer bezeichneten. Der Gipfel war, dass jemand meine Folien leakte, offenbar in dem Versuch, mich zu blamieren. Das erwies sich aber als Fehlzündung, als ein Journalist zustimmend über meine Argumente schrieb und anmerkte, dass die Lib Dems an einem »großen Faltblatt-Problem« litten und bei der Datensammlung und -auswertung weit hinter den Tories und Labour zurücklagen. Wenn man so viel Zeit mit dem Erforschen von Wählern verbringt und ihnen persönlich begegnet, fühlt man sich ihnen immer mehr verbunden. Meinem Gefühl nach ging es bei meiner Arbeit nicht allein darum, eine Wahl zu gewinnen, sondern auch darum, zu verstehen, wie das Leben der Menschen wirklich aussah. Es ging darum, den Inhabern der Macht immer wieder klar zu sagen, wie es sich anfühlte, in der Falle von Armut, Unwissenheit und Konformität zu sitzen.

Zwei Jahre später, 2014, verloren die Liberaldemokraten 310 Kommunalmandate und bis auf einen alle ihrer zwölf Sitze im Europaparlament. Der Todesstoß erfolgte im Mai

2015, als die Partei in der Bedeutungslosigkeit versank, nachdem sie 49 ihrer 57 Sitze im Parlament eingebüßt hatte. Mit ihren verbliebenen acht wiedergewählten Abgeordneten hätte die gesamte Parlamentsfraktion der Lib Dems bequem in einen Kleinbus wie den Mazda Bongo gepasst.

Die Terrorismusbekämpfer tragen Prada

Der Stadtteil Mayfair mit seinem ungeniert zur Schau gestellten Erbe des Empire repräsentiert wie kein anderer Ort in London Reichtum und Macht. Beim Flanieren durch die alten Straßen entdeckt man zahllose blaue, kreisförmige Plaketten an den Häusern – zur Erinnerung an die berühmten Dramatiker, Schriftstellerinnen, Politikerinnen und Architekten, die einst hier logierten. Südöstlich von Mayfair, nicht weit entfernt von Downing Street 10, befindet sich der St. James's Square, gesäumt von großartigen alten Wohnhäusern im georgianischen Stil. An seiner Nordseite liegt Chatham House, Sitz des Royal Institute of International Affairs; an der Ostseite die Zentrale von British Petroleum (BP), einer der größten Ölkonzerne der Welt, sowie Norfolk House, in dem während des Zweiten Weltkriegs die Büros von US-General Dwight D. Eisenhower und das Hauptquartier der Alliierten Streitkräfte in Europa untergebracht waren. Dazwischen haben sich mehrere Privatclubs angesiedelt wie der in der Kolonialzeit gegründete East India Club oder der Army and Navy Club. In der Mitte des Platzes steht ein Reiterstandbild Williams III., umgeben von einem Park. Ein schmiedeeiserner Zaun, Sträucher und penibel gepflegte Blumenbeete umringen ihn. St.

James's Square ist ein lebendes Denkmal für die weltweite Vorherrschaft des britischen Kolonialismus.

Einige Schritte südlich von BP, an der Ostseite des Platzes, steht ein mehrere Stockwerke hohes, 1770 errichtetes Gebäude mit einer Fassade aus Sandstein in sanftem Grau, im Erdgeschoss und darüber flachsfarbenem Backstein und ionischen Steinsäulen, die den Eingang flankieren. Davor ein roter Briefkasten der Royal Mail. Dies war Anfang 2013 das Hauptquartier der SCL Group. Leiter der Firma, die ursprünglich den vollen Namen Strategic Communication Laboratories trug, war Nigel Oakes, und sie existierte in verschiedener Form seit 1990. SCL hatte aufgrund einer Genehmigung der britischen Regierung Zugang zu Informationen, die der Geheimhaltung unterlagen, und im Vorstand saßen ehemalige Minister der Ära Thatcher, pensionierte Militärs sowie Professoren und Außenpolitiker. Das Unternehmen arbeitete vorwiegend für militärische Einrichtungen und führte weltweit Operationen psychologischer und anderweitiger Einflussnahme durch, beispielsweise in Pakistan zur Verhinderung der Rekrutierung von Dschihadisten, im Südsudan zur Entwaffnung und Demobilisierung von Kämpfern oder in Südamerika zur Bekämpfung des Drogen- und Menschenhandels.

Zum ersten Mal hörte ich von SCL im Frühjahr 2013, wenige Monate nach meinem Weggang von den Liberaldemokraten, als mich ein Parteiberater, mit dem ich in Kontakt geblieben war, anrief und mir von einer Neugründung erzählte. Er habe, sagte er, an mich gedacht, weil diese Firma »Datenexperten für ein Projekt zur Verhaltensforschung« suche, an dem auch das Militär beteiligt sei. Bis dahin war mir nie in den Sinn gekommen, an militärischen Programmen mitzuarbeiten, doch nach zwei Reinfällen bei politischen Parteien in Kanada und Großbritannien war ich bereit, es mit etwas anderem zu versuchen.

Als ich durch die Eingangstür trat, lag eine Lobby mit schwarzweißem Marmorboden im Schachbrettmuster, einem Kristalllüster und Stuckverzierungen an den cremefarbenen Wänden vor mir. Der ursprüngliche Zustand des Gebäudes war zum Großteil erhalten geblieben, so auch die Anordnung mehrerer Räume rund um einen Marmorkamin. Die Böden zierten flauschige grüne Teppiche mit niedlichen rot-weißen Rüschen an den Rändern. Man führte mich in einen kleinen Raum, wo ich auf einen Mann namens Alexander Nix warten sollte, einen der Chefs der SCL Group. Ich weiß noch, dass es dort ungewöhnlich warm war, als hätte man, obwohl bereits Ende Frühjahr, die Heizung voll aufgedreht. (Später erfuhr ich, dass Absicht dahintersteckte – es war eine Methode, um die Leute vor dem Meeting weichzukochen.) Nachdem ich etwa zehn Minuten in diesem Schwitzkasten verbracht hatte, kam ein Mann herein. Als Erstes fielen mir sein tadellos geschnittener Anzug aus der Savile Row und sein Hemd mit den eingestickten Initialen auf. Er hatte saphirgrüne Augen, die in krassem Gegensatz zu seiner blassen, pergamentartigen Haut standen.

Es war das ideale Arrangement für meinen ersten Kontakt mit Alexander Nix, einem Sprössling der britischen Oberschicht, der in Eton zur Schule gegangen war, wo auch die Royals ihre Kinder hinschickten und wo Schwalbenschwanz, Nadelstreifenhose und weißer Kragen immer noch zur Schuluniform gehören. Die meisten englischen Adeligen haben etwas Geziertes an sich, und in dieser Hinsicht enttäuschte auch Nix nicht. Sein britischer Oberschicht-Akzent hätte ausgeprägter nicht sein können, er trug eine schwarz umrandete

Brille, und seinen rotblonden welligen Haarschopf ließ er bewusst lässig ein wenig in die Stirn fallen. Er bat mich, zwischen Stapeln aus Papier und Schachteln – Überbleibsel eines kürzlich beendeten Projekts, wie er mir erklärte – Platz zu nehmen. Man beabsichtige, bald in ein größeres Büro umzuziehen.

Es dauerte nicht lange, bis Nix dazu überging, die Besonderheiten der Geschäfte von SCL zu schildern. Er ließ mich eine Geheimhaltungsvereinbarung unterschreiben, dann erklärte er mir, dass seine Firma hauptsächlich für Militär- und Geheimdienste arbeite, und zwar an Projekten, die die Regierungen selbst nicht offiziell durchführen könnten. »Wir kämpfen da um Herzen und Köpfe … Sie wissen schon, aber das muss sein.« Er deutete auf ein gerahmtes Foto von einer Demonstration, die offenbar in einem Land irgendwo in Afrika stattgefunden hatte.

Als ich nach Einzelheiten fragte, holte er ein paar Berichte hervor. Während ich sie durchblätterte, erklärte mir Nix die TAA (Target Audience Analysis), die Zielgruppenanalyse. Sie sei der erste Schritt eines geheimdienstlichen Projekts, sagte er – Analyse und Segmentierung. Doch die Berichte zeigten mir, dass die dafür angewandte Methodik unfassbar grob war – und ich scheute mich nicht, das auch zu sagen.

»Das könnte man deutlich besser machen«, erklärte ich. Wie ich bald zu spüren bekommen sollte, konnte Nix seine Beherrschung verlieren, sobald er den Eindruck hatte, dass sein angeborenes Überlegenheitsgefühl infrage gestellt wurde. Jetzt aber reagierte er nur ein wenig gereizt.

»Wir sind«, sagte er, »die Firma, die das am besten macht.«

»Zweifellos«, erwiderte ich, »aber beim Targeting könnten Sie sich noch enorm steigern. Das hier ist in etwa so, als würde die Armee Flugblätter aus einem Flugzeug werfen. Wenn die Armee über lasergelenkte Raketen verfügt, warum betreiben Sie dann Propaganda auf diese Weise?« Es war eine barsche Antwort – vor allem, da es sich hier möglicherweise um ein Bewerbungsgespräch handelte –, und Nix war baff. Ich bin derjenige, der das Gespräch führt, schien er zu denken. Die Begegnung endete abrupt, und als ich hinausging, dachte ich: Was für eine Zeitverschwendung.

Aber das war es nicht. Kurz darauf rief er mich an und fragte, ob ich zu einem weiteren Gespräch bereit sei und ihm erklären würde, was SCL meiner Ansicht falsch mache und was man tun könne.

Die Welt der psychologischen Kriegführung, zu der auch SCL gehörte, existiert bereits, seit Menschen überhaupt Kriege führen. In dem Wissen, dass die Ägypter den Katzengott Bastet verehrten, malten im sechsten Jahrhundert v. Chr. Kämpfer des Großpersischen Reiches Katzen auf ihre Schilde, um die Ägypter davon abzuhalten, in der Schlacht auf sie zu zielen. Statt die Städte des Feindes einfach zu zerstören und zu plündern, wandte Alexander der Große psychologische Taktiken an und ließ dort Soldaten zurück, damit sie die griechische Kultur verbreiteten und dafür sorgten, dass sich die Besiegten in sein riesiges Reich integrierten. Im Mittelalter setzten Timur und Dschingis Khan Terror als psychologische Waffe ein, enthaupteten ihre Feinde und stellten die abgeschnittenen Köpfe auf Spießen zur Schau. In Russland soll Iwan der Schreckliche die Massen unter anderem damit terrorisiert haben, dass er auf dem Roten Platz riesige Pfannen aufstellen ließ, in denen er seine Gegner bei lebendigem Leibe briet. Im Zweiten Weltkrieg perfektionierten die Briten die Kunst der Irreführung des Feindes, indem sie mit Panzerattrappen Invasionen vortäuschten und in der Operation mit dem fantastischen Namen *Mincemeat,* Hackfleisch, sogar gefälschte Aufmarschpläne bei einem als Soldat verkleideten Leichnam hinterließen. Gut durchdachte Informationsstrategien – und Desinformationsstrategien – gehören zu den effektivsten Methoden, um auf dem Schlachtfeld taktische Vorteile zu erringen.

Bei der Entwicklung einer Waffe für den Informationskrieg ist es hilfreich, die grundlegenden Aspekte jedes Waffensystems zu berücksichtigen: die Nutzlast, das Träger- und das Targeting-System. Bei einer Rakete ist die Nutzlast ein Sprengstoff, das Trägersystem ein raketengetriebener Rumpf und das Targeting-System ein Satellit oder wärmesuchender Laser. Dieselben Bestandteile haben auch die Waffen im Informationskrieg. Doch es gibt einen großen Unterschied: Die Kraft, die man dabei verwendet, ist nicht-kinetisch. Mit anderen Worten: Man sprengt nichts in die Luft. Im Informationskampf ist die Nutzlast häufig eine Geschichte – ein Gerücht, mit dem ein allgemeines oder kulturelles Narrativ in die Welt gesetzt wird, um Militärstrategen hereinzulegen oder um eine bestimmte Bevölkerungsgruppe zu beschwichtigen. Und so wie das Militär in die chemische Forschung investiert, um den Bau von Bomben zu verbessern, so untersucht es auch, welche Art von Narrativen die größte Wirkung erzielt.

Aufgrund der großen Überlegenheit ihres Arsenals an Raketen, Panzern, Bombern, Kriegsschiffen und Feuerwaffen unterschätzten amerikanische Politiker und Militärs Informationsoperationen in der Regel. Zwar hatten die Vereinigten Staaten in der Vergangenheit einiges in dieser Hinsicht unternommen, doch beschränkte sich dies vor allem auf das althergebrachte Mittel der Verbreitung von Flugblättern. Im Koreakrieg zogen die US-Truppen mit Lautsprechern in die Propagandaschlacht und warfen über den feindlichen Linien

Flugblätter ab. Im Vietnamkrieg planten auf psychologische Kriegführung spezialisierte Bataillone ähnliche Propaganda-Blitzaktionen, um so viele »Herzen und Köpfe« wie möglich zu gewinnen. Doch nicht zuletzt durch ein beispiellos hohes Verteidigungsbudget ist aus dem US-Militär eine Gang von Jungs mit Spielzeugen geworden, die sich nur eine materielle und kinetische Aufrüstung vorstellen können.

Panzer und bunkerbrechende Waffen sind gegen virale Propaganda und eine durch das Web befeuerte Radikalisierung wirkungslos. Der IS feuert nicht einfach nur Raketen ab, er lanciert auch Narrative. Russland kompensiert sein alterndes militärisches Arsenal mit »hybriden« Angriffsmethoden, etwa der ideologischen Manipulation von Zielbevölkerungen. Terrorgruppen rekrutieren über die sozialen Medien neue Mitglieder, die dann mit Gewehren und Bomben losziehen. Diese Methoden sind, obwohl nicht konventionell, nicht weniger gefährlich, und der Westen tut sich schwer, darauf angemessen zu reagieren. Man kann im Internet keine Raketen abfeuern, und die traditionelle Kultur des amerikanischen Militärs, dominiert von heterosexuellen weißen Männern, die gern Befehle erteilen und entgegennehmen, verträgt sich nicht mit dem nonkonformen Rekruten, der differenzierte, technologisch verbesserte Gegenangriffe einführen könnten.

Die Defense Advanced Research Projects Agency (DARPA) des amerikanischen Militärs, eine Behörde für Forschungsprojekte der Streitkräfte, versucht dieser neuen Art von Terrorismus und Konflikten etwas entgegenzusetzen. Zu den erklärten Zielen früherer Programme der DARPA – unter Namen wie *Narrative Networks* und *Social Media in Strategic Communications* – gehörte es, »durch die Auswertung von Ideen und Konzepten Muster und kulturelle Narrative zu analysieren« und »quantitative Analyseinstrumente zur Untersuchung von Narrativen und ihren Auswirkungen auf das menschliche Verhalten in Sicherheitskontexten zu entwickeln«. Ein anderes Projekt des US-Militärs, das *Human Social Culture Behaviour Modelling Program,* war darauf ausgerichtet, »Instrumente zur soziokulturellen Analyse und Vorhersage für die Anwender in der Praxis« zu kreieren. Mit anderen Worten, bei vielen dieser Programme geht es darum, eine *absolute Informationsasymmetrie* gegenüber Bedrohungen herzustellen, d. h. über so viele Daten zu verfügen, dass wir in der Lage wären, den Informationsraum, in dem sich unsere Zielobjekte bewegen, vollständig zu okkupieren und zu beherrschen. Das war die lukrative Nische, die Nix im Auge hatte, um neue Aufträge für SCL zu ergattern.

Anfangs bot Nix mir einen Drei-Monats-Vertrag, laut dem ich im Grunde machen konnte, was immer ich wollte. »Damit erspare ich mir sogar eine Aufgabenbeschreibung«, sagte er. »Denn ehrlich gesagt weiß ich gar nicht, wie die aussehen sollte.« Nach all den qualvollen Auseinandersetzungen mit der LPC und den Lib Dems war es verlockend, freie Hand zu bekommen. Und so begann ich im Juni 2013 mit meiner Arbeit bei SCL.

Abgesehen vom gelegentlichen mitternächtlichen Komaglotzen auf dem History Channel hatte ich wie die meisten Menschen Militärstrategien nie viel Aufmerksamkeit geschenkt. Angesichts eines so niederschmetternden Kenntnisstands musste ich mich schnellstens mit den laufenden Projekten der Firma vertraut machen. Das Problem war nur, dass niemand mir meine Fragen beantworten wollte. Meine neuen Kollegen konnten ihre Laptops gar nicht schnell genug zuklappen, wenn ich in ihre Nähe kam. »Warum willst du das wissen?«, sagten sie, oder: »Ich muss erst checken, ob ich mit dir darüber reden darf.« Die Geheimniskrämerei machte es schwierig herauszufinden, wie ich das machen sollte, was von mir erwartet wurde – was immer das auch war. Als ich mich bei Nix darüber beschwerte, rollte er demonstrativ mit den Augen und gab mir einfach die Schlüssel zu einem Schrank in seinem Büro. Darin fand ich Ordner mit alten Berichten.

Es ging dabei um Projekte, die SCL für seine alten Kunden durchgeführt hatte, darunter das britische Verteidigungsministerium und die US-Regierung. In Osteuropa hatte die Firma für die NATO an antirussischen Propagandaoperationen gearbeitet. Eine Akte enthielt Unterlagen zu einem Antidrogenprogramm in einem südamerikanischen Land, wo ein militärischer Kunde mittels Falschinformationen lokale Cocabauern gegen die Drogenbarone aufzubringen versucht hatte. In anderen Berichten wurden Einzelheiten zur psychologischen Kriegführung in Mexiko und Kenia geschildert. Wie Nix zuvor gesagt hatte, handelte es sich bei alldem um Projekte, die Regierungsbehörden selbst nicht offiziell durchführen wollten. Stattdessen beauftragten sie Firmen, die als Marktforschungsunternehmen oder unter einem privatwirtschaftlichen Deckmantel auftraten.

In einem Bericht, der mir ins Auge fiel, wurde ein Projekt des britischen Verteidigungsministeriums beschrieben, in dem es darum ging, mithilfe von Informationsoperationen verschiedene Zielgruppen in Pakistan zu beeinflussen. Das Dokument enthielt Angaben über regionale Führer und einflussreiche Personen sowie Vorschläge zu kulturellen Schnittstellen und möglichen Anreizen für bestimmte Zielgruppen. Aber die Methodik war voller Lücken. SCL hatte Interviewer in ländlichen Regionen Umfragen durchführen lassen, aber die dabei verwendeten Landkarten waren unvollständig, und aufgrund der Skepsis der Befragten gegenüber diesen ihnen unbekannten Meinungsforschern fielen die Antwortquoten sehr niedrig aus. Die daraus gewonnenen Daten waren zu unvollständig oder zu tendenziös und damit nicht tragfähig. Das Verteidigungsministerium hatte eine irre Summe dafür bezahlt. Hätte es ein paar Einheimische beauftragt, in die Dörfer zu gehen und Fragen zu stellen, wären bessere Informationen herausgekommen.

Das zweite Problem war die Methode, mit der das Militär seine Propaganda verbreitete. Bei einigen Projekten hatte man einfach Flugblätter über einer Region abgeworfen. Schon wieder diese verdammten Flugblätter, dachte ich. Der britischen Armee fiel offenbar nichts Besseres ein als den Lib Dems. Und das selbst jetzt noch, zu einer Zeit, in der überall Mobilfunknetze entstanden. Es war doch nicht zu übersehen, wie intensiv einige jener Länder diese Technologie vorantrieben, selbst inmitten eines Konflikts. In Regionen ohne Festnetz oder Rundfunksender errichtete man Mobilfunkmasten. Ich verstand nicht, warum der Westen diese Entwicklung ignorierte.

Wichtiger aber war mir, Nix verständlich zu machen, dass auch die tollste psychologische Analyse vollkommene Verschwendung war, wenn man seine Informationen sowieso nur vom Himmel herabflattern ließ. Ich erklärte ihm, dass die SCL-Projekte weit effektiver wären, würde man sich darauf konzentrieren, exaktere Daten zu bekommen, Algorithmen zu erstellen, aufgrund dieser Algorithmen bestimmte Zielpersonen zu identifizieren und andere Medien einzusetzen als Flugblätter oder Radio. Nix hörte nachdenklich zu und führte immer wieder die gefalteten Hände zum Mund.

Allmählich wurde mir auch klar, warum es dem britischen und dem US-Militär kaum gelang, die sprichwörtlichen Herzen und Köpfe zu gewinnen. Die kulturellen und einstellungsbezogenen Informationen über die Bevölkerung wurden in Informationssilos gesammelt, häufig in den von Vertragsfirmen geleiteten untergeordneten Projekten, und erst dann in die militärische Strategie integriert, wenn die wichtigsten Zielvorgaben feststanden – anders gesagt, die Kultur und die Erfahrungen lokaler Bevölkerungen waren für die Planer nur ein Anhängsel, während Personal und Ausrüstung Vorrang hatten. Das musste sich ändern.

Während ich darüber sinnierte, was DARPA und ihr britisches Pendant, das Defence Science and Technology Laboratory (DSTL), mit ihren neuen Programmen in den Bereichen soziale Netzwerke und digitale Forschung eigentlich vorhatten, schweiften meine Gedanken zu einem unerwarteten, aber für mich nicht unvertrauten Gebiet ab: zur Mode. Die beiden Bereiche haben mehr miteinander gemein, als es zunächst scheint. Wenn eine Gesellschaft in Extremismus verfällt, dann auch ihre Mode. Man denke nur an Maoisten, Nazis, Mitglieder des Ku-Klux-Klan und Dschihadisten – was haben sie alle gemeinsam? Dass sie sich einen Look zulegen. Extremismus beginnt damit, wie Menschen aussehen und wie sich die Gesellschaft dazu verhält. Manchmal lässt er regelrecht Uniformen entstehen: olivfarbene Jacken und Kappen mit roten Sternen, rote Armbänder, weiße spitze Kapuzen, Polohemden und Petroleumfackeln, Baseballmützen mit der Aufschrift »Make America Great Again«. Diese Uniformen wiederum gehen in die Identität des Trägers ein und verändern sein Denken. Dann heißt es nicht mehr »Das glaube ich«, sondern »Das bin ich«. Extremistische Bewegungen legen großen Wert auf die Ästhetik, weil es ihnen ja auch darum geht, die Ästhetik einer Gesellschaft zu verändern. Oftmals handelt es sich bei ihren Versprechen nicht um greifbare politische Maßnahmen, sondern um das neue Erscheinungsbild und die neue Atmosphäre eines Ortes oder einer Kultur.

Als ich sechzehn war, färbte ich mir eines Tages die Haare maulbeerlila. Abgesehen davon, dass die Farbe auffällig war und mir gefiel, gab es keinen besonderen Grund für diese Wahl. Aber sie beförderte mich ins Büro des Direktors, weil ich gegen den Dresscode der Schule verstoßen hatte. Weder ärgerte mich das, noch war ich eingeschüchtert, sondern total entspannt. Endlich einmal unterhielt ich mich mit dem Direktor über etwas anderes als über die »Unterbringung von Behinderten«. Er erklärte mir, ich müsse wieder zu meiner »normalen« Haarfarbe zurückkehren. Doch ich weigerte mich. Der Direktor war darüber nicht erfreut, und der Ärger wegen meiner Haare hielt an, bis ich die Schule verließ. Als ich noch einen Rollstuhl benutzte, nahm das Wort »passen« breiten Raum in meinem Denken ein: Passe ich durch die Tür? Passe ich zu meinen Altersgenossen? Finde ich Kleidung, die mir passt? Computer waren die eine Leidenschaft von mir, Mode die andere, und das aus mehr als einem Grund. Zum Teil hing es mit dem Gefühl zusammen, dazugehören zu wollen. Zum Teil aber auch mit dem Wunsch, gesehen zu werden. Von meinem Rollstuhl aus sah ich all die Knöpfe, den Schnitt, die Knitterfalten, Ausbeulungen und Säume an der Kleidung meiner Klassenkameraden auf Augenhöhe und wurde außerdem das Gefühl nicht los, für sie unsichtbar zu sein. Doch mit lila Haaren wurde ich wahrgenommen. Und als der Direktor verlangte, dass ich meine Haare wieder in den »normalen« Zustand bringen sollte, befahl er mir damit auch, wieder unsichtbar zu werden. Damals begriff ich, wie machtvoll – und aufschlussreich – ein Look sein kann.

Als ich für die Lib Dems mit dem Fünf-Faktoren-Modell der Persönlichkeit arbeitete, dachte ich eingehender über Persönlichkeit als Konstrukt nach. Politik und Mode, so wurde mir klar, hatten dieselbe Grundlage. Sie beruhten beide auf detaillierten Konstrukten dessen, wie sich Menschen im Verhältnis zu anderen wahrnehmen. Mode ist ein ideales Fenster in die Persönlichkeit, denn welche Kleidung wir wählen (oder nicht), ist eine Entscheidung, die wir alle täglich treffen. In sämtlichen Kulturen überlegen sich Menschen, wie sie ihren Körper schmücken – sei es eher nüchtern oder extravagant. Kleidung ist für jeden Menschen ein wichtiges Thema – selbst für den heterosexuellen alten Zausel aus Minnesota, der nie etwas anderes trägt als ein graues T-Shirt und Jeans. Er selbst glaubt, ihn kümmere sein Outfit nicht – bis man ihn auffordert, einen Kimono oder einen Daschiki anzuziehen.

Ich erinnere mich noch genau, wie mich mein Tutor an der London School of Economics bei unserem letzten Treffen fragte, was ich nach dem Abschluss machen werde. Sicher erwartete er zu hören, ich werde mich weiter mit Politik beschäftigen oder mich bei einer angesagten Anwaltsfirma bewerben, aber ich antwortete, ich wolle eine Modeschule besuchen. Schweigen. Die Augenbrauen hochgezogen und unübersehbar enttäuscht schüttelte er unwillkürlich den Kopf. Mode? Also Klamotten? Du willst dich im Ernst mit Kleidungsfragen herumschlagen? Für mich aber geht es sowohl bei Mode als auch bei Politik im Grunde um Zyklen von Kultur und Identität. Meiner Ansicht nach handelt es sich um zwei Manifestationen desselben Phänomens – eine Überzeugung, die für das, was wir später bei Cambridge Analytica betrieben, von zentraler Bedeutung war.

Mode hat in meinem Leben immer eine Rolle gespielt, und sie war wirklich das, wodurch ich mich in meiner Haut wohl fühlte. Als ich nach der Schule nach Montreal zog, bewegte ich mich immer öfter ohne Rollstuhl, aber das Gefühl, nicht attraktiv oder begehrenswert zu sein, blieb. An einem Wochenende entdeckte ich bei einem Spaziergang durch die Stadt in einem Antiquariat einen Stapel alter Zeitschriften, darunter eine zerfledderte, neun Jahre alte Ausgabe des Underground-Magazins *Dazed & Confused*. Sie stammte von 1998, und auf der Titelseite, die ein Modell mit zwei Beinprothesen zeigte, stand die Zeile »Fashion able?«, ein Wortspiel aus »modisch« und »modetauglich«. Die Ausgabe war von Alexander McQueen als Gastredakteur herausgegeben worden und enthielt hervorragende Bilder von Körpern, die fremdartig, aber schön aussahen. Nachdem ich die Zeitschrift durchgeblättert hatte, experimentierte ich mit meiner Kleidung und ging häufiger aus. Montreal gehört zu den Orten, die einen verändern, wenn man es zulässt. Ich fühlte mich von Travestie-Bars angezogen und liebte Kleidung, die glamourös und verschwenderisch wirkte und zugleich eine Verspottung konventioneller Vorstellungen von Schönheit, Körpern und Gender war. Die Travestie stellte mein Denken auf den Kopf. Sie zeigte mir nicht nur, wie man sich dieser sozialen Normen erwehren, sondern auch, wie man sich über sie lustig machen und einfach der sein konnte, der man sein wollte.

In den ersten Jahren meiner Zeit in London studierten viele meiner Freunde Mode am Central Saint Martins College of Arts and Design. Ich selbst besuchte zunächst die University of the Arts London (UAL) und arbeitete schließlich unter der Aufsicht von Carolyn Mair, einer Expertin für kognitive Psychologie und maschinelle Lernverfahren. Dr. Mair war keine typische Modeprofessorin, aber das passte ganz gut, da ich kein typischer Modestudent war. Nachdem ich ihr erklärt hatte, dass ich über *models* einer anderen Art – neuronale Netze, maschinelles Sehen und Autoencoder – forschen wollte, überzeugte sie den Universitätsausschuss für Postgraduiertenforschung, mich zu einem Doktorandenstudium in Maschinellem Lernen statt in Design zuzulassen. Das war um dieselbe Zeit, als ich meine neue Stelle bei der SCL Group antrat, sodass ich zwischen Modemodels und Cyberkrieg hin und her wechselte. Ich war ganz versessen darauf, in die akademische Forschung über kulturelle Trends einzutauchen, deshalb erklärte ich Nix, dass ich nur in Teilzeit für SCL arbeiten würde; wenn die Firma mich wolle, müsse sie akzeptieren, dass ich mich parallel zu ihren Projekten meiner Promotion widmete. Nix erklärte sich einverstanden, und SCL übernahm sogar meine Studiengebühren, was für mich wie ein Geschenk des Himmels war, da ich als Ausländer den Höchstbetrag hätte zahlen müssen.

Diese beiden Bereiche stehen in guter Wechselwirkung miteinander, denn ein Verständnis von kulturellen Prozessen kann einen eher befähigen, die Dynamik extremistischer Bewegungen zu entschlüsseln, als ein bloßer Blick auf die von ihr verkündete Ideologie. Bei SCL sahen wir uns zahllose Propagandavideos radikaler Dschihadisten an und stellten fest, dass abgesehen von der demonstrativen Gewalt, dank derer es die Clips in die Nachrichten schafften, ihre Inhalte in einer vielfältigen und klar zum Ausdruck gebrachten Ästhetik präsentiert wurden. Man sah coole Autos. Die Bilder waren mit Musik unterlegt. Die idealisierten Helden wirkten ausgesprochen männlich, und einige Clips hätten auch aus einer Realityshow stammen können. Die Ironie dabei war, dass sie ihre rückwärtsgewandte Ideologie in einer modernen oder futuristischen Weise darzustellen versuchten, die an die alte Forderung eines Faschismus für morgen – als des besten Wegs in die Moderne – der italienischen Futuristen erinnerte. Diese Filme propagierten einen grotesken Kult der Gewalt und des Hasses und bildeten zugleich einen Teil ihrer Kultur. Ihr Stil war zügellos und naiv-romantisch und grenzte an Kitsch. Selbst Terroristen haben eine Popkultur.

Ich weiß noch genau, dass ich um jene Zeit, im September 2013, dachte: Wie cool ist das denn? Ich arbeite im kulturellen Bereich, aber nicht einfach nur an einer beliebigen Werbekampagne. Ich arbeite im kulturellen Bereich für die Verteidigung unserer Demokratie. Das Militär benutzte nur andere Begriffe – *modellierte Einflussattribution* oder *Targetprofile von gleichem Verhalten*. In der Mode dagegen sprechen wir einfach von einem Trend. Sich gleichartig kleiden. Den gleichen Hashtag verwenden. Die gleiche Musik hören, am besten gemeinsam im Konzert. Der kulturelle Zeitgeist ist nichts anderes als Menschen, die sich in gleicher Weise verhalten. Und ich war mir sicher, dass diese Art von Trends aus den Daten herausgelesen werden konnte. Durch Online-Überwachung und -Profiling wollten wir versuchen, den Lebenszyklus solcher Bewegungen, das Auftreten erster Anhänger eines neuen Trends, seine Diffusionsgeschwindigkeit und Scheitelpunkte, vorauszusagen.

In meinen ersten Wochen bei SCL suchte ich nach Möglichkeiten, die herkömmlichen Taktiken der Informationsoperationen zu digitalisieren und zu transformieren. Damals war dies das Hauptinteresse der Firma, denn sie hatte festgestellt, dass es eine kritische Kapazitätslücke bei vielen NATO-Streitkräften gab, die sie füllen (und von der sie profitieren) konnte, wenn sie neue Methoden der Verschmelzung von Propaganda und Werbetechniken entwickelte. Dazu mussten wir auch herausfinden, auf welchen Forschungsergebnissen zu dieser neuen digitalen Welt wir aufbauen konnten – etwa der Erschließung neuer Informationsquellen wie Clickstreams (was der Nutzer auf einer Seite anklickt, wie lange und wie oft er an den jeweiligen Stellen verweilt) und verbesserten

Möglichkeiten zur Anpassung von Narrativen auf ein Zielpublikum mittels Profiling und maschinellem Lernen. Mit der Verwendung von Informationen als Waffen gehen offenkundig spezifische Komplikationen einher. Gewehre und Bomben töten Menschen unabhängig davon, wer oder wo sie sind – die Gesetze der Physik gelten überall auf der Welt. Eine Informationswaffe aber muss auf vielerlei Faktoren zugeschnitten sein: Sprache, Kultur, Einsatzort, Geschichte, Zusammensetzung der Bevölkerung. Um eine nicht-kinetische Waffe für einen umfassenden *Perspektizid* – die aktive Dekonstruktion und Manipulation der allgemeinen Wahrnehmung – zu entwickeln, muss man zuerst genau wissen, was Menschen motiviert.

Aufstände sind von Haus aus asymmetrisch in dem Sinne, dass wenige Menschen große Wirkungen erzielen können. Um einen Aufstand in der Organisation des Gegners zu bewirken, muss man zunächst die Ressourcen auf einige wenige entscheidende Zielgruppen konzentrieren. Dies lässt sich durch ein gutes Profiling und die Identifizierung derjenigen Persönlichkeitstypen optimieren, die sowohl für neue Denkweisen empfänglich sind als auch über genügend Kontakte in den sozialen Medien verfügen, um das Gegennarrativ weiterverbreiten zu können.

Die effektivste Form des Perspektizids ist jene, die zunächst das Selbstbild verändert. Dabei versucht der Manipulierende seiner Zielperson das Selbstkonzept zu »stehlen« und es durch sein eigenes zu ersetzen. Es beginnt in der Regel damit, dass er die Narrative des Gegners unterdrückt und anschließend die Informationsumgebung der Zielperson dominiert. Nicht selten ist damit die schrittweise Zerstörung der sogenannten *psychischen Resilienzfaktoren* über mehrere Monate hinweg verbunden. Die Programme sind so gestaltet, dass sie bei den Zielpersonen unrealistische Wahrnehmungen erzeugen, die zu Verwirrung führen und die Selbstwirksamkeit beeinträchtigen. Die Betroffenen sehen dann schon geringfügige Vorkommnisse oder imaginierte Ereignisse in einem düsteren Licht. Währenddessen entziehen die Gegennarrative Bedeutung und erwecken den Eindruck irritierender oder sinnloser Ereignisse. Die Gegennarrative sollen außerdem Misstrauen gegenüber anderen fördern, damit die Kommunikation mit ihnen die Entwicklung der Zielperson in die erwünschte Richtung nicht beeinträchtigt. Es ist weitaus schwieriger, einer bestehenden Hierarchie oder Gruppe gegenüber loyal zu bleiben, wenn man meint, dass man von dieser unfair behandelt wird, oder wenn Ereignisse sinn- und zwecklos erscheinen. Dann ist man weniger bereit, Rückschläge hinzunehmen, Risiken einzugehen oder Anordnungen zu folgen.

Aber es reicht nicht, die Moral zu untergraben. Das eigentliche Ziel besteht darin, negative Emotionen und Denkprozesse auszulösen, die mit impulsivem, unkontrolliertem und zwanghaftem Verhalten verbunden sind. Das führt dazu, dass eine Zielperson nicht mehr nur moderaten oder passiven Widerstand leistet (zum Beispiel durch geringere Produktivität, verminderte Risikobereitschaft, Verbreitung von Gerüchten usw.), sondern zu stärker störendem Verhalten übergeht (zum Beispiel pöbelndes Streiten, Aufsässigkeit, Aufruhr usw.). Diese Methode wurde etwa in Südamerika angewandt, um Zwist zwischen den Mitgliedern von Drogenbanden zu säen und die Wahrscheinlichkeit von Informationslecks, Überläufern und internen Konflikten zu erhöhen und dadurch die Lieferkette zu schwächen. Die empfänglichsten Ziele sind typischerweise diejenigen, die neurotische oder narzisstische Persönlichkeitszüge aufweisen, da sie psychisch meist weniger resilient gegenüber Druck ausübenden Narrativen sind. Der Grund dafür ist, dass mit Neurotizismus oft eine Neigung zu paranoiden Vorstellungen einhergeht, da die Betroffenen häufig Angst empfinden, impulsiv reagieren und sich mehr auf die Intuition als auf bewusstes Denken verlassen. Zutiefst narzisstische Menschen sind empfänglich, weil sie eher zu Neidgefühlen und Anspruchsdenken neigen, die starke Antriebsmomente für Regelverstöße und ein der Hierarchie trotzendes Verhalten sind. Das bedeutet, dass diese Zielpersonen mit hoher Wahrscheinlichkeit ein übertriebenes Misstrauen entwickeln und ständig befürchten, sie könnten belästigt, verfolgt, zum Opfer gemacht oder unfair behandelt werden. Sie sind nicht nur leichte Beute, sondern auch der Schlüssel zur Zersetzung größerer Organisationen. Später sollten diese Erkenntnisse in die Arbeit einfließen, mit der Cambridge Analytica den Aufruhr der Alt-Right-Bewegung in den USA befeuerte.

Um kein Missverständnis aufkommen zu lassen: Derartige Operationen sind nicht eine Art therapeutischer Beratung, sondern eine Form des psychologischen Angriffs. Es ist wichtig, sich in Erinnerung zu rufen, dass die persönliche Handlungsfähigkeit oder das Einverständnis der Zielperson in einem militärischen Kontext keine Bedeutung hat. Das Ziel ist der Feind. Im militärischen Bereich geht es häufig um die Entscheidung, ob man den Gegner mithilfe einer Drohne auslöscht oder die feindliche Einheit so beeinflusst, dass sich deren Mitglieder gegenseitig bekämpfen oder nachlässig werden und Fehler begehen, die man sich zunutze machen kann. Für einen Militärkommandeur oder einen Geheimdienstoffizier ist psychische Manipulation die Methode des geringsten Aufwands.

Mit dem Aufkommen der sozialen Medien hatte das Militär plötzlich direkten Zugang zum Denken und Leben von

Leibwächtern, Sekretären, Freundinnen und Kurieren der Führungsleute krimineller und terroristischer Organisationen auf der ganzen Welt. Diese Daten eröffneten den Zugang zu detaillierten persönlichen Informationen, für deren Erhebung man zuvor Monate sorgfältiger Observation benötigt hätte. Die Zielpersonen legten im Grunde ihr eigenes Dossier an und gaben so umfassend Auskunft, dass ein Psychologe ihre Disposition recht schnell bestimmen konnte. So entstand in der Forschung zum psychologischen Profiling ein regelrechter Boom, zumal es sich mit Algorithmen des maschinellen Lernens automatisieren ließ. Mithilfe dieser Algorithmen wiederum konnten Geheimdienste ihre Netzwerke durch Automatisierung auf einen Umfang wie zu den alten Zeiten der Flugblattaktionen erweitern, allerdings mit einer viel größeren Präzision, was den zielgenauen Inhalt der Botschaften betraf. 2011 begann DARPA Forschungsprojekte zum psychologischen Profiling der Nutzer sozialer Medien und zur Verbreitung regierungsfeindlicher Botschaften sowie Falschmeldungen zu finanzieren. Informatiker von Facebook, Yahoo und IBM, sie alle arbeiteten bei solchen von DARPA finanzierten Projekten zur Analyse der Verarbeitung und Verbreitung von Informationen mit. Die Regierungen Russlands und Chinas legten ebenfalls Programme zur Erforschung der sozialen Medien auf.

An meinem allerersten Tag bei SCL fragte mich Nix, ob mir die Firma Palantir ein Begriff sei. Er hatte über eine ungewöhnlich gut vernetzte SCL-Praktikantin namens Sophie Schmidt von ihr gehört, der Tochter des Milliardärs Eric Schmidt, damals Vorstandsvorsitzender von Google. Ein paar Monate zuvor, zum Ende ihres Praktikums, hatte sie Nix mit Managern von Palantir bekanntgemacht. Palantir, mitbegründet von Peter Thiel, einem bekannten Risikokapitalinvestor im Silicon

Valley und unabhängige Aufsichtsratsmitglied bei Facebook, ist ein starkes, risikokapitalfinanziertes Unternehmen, das geheimdienstliche Operationen durchführte. Nicht nur für die CIA, auch für die National Security Agency, die zum Zwecke der nationalen Sicherheit weltweit die elektronische Kommunikation und die Datenströme überwacht, sowie für die Government Communications Headquarters (GCHQ), das britische Gegenstück zur NSA. Nix war wie besessen. Er wollte, dass SCL dasselbe machte wie Palantir.

In den ersten Monaten arbeitete ich an kleinen Pilotprojekten zu verschiedenen Ländern mit Brent Clickard, dem in Cambridge ansässigen Psychologen, und einem Freund von ihm namens Tadas Jucikas zusammen. Ich lernte Jucikas im Royal Automobile Club kennen, einem Privatclub mit Bars, Squashcourts und Billardräumen, wo die oberen Zehntausend Kontakte knüpfen und Geschäfte tätigen. Der Club ist 1897 gegründet worden, als Autofahren noch ein exorbitant teurer Zeitvertreib war, und hat bis heute sein Flair vornehmer Eleganz bewahrt. Als ich auf das mit Säulen geschmückte Clubhaus zuging, sah ich, dass Jucikas, die Augen hinter einer schildpattgemusterten Sonnenbrille verborgen, in der Eingangshalle neben einem knallroten Oldtimer-Rennwagen stand. Er trug ein schön geschnittenes Fischgrät-Jackett mit einem gestärkten Einstecktuch. Alles war sonderbar und ich mitten drin.

Jucikas führte mich in den Club, und wir tranken ein paar Boulevardiers, bevor wir uns zum Zigarrerauchen auf den Balkon zurückzogen. Jucikas war im ländlichen Litauen aufgewachsen und hatte als Junge mitangesehen, wie sowjetische Panzer durch die nächstgelegene Stadt rollten. Und er war offensichtlich hochintelligent. Als wir auf dem Balkon saßen, unsere Zigarren pafften und uns über künstliche Intelligenz und Datenpipelines unterhielten, zeigte er mir ein Diagramm, das er angefertigt hatte. Clickard hatte ihm von den Dimensionen einiger der Projekte erzählt, und Jucikas hatte daraufhin anhand einer Datenpipeline skizziert, wie man aus Online-Profilen Daten abschöpfen, bereinigen, verarbeiten und anwenden konnte. Für seine Doktorarbeit hatte er zur Modellierung und Vorhersage des Verhaltens des Spulwurms *C. Elegans* geforscht, und jetzt, sagte er, habe er einfach die Würmer durch Menschen ersetzt. Jucikas schlug vor, durch die Entwicklung automatisierter Datensammlungssoftware ein breites Spektrum von Daten zu gewinnen, mithilfe von algorithmischen Zuschreibungen verschiedene Datenquellen zu einer einzigen Identität für jedes Individuum zu konsolidieren und dann mittels künstlicher neuronaler Netze die gewünschten Verhaltensweisen vorherzusagen. Dennoch würden wir ein Psychologenteam benötigen, meinte er, um die für eine Veränderung des Verhaltens notwendigen Narrative zu entwickeln, aber seine Pipeline stellte den ersten Entwurf eines Targeting-Systems dar. Doch am meisten gefiel mir, dass er es so mit Farben markiert hatte, dass es aussah wie das Londoner U-Bahnnetz. Während er seine Vorstellungen erläuterte, wurde mir klar, dass er der Richtige für den Job war.

Und so kam es, dass Clickard, Jucikas und ich zusammenarbeiteten. Schließlich überredete ich Mark Gettleson, ebenfalls mitzumachen. Und plötzlich war ich von einem Team makellos gekleideter, blitzgescheiter, unglaublich spleeniger Individuen umgeben. Und Nix war der Anführer, der grinsende, herzlose Geschäftsmann, der nichts von dem verstand, was wir machten, es aber umgehend und mit aggressiven Strategien jedem verkaufte, den er für zahlungskräftig genug hielt. Er herrschte mit überheblichen Verlautbarungen und kruden sexistischen Witzen über das Büro.

»Alles ist möglich«, schien das unausgesprochene Gesetz bei SCL zu sein, wie sich beispielhaft bei einem Ereignis zeigte, zu dem es zwei Monate nach unserem Start kam. Normalerweise trug ich T-Shirts und Kapuzenpullis, doch eines Nachmittags ging ich nach einer Veranstaltung der London Fashion Week mit einer leuchtend burgunderroten Jacke von Prada samt dazu passender High-Waist-Hose und cremefarbenen Doc Martens ins Büro, die mit Totenschädeln und Rosen im Stil von Tattoo-Vorlagen bedruckt waren. Nix sah mich nur kurz an und sagte: »Chris, was zum Teufel hast du denn da an?«

Worauf Brent antwortete: »Wir Terrorismusbekämpfer tragen Prada.«

An die erforderlichen Daten für das Targeting-System heranzukommen, das sich Jucikas ausgedacht hatte, würde nicht leicht sein, aber durchaus möglich – dank eines Glücksfalls der Geschichte in einigen Entwicklungsländern. Deren traditionelle Infrastruktur für die Telekommunikation war zwar meist massiv unterentwickelt, vor allem aufgrund von Korruption und des Erbes kolonialer Verwaltungen, die diese weitgehend vernachlässigt hatten, aber einige der ärmsten Länder der Welt hatten ganze Technologiegenerationen übersprungen und eindrucksvolle Fortschritte im Bereich der Mobilfunknetze erreicht.

In Kenia beispielsweise war es wegen bestimmter Kommunalgesetze und lokaler Bräuche für einige Menschen schwierig, ein Bankkonto zu eröffnen, was dazu führte, dass diese Kenianer Handyguthaben in bar erwarben, die dann als eine Art digitale Währung in Umlauf kamen. Auch stellten wir fest, dass Menschen in vielen armen Ländern Banken misstrauten, nachdem sie Wirtschaftskrisen, Hyperinflation und

Bankencrashs erlebt hatten, und sich in derselben Weise behalfen. Das bedeutete, alle brauchten ein gut funktionierendes Telefon, und deshalb war in ansonsten armen Ländern rasch in eine relativ ordentliche Mobilfunk-Infrastruktur investiert worden.

Eine unbeabsichtigte Folge der Vernetzung großer Bevölkerungsteile durch Mobilfunk bestand darin, dass jedermann aufgespürt und verfolgt werden, von jedem ein Profil angelegt und mit jedem kommuniziert werden konnte. Die Netzwerke von Dschihadisten wie dem IS, AQAP und Boko Haram hatten dies bereits erkannt und sich den leichten Zugang zum Denken zukünftiger Rekruten zunutze gemacht. Damit aber waren die Regeln des Kriegs auf den Kopf gestellt.

Als Nächstes benötigten wir eine Fallstudie, das hieß einen Ort, an dem wir unser Projekt auf Nationalstaatsniveau dimensionieren konnten, um potenziellen militärischen Kunden zu zeigen, wozu wir in der Lage waren. Trinidad und Tobago mit einer Bevölkerung von 1,3 Millionen Menschen entsprach perfekt unseren Anforderungen – ein Inselstaat, in sich abgeschlossen, aber mit kultureller Vielfalt. Es gab eine afrokaribische und eine indo-karibische Bevölkerung sowie vereinzelt Weiße. Damit hatten wir ein interessantes kulturelles Spannungsfeld, das wir untersuchen konnten. Das Land war ein ideales Labor zur Durchführung unserer Experimente in großem Maßstab.

Das Ministerium für nationale Sicherheit von Trinidad wollte wissen, ob es möglich sei, mithilfe von Daten Bewohner des Landes zu identifizieren, die mit einiger Wahrscheinlichkeit Verbrechen begehen würden – und darüber hinaus, ob man voraussagen könne, wann und wie sie es verüben würden. SCL hatte schon oft in den verschiedenen Mikronationen der Karibik operiert, und nachdem die Firma ausgewählten

Politikern zur Macht verholfen hatte, konnte sie ihre Investitionen durch Regierungsaufträge wieder wettmachen. Intern nannten wir diesen Auftrag das *Minority Report*-Projekt, nach der von Steven Spielberg verfilmten Geschichte von Philip K. Dick, in der eine futuristische »Precrime«-Einheit Leute festnimmt, noch bevor sie ihr Verbrechen begehen können. In Wahrheit aber wollte die Regierung von Trinidad nicht nur die Kriminalitätsrate senken. Ein Instrument, mit dem man Verhalten vorhersagen konnte, wäre auch bei Wahlen nützlich. Die Regierung hatte es nicht allein auf potenzielle Verbrecher abgesehen, sie wollte auch zukünftige politische Unterstützer ins Visier nehmen.

Unser Team rechnete damit, riesige Datenmengen zu erhalten, da hochrangige Regierungsvertreter SCL den Zugang zu ungeschwärzten, entanonymisierten Erhebungen anboten – in Entwicklungsländern ist Datenschutz ein Privileg der Reichen. Im Grunde verletzte die Regierung von Trinidad mit einem Schlag die Privatsphäre sämtlicher Bürger.

Die unbearbeiteten Daten waren für unser Projekt zweifellos von Nutzen, aber eine Ressource, die uns in entwickelten Ländern sicher nicht zur Verfügung stehen würde. SCL musste deshalb einen Weg finden, via Internet relevante Daten abzuschöpfen, ein Instrument, das kultur- und länderübergreifend anwendbar war. In einem nächsten Schritt schickte SCL daher Leute zu den karibischen Telekommunikationsgesellschaften vor Ort, um bei ihnen anzufragen, ob sich SCL in Echtzeit in ihre Datenhauptleitung einklinken dürfe. Zu meiner Überraschung erlaubten sie es.

In Zusammenarbeit mit verschiedenen Dienstleistern zapfte SCL also die Hauptdatenleitungen an, griff eine IP-Adresse heraus und verfolgte sodann, wonach die betreffende Person im Internet suchte. Natürlich war eine Menge davon Pornografie. Die Leute surften alles nur Erdenkliche ab, darunter auch den kulturspezifischen »Trini Porn«. Ich weiß noch, dass ich eines Abends am Computer saß und zusah, wie jemand zwischen Kochbananenrezepten und Pornos hin und her wechselte und Nix dabei die ganze Zeit hämisch lachte. Es war ein abstoßendes, überdrehtes Lachen, fast kindisch. Er warf einen Blick auf die IP-Adresse, dann rief er Google Maps auf, um nachzusehen, in welchem Viertel der Pornofan wohnte.

Während Nix auf den Bildschirm starrte, beobachtete ich, wie er mit großem, boshaftem Spaß andere zum Objekt seiner Belustigung machte. Das war typisch Nix – oder »Bertie«, wie seine aufgeblasenen Standesgenossen ihn nannten. Wie viele Eton-Absolventen war er groß im Scherzen, Flirten und Schwadronieren. Die Chefs von SCL hatten ihn mit der Leitung des Nebengeschäfts der Firma beauftragt: der Manipulation von Wahlen in vergessenen Ländern Afrikas, der Karibik und Südasiens. Beim Umgang mit Ministern von Mikronationen war Nix vollkommen in seinem Element. In der Rolle des englischen Gentleman verschaffte er diesen Politikern in London, der Hauptstadt des alten Empire, Zugang zu allem, wonach es sie gelüstete – zu den renommierten Clubs, die von Royals und Premiers frequentiert wurden, zu exklusiven Partys oder, falls gewünscht, der privaten Gesellschaft eleganter und freizügiger Damen.

Nix machte sich die kolonialen Fetische und die Unsicherheit von Männern zunutze, die die Länder des ehemaligen Empire regieren. Sobald er ihr Vertrauen gewonnen hatte, vermittelte er Deals zwischen Ministern, die nach Wertschätzung und Frauen gierten, und Leuten, die scharf darauf waren, jede Chance für ein korruptes Geschäft zu nutzen. Souveränität, das wurde Nix schnell klar, war eine extrem wertvolle

Ware. Selbst der kleinste und zwielichtigste Inselstaat hatte zwei außergewöhnlich kostbare Dinge zu bieten: Pässe und Steuerimmunität. Nix hatte zig Millionen Pfund geerbt und brauchte nicht zu arbeiten. Er hätte sein Leben ehrenvollen Zielen widmen oder es einfach in Muße verbringen und seinen Treuhandfonds anzapfen können. Doch er hatte sich für SCL entschieden. Nix konnte nicht anders – er war berauscht von Macht. Zu spät geboren, um im alten britischen Empire den Kolonialherren zu geben, behandelte er SCL als dessen modernes Pendant. So meinte Nix in einem unserer Meetings, er werde »den weißen Mann spielen«. »Das sind bloß Nigger«, schrieb er einmal in einer E-Mail an einen Kollegen über schwarze Politiker auf Barbados.

Wir betrieben schlicht und einfach Spionage, gedeckt von den führenden Politikern Trinidads. Es erschien mir bizarr – unwirklich –, zu beobachten, was sich Leute auf einer kleinen, fernen Insel im Internet ansahen. Irgendwie war es, als würden wir eher ein Videospiel spielen, als in das Privatleben wirklicher Menschen eindringen. Bis heute kommt mir, wenn ich daran zurückdenke, Trinidad fast wie ein Traum vor und nicht wie etwas, was wir tatsächlich gemacht haben.

Aber wir haben es gemacht. Beim Trinidad-Projekt wurde ich zum ersten Mal in eine Situation hineingezogen, die zutiefst unmoralisch war und mich ehrlich gesagt in einen Zustand der Verleugnung brachte. Wenn ich diese Livestreams verfolgte, gestattete ich mir nicht, mir wirklich die menschliche Beute vorzustellen, Menschen, die nicht einmal ahnen konnten, dass ihr Privatleben dem Amüsement eines bösartigen Publikums auf der anderen Seite der Welt diente. Beim Trinidad-Projekt bekam ich einen Vorgeschmack von dieser Welle des neuen digitalen Kolonialismus. Wir kamen unangekündigt mit unserer überlegenen Technologie und moralischen Ignoranz und waren damit nicht besser als früher die königlichen Armeen. Nur dass wir im Gegensatz zu den Eroberern vergangener Tage vollkommen unsichtbar waren.

Schon in den ersten Monaten meiner Arbeit bei Nix wurde klar, dass er keine Geschäftsmoral hatte – wie übrigens auch keine persönliche. Er schien bereit, alles Erdenkliche zu unternehmen, um ein Projekt an Land zu ziehen, blies sich auf wie ein Pfau und prahlte, was für einen tollen Deal er hier, was für einen er dort abgeschlossen habe. Und er schilderte alles so, als ginge es um eine sexuelle Eroberung: Im Anfangsstadium von Verhandlungen »begrabschte« man sich oder »befingerte sich zwischen den Beinen«. Wenn ein Deal vor dem Abschluss stand, rief er aus: »Jetzt geht's ans Ficken!«

Im August 2013, nicht lange nach dem Rabaa-Massaker, kamen Vertreter der ägyptischen Regierung zu Meetings nach London. Der Arabische Frühling hatte zu den ersten Bewegungen gehört, in denen soziale Medien und Instant Messaging über Apps eine bedeutende Rolle für die Mobilisierung der Menschen spielten. Die Ägypter, die wir kennenlernten, waren an unseren Informationsprogrammen interessiert, um »politische Extremisten« zu bekämpfen, wie sie sich ausdrückten. Wir diskutierten mehrere Szenarien, wie man Verwirrung in der Bewegung stiften könnte, etwa durch Gerüchte, die sich durch Instant Messaging verbreiten würden, oder durch eingeschleuste Verbündete, die die Massen anstacheln sollten, sowie durch die Verhaftung von Demonstranten. Ich hatte nicht erwartet, dass SCL ein derartiges Projekt übernehmen würde, und in mir regte sich moralischer Widerstand gegen das, was die Ägypter von uns wollten. Plötzlich war ich mit der sehr subjektiven Bedeutung von Extremismusbekämpfung konfrontiert. Mir schien es völlig scheinheilig, auf der einen Seite Dschihadistengruppen in Pakistan das Leben schwer zu machen, und dann, auf der anderen Seite, einem autokratischen, von Islamisten gestützten Regime in Ägypten beizuspringen, damit es das Volk tyrannisieren konnte. Nix hingegen war das egal. Geschäft war Geschäft; er wollte einfach den Deal abschließen.

Das Hauptproblem für mich und das wachsende Team von Psychologen und Datenauswertern bei SCL war das objektive Wesen des Extremismus selbst. Was bedeutet es, ein Extremist zu sein? Was genau ist Extremismus, und wie kann man ihn beeinflussen? Die Fragen ließen sich nur subjektiv beantworten, und die ägyptische Regierung hatte zweifellos eine Vorstellung und wir hatten eine andere. Doch wenn man ein Merkmal quantifizieren und voraussagen will, muss man in der Lage sein, es zu definieren. Aber wie wir die Sache auch drehten und wendeten und die Frage theoretisch diskutierten, das Ergebnis war ernüchternd: Unter Extremismus versteht man das, was man darunter verstehen will. Am Ende übernahm SCL das Projekt nicht, und so hielt ich meine Bedenken zurück und arbeitete weiter.

Von da an versuchte ich – wie übrigens alle –, Nix im Büro zu meiden, weil er sich so widerwärtig verhielt. Seine Bemühungen, mich unter seine Fittiche zu nehmen, mich nach seinem Bild umzuformen, scheiterten kläglich. Erstens hatten wir einen zu unterschiedlichen Hintergrund. Selbst wenn ich Nix' Arroganz und Aufgeblasenheit nicht abstoßend gefunden hätte, hätte ich mich nie als »respektabler« Eton-Alumnus geben können, und seine Herumkommandiererei – was man zu tragen, wie man zu sprechen hatte und so weiter – machte mich nur noch befangener. Hin und wieder kamen wir uns wegen unserer beider Liebe zu gutem Whisky näher, aber meist blieb ich auf Distanz zu ihm.

Die Projekte, die mich am meisten fesselten, waren diejenigen, die etwas Gutes in der Welt bewirkten, etwa Programme zur Deradikalisierung von Menschen im Nahen Osten, die das Militär liebevoll als YUMs – *young unmarried males* – bezeichnete, um dschihadistische Einstellungen an der Wurzel zu packen. Ich fand Rechtfertigungen zu bleiben und sagte mir, auch wenn Nix offensichtlich ein Schurke war, gab es bei SCL immer noch eine Menge guter Leute. Also beschloss ich, einfach den Kopf einzuziehen und meiner Arbeit nachzugehen.

Ende 2013 wurde ich gebeten, an einem Treffen mit einem potenziellen Kunden aus einem afrikanischen Land teilzunehmen. Es gehe um ein politisches Projekt, sagte man mir, bei dem Wähler vor einer bevorstehenden Wahl ins Visier genommen werden sollten. Ich wusste nicht viel über das besagte Land, nahm jedoch an, wir würden mithilfe von Mobilfunknetzen oder öffentlichen Quellen an die nötigen Daten herankommen, und so sagte ich kurzerhand zu. Wir trafen uns mit dem Kunden, der, wie sich herausstellte, der Gesundheitsminister des Landes war, in einem teuren Restaurant in London.

Zunächst verlief das Gespräch mehr oder weniger so, wie ich es erwartet hatte. Es ging um die Dienste, die der Kunde benötigte, und wie SCL sie bereitstellen konnte. Dann wandten wir uns der Frage der Projektfinanzierung zu, für die SCL folgenden Vorschlag hatte: Der Kunde sollte sich ein bestehendes, mehrere Millionen Dollar schweres Projekt des Gesundheitsministeriums zunutze machen, SCL würde stillschweigend als Subunternehmen einsteigen und mit Geld aus dem Projektbudget politische Recherchen durchführen. Nach dem Treffen schickte uns ein anderes Mitglied des Ministeriums eine E-Mail: »Der Gesundheitsaspekt einer größeren

Umfrage wird als Auftakt zu einem Wahlkampf dienen«, und er fügte hinzu:»Das politische Element wurde ebenfalls genehmigt.« Des Weiteren hieß es, in der Studie des Gesundheitsministeriums werde nach dem Wahlverhalten gefragt und dazu aufgefordert, die gegenwärtige Regierung zu unterstützen. Natürlich ist es rechtswidrig, Steuergelder aus dem Gesundheitsministerium in politische Kampagnen umzulenken.

Während des Treffens hielt ich den Mund, aber danach suchte ich Nix auf. »Das kann nicht legal sein«, sagte ich zu ihm, worauf er erwiderte:»Bei diesen Leuten kann man nichts Legales erwarten. Das ist Afrika.«

Nix war ausgesprochen geschickt darin, Menschen zu Selbstzweifeln zu verleiten, und während meiner ganzen Zeit bei SCL fiel ich darauf herein, auch wenn ich ihn sonst nicht überzeugend fand. Einmal ging er mit mir auf das Dach hoch oben über unseren neuen Büros in der New Bond Street, um ein Gespräch unter Männern zu führen. Dabei bot er mir ein Pferd an, wenn ich ihm half, ein Projekt an Land zu ziehen. Offenbar besaß er eine Menge Pferde. Ich wolle keins, erklärte ich. »Na gut«, sagte er. »Dann für dich eben ein Pony.« Nach Gesprächen mit ihm war ich mir oft nicht sicher, was ich denken sollte – sollte ich mich durch seine Worte beleidigt fühlen oder peinlich berührt sein von meiner eigenen Naivität?

Ich konnte nicht glauben, dass das afrikanische Projekt wie geplant ablaufen würde, doch es war so. SCL legte dem Gesundheitsministerium einen Untervertrag zur Genehmigung vor. Über einen Zeitraum von mehreren Monaten, in denen die gesundheitsbezogenen Projekte ihren Fortgang nahmen, floss ein Teil des Geldes – Millionen Dollar – nicht in die Programme des Gesundheitsministeriums. Es wurde aufgeteilt zwischen der politischen Kampagne des Ministers und SCL, wobei der Anteil für SCL per Diplomatengepäck, das keiner Zollkontrolle unterlag, in die Botschaft des Landes transferiert wurde. Ich zog mich schon bald aus dem Projekt zurück, weil ich erkannte, dass damit moralisch und gesetzlich eine Grenze überschritten war.

Je tiefer ich in SCL-Projekte hineingezogen wurde, desto mehr schien die im Büro herrschende Kultur mein Urteilsvermögen zu trüben. Mit der Zeit gewöhnte ich mich an die allgegenwärtige Korruptheit und moralische Ignoranz. Alle waren begeistert von den Entdeckungen, die wir machten, aber wie weit wollten wir im Namen dieses neuen Forschungsfelds gehen? Gab es einen Punkt, an dem jemand »Es reicht.« sagen würde? Ich wusste es nicht, und ehrlich gesagt wollte ich auch nicht darüber nachdenken. Und dann schickte mir Nix eine E-Mail: »Ich möchte, dass du Steve aus Amerika kennenlernst.«

Steve aus Amerika

Ich war wohl eingedöst, denn plötzlich schreckte mich die Durchsage des Zugführers auf: »Hier aussteigen für Cambridge!« Das war im Oktober 2013, und ich war an diesem Morgen um 5 Uhr aufgestanden, um den Zug um 6 Uhr 40 an der King's Cross Station zu erwischen. Nix hatte mir eine Fahrkarte für den Frühzug besorgt, um sich fünf Pfund zu sparen. Als ich von meinem Sitz aufsprang, stieß ich mit der älteren Dame neben mir zusammen. Sie warf mir einen bösen Blick zu und umklammerte ihre Handtasche, wie Leute das in England tun. Ich sprintete hinaus, schaute zurück, um mich zu entschuldigen, und stolperte. »Beachten Sie die Lücke an der Bahnsteigkante!« Zu spät.

Nachdem ich mich aufgerappelt hatte, stellte ich fest, dass ich meinen Geldbeutel liegengelassen hatte, und sah mit Schrecken, wie der Zug langsam aus dem Bahnhof fuhr. Scheiße. Ich hatte weder Bargeld noch Karten, also rief ich Nix an und bat ihn, mir ein vorab bezahltes Taxi zu schicken. »Geh zu Fuß«, sagte er. »Du hättest halt besser aufpassen müssen.« Ich war zu müde, um mich zu streiten, und er hatte offensichtlich schlechte Laune, also trottete ich aus dem Bahnhof in den Nebel und Nieselregen des frühen Oktobermorgens hinaus. Cambridge begann gerade zu erwachen.

Da ich bis zum vereinbarten Termin noch einige Stunden totzuschlagen hatte, lief ich kreuz und quer durch Parker's Piece, einen kleinen Park. Sportstudenten absolvierten dort ihr Morgentraining vor dem Hintergrund eines Kirchturms, der durch die Bäume lugte. Von dort aus schlenderte ich durch die verschlungenen mittelalterlichen Pflastergassen, vorbei an kleinen Geschäften und den dräuenden Mauern von Englands zweitältester, im Jahr 1209 gegründeter Universität. Ich ging bis zur Thompson's Lane unweit des Flusses Cam und fand dort das kleine, aber unverkennbar teure Varsity Hotel.

Bei der Arbeit für eine private Militärfirma hatte ich schon eine Menge schräge Vögel kennengelernt, von denen die meisten ein starkes Bedürfnis nach »absoluter Diskretion« hatten – es war gar nicht so selten, dass man die genaue Identität einer Person vor dem ersten Treffen nicht kannte. Tags zuvor war Nix leicht aufgebracht ins Büro gestürmt und hatte sich, beide Hände auf die Tischplatte gestemmt, vor mir aufgebaut. »Du musst unbedingt für mich jemanden in Cambridge treffen«, sagte er. »Ich komme mit dem Typen nicht klar, aber ich denke, du bist der Richtige.«

Wer es denn sei, wollte ich wissen.

»Ich schicke dir noch eine E-Mail mit den Einzelheiten.«

Die extrem wenig hilfreiche Einweisung, die ich von Nix dann bekam, lautete, ich solle »Steve aus Amerika« treffen und ihm »Daten mitbringen«, das war alles.

Eine Stunde lang saß ich in der Lobby des Hotels herum. Schließlich schrieb ich Nix eine SMS mit der Bitte, mir Steves Nummer mitzuteilen. Er las die SMS, antwortete aber nicht. Nach einer weiteren Viertelstunde kam ein bärbeißiger Kerl auf mich zu und musterte mich von oben bis unten.

»Dich haben die geschickt?«

»Ja«, antwortete ich. Bei den Kunden, die SCL normalerweise hatte, erwartete ich jemanden von einer Regierung oder irgendeiner Organisation. Stattdessen stand ein ungepflegter Mann vor mir, der zwei Hemden übereinander trug, als hätte er vergessen, dass er schon eins anhatte, als er das zweite überstreifte. Er war unrasiert, sein Haar war fettig, und er hatte die Schmuddelschicht an sich, die man auf einem Transatlantikflug bekommt. Seine Augen zeigten hellrote Flecke, die zur Rosazea in seinem Gesicht passten. Alles in allem wirkte er wie ein Zwischending aus Gebrauchtwagenhändler und Irre. Er sah müde und benommen aus; ich schob es auf den Jetlag.

Der Lift war ein klassisches englisches Klappermodell, in dem zwei Leute gerade so stehen konnten, was hieß, ich musste mir große Mühe geben, den Typen nicht zu berühren. Ich trug einen einfarbigen Dries Van Noten – dunkle marineblaue Hose mit einem passenden Hemd, was wie ein schräg geschnittener Mao-Hosenanzug wirkte.

»Du bist nicht das, was ich mir vorgestellt habe«, meinte er halb im Scherz. Ach echt, dachte ich, dann schau mal in den Spiegel, mein Süßer …

Er wohnte in einer Suite im obersten Stock. Abgesehen von der knalligen Tapete an der Akzentwand war die Einrichtung minimalistisch-modern, was einen starken Kontrast zum Panoramablick über die mittelalterliche Stadt bildete. Ich sah nirgendwo Gepäck, was ich seltsam fand, aber nicht mein Problem war. Plötzlich wurde mir mulmig. Halt mal, du bist hier ganz allein in einem schweineteuren Hotel mit einem alten Knacker. Ich schaute zu dem großen Doppelbett hinüber und erspähte dort auf dem Nachttisch ein Fläschchen Handlotion. Fuck, fuck, fuck – benutzte mich Nix etwa als Köder?

Ich umklammerte meine Tasche und hoffte, dass der Laptop darin schwer genug war, ihm wirkungsvoll eins überzuziehen. Da ging Steve Bannon zu dem breiten Sofa neben dem Bett hinüber und lud mich ein, Platz zu nehmen. Zu meiner großen Erleichterung schob er für sich selbst einen Sessel zurecht und fragte mich, ob ich einen Schluck Wasser wolle. Beim Hinsetzen quoll ihm die Plauze über den Hosenbund.

»Nix hat mir gesagt, dass du kulturelle Veränderungen erforschst«, sagte er. »Erzähl mir was davon.«

Ich sagte ihm, wir würden Computer benutzen, um kulturelle Trends zu quantifizieren und vorauszusagen, wie sie sich in Gegenden entwickelten, die von Extremismus bedroht waren. »Wir versuchen einen Blick in das Schicksal von Kulturen zu erhaschen«, sagte ich im Versuch, jahrzehntelange Arbeit in Computer- und Sozialtheorie zusammenzufassen. Bannon rollte mit den Augen. »Ja, ja, schon gut. Du kannst den Quatsch weglassen und mir einfach sagen, was ihr *wirklich* macht.«

Wir sprachen vier Stunden lang – nicht nur über Politik, sondern auch über Mode und Kultur, Foucault, Judith Butler, die Feministin der dritten Welle, und die gespaltene Natur der menschlichen Persönlichkeit. Oberflächlich betrachtet, schien an Bannon nichts Besonderes zu sein. Er war ein typischer alter, heterosexueller weißer Mann, aber er redete mit einem Sendungsbewusstsein, das ich nicht erwartet hätte. Um ehrlich zu sein, es dauerte nicht lange, und ich fand ihn irgendwie cool. Wir begannen, uns darüber auszutauschen, wie man Kultur quantitativ erfasst, und ich bot an, ihm einige von unseren Daten zu zeigen. Ich öffnete eine Arbeitsmappe in Tableau mit einer Karte von Trinidad. Ein Klick, und die Karte war von neongelben Punkten übersät. »Das sind übrigens echte Leute«, sagte ich. »Von denen haben wir demografische Daten ... Geschlecht, Alter, Ethnizität.«

Ich klickte noch einmal, und mehr Punkte erschienen.

»Und jetzt kombinieren wir das mal mit einem digitalen Fuß-abdruck – zum Beispiel Browserdaten.«

Ich klickte erneut. »Und hier mit Volkszählungsdaten ... und jetzt mit Social-Media-Profilen.« So fügte ich Schicht um Schicht hinzu. Bannon rutschte interessiert näher. Immer mehr Punkte leuchteten auf der Karte auf, die Pünktchen wuchsen zu Klumpen zusammen, die sich ausbreiteten, bis nach einem letzten Klick die Karte in allen Regenbogenfarben strahlte. Er wollte wissen, wer dafür bezahlt hatte, aber ich erklärte ihm, das könne ich nicht sagen. Als ich ihm die Art von Forschung über soziale Medien zu erläutern begann, die DARPA finanzierte, fragte er, ob man etwas Ähnliches auch in Amerika machen könne.

»Sicher doch, warum nicht«, antwortete ich.

Steve Bannon kam Anfang der 1950er-Jahre als Sohn einer irisch-katholischen Familie aus der Arbeiterklasse in Virginia zur Welt. Er ging auf eine katholische Militärschule und schloss sein Studium an der Virginia Tech im Bereich Stadtplanung ab. Anschließend diente er in der Navy als Offizier in der Überwasserzielbekämpfung, bevor er einen Posten im Pentagon ergatterte, wo er Berichte über den Zustand der weltweit operierenden US-Flotte verfasste. In den 1980ern nahm seine Laufbahn eine akademischere Richtung – 1983 erwarb er einen Master in nationaler Sicherheitspolitik an der Georgetown University, 1985 einen Master in Betriebswirtschaft an der Harvard Business School. Nach einem Abstecher ins Investmentbanking drehte er als ausführender Produktionsleiter, Regisseur und Autor Filme in Hollywood. Er arbeitete an mehr als 30 Produktionen mit, darunter einem Dokumentarfilm über Ronald Reagan. Im Jahr 2005 stieg er bei Internet Gaming Entertainment (IGE) aus Hongkong ein, und ein Jahr später zog er dort eine Investition von 60 Millionen Dollar an Land, die zur Hälfte von seinem ehemaligen Arbeitgeber Goldman Sachs stammte. Das Unternehmen änderte seinen Namen später in Affinity Media Holdings, und Bannon war dort noch bis 2012 im Management beschäftigt, bis er dann zu Breitbart wechselte. Als Nächstes engagierte sich Bannon als Mitbegründer des Government Accountability Institute, das das Buch *Clinton Cash* von Peter Schweizer, Auslandsberichterstatter von Breitbart News, herausbrachte.

Im Jahr 2005 startete der konservative Publizist Andrew Breitbart den Online-Nachrichtenaggregator Breitbart.com, der seit 2007 als Breitbart News auch eigene Inhalte veröffentlicht. Die Webseite lag ganz auf der Linie von Breitbarts persönlicher Philosophie, die auch Breitbart-Doktrin genannt wurde: Politik baut auf Kultur auf. Und wenn Konservative also erfolgreich einen Damm gegen progressive Ideen in Amerika errichten wollten, dann mussten sie vor allem deren Kultur bekämpfen. Breitbart.com wollte nicht bloß eine Medienplattform sein, sondern verstand sich als Werkzeug, das helfen sollte, eine Wende in der amerikanischen Kultur herbeizuführen.

Als Andrew Breitbart (der Bannon mit den Mercers bekanntgemacht hatte) 2012 überraschend starb, übernahm Bannon seinen Platz als leitender Redakteur samt seiner Philosophie. Bei unserer ersten Begegnung war er Vorstandsvorsitzender von Breitbart und nach Cambridge gekommen, um nach aufstrebenden jungen Konservativen für Breitbarts neues Londoner Büro Ausschau zu halten. Dahinter steckte, wie wir dann im Zusammenhang mit dem Brexit erfuhren, die Überlegung, dass das Vereinigte Königreich ein wichtiger kultureller Gradmesser für die Amerikaner war. »Gewinne die Briten und erobere Amerika«, sagte mir Bannon später einmal. Die Mythen und Klischees Hollywoods zeichneten England als Land voller gebildeter, rationaler und stilbewusster Menschen. Bannon hatte allerdings ein Problem. Bei all dem Gezeter und Irrwitz, den diese Webseite verbreitete, galt sie schon bald als Sammelplatz junger heterosexueller weißer Männer, mit denen keine Frau schlafen wollte. Eines der ersten und von der Öffentlichkeit am stärksten registrierten Beispiele des Kulturkampfes, den die Online-Publikation führte, wurde unter dem Schlagwort Gamergate bekannt. Als einige Frauen begannen, die schmierige Frauenfeindlichkeit der Computerspielindustrie anzuprangern, wurden sie belästigt, ihre Privatdaten der Öffentlichkeit preisgegeben, und sie erhielten sogar Todesdrohungen, all das im Rahmen einer massiven Kampagne gegen »Progressive«, die angeblich der Gamerkultur ihre »feministische Ideologie« aufzwingen wollten.

Gamergate war nicht von Breitbart angezettelt worden, aber es war ein Weckruf für Bannon, der das hohe Aktivierungspotenzial einsamer zorniger weißer Männer, die ihre Lebensweise bedroht sahen, erkannte. Ihm ging auf, welche Macht sich durch die Kultivierung der Frauenfeindlichkeit notgeiler männlicher Jungfrauen erreichen ließ. Ihre nihilistische Wut und ihr Gerede vom Beta Uprising, dem Aufstand der Betamännchen, köchelte in den Nischen des Internets. Doch bloß eine Armee von Incels, unfreiwillig Zölibatären, heranzuziehen, genügte nicht für die Bewegung, die Bannon vorschwebte. Er musste einen neuen Ansatz finden.

Einer der seltsamsten Momente in der Saga von Cambridge Analytica war ein zufällig zustande gekommenes Gespräch in einem Flugzeug, das den Verlauf der Geschichte änderte. Mehrere Monate vor meiner Begegnung mit Bannon saßen zwei republikanische Politikberater, Mark Block und Linda

Hansen, neben einem ehemaligen Offizier, der als Subunternehmer für eine Firma gearbeitet hatte, die Wahlkämpfe mit »Cyberkriegführung« bestritt. Block schlief auf dem Flug ein, aber Hansen und ihr Sitznachbar kamen miteinander ins Gespräch. Der Mann erzählte Hansen von den SCL-Projekten in Informationskriegführung. Als das Flugzeug landete, sagte Hansen zu Block, sie müssten unbedingt Nix kontaktieren. Block, der die Präsidentschaftskampagne von Herman Cain geleitet hatte, war mit den Randgruppierungen republikanischer Kreise gut vernetzt. Er kannte Bannon und begriff sofort, dass ihn SCL interessieren würde. Block stellte den Kontakt zwischen Bannon und Nix her, und so landete ich in dieser Hotelsuite mit dem Mann, der später eine Massenmanipulation der amerikanischen Psyche inszenieren sollte.

Nix hatte sich bereits mehrmals mit Bannon in New York getroffen, bevor ich ihn im Varsity Hotel aufsuchte. Doch beim Versuch, ihm unsere Projekte zu erklären, hatte sich ein Problem ergeben – Nix verstand eigentlich nicht richtig, woran wir arbeiteten. Im Gespräch mit Bannon, der sich mehr für die Details der Untersuchungen als für die Diplome der Forscher interessierte, geriet er schnell ins Schwimmen. Das übrige Management delegierte Nix meist dazu ab, mit den »weniger wichtigen« Kunden zu reden. Nix war erst 2007 nach dem Tod seines Vaters, der einen großen Aktienanteil gehalten hatte, aktiver in der Firma geworden. Er hatte einen Abschluss mit durchschnittlichen Noten in Kunstgeschichte an der University of Manchester gemacht, zog es aber vor, sich in den diversen Unternehmen reicher Freunde und Familienmitglieder statt in Museen und Bibliotheken herumzutreiben.

Bannon war kein typischer Kunde von Nix, der eher an Minister oder Geschäftsleute aus den Entwicklungsländern des ehemaligen britischen Empire gewöhnt war. Bannon benötigte keinen zweiten Pass von einem Land in den Tropen. Er wollte auch nicht am kolonialen Cosplay in London teilnehmen, und es war ihm egal, welche Aussprache Nix pflegte oder wo er seine Maßanzüge schneidern ließ. Bannon interessierte sich nur für Handfestes. Damit kam jemand, der daran gewöhnt war, mihilfe leichtbekleideter ukrainischer Mädchen und von Witzen, wie sie beschwipste Eton-Absolventen reißen, Minister einzuwickeln, nicht zurecht.

Ursprünglich wollte Nix, dass ich mich mit Bannon irgendwo in London auf der Pall Mall treffe, einer Straße, die von prächtigen Gebäuden gesäumt ist. Die Pall Mall beginnt wenige Blocks nördlich des Buckingham Palace am Trafalgar Square und endet am St James's Palace, der im 16. Jahrhundert erbaut wurde und heute verschiedenen Mitgliedern der Königsfamilie als Residenz dient. Die Pall Mall ist die Adresse einiger der exklusivsten Gentlemen's Clubs Großbritanniens, in denen Black Tie Pflicht ist und wo Nix gerne mit seinesgleichen in gediegenem Ambiente an Drinks nippte. Er hatte an ein aufwändiges Essen in einem privaten Speisesaal des Carlton Club gedacht und schon bis aufs i-Tüpfelchen das Menü und die Bedienung geplant, nur um in letzter Minute eine Absage zu erhalten.

Doch Nix wusste, dass jeden, auch Bannon, die Sehnsüchte eines unerfüllten, geheimen Selbst plagen. Er verstand, dass der Amerikaner sich in alten englischen Universitäten herumtrieb, weil er eine Rolle spielen wollte – wenn Bannon in den Spiegel schaute, erblickte er einen Philosophen. Wollte er ihn gewinnen, musste Nix ihm dabei helfen, seine Fantasie zu erfüllen, ein Denker großartiger Gedanken zu sein. Und so war mein »akademischer Flair« genau das, was er brauchte, um Bannon in sein Rollenspiel zu locken.

Heute ist Bannon berühmt, doch damals, als ich im Herbst 2013 mit ihm in diesem Hotelzimmer saß, wusste ich absolut nichts über »Steve aus Amerika«. Aber ich hatte schnell das Gefühl, dass wir ähnlich tickten. Es hatte uns beide ins politische Feld verschlagen, aber unsere gemeinsame Leidenschaft war die Kultur, wobei Bannons Ambitionen beim Film, meine in der Mode lagen. Er teilte mein Interesse an der Dekonstruktion von Trends und war genau wie ich der Ansicht, dass unsere gesellschaftlichen Normen zum großen Teil auf ästhetische Fragen heruntergebrochen werden können. Und beide sahen wir, wie es in der Online- und Technikwelt brodelte. Wir sprachen über Gamer, Memes und MMORPGs – Onlinespiele wie World of Warcraft mit einer großen Anzahl von Spielern. Einmal sagte er »pwned«, ein Gamerwort, das die demütigende Dominanz über den besiegten Gegner ausdrückte. Wir stimmten praktisch in allem überein, was uns zu schrägen Vögeln machte. Völlig unerwartet fühlte ich mich in seiner Gegenwart wohler, je länger wir beisammensaßen und uns unterhielten. Er war kein politischer Eierkopf, sondern ein Nerd wie ich, der sich endlich mal mit jemandem richtig ausquatschen konnte.

Als Bannon sagte, er interessiere sich dafür, wie man Kultur verändern könne, fragte ich ihn, wie er denn Kultur definiere. Darauf trat eine längere Pause ein. Wenn man etwas nicht definieren kann, sagte ich ihm, dann kann man es auch nicht messen, und was man nicht messen kann, das kann man nicht verändern.

Anstatt tief in die Theorie einzusteigen, gab ich Bannon ein stark vereinfachtes Beispiel dafür, was Kultur ist, indem ich ihm etwas über kulturelle Klischees erzählte. Italiener stehen im Ruf, leidenschaftlicher und extrovertierter zu sein als Angehörige anderer Völker. (Da ich mal mit einem Italiener zusammen war, kann ich bezeugen, dass darin ein Körnchen Wahrheit steckt.) Und während es offensichtlich ist, dass nicht alle Italiener laut und leidenschaftlich auftreten, stellt man bei einem Italienbesuch doch fest, dass es hier mehr extrovertierte Menschen gibt als beispielsweise in Deutschland oder Singapur. Das kann man als eine *Norm* betrachten – den höchsten Punkt einer Glockenkurve, die die Tendenz zur Extroversion oder lautem Auftreten abbildet. Vielleicht liegt der in Italien ein wenig höher im Koordinatensystem als in anderen Ländern.

Bei der Beschreibung von Kulturen benutzen wir dieselbe Sprache und dasselbe Vokabular wie zur Charakterisierung von Personen. Wir verwenden ein und dieselben Wörter, ob wir Eigenschaften Personen oder Völkern zuschreiben. Einerseits kann man Klischees nicht gut auf individueller Ebene anwenden, da alle Menschen verschieden sind. Andererseits kann man durchaus sagen, dass die italienische Kultur ganz allgemein ein wenig offenherziger als die anderer Länder ist.

Wenn wir einzelne Charakterzüge von Individuen anhand persönlicher Daten ermitteln oder aus ihnen ableiten und dann mit diesen Charakterzügen eine Kultur beschreiben wollen, bietet es sich an, eine Verteilungskurve zu erstellen, die annäherungsweise eine quantitative Beschreibung dieser Kultur darstellt. Dieses Konzept ermöglichte uns die Nutzung persönlicher Daten, die wir in den sozialen Medien, in Clickstreams oder bei Datenverkäufern fanden, um zum Beispiel die besonders extrovertierten Italiener herauszufiltern, und das allein durch ihr individuelles Verhalten als Konsumenten und Internetnutzer. Wenn man dann zum Beispiel die Kultur ändern, sie vielleicht etwas weniger extrovertiert machen will, lässt sich aus diesen Daten eine aktuelle Namens-

liste von Italienern samt ihrem Grad an Extrovertiertheit erstellen, die man gezielt ansprechen kann, um zu versuchen,
ihre Extrovertiertheit Schritt für Schritt zu vermindern. In
anderen Worten, kulturelle Veränderung kann als der Versuch begriffen werden, die Verteilungskurve einer Kultur nach
oben oder nach unten zu bewegen. Die Daten ermöglichten
es uns, diese Kultur auf einzelne Individuen herunterzubre-
chen, die damit zu beeinflussbaren Einheiten dieser Gesellschaft wurden.

Bannon hörte sich gerne selbst reden, doch wenn ich tiefer in eine Sache einstieg, die ihn interessierte, lauschte er
respektvoll. Aber er war auch stets darauf aus, zu konkreten
Anwendungen zu kommen. Zum besseren Verständnis, wie
man das in praktische Kampagnenarbeit umsetzen kann, ein
Beispiel aus der Gesundheitspolitik: Wenn eine ansteckende
Krankheit grassiert, dann immunisiert man bestimmte Bevölkerungsgruppen zuerst – meistens die Babys und die Alten, da sie der Infektion am ehesten zum Opfer fallen. Dann
die Krankenschwestern und die Ärzte, Lehrer und Busfah-
rer, da sie durch ihre zahlreichen Kontakte am ehesten eine
Infektion verbreiten, auch wenn sie vielleicht selbst gar nicht
erkranken.

Mit derselben Strategie kann man eine kulturelle Veränderung bewirken. Will man eine Population zum Beispiel
gegen extremistisches Gedankengut stärken, dann identifi-
ziert man zunächst die Menschen, die empfänglich für solche Botschaften sind, findet heraus, welche Eigenschaften sie
für das ansteckende Narrativ empfänglich machen, und versucht dann, sie mit einem Gegennarrativ zu impfen, um ihr
Verhalten zu ändern. Theoretisch lässt sich diese Strategie
natürlich auch umkehren, um Extremismus zu fördern, aber
das kam mir damals noch nicht einmal in den Sinn.

Das Ziel eines Hacks besteht darin, einen Schwachpunkt in einem System ausfindig zu machen und diesen dann auszunutzen. In der psychologischen Kriegführung sind solche Schwachpunkte Fehler in der Denkweise von Menschen. Wenn man versucht, das Denken einer Person zu hacken, muss man ihre *kognitiven Verzerrungen* identifizieren und sie dann ausnutzen. Stellt man jemandem auf der Straße die Frage: »Sind Sie mit ihrem Leben zufrieden?«, dann ist die Wahrscheinlichkeit hoch, dass die Person Ja sagt. Tritt man jedoch an dieselbe Person heran und fragt zuerst: »Haben Sie im letzten Jahr zugenommen?«, oder »Gibt es Leute, die mit Ihnen zur Schule gegangen und heute erfolgreicher sind als Sie?«, und stellt ihnen anschließend die Frage »Sind Sie mit Ihrem Leben zufrieden?«, dann ist dieselbe Person weniger geneigt, mit Ja zu antworten. Ihre persönliche Situation und ihre Lebensgeschichte sind völlig unverändert. Geändert hat sich nur die Wahrnehmung ihres Lebens. Und wieso? Weil ein Detail in ihrem Kopf auf einmal mehr Gewicht hat als alle anderen.

Wir haben die befragte Person dahingehend beeinflusst, wie sie dieses Detail gewichtet hat, was im Gegenzug ihr Urteil über ihr ganzes Leben beeinflusst hat. Wir haben ihr mentales Lebensmodell verzerrt. Was ist nun die Wahrheit? Ist die Person zufrieden oder nicht? Die Antwort hängt davon ab, welche Information in den Vordergrund des Bewusstseins gezogen wird. In der Psychologie nennt man das Priming. Und das ist es, womit man im Kern Daten zu Waffen macht: Man überlegt sich, welche Teile der erkennbaren Informationen man in den Vordergrund zieht, um zu beeinflussen, wie sich eine Person fühlt, was sie glaubt und wie sie sich verhält.

Niemand auf dieser Erde vermag rein rational zu denken, sofern seine Eltern nicht insgeheim Vulkanier sind. Wir sind alle mit kognitiven Verzerrungen behaftet, die zu den weit verbreiteten Irrtümern in unserem Denken führen und eine fehlerhafte subjektive Interpretation von Informationen bewirken. Es ist völlig normal, dass Menschen Informationen verzerrt wahrnehmen – das passiert jedem –, und im alltäglichen Leben sind solche Verzerrungen meist harmlos. Allerdings sind diese Verzerrungen bei einzelnen Personen nicht rein zufällig. Es handelt sich eher um systematische Fehler, das heißt, es lassen sich Muster identifizieren, allgemein verbreitete Formen des irrationalen Denkens. Tausende solcher kognitiven Verzerrungen hat die Psychologie bereits ausgemacht. Einige sind so weit verbreitet und werden als so selbstverständlich empfunden, dass es schwerfällt, ihre Irrationalität zu durchschauen.

So führten beispielsweise die Psychologen Amos Tversky und Daniel Kahneman eine Studie durch, in der sie Probanden eine einfache Frage stellten: »Nehmen wir an, Sie wählen ein zufälliges Wort aus einem englischen Text aus. Ist es wahrscheinlicher, dass der erste Buchstabe des Wortes ein k ist oder dass der dritte Buchstabe ein k ist?« Die meisten Leute tippten Ersteres, dass mehr Wörter mit einem k begännen (beispielsweise *kitchen, kite* oder *kilometre*). Doch die zweite Antwortmöglichkeit ist hier richtig, es kommt doppelt so häufig vor, dass man in einem typischen englischen Text mehr Wörtern begegnet, bei denen der Buchstabe k an dritter Stelle steht, so wie in *ask, make, joke* oder *take*. Die Forscher machten die Untersuchung mit fünf Buchstaben (k, l, n, r und v). Menschen fallen leichter Wörter ein, wenn sie an ihren ersten Buchstaben denken, weil wir alle gelernt haben, Wörter nach ihrem Anfangsbuchstaben zu ordnen, also in eine alphabetische Reihenfolge zu bringen. Diese kognitive Verzerrung nennt man die *Verfügbarkeitsheuristik*, und sie ist bloß eine von vielen Verzerrungen, die unser Denken beeinflussen. Sie führt unter anderem dazu, dass Leute, die in den Nachrichten mehr Berichte über Mordtaten hören, zu der Meinung neigen, die Gewalt in der Gesellschaft habe zugenommen, während in Wirklichkeit die Mordraten weltweit im Verlauf des vergangenen Vierteljahrhunderts zurückgegangen sind.

Über solche Dinge dachte ich auf der Grundlage meiner Erfahrungen in der Politik, der Mode und der Informationskriegführung nach. Politischer Extremismus beispielsweise ist eine kulturelle Aktivität mit Parallelen in der Mode: Beide haben damit zu tun, wie kulturelle Information durch die Knotenpunkte eines Netzwerks diffundiert. Das Aufkommen des Dschihadismus und die Popularität von Crocs können als Produkte von Informationsflüssen betrachtet werden. Als ich meine Forschungen im Bereich kultureller Information für die Projekte zur Terrorismusbekämpfung von SCL begann, stützte ich mich auf ähnliche Konzepte, Ansätze und Werkzeuge wie jene, welche ich bei der Vorhersage von Modetrends verwendet hatte – adaptive Zyklen, Diffusionsraten, Netzwerk-Homophilie und so weiter. Die Arbeit bestand vor allem darin, zu versuchen, vorauszusehen, wie Menschen kulturelle Information internalisieren und dann verbreiten – ganz gleich, ob sie sich einer Terrororganisation anschlossen oder bestimmte Klamotten kauften.

Bannon verstand das alles sofort, er sagte mir sogar, er glaube, so wie ich, dass Politik und Mode im Wesentlichen Erscheinungsformen ein und desselben Phänomens seien. Es war offensichtlich, dass er Informationsbeschaffung als eine äußerst wichtige Angelegenheit begriff, was ich bei Leuten aus der Politik bisher selten erlebt hatte. Und das macht ihn so mächtig. Wie ich später mitbekam, liest er die Bücher über intersektionalen Feminismus oder fluide Identität nicht, weil er offen für solche Ideen ist, sondern weil er sie bekämpfen will – er möchte herausfinden, was in den Menschen vorgeht, und das dann als Waffe verwenden. Damals wusste ich noch nicht, dass Bannon einen Kulturkampf führen wollte und sich aus diesem Grund an Leute wandte, die sich auf Informationswaffen spezialisiert hatten und ihm vielleicht helfen konnten, sein eigenes Arsenal aufzustocken.

Bannon und ich lagen eindeutig auf derselben Wellenlänge, unser Gespräch verlief an diesem Tag so natürlich, dass ich fast das Gefühl hatte, zu flirten – also nicht wirklich, das wäre dann doch zu eklig gewesen. Aber intellektuell passten wir wunderbar zusammen. Ich verließ ihn beschwingt und bestätigt von jemandem, der sich die Zeit genommen hatte, mir zuzuhören. Bannon erschien mir bei dieser ersten Begegnung als ziemlich vernünftiger, sogar netter Typ. Ich spürte, dass er neue Ideen schätzte und sich für ihre Möglichkeiten begeisterte. Vor allem beeindruckte mich aber, was für ein Kulturkenner und Technikfreak er war. Mir war auch klar, dass er eine libertäre Ader hatte, obwohl wir gar nicht viel über Politik gesprochen hatten.

Dann fiel mir wieder ein, dass ich meinen Geldbeutel verloren hatte. Ich rief Nix an und erzählte ihm, wie es gelaufen war und dass ich eine neue Fahrkarte brauchte. »Chris, ich habe zu tun, lös das Problem alleine.«

Bannons Interesse an unserer Arbeit war nicht rein akademischer Natur, er hatte Großes mit SCL vor. Er erzählte Nix von einem gewichtigen rechtsgerichteten Geldgeber, der sich möglicherweise überzeugen ließe, in seine Firma zu investieren. Robert Mercer war kein gewöhnlicher Milliardär. Er hatte Anfang der 1970er-Jahre in Informatik promoviert und dann zwei Jahrzehnte bei IBM gearbeitet. Im Jahr 1993 stieg er bei einem Hedgefonds namens Renaissance Technologies ein, wo er Programme entwickelte, die mithilfe von Datenanalyse Investments platzierten – und machte dabei irrsinnig viel Geld. Mercer gehörte nicht zu den umtriebigen Geschäftemachern, die sich am fieberhaften Kauf und Verkauf von Unternehmen beteiligten. Er war ein extrem introvertierter Informationstechniker, der seine Computerkenntnisse sehr gezielt für die hohe Kunst und Wissenschaft einsetzte, Geld zu scheffeln.

Mercer spendete schon geraume Zeit Millionen Dollar für Wahlkämpfe konservativer Kandidaten. Außerdem gründete er die Mercer Family Foundation, die von seiner damals neununddreißigjährigen Tochter Rebekah geleitet wurde. Sie hatte ursprünglich Forschungs- und Hilfsprojekte unterstützt, aber dann begonnen, im politisch orientierten Nonprofitbereich Geld zu spenden. Mercers Reichtum und sein Einfluss verschafften ihm einen Platz in der Riege der republikanischen Großspender neben den Brüdern Koch und Sheldon Adelson. Als Nix erfuhr, dass Mercer überlege, in SCL zu investieren, war er sofort Feuer und Flamme. Mercer stand im Ruf, den Finanzsektor aufzumischen. Renaissance gehörte zu den Hedgefonds mit der besten Performance – und Mercer hatte beim Aufbau des Unternehmens Leute mit traditionellem Hintergrund im Finanzgeschäft weitgehend außen vor gelassen und stattdessen Physiker, Mathematiker und Wissenschaftler zur Entwicklung seiner Algorithmen angeheuert. Wie es aussah, wollte er mit uns eine noch ehrgeizigere Version profitabler Disruption versuchen. Die Idee war, die Profile sämtlicher Bürger des Landes zu erfassen, ihre Persönlichkeit und ihr individuelles Verhalten zu bestimmen und daraus *in silico*, im Computer, eine Simulation der Gesellschaft zu erschaffen, mithin den ersten Prototyp einer künstlichen Gesellschaft. Wenn wir mit einer Volkswirtschaft oder Kultur in einer Simulation mit künstlichen Akteuren von denselben Eigenschaften wie die durch sie repräsentierten wirklichen Menschen herumexperimentieren konnten, dann erhielten wir damit womöglich das mächtigste Marktforschungsinstrument, das je ersonnen wurde. Und wenn wir quantifizierte kulturelle Signale hinzufügten, dann erschlossen wir ein völlig neues Gebiet, so etwas wie »Kulturfinanzwirtschaft«. Mit dem richtigen Dreh, so glaubten wir, konnten wir Zukunftssimulationen für ganze Gesellschaften durchführen. Das Geschäft mit dem Kauf und Verkauf einzelner Unternehmen wäre dann ein alter Hut – hier ging es um ganze Volkswirtschaften.

Wie sich dann zeigte, gingen Mercers Pläne weit über die Wirtschaft hinaus, doch damals wollten wir hauptsächlich zeigen, was SCL zu leisten vermochte. Nach einigen Überlegungen entschied Bannon, dass wir einen Probelauf in Virginia machen sollten, einem Bundesstaat, der einen Mikrokosmos der USA darstellt. Virginia vereint Elemente des Nordens und des Südens der Vereinigten Staaten. Es hat Berge und Küstenregionen, Städte mit Militärbasen, die reichen Vororte Washingtons, ländliche Gebiete und Farmen sowie einen repräsentativen Querschnitt von Reichen und Armen, Schwarzen und Weißen. Bei unserem Experiment in Virginia spielten wir zum ersten Mal mit Daten aus den USA herum. Wie schon mit der LPC und den Lib Dems begann ich mit einer qualitativen Forschung – unstrukturierten Gesprächen ohne definiertes Ziel mit Bürgern. Niemand im Team von SCL stammte aus den USA, und von Virginia hatten wir keine Ahnung, für mich war der Bundesstaat so fremd wie Ghana. So lag es nahe, erst einmal vor Ort mit den Leuten zu reden, zu lernen, wie sie die Welt wahrnahmen und was für sie von

Bedeutung war. Zunächst sollten sie Gelegenheit haben, sich auf ihre Weise und auf ihrem Terrain vorzustellen. Sobald wir ein besseres Gefühl dafür hatten, was für die Menschen in Virginia relevant war und wie sie die Welt sahen, konnten wir die spezifischen Fragen für quantitative Forschung ausarbeiten. Politik und Kultur sind so eng miteinander verflochten, dass man sie normalerweise nicht separat untersuchen kann.

Und so flog ich zusammen mit Mark Gettleson, Brent Clickard und einigen anderen in die USA. Das war im Oktober 2013, kurz vor den Wahlen in diesem Bundesstaat. In Fokusgruppen hörten wir unter anderem besorgte Stimmen über den Kandidaten der Republikaner für das Amt des Gouverneurs, den ehemaligen Justizminister von Virginia, Ken Cuccinelli. Er war ein extremer Rechtspopulist, der die Rechte von Schwulen ebenso bekämpfte wie Umweltschutzmaßnahmen. Die Republikanische Partei in Virginia hat einen sehr hohen Anteil evangelikaler Wähler, und die brauchte Cuccinelli, wenn er gewinnen wollte. Doch wie wir durch unsere Forschung herausfanden, war er so eifrig hinter ihren Stimmen her, dass er über das Ziel hinausschoss.

Unter anderem setzte sich Cuccinelli dafür ein, Virginias »Gesetz gegen widernatürlichen Verkehr« (Crimes Against Nature Law), das von einem Bundesgericht wegen Verfassungswidrigkeit außer Kraft gesetzt worden, wieder zur Anwendung zu bringen. Das in den 1950er-Jahren erlassene Gesetz war 2013 vom Berufungsgericht der Vereinigten Staaten des 4. Bezirks aufgehoben worden, nachdem der Oberste Gerichtshof der USA entschieden hatte, dass einvernehmliche sexuelle Aktivitäten zwischen Erwachsenen grundsätzlich nicht kriminalisierbar seien. Das Gesetz in Virginia hatte Oral- und Analsex unter Strafandrohung gestellt. Cuccinelli behauptete, das sei nötig, um Pädophilie zu bekämpfen. Er erinnerte mich an manche durchgeknallte Politiker in Afrika, die wie besessen von Schwulen und ihrem angeblich sündhaften Liebesleben sind. Doch Leute mit extremen Ansichten zur Gesellschaft oder schlicht Spinner finden sich überall, selbst in amerikanischen Whitebread-Gegenden.

In unser Fokusgruppe hörten wir immer wieder, wie absurd Cuccinellis Einstellung sei, und das vor allem von heterosexuellen, heißblütigen Männern. Den Schwulen in die Parade fahren, schön und gut, aber warum jede Art von Sex verbieten, die nicht gleich zu Kindern führt? Was hatte Cuccinelli denn dagegen, wenn man sich mal einen blasen ließ? War das nicht ein bisschen albern? Die Typen redeten dauernd davon, dass sie nicht an Cuccinelli denken wollten, wenn ihnen ihre Freundin auf der Flöte spielte, und das konnte man nachvollziehen. Als das Thema wieder und wieder aufkam, beschlossen wir, ein Experiment zu machen.

Nach dem Fünf-Faktoren-Modell der Persönlichkeit zeichnen sich Konservative vor allem durch zweierlei aus: Geringe Offenheit und hohe Gewissenhaftigkeit. Ganz allgemein ausgedrückt sind Republikaner wenig erpicht auf Neues und nicht sonderlich aufgeschlossen gegenüber einer Erweiterung ihres Erfahrungshorizonts (Leute, die nur noch kein Coming-out hatten, bilden in diesem Punkt verständlicherweise eine Ausnahme). Außerdem bevorzugen sie feste Strukturen und Ordnung, und sie mögen keine Überraschungen. Demokraten sind offener, aber oft auch weniger gewissenhaft. Daher drehen sich politische Debatten häufig um persönliche Verfehlungen und die Verantwortung des Individuums.

Unsere qualitative Forschung ergab unter anderem, dass Cuccinellis Fixierung auf das Thema Oralverkehr bei den Republikanern von Virginia nicht gut ankam. Weiter kam bei unseren psychometrischen Tests heraus, dass Republikaner Unberechenbarkeit verabscheuten. Ließ sich aus diesen beiden Beobachtungen eine Strategie drechseln, die Cuccinellis Popularität erhöhte?

Hier hatte Gettleson eine seiner genialen Ideen. Besonders faszinierten ihn die Wähler vom Typ Alphamännchen und das schwierige Problem, das sie für Cuccinelli darstellten. Es war nicht einfach, für sie die richtige Botschaft zu formulieren. Gettleson konzentrierte sich darauf, dass die Leute Cuccinelli ablehnten, weil sie ihn schrullig fanden. Doch was, wenn er ihnen das in seiner politischen Botschaft einfach bestätigte? Wir beschlossen, eine Message zu testen, die schlicht besagte: »Sie mögen zwar nicht mit mir einer Meinung sein, aber immerhin kennen Sie meinen Standpunkt.« Wenn die Leute ihn schon für verrückt hielten, konnte er sich ihnen auf diese Weise wenigstens als berechenbar und geordnet verrückt darstellen.

Wir stellten Fokusgruppen zusammen, organisierten Online-Panels und schalteten testweise digitale Werbung, um den Slogan auszuprobieren. Er schnitt deutlich besser ab als alles andere, was wir versuchten – obwohl er weitgehend inhaltsleer war. Das war eine wichtige Erkenntnis: Wir waren in der Lage, die Einstellung der Wähler umzudrehen, indem wir die Botschaft des Kandidaten am Ergebnis ihres psychometrischen Tests ausrichteten. Und angesichts der weiten Verbreitung dieser Persönlichkeitszüge unter Republikanern war zu erwarten, dass diese Art von Framing – ich bin, wer ich bin, und ihr wisst, wofür ich stehe –, auch anderen republikanischen Kandidaten helfen konnte. Diese Strategie funktionierte vor allem bei Leuten, die hohe Werte an Gewissenhaftigkeit hatten und skeptisch gegenüber Cuccinelli waren. Cuccinelli wurde für sie dadurch zum »Übel, das man kennt«

und seine »Schrulligkeit« wenigstens zu etwas, das sich in einem verlässlichen Rahmen bewegte.

Wie sich herausstellte, können Republikaner selbst einen völlig irren Kandidaten akzeptieren, solange es sich um verlässlichen Irrsinn handelt. Diese Erkenntnis sollte später beinahe alles beeinflussen, woran Cambridge Analytica arbeitete. Und es ist natürlich nur noch ein kleiner Sprung von dieser Erkenntnis zu einem Kandidaten, der damit prahlte, dass er mitten auf der Fifth Avenue jemanden erschießen könne, ohne die Unterstützung seiner Anhänger zu verlieren.

Im Verlauf unseres Experiments sammelten wir Unmengen von persönlichen Informationen über Leute aus Virginia. Sie waren nicht schwer zu bekommen – wir kauften sie einfach bei Datenhändlern wie Experian, Acxiom und Nischenanbietern mit speziellen Listen von evangelikalen Kirchen, Medienunternehmen und so weiter. Manche Bundesstaaten bieten auch Listen zum Verkauf an mit Leuten, die Jagd- und Angellizenzen oder einen Waffenschein besitzen. Wenn man mich fragt, ob sich die Regierungen dieser Bundesstaaten darum kümmerten, was mit den Daten ihrer Bürger geschah oder wer auf sie Zugriff hatte, so kann ich nur antworten: keinen Deut. Wir hätten Betrüger oder ausländische Spione sein können, sie wären nicht misstrauisch geworden.

Den meisten Leuten ist Experian als Bonitätsprüfer bekannt. Die Anfänge des Unternehmens liegen in der Einschätzung der Kreditwürdigkeit von Personen anhand einer Reihe von finanziellen Faktoren. Das Unternehmen sammelte dazu Informationen aus den verschiedensten Bereichen – aus Vielfliegerprogrammen, von Medienunternehmen, Wohltätigkeitsvereinen, selbst von Vergnügungsparks. Es besorgte sich auch Daten von Regierungsbehörden wie der Zulassungsstelle für Kraftfahrzeuge oder den Ämtern, die Jagd-, Angel- und Waffenscheine ausstellten. Bei der Auswertung dieser detaillierten Profile ging dem Unternehmen irgendwann auf, dass es zusätzliches Geld machen konnte, wenn es sie für Marketingzwecke nutzte.

In den 1990er-Jahren begannen politische Strategen, persönliche Informationen zu kaufen, um sie für den Wahlkampf zu nutzen. Stellen Sie sich den Reiz dieser Daten vor: Wenn man weiß, welches Auto jemand fährt, ob er zur Jagd geht, für welche Zwecke er spendet und welche Zeitschriften er abonniert hat, dann kann man daraus ein Bild von dieser Person zusammensetzen. Viele Demokraten und Republikaner verhalten sich in typischer Weise, und das wird von einem solchen Daten-Schnappschuss enthüllt. Hat man diese Informationen, kann man gezielt potenzielle Wähler ansprechen.

Wir bekamen auch Zugang zu Volkszählungsdaten. Im Unterschied zu Entwicklungsländern mit weniger strengem Datenschutz gibt die Regierung keine Rohdaten über einzelne Personen heraus, aber man bekommt Informationen bis zur Ebene des County oder einzelner Viertel über die Häufigkeit bestimmter Verbrechen, wie viele Leute Übergewicht haben oder unter Krankheiten wie Diabetes und Asthma leiden. Ein Zensusblock umfasst typischerweise 600 bis 3000 Personen, und wenn wir zahlreiche Datenquellen kombinierten, konnten wir mühelos Individuen einzelne Eigenschaften zuschreiben. Indem wir beispielsweise Risiko- und Schutzfaktoren für Diabetes wie Alter, Ethnizität und Wohnort, Einkommen und Interesse an Natur- und Biokost, bevorzugte Restaurants und Mitgliedschaften in Fitnessclubs und den früheren Konsum von Schlankheitsmitteln (was alles in den meisten US-Konsumentendatensätzen enthalten ist) miteinander in Beziehung setzten, konnten wir diese Daten mit den aggregierten Statistiken der Diabetesrate an einzelnen Orten abgleichen. Daraus ließ sich für jede Person in einer bestimmten Gegend ein Wahrscheinlichkeitswert für Gesundheitsprobleme wie Diabetes herleiten – auch wenn die Volkszählungs- und Konsumentendaten alleine das gar nicht preisgaben.

Gettleson und ich verbrachten Stunden damit, willkürliche und absurde Kombinationen von Attributen auszuprobieren. Gab es Leute mit Waffenschein, die auch bei der ACLU (American Civil Liberties Union) Mitglied waren? Oder solche, die Saisonkarten für klassische Konzerte und zugleich eine lebenslange Mitgliedschaft in der NRA (National Rifle Association) hatten? Gab es überhaupt wirklich so etwas wie schwule Republikaner? Eines Tages fragten wir uns, ob es Leute gab, die Geld für schwulenfeindliche Kirchengemeinden spendeten und gleichzeitig in Bioläden einkauften. Wir durchforsteten die Konsumentendatensätze, die wir für den Probelauf gekauft hatten und fanden tatsächlich eine Handvoll, auf die das zutraf.

Ich wollte sofort ein solches Wunderwesen leibhaftig sehen, teils aus reiner Neugier, teils, um herauszufinden, ob unsere Daten stimmten. Wir beauftragten ein Callcenter damit, bei diesen Leuten anzufragen, ob sie zu einem Interview bereit wären. Die meisten lehnten ab, aber eine Frau erklärte sich bereit – ich konnte es kaum erwarten, sie zu treffen. Sie gab ihr Geld für alles Mögliche ohne klar erkennbares System aus – sie kaufte ihre Lebensmittel bei der Biokette Whole Foods, interessierte sich für Yoga, war aber auch Mitglied einer schwulenfeindlichen Kirchengemeinde und spendete Geld für rechtsgerichtete Stiftungen. Entweder stimmte also etwas mit unseren Daten nicht, dachte ich, oder wir hatten es hier mit einer der faszinierendsten Persönlichkeiten in den ganzen USA zu tun.

Die Daten der Frau führten mich zu einem bescheidenen Haus in einem Vorort von Fairfax County. Einen Moment lang zögerte ich. » Oh nein, wird das jetzt peinlich?« Aber nun war ich schon so weit gekommen, also trat ich an die Tür und klingelte. Direkt über meinem Kopf hörte ich ein Windspiel. Eine muntere Blondine mit Föhnfrisur öffnete und begrüßte mich überschwänglich. »Heeeeey!!! Komm rein!« Beim Eintreten bemerkte ich, dass sie tatsächlich eine Yogahose von Lululemon trug. Sie führte mich in ihr Wohnzimmer, wo es nach Räucherkerzen roch und in dem eine Statue von Buddha *und* eine des elefantenköpfigen Hindugottes Ganesha standen. Auch ein Kruzifix erspähte ich an der Wand. Das war schon sehr speziell.

Ob ich ein Glas selbstgemachten Kombucha trinken wolle, fragte sie. In der Küche nahm sie einen großen Krug, in dem etwas Undefinierbares schwappte, und goss eine Blasen werfende, leicht schleimige Flüssigkeit in ein Glas.

»Das ist echt probiotisch.«

»Ja, das sehe ich«, antwortete ich mit Blick auf das klumpige Gesöff.

Im Gespräch verwendete sie viel New-Age-Jargon, sie sprach davon, dass sie versuche, ihre »positive Energie fließen zu lassen«, ohne Zweifel inspiriert von Deepak Chopra, den ich in ihrem Bücherregal ausmachte. Aber als wir dann zu moralischen Themen wechselten, ging sie schlagartig zu evangelikalen Ansichten über, die nach Feuer und Schwefel rochen – insbesondere ließ sie sich über Schwule aus, die, wie sie sicher wusste, geradewegs in die Hölle kamen. Doch selbst hier warf sie auf merkwürdige Weise alles zusammen: Sie sagte, Schwule hätten eine Energieblockade – und das sei eine Sünde. Zwei Stunden lang schlug sie mir so die Botschaft Gottes um die Ohren, während ich mir eifrig Notizen machte. Es war wie eine völlig absurde Therapiesitzung.

Als ich von dieser Begegnung zurückkam, schwirrte mir der Kopf vor neuen Ideen. Ich hatte das Gefühl, an etwas Wichtigem dran zu sein. Wie zum Teufel würde ein Meinungsforscher diese Frau einordnen? Das überzeugte mich davon, dass wir uns stärker bemühen mussten, die feinen Unterschiede in den Wählergruppen zu verstehen. Die Primatenforscherin Jane Goodall sagte einmal etwas zu mir, das ich nie vergessen habe. Ich begegnete ihr auf einem Empfang und fragte sie, warum sie denn an Primaten in freier Wildbahn und nicht unter den kontrollierten Bedingungen eines Labors forsche. »Ganz einfach«, antwortete sie, »weil sie nicht im Labor leben.« Genauso wenig wie Menschen. Wenn wir Leute *wirklich* verstehen wollen, dann dürfen wir nie vergessen, dass sie außerhalb von Datenbasen leben.

Es ist schon verrückt, wie leicht man in etwas hineingezogen wird, das einen interessiert. Wir waren ein britisches Unternehmen, das für das Militär arbeitete, und bastelten mit einem wachsenden Team von zumeist schwulen und progressiven Informatikern und Soziologen an großen Ideen. Warum hatten wir angefangen, mit diesem wilden Mix aus Hedgefonds-Managern, Computerwissenschaftlern und einem Typen zu arbeiten, der eine Webseite in der rechten Ecke betrieb? *Weil die Idee einfach der Hammer war.* Wir hatten freie Bahn, etwas so Abstraktes und Fluides wie Kultur zu untersuchen, und konnten dabei in einen ganz neuen Bereich der Erforschung von Gesellschaften vorstoßen. Wenn wir es schafften, Gesellschaft in einen Computer zu stecken, dann konnten wir womöglich alles Erdenkliche quantifizieren und auch Probleme wie Armut und ethnisch motivierte Gewalt im Computer abbilden und Lösungen simulieren. Aber genau, wie die von mir befragte Frau nicht die Widersprüche in ihren verschiedenen Gottesbildern sah, entgingen auch mir die Widersprüche in dem, was ich tat.

Cambridge Analytica

Im Laufe der Hausbesuche und Fokusgruppen-Interviews im Herbst 2013 stellten wir fest, dass Virginia einen exemplarischen Querschnitt des amerikanischen Lebens bot. Wir fuhren von Fairfax quer durch den Bundesstaat, dann runter nach Norfolk und Virginia Beach, mit Zwischenstopps in den örtlichen Bars und familienbetriebenen Gasthäusern, wo uns die Atmosphäre ebenso gefiel wie das Essen. Daraus, wie die Leute essen, trinken und sich unterhalten, lässt sich vieles erschließen. Nachdem wir ihre kulturelle Bedeutung entdeckt hatten, waren wir ganz versessen auf gesüßten Tee und bestimmte Speisen. Während der amerikanische Süden traditionell durch die Mason-Dixon-Linie definiert wird, die ehemalige Grenze zwischen den Sklavenhalter- und den freien Staaten, verläuft durch das heutige Virginia eine andere Trennlinie, nämlich zwischen den Restaurants im Norden, die Tee ohne Zucker servieren, und jenen im Süden mit gesüßtem Tee. Hier begann der »echte Süden«, wie uns die Einheimischen erklärten – an der Sweet-Tea-Linie und nicht einfach an der Mason-Dixon-Linie, sondern sogar noch weiter südlich als Richmond.

Am liebsten sah und hörte ich den Leuten, die bereit waren, uns ihre Zeit zu schenken, einfach nur zu. Ich saß auf dem

Sofa und lauschte, wenn sie von ihrem Tag erzählten, davon, was sie im Radio gehört hatten oder was sich bei ihnen im Büro tat. Ich sah ihnen zu, wenn sie Fox News schauten und sich dabei immer mehr aufregten (was für mich, der ich aus einem Land ohne Fox News komme, zu den interessantesten Beobachtungen gehörte). Es war sonderbar, wie sie gespannt vor dem Fernseher saßen und darauf warteten, von dem, was die »Eliten« ihnen heute wieder angetan hatten, gekränkt zu werden. Sobald sie Fox eingeschaltet hatten, wurde ihre Wut geradezu greifbar. Manchmal kam es mir vor, als würde ich Zeuge einer Therapiesitzung, in der Leute nach einer frustrierenden Woche in einem Wutraum Gegenstände kaputtschlagen. Es war so ziemlich das Gegenteil dessen, was ich normalerweise erlebte, wenn meine Freunde beim Zappen versehentlich auf Fox News landeten. Unvergesslich, wie Alistair Carmichael einmal einen herumpolternden, rot angelaufenen Fox-News-Reporter als »verdroschenen Arsch« bezeichnete.

Ein Ehepaar erzählte mir, dass sie durch die Selbstbeteiligung bei ihrer Versicherung Tausende Dollar Schulden hätten und manchmal ihre Arztrezepte nicht einlösten, weil eine Autoreparatur anstand. Sie hatten sich zu dem Interview bereiterklärt, weil die 100 Dollar, die sie dafür bekamen, ihnen ein wenig helfen würden, die Kosten für den nächsten Monat zu bestreiten. Aber wem gaben sie die Schuld an ihren hohen Versicherungsausgaben? Nicht der schlechten Krankenkasse ihres Arbeitgebers oder der zu geringen Entlohnung, nein, Obamacare. Sie dachten wirklich, Obamacare sei nur deshalb eingeführt worden, um die Einwanderung von Arbeitern ohne Papiere in die USA zu erleichtern – und zwar als Teil eines großangelegten Plans zur Manipulation der Mehrheitsverhältnisse in der Wählerschaft, damit die Demokraten durch eine zunehmende Zahl von Wählern lateinamerikanischer Herkunft an der Macht bleiben könnten. Und das würde nach Meinung der beiden die Kosten für Versicherung und Krankenhausbehandlung in die Höhe treiben.

Nach einer stundenlangen Sitzung im Wutraum von Fox News fühlten sich die Leute besser – sie hatten ihren Druck abgeladen, und jemand anderes als die eigentlichen Verursacher waren Schuld an ihren Problemen am Arbeitsplatz oder zu Hause. Mit anderen Worten, sie konnten die Gefühle angesichts ihrer Misere vollständig externalisieren und mussten sich nicht mit der harten Realität konfrontieren, dass es ihrem Arbeitgeber womöglich völlig egal war, dass sie von ihrem Lohn nicht anständig leben konnten. Sich einzugestehen, dass sie womöglich von jemandem übervorteilt wurden, den sie jeden Tag vor Augen hatten, und nicht von dem gesichtslosen Feind Obamacare oder den »Illegalen«, wäre zu schmerzhaft gewesen.

Länger war ich Fox News nicht ausgesetzt, doch mir ging nicht mehr aus dem Sinn, wie der Sender das Identitätsgefühl der Leute derart konditionierte, dass man es als Waffe verwenden konnte. Fox feuert mit seinen überzogenen Behauptungen den Zorn an, weil der Zorn die Fähigkeit mindert, nach Informationen zu suchen, sie vernünftig zu beurteilen und abzuwägen. Dies führt zu einer psychischen Verzerrung, genannt *Affektheuristik*. Gemeint ist damit, dass Menschen mentale Abkürzungen verwenden, die wesentlich von Gefühlen beeinflusst werden. Es ist dieselbe Voreingenommenheit, die Leute dazu bringt, in einem Wutanfall etwas zu sagen, das sie später bereuen – in der Hitze des Gefechts denken sie tatsächlich anders als im Normalzustand.

Dergestalt aufgeheizt erfahren die Zuschauer von Fox sodann, dass sie zu den »normalen Amerikanern« gehören. Diese Identität wird ihnen unablässig eingehämmert, indem die Moderatoren die Zuschauer direkt ansprechen und immer wieder von »uns« die Rede ist. Dem Publikum wird einge- schärft, wenn man wirklich ein normaler Amerikaner sei, dann denke man – das heißt, dann dächten »wir« – eben so. Das konditioniert die Leute zu identitäts-motiviertem Den- ken, eine kognitive Verzerrung, die im Wesentlichen dazu führt, dass Menschen Informationen akzeptieren oder ne- gieren, weil sie dem Erhalt der Gruppenidentität dienen, und nicht wegen der Relevanz ihres Inhalts. Dieses motivierte Denken ist der Grund, warum Demokraten und Republika- ner bei ein und derselben Nachrichtensendung genau entge- gengesetzte Schlussfolgerungen ziehen. Aber allmählich be- griff ich, dass Fox deshalb funktioniert, weil der Sender eine bestimmte Identität in die Köpfe der Zuschauer pflanzt, die dann eine Debatte über strittige Themen als einen Angriff auf eben diese Identität empfinden. Dies wiederum löst eine Ab- wehrreaktion aus, wodurch alternative Sichtweisen das Fest- halten des Publikums an seiner ursprünglichen Überzeugung sogar noch verstärken, weil es sich in seiner persönlichen Frei- heit bedroht fühlt. Je mehr die Demokraten die Köder, die Fox auslegte, kritisierten, desto verbissener hielten die Fox-Zu- schauer an ihren Ansichten fest und desto größer wurde ihre Wut. Deshalb ließ beispielsweise die Kritik an Donald Trumps rassistischen Äußerungen die Zuschauer völlig kalt: Sie in- ternalisierten diese Kritik als einen Angriff auf ihre eigene Identität und nicht auf die des Kandidaten. Das hat den tücki- schen Effekt, dass sich das Publikum immer stärker hinter seinen Überzeugungen verschanzt, je mehr debattiert wird.

Im Laufe meiner Recherchen änderte sich meine Haltung zu sozial und wirtschaftlich benachteiligten Weißen. Es war klar, dass rassistische und fremdenfeindliche Einstellungen teilweise von einem Gefühl der Bedrohung herrührten, verstärkt durch ständige und nachdrückliche »Warnungen« aus Quellen wie Fox News. Eins der Probleme bei den aktuellen politischen Debatten in den amerikanischen Nachrichtensendern, das mir auffiel, war der Mangel an Differenzierung bei der Kennzeichnung der Wählerschaft. Weiße Wähler, Latino-Wähler, weibliche Wähler, vorstädtische Wähler und so weiter wurden häufig als eindimensionale und monolithische Gruppen aufgefasst, während die auffälligsten Merkmale vieler Wähleridentitäten bei diesen Etiketten gar nicht berücksichtigt wurden, die Meinungsforscher, Analysten oder Berater zu deren Beschreibung verwendeten. Und das wiederum entfremdet bestimmte Leute. Wenn Sie beispielsweise ein männlicher Weißer sind, der in einem Wohnwagen lebt, werden Sie wahrscheinlich wütend, wenn Sie im Fernsehen Menschen sehen, die beharrlich behaupten, die weiße Bevölkerung in diesem Land sei überprivilegiert. Ist man in einem Haus aufgewachsen, in dem es nur ein Außenklo gab, wird man vermutlich wenig Verständnis für eine breite Diskussion darüber haben, ob Trans-Menschen erlaubt werden soll, die Toiletten ihrer Wahl zu benutzen. Gehören Sie der unteren Mittelschicht an und leben in einem Bundesstaat, der Ihre Fürsorgeleistungen ständig kürzt, überrascht es wenig, wenn Sie angesichts der Sozialhilfe, die eine schwarze Person erhält, etwas denken wie: »Und was ist mit *meiner* Sozialhilfe?« Damit sollen solche Einstellungen nicht verteidigt werden, aber wenn wir sie verstehen wollen, müssen wir anderen Perspektiven gegenüber offen bleiben, selbst wenn sie hässlich sind.

Bei unseren ersten Forschungen zur amerikanischen Kultur betrachteten wir unter anderem zwei Bereiche, von denen wir annahmen, dass sie zu diesem gesellschaftlichen Zwiespalt beitrugen. Zuerst untersuchten wir, ob ein Gefühl der

Bedrohung der sozialen Identität manchen derartigen Ansichten Nahrung gab. Der zweite Bereich war damit verwandt, aber doch ein wenig anders. Ein weit verbreiteter menschlicher Trugschluss besteht darin, die Welt als ein Nullsummenspiel von Gewinnern und Verlierern anzusehen. Man meint, dass die Aufmerksamkeit, die anderen Gruppen zuteilwird, letztlich weniger Aufmerksamkeit für die eigene Gruppe bedeutet. So oder so schienen Minderheiten eine »Bedrohung« darzustellen – eine Bedrohung für die eigene Identität oder für die zur Verfügung stehenden Ressourcen. Dieser Hypothese eines untergründigen Bedrohungsgefühls folgend wollten wir herausfinden, ob es möglich war, es zu beeinflussen und abzuschwächen. So baten wir unsere Probanden, sich vorzustellen, sie seien unbesiegbare Superhelden, die weder verletzt noch getötet werden könnten. Dann fragten wir sie, welche Art von Menschen sie gewöhnlich für bedrohlich hielten – Schwule, Einwanderer, Menschen anderer Ethnien –, und stellten fest, dass sie eine verhaltenere Reaktion auf diese »Bedrohungspotenziale« zeigten. Ist man unbesiegbar, kann einem nichts und niemand etwas anhaben, nicht einmal ein Schwuler. Das war für mich und das Team faszinierend, da es offenbar Mittel und Wege gab, rassistisch bedingte Spannungen abzubauen. Mit jedem Experiment erfuhren wir mehr darüber, wie man entsprechend den innersten Wesenszügen von Menschen gewünschte Ergebnisse herbeiführen konnte.

Unsere Arbeit in Virginia erbrachte vielversprechende Resultate. Wir konnten zeigen, dass es Zusammenhänge zwischen Persönlichkeitsmerkmalen und politischen Einstellungen gab und wir nicht nur bestimmte Verhaltensweisen vorhersagen konnten, sondern auch Haltungen verändern, indem wir die Sprache von Botschaften so gestalteten, dass sie psychometrischen Profilen entsprach. Die Datenbasis, die wir in diesen kleinen Pilotstudien verwendeten, war zwar recht ordentlich, aber dennoch eindeutig unzureichend, um sämtliche Nuancen einer Persönlichkeit und Identität zu erfassen. Um die Gesellschaft wirklich *in silico* abbilden zu können, würden wir noch umfassendere Daten benötigen – viel umfassendere Daten. Aber das war ein Problem für die Zukunft.

Nix gab uns eine Woche Zeit, einen Bericht zu schreiben, für den man normalerweise zwei Monate brauchte. Er wollte die Sache unbedingt beschleunigen, weil eine Menge auf dem Spiel stand. Bannon hatte ihm eröffnet, Mercer werde vermutlich bis zu 20 Millionen Dollar investieren. Für eine Nischenfirma wie SCL, die über ein Jahresbudget von 7 bis 10 Millionen Dollar verfügte, wäre das eine sensationelle Summe.

Nachdem wir ganze Nächte und das Wochenende lang durchgearbeitet hatten, schickten wir am folgenden Montag den Bericht an Bannon, der auf der Stelle die Möglichkeiten erkannte, die in unserer Arbeit steckten. Er war sofort Feuer und Flamme. Nachdem er den Bericht gelesen hatte, rief er das Büro von SCL an und überschlug sich fast vor Begeisterung. »Das ist super, Leute«, sagte er immer wieder.

Jetzt mussten wir nur noch Robert Mercer überzeugen.

Einige Wochen danach, an einem Abend Ende November 2013, rief mich Nix zu Hause an. »Pack ein paar Sachen zusammen«, sagte er. »Du fliegst morgen nach New York.« Er, Tadas Jucikas und ich würden unsere Befunde Robert Mercer und seiner Tochter Rebekah präsentieren.

Nix flog morgens als Erster los, und aus irgendeinem Grund hatte er Jucikas und mich auf einen späteren Flug gebucht. Wir landeten gegen vier Uhr nachmittags auf dem JFK; unser Treffen war für fünf Uhr angesetzt. Während wir in der Schlange vor dem Zoll standen, klingelte mein Telefon. Es war Nix. »Wo zum Teufel bleibst du denn?«, wollte er wissen.

»Wir kommen gerade aus dem Flieger«, sagte ich.

»Du bist zu spät dran«, meinte er kurz angebunden. »Beeil dich, und komm schnell her.«

»Ich kann mich wohl schlecht selbst durch die Passkontrolle winken«, erwiderte ich genervt. Während wir uns am Telefon anblafften, drehten sich andere in der Schlange nach mir um. Wir zankten weiter, bis ein Zollbeamter mich herrisch aufforderte, das Telefonat sofort zu beenden. Aber damit war die Geschichte noch nicht zu Ende. Denn Nix klingelte mich auch danach noch mehrmals an – als wir im Auto saßen, im Hotel eintrafen, ich mich für das Treffen umzog. Das war typisch Nix, schlecht planen und dann von mir erwarten, dass ich alles wieder in Ordnung brachte. Verärgert beschloss ich, mein Telefon stumm zu stellen und mich zurechtzumachen, und zwar in aller Ruhe, hauptsächlich um ihn zu ärgern. Jucikas und ich ließen uns im Taxi zu dem Treffen fahren, das in Rebekah Mercers Wohnung in der Upper West Side stattfand. Rebekah und ihr Mann, ein französischer Financier namens Sylvain Mirochnikoff, hatten im Heritage at Trump Place am Riverside Boulevard sechs Apartments gekauft und diese zu einer riesigen Suite mit 17 Schlafzimmern zusammengelegt. Sie umfasste den größten Teil des 23., 24. und 25. Stockwerks und bot einen spektakulären Ausblick auf den Hudson und die Lichter von New York.

Aber die Bleibe war kitschig ausstaffiert. Rebekah hatte sie wahllos mit pseudokünstlerischem Plunder dekoriert: Keramikfigürchen, Wurfkissen, Souvenirs. Im Wohnzimmer stand ein prächtiger Konzertflügel, darauf ein wildes Sammelsurium aus Nippes und gerahmten Familienfotos.

Rebekah war ein interessanter Fall. Sie hatte in Stanford Biologie und Mathematik studiert und einen Master in Unternehmensplanung und Wirtschaftssteuerung gemacht. Dann war sie ihrem Vater in den Handel bei Renaissance Technologies gefolgt, aber bald wieder ausgestiegen, um ihre Kinder zu Hause selbst zu unterrichten. 2006 kauften sie und ihre Schwester in Manhattan eine Bäckerei, sodass sich von da an ihr Leben hauptsächlich um die Kinder und um Schokoladenkekse drehte. Sie trug ein übertrieben forsches Auftreten zur Schau wie eine Art Cheerleaderin für eine rechte Partei. Und weil sie so viel Geld zu vergeben hatte, war sie in Kreisen der Republikaner eine einflussreiche Figur. Im Unterschied zu manchen eher zynischen Funktionären der Republikanischen Partei hatte sie etwas, wofür sie Mark Block als »wahre Gläubige« bezeichnete – sie war von diesen konservativen Kreuzzügen durch und durch überzeugt.

Als ich das Wohnzimmer betrat, saßen Rebekah und Nix zusammen auf einem Zweiersofa, plauderten miteinander und lachten. Nix ließ seinen Charme spielen. Der Raum war voller Leute – Bob Mercer, Bannon, Block, einige alte Männer von der Brexit-Propagandamaschine, der rechtspopulistischen UK Independence Party (UKIP), und etliche Typen in Anzügen, die vermutlich Anwälte oder Unternehmensberater waren. Mehrere andere Mitglieder der Familie Mercer waren ebenfalls anwesend, darunter Bobs Frau Diana, ihre Tochter Jennifer und ein paar Enkelkinder. Das hier war eine Familienangelegenheit.

Mercer stellte das Gegenbild zu seinen Töchtern dar, die sich protzig und geschwätzig gaben. Er sah kaum jemanden an und hörte meistens einfach nur zu. Obwohl wir im Haus seiner Tochter zum Dinner eingeladen waren, trug er einen schlichten grauen Anzug. Seine Töchter und seine Entourage bestritten den Löwenanteil der Unterhaltung. Er wirkte einschüchternd, sehr ernst und sprach kaum ein Wort. Aber wenn er etwas sagte, dann mit ausdrucksloser Stimme. Mir stellte er nur Fragen zu besonderen technischen Aspekten unserer Arbeit und bestimmten Statistiken.

Als es soweit war, erhob sich Nix und hielt eine kurze Rede über den Stammbaum von SCL und unsere Arbeit für das Militär. Dabei kam er auch darauf zu sprechen, dass die Firma normalerweise keine Privatkunden nehme (was gelogen war), Mercers beharrliche Anfragen ihn aber schließlich umgestimmt hätten. Ich rollte unwillkürlich mit den Augen, bremste mich dann aber. Dann stellte mich Nix den Versammelten vor und begann, das Projekt ganz und gar inkorrekt zu beschreiben. Offenbar hatte er den langen Bericht nicht gelesen und erfand deshalb einfach ein paar Ergebnisse. Ich wusste, Mercer würde diesen Quatsch sofort durchschauen, deshalb unterbrach ich Nix und schilderte, was wir in Virginia unternommen hatten. Nix sah mich finster an, als er sich wieder neben Rebekah setzte. Bei der Vorstellung des Projekts flocht ich bunte Details mit ein, um die Familie bei Laune zu halten. Als ich von der Kombucha-Lady erzählte und davon, dass sie evangelikale Christin war und total auf Yoga und Biokost stand, platzte Rebekah heraus: »*Genau* wie ich! Endlich versteht uns jemand!«

Dann erzählte ich noch von den SCL-Projekten in anderen Regionen – im Nahen Osten, in Nordafrika und der Karibik. Als ich auf das Trinidad-Projekt zu sprechen kam und unsere Idee erläuterte, die Gesellschaft in einer Computersimulation abzubilden, sah ich, wie Bannon mit dem Kopf nickte. Da wurde auch Bob Mercer aufmerksam, denn als Ingenieur war er besonders an diesem Aspekt interessiert. Nachdem ich bei SCL angefangen hatte, war mir aufgefallen, dass die Forschungs- und Entwicklungsprojekte zur Informationsverbreitung, die DARPA finanzierte, einfach nur Vorhersagen zu kulturellen Trends unter einem anderen Etikett waren. Daten aus den sozialen Medien zu sammeln, um deren Nutzer mit einem Algorithmus zu profilen, war nur der Anfang. Sobald daraus ihre Verhaltensmerkmale abgeleitet wären, könnte man Simulationen durchführen, um im großen Stil herauszuarbeiten, wie sie miteinander kommunizieren und interagieren würden. Das erinnerte an Experimente aus den 1990er-Jahren in einem Nischenbereich der Soziologie namens »künstliche Gesellschaften«, bei denen versucht wurde, mittels einfachen Multiagentensystemen per Computersimulation Gesellschaften »zu züchten«. Ich dachte an Isaac Asimovs *Foundation*-Zyklus, den ich als Teenager gelesen hatte. Asimov beschreibt darin, wie fiktive Wissenschaftler mithilfe großer Datenbasen die »Psychohistorik« erschaffen, wodurch sie nicht nur die Zukunft von Gesellschaften vorhersagen, sondern sie auch steuern können.

Mercer hatte Leute aus seinem Unternehmen Renaissance Technologies in das ursprüngliche Scoping von SCL miteinbezogen, und angesichts dessen, dass Nix so sehr auf Geld fixiert war und sich zu Beginn des Projekts ein Hedgefonds beteiligt hatte, herrschte allgemein der Eindruck, dass wir ein kommerzielles Unternehmen aufbauen wollten. Um es einfach auszudrücken: Falls wir die Datenprofile sämtlicher Leute kopieren und die Gesellschaft in einem Computer replizieren könnten – wie in dem Spiel *Die Sims*, aber mit den Daten echter Menschen –, könnten wir simulieren und vorhersagen, was in der Gesellschaft und auf dem Markt geschehen würde. Das schien Mercers Ziel zu sein. Wenn wir diese künstliche Gesellschaft erschaffen könnten, dachten wir, stünden wir an der Schwelle zur Entwicklung eines der weltweit mächtigsten Werkzeuge für die Gewinnung von Marktinformationen. Wir würden auf ein neues Feld vorstoßen – Kulturfinanzwirtschaft, kulturell gestützte Prognosen zum Finanzsektor und zu Trends für Hedgefonds.

Mercer, der sich vom Computer- zum Gesellschaftsingenieur gewandelt hatte, wollte die Gesellschaft ummodeln und ihre Bevölkerung optimieren. Eines seiner Hobbys ist der Bau von Modelleisenbahnanlagen, und ich vermutete, er glaubte uns tatsächlich dazu bringen zu können, dass wir ihm eine Modellgesellschaft lieferten, an der er dann bis zu ihrer Perfektionierung herumbasteln könnte. Nachdem wir bei der Quantifizierung vieler wesentlicher Aspekte des menschlichen Verhaltens und der kulturellen Interaktion einen großen Sprung gemacht hatten, glaubte Mercer schließlich, er könnte am Ende über den Uber des Informationskriegs verfügen. Und wie Uber, der die hundert Jahre alte Taxindustrie mit einer einzigen App dezimiert hatte, stünde seine Unternehmung kurz davor, dasselbe mit der Demokratie anzustellen.

Bannons Ziel war ein grundsätzlich anderes. Er war kein traditioneller Republikaner. In Wahrheit hasste er die Parteikollegen vom Schlage eines Mitt Romney für ihren, wie er meinte, schalen Kapitalismus. Er verabscheute Ayn Rand, weil sie Menschen zu Waren verdinglichte. Gern sprach er darüber, dass eine Wirtschaft einen höheren Zweck brauche, und manchmal bezeichnete er sich selbst als Marxisten, aber weniger aus ideologischen Gründen, sondern weil nach Marx Menschen einen Zweck verfolgten. Auch behauptete er, an das Dharma zu glauben, ein zentraler Begriff im Hinduismus und Buddhismus, der mit der Ordnung des Universums und mit der richtigen, harmonischen Lebensführung zu tun hat. Seine Mission sei, Amerikas Zweck zu finden. Die Zeit sei reif für eine Revolution, und er meinte, verschiedene Hinweise dafür zu erkennen, von der Finanzkrise bis zum schwindenden Vertrauen in die Institutionen, die auf eine große, am Horizont dräuende Abrechnung hinweisen würden. Bannons Suche war quasireligiös, und er sah sich in der Rolle des Messias.

So hasste Bannon ebenso wie Mercer das »Big Government«, aber aus eigenen Gründen – weil für ihn die Regierung die Rollen okkupiert hatte, die der Tradition und der Kultur vorbehalten seien. Für ihn war die EU ein Hauptübeltäter, eine sterile Bürokratie, die in höchstem Maße die Tradition verdrängte, mit der Folge, dass Europa zu einem sinnentleerten ökonomischen Markt verkomme. Nach Bannons Ansicht kam die westliche Welt vom rechten Weg ab, indem sie ihre kulturellen Traditionen für sinnlosen Konsumismus und einen gesichtslosen Staat aufgab. Bannon sah sich deshalb als Kämpfer in einem ausgewachsenen Kulturkrieg. Als selbstgesalbter Prophet wollte er über ein Werkzeug verfügen, mit dem er in die Zukunft unserer Gesellschaften blicken konnte. Und mit dem, was er als »Facebooks Gottessicht« auf jeden einzelnen Bürger bezeichnete, glaubte er, das Dharma für alle Amerikaner herausfinden zu können. So gesehen war für ihn unsere Forschung eine fast spirituelle Angelegenheit.

Nix, Bannon und Mercer waren allesamt fasziniert von Palantir, Peter Thiels Datensammlungsfirma, deren Name von der Kristallkugel, dem Sehenden Stein in J. R. R. Tolkiens *Herr der Ringe* abgeleitet ist. Damals schien mir, dass diese Männer ihr eigenes privates Palantir erschaffen wollten, indem sie in SCL investierten. Man stelle sich die Möglichkeiten für einen Investor wie Mercer vor: vorherzusagen, was die Menschen kaufen oder nicht kaufen werden, um daraus noch mehr Profit zu schlagen. Kann man einen Crash vorhersehen, weiß man auch, wie die Gesellschaft reagieren wird: Man könnte über Nacht Milliarden kassieren.

Als ich mit meinem Vortrag fertig war, bat Rebekah alle Anwesenden ins Speisezimmer. Das Küchenpersonal trug Filet Mignon mit köstlichen Beilagen auf, aber da Rebekah wusste, dass ich kein Fleisch aß, hatte sie den Koch angewiesen, für mich ein eigenes Gericht vorzubereiten. Wie sich herausstellte, handelte es sich dabei um Käsetoasts – vermutlich hatte sie es zumindest gut mit mir gemeint. Sie langte zu meinem Teller herüber, um sich einen der Toasts zu nehmen, und nachdem sie abgebissen hatte, seufzte sie zufrieden auf. »Eigentlich habe ich die nur bestellt, weil ich selbst einen haben wollte«, gestand sie ein.

»Wissen Sie«, sagte sie, »ich bin so froh, dass jemand wie Sie uns eine Chance gibt. Wir brauchen mehr *Leute Ihrer Art*.«

»Oh, was meinen Sie denn damit?«, fragte ich unschuldig. Natürlich wusste ich genau, was sie meinte, aber ich wollte, dass sie es aussprach.

»Die Schwulen – die ich übrigens sehr mag!«

Ich überlegte, wie sie den mentalen Spagat schaffte, die Schwulen sehr zu mögen und sich gleichzeitig für ihre Unterdrückung einzusetzen. Aber andererseits war ich schon bei vielen Dinners gewesen, wo die Leute beteuerten, wie sehr sie Tiere liebten, und sogleich ihre Zähne in ein Steak schlugen.

Rebekah wollte mehr LGBT-Leute in die Republikanische Partei locken, weil sie das ihrer Ansicht nach stärken würde. Dann meinte sie, mein Jackett gefalle ihr sehr gut, und schlug vor, einmal gemeinsam shoppen zu gehen. Rebekah war so plump und so gekonnt von Nix manipuliert worden, dass sie mir fast leidtat. Aber nur fast.

Nach dem Essen bat Bob alle, zu gehen, außer Nix, Rebekah und die Anwälte. Er hatte sich entschieden, zu investieren – einen Betrag zwischen 15 und 20 Millionen Dollar von seinem eigenen Geld. »Wir werden ein neues *Palantír* erschaffen«, sagte Nix. »Wir werden buchstäblich in die Zukunft schauen können.«

Mit bis zu 20 Millionen Dollar in Aussicht war Nix wie elektrisiert. Abends nach unserem Treffen lud er Jucikas und mich zu einem Essen in das noble Eleven Madison Park ein, ein Restaurant mit Michelin-Sternen und Gewölbedecke. Großtuerisch blätterte er durch die Weinkarte, dann wies er den Kellner an, uns einen Château Lafite Rothschild zu bringen – einen Wein für 2000 Dollar die Flasche.

»Bestellt, was immer ihr wollt«, sagte er mit ausladender Armbewegung. Das war eine angenehme Überraschung, denn trotz seines Reichtums war Nix geizig und jammerte selbst über die geringsten Ausgaben, beispielsweise für Büromaterial. Einmal verweigerte er eine Kostenerstattung, weil jemand »zu viele« Textmarker bestellt hatte und man seiner Meinung nach nicht mehr als einen einzigen brauche. Aber an diesem Abend bestellte er, wie mir vorkam, Dutzende Gerichte, ein Festmahl wie an König Artus' Tafel. Er war von seiner eigenen Herrlichkeit ganz hingerissen.

Der Kellner brachte den Wein, und kaum hatte er uns eingeschenkt, fuchtelte Nix beim Reden derart mit dem Arm herum, dass er die Flasche vom Tisch fegte. Sündhaft teure Tropfen spritzten umher, aber noch bevor der Kellner mit seiner Serviette etwas aufwischen konnte, meinte Nix: »Bringen Sie uns noch eine Flasche!« Ich muss ihn fassungslos angesehen haben, denn er zwinkerte mir zu und sagte: »Wenn du 20 Millionen hast, spielt das doch keine Rolle, oder?«

Der Abend entwickelte sich zu einer wahren Orgie. Irgendwann tauchten zwei Frauen in engen Röcken auf, was andere

Gäste offenbar schockierte. »Chris, möchtest du eine der beiden?«, fragte er, bis ich ihn daran erinnerte, dass ich nicht auf Frauen stand, und er ungeniert erwiderte: »Oh stimmt, soll ich dir eine kleine Schwuchtel besorgen?« Ich wusste nicht, was ich darauf antworten sollte, und Nix palaverte einfach weiter. Er erzählte mir eine Geschichte aus seiner Zeit in Eton und was piekfeine Jungen offenbar aus Spaß so alles anstellten. Die ganze Szene war mehr als demütigend, und es wurde noch schlimmer.

An einem bestimmten Punkt musste sich die Leitung des Restaurants überlegen, wie sie mit uns umgehen sollte. Unsere Rechnung belief sich bis dahin auf Zehntausende Dollar, sodass sie uns nicht einfach rauswerfen konnten, bevor wir nicht bezahlt hatten. Jucikas und Nix waren schon so weit weggetreten, dass sie sich um nichts mehr scherten, aber ich saß da und bekam sehr wohl mit, dass alle anderen Gäste uns beobachteten. Dann, offenbar in einer abgesprochenen Aktion, schwärmte plötzlich ein Dutzend Kellner im Raum aus und flüsterte den Leuten an den anderen Tischen etwas zu. Daraufhin erhoben sich alle gleichzeitig und marschierten in ein angrenzendes Speisezimmer, während die Kellner halb aufgegessene Vorspeisen und Weinflaschen einsammelten und den Gästen flink neue Plätze zuwiesen, abseits des Radaus, den wir veranstalteten.

Wenn ich es mir recht überlege, vermittelte dieser Abend eine gewisse dunkle Vorahnung. Chaos und Zerrüttung waren zentrale Elemente der Ideologie, die Bannon antrieb. Bevor seine Bewegung die USA ins dharmische Gleichgewicht zurückführen würde, musste sie erst einmal die Gesellschaft ins Chaos stürzen, sodass daraus eine neue Ordnung hervorgehen könnte. Bannon verschlang die Schriften des Computerwissenschaftlers und Stammtischphilosophen Mencius

Moldbug, eines Helden der Alt-Right-Bewegung, der in langatmigen Essays die Demokratie und praktisch alles attackierte, worauf moderne Gesellschaften gründen. Moldbugs Auffassung von »Wahrheit« hatte Einfluss auf Bannon und auf das, was aus Cambridge Analytica wurde. »Unsinn ist ein effektiveres Organisationsmittel als die Wahrheit«, schrieb er, und Bannon verinnerlichte das. »Jeder kann an die Wahrheit glauben«, heißt es bei Moldbug. »Sie dient als politische Uniform. Und hat man eine Uniform, hat man eine Armee.«

Mit Mercers Investition wurde ein Ableger von SCL finanziert, den Bannon Cambridge Analytica taufte. Ich kann nur rätseln, was Bob und Rebekah Mercer wohl durch den Kopf gegangen wäre, hätten sie den hedonistischen Affenzirkus gesehen, den ihre Investition ermöglicht hatte. Steve Bannon hingegen hätte er wahrscheinlich sehr gefallen.

Es war im Frühjahr 2014 um zehn Uhr abends, mehrere Monate nach unserem Essen in New York, wir fuhren durch das ländliche Tennessee, als mir ein plötzlicher kühler Luftzug den Kopf und die Lunge freimachte. Unser Fahrer, Mark Block, rauchte im Auto pausenlos, sodass wir die Fenster herunterlassen mussten. Auf dem Rücksitz saßen Gettleson und ich. Nikotinschwaden entschwanden in die Dunkelheit, während wir auf einsamen Straßen durch tiefschwarze Wälder fuhren. Ich war wieder in den USA, wo ich für Cambridge Analytica Pilotstudien entwickelte, und Block fungierte dabei als mein Guide. Nachdem er Bannon mit SCL bekannt gemacht hatte, war Block ganz begeistert von den Möglichkeiten dieses Projekts. Er war zwar nicht in der Lage, selbst zur Entwicklung der Modelle beizutragen, aber er kannte die Vereinigten Staaten wie seine Westentasche.

»Ich habe hinten ein paar Bier liegen«, sagte Block. »Bedient euch.« Warum nicht, dachte ich, und mit dem Bier begann auch das Gespräch zu fließen. Block gehörte zu den faszinierendsten Alt-Right-Typen, die ich kennengelernt hatte – ein superfreundlicher Kerl aus dem Mittleren Westen mit einem herzlichen Lächeln und zugleich ein routinierter Funktionär der Republikaner, der seine ersten Erfahrungen in der Nixon-Zeit gesammelt hatte.

»Ich erzähle euch mal, warum Nixon einer unserer besten Präsidenten war«, sagte er unvermittelt.

»Okay, wir hören. Warum?«

»Weil er die Demokraten gefickt hat. Und zwar ziemlich viele. Damals konnte man sich noch alles erlauben.«

Einmal wurde Block vom Wisconsin State Elections Board die Erlaubnis entzogen, in Wisconsin Wahlkämpfe zu organisieren, weil er angeblich bei der Bewerbung um die Wiederwahl eines Richters dubiose Abmachungen getroffen hatte. Wobei seine Sperre später wieder aufgehoben wurde, nachdem er freiwillig eine Strafe von 15.000 Dollar ohne Schuldeingeständnis bezahlt hatte. In seiner Zeit als Chef der von den Brüdern Koch gegründeten Interessengruppe Americans for Prosperity, einer Organisation zur »Wohlfahrtspflege«, hatte er ein weites Netzwerk rechtsgerichteter Vereinigungen geknüpft, die eine Watchdog-Gruppe als »Blocktopus« bezeichnete. Für Block ging es bei der Politik nicht um Konzepte oder Vorhaben – das sei alles Quatsch, gedacht für die wahren Gläubigen wie Rebekah Mercer. Für ihn war Politik Guerillakrieg, bei dem er Che spielen konnte.

Ein weiterer Coup von Block war Herman Cains unabsichtlich geniale »Zigarettenwerbung«. Block war Stabschef von Cain gewesen, als dieser 2012 für das Präsidentenamt kandidierte, und trat in einem Wahlkampfspot auf. Vor einem nichtssagenden Hintergrund blickt er in die Kamera, die sein

Gesicht meist in Großaufnahme zeigt. An seinem grauen, unordentlichen Schnurrbart sind die Spuren seines Lasters als Kettenraucher zu erkennen.

»Ich glaube fest daran, dass Herman Cain Amerika wieder zu wirklich *Vereinigten* Staaten von Amerika machen wird«, sagt er und nickt dabei selbstbestätigend. Am Schluss des Wahlspots blickt er in die Kamera, zieht an einer Zigarette und bläst den Rauch lässig in die Luft, während im Hintergrund der Song »I Am America!« von Krista Branch anhebt. Das war fast wie ein Schock, nachdem die FCC (Federal Communications Commission) bereits 1971 jegliche Zigarettenwerbung in Fernsehen und Radio verboten hatte. Aber es war Blocks typische Art, der politischen Korrektheit auf diese Weise den Vogel zu zeigen.

Es machte mir Spaß, mit Block herumzuziehen – er war ein sehr einnehmender Typ und fragte mich immer, wie es mir gehe. Aber ich wusste auch, dass er, wenn nötig, in einem Wahlkampf nicht zögern würde, zu fragwürdigen Mitteln zu greifen. Je mehr wir miteinander redeten, desto mehr schien mir, dass er überhaupt nicht an die hasserfüllten Ideen glaubte, für die die Alt-Right-Bewegung stand – ihm gefiel einfach nur die Pose der Revolte. Er genoss seine Rolle als ewiger Rebell innerhalb seiner Nische in der Republikanischen Partei, und uns verband die Freude daran, dem Establishment eins auszuwischen.

Und so begann unsere Arbeit für Cambridge Analytica, das Projekt, das die Geschichte in eine andere Richtung lenken, den Brexit anheizen, die Wahl Donald Trumps ermöglichen und das Ende der persönlichen Privatsphäre herbeiführen würde: indem wir in einer vollgequalmten Karre durch die USA rauschten.

Anfang 2014 waren die Ersten, die CA in die USA entsandte, um dort Fokusgruppen zu interviewen, Soziologen und Anthropologen, und keiner davon war US-Bürger. Das geschah mit Absicht. Unter US-Bürgern herrscht die Tendenz, ihr Land für außergewöhnlich zu halten, aber wir wollten es so erforschen wie jedes andere Land, mit denselben Begriffen und denselben soziologischen Methoden. Es war faszinierend, die USA auf diese Weise zu erforschen, und weil ich selbst kein Amerikaner bin, fühlte ich mich durchaus befähigt, unhinterfragte Annahmen über die US-Kultur in Zweifel zu ziehen und Dinge wahrzunehmen, die Einheimische nicht sahen. Wenn von Geschehnissen an anderen Orten der Welt die Rede ist, sprechen Amerikaner gern von »Stämmen«, »Regimen«, »Radikalisierung«, »religiösen Extremisten«, »ethnischen Konflikten«, »örtlichem Aberglauben« und »Ritualen«. Anthropologie ist etwas für andere, nicht für US-Bürger. Die USA sind vermeintlich diese »leuchtende Stadt auf dem Hügel«, ein Ausdruck, den bekanntlich Ronald Reagan verwendet hat und der aus der Bergpredigt in der Bibel stammt.

Aber wenn ich sah, wie Evangelikale die Endzeit und den Ungläubigen Kummer und Leid prophezeiten, wenn ich die Demonstrationen der Westboro Baptist Church oder eine Waffenschau verfolgte, bei der Damen im Bikini mit halbautomatischen Waffen hantierten, wenn ich Weiße über »schwarze Gangster« und »Sozialhilfe-Queens« reden hörte, sah ich ein Land, das tief in der Agonie ethnischer Konflikte, religiöser Radikalisierung und schwelender militanter Unruhe steckte. Die Vereinigten Staaten sind ihrem eigenen Selbstverständnis verfallen und wollen einzigartig sein. Doch das sind sie nicht. Die Vereinigten Staaten sind so wie jedes andere Land.

Es gab Orte in den USA, die sich so fremd anfühlten wie kaum ein Ort, an dem ich je gewesen war. Kurz vor Mercers

Entscheidung, in SCL zu investieren, trafen Nix, Jucikas und ich uns mit möglichen Unterstützern im ländlichen Virginia. Wir wurden in Washington mit einem Auto abgeholt, fuhren erst durch reiche Vorstädte und dann lange Zeit auf einer Straße, die tief in die Wälder hineinführte. Schließlich kamen wir auf eine kleine Lichtung mit einem Farmhaus, meilenweit entfernt von jeglicher anderer Zivilisation. Der Typ, der uns chauffierte, sprach kein Wort, unsere Handys hatten keinen Empfang mehr, und mir kam das alles wie die Eröffnungsszene eines Horrorfilms vor. In dem Farmhaus führte man uns in ein fensterloses Sitzungszimmer mit Hightech-Bildschirmen, die von der Decke herabhingen. Und dann kam eine Gruppe von NRA-Aktivisten herein, die alle wie abgesprochen gleichzeitig eine Waffe hervorzogen und auf den Tisch legten. Das einzige Mal, das ich so etwas gesehen hatte, war in Bosnien gewesen – aber die Bosnier verstauen ihre Waffen zumindest ordentlich in einem Regal. Das hier war so etwas wie in einem Mafiafilm oder beim Treffen von Warlords in Afghanistan. Ich hielt den Mund, denn wenn ein Trupp Männer seine Knarren auf den Tisch knallt, kann man schlecht sagen: »Tut mir leid, aber diese Knarren sind ein wenig aggressiv, da ist mir unwohl bei.«

Die USA haben ihre eigenen Entstehungsmythen, ihre eigenen Extremistengruppen. Bei SCL hatte ich das Missvergnügen, mir zahllose Propagandavideos des sogenannten IS und von völlig kaputten afrikanischen Möchtegern-Warlords ansehen zu müssen. Die Mitglieder der NRA machen ihre Waffen genauso zum Abgott wie dschihadistische Sekten. Wenn wir die USA wirklich begreifen wollten, würden wir vorgehen müssen, als erforschten wir einen Stammeskonflikt – indem wir die Rituale, den Aberglauben, die Mythologien und ethnischen Spannungen im Land studierten.

Gettleson war einer der produktivsten Forscher, die wir entsandt hatten. Im Frühjahr und Sommer 2014 reiste er quer durch die USA, traf sich mit Fokusgruppen, führte Gespräche und schickte dann seine Berichte nach London. Daraus entwickelten wir Theorien und Hypothesen, die wir mithilfe unserer quantitativen Forschungsergebnisse überprüften. Gettleson ist äußerst charmant und witzig, deshalb tat er sich leicht, Menschen zum Reden zu bringen. Ihm fiel schnell auf, dass sich die Amerikaner kaum noch mit der Tagespolitik beschäftigten. Vielmehr ließen sich die Leute immer wieder ungefragt über das scheinbar nebensächliche Thema der Amtszeitbegrenzung von Kongressmitgliedern aus. Sie sagten, das große Problem in Washington sei, dass die Politiker zu lange an ihren Sesseln klebten und von Interessengruppen gekauft seien. In einer Fokusgruppe in North Carolina benutzten einige den Ausdruck »drain the swamp«, »den Sumpf trockenlegen«, und Gettleson vermerkte das in den Aufzeichnungen, die er zurückschickte. CA untersuchte später diesen Ausdruck mittels multivariater Tests in Online-Panels von anvisierten Wählern, um herauszufinden, ob er auch bei anderen Wählern Anklang fand.

Im Laufe von sechs Wochen besuchte Gettleson Louisiana, North Carolina, Oregon und Arkansas. In jedem dieser Bundesstaaten verschaffte ihm Block Kontakt zu Leuten, die ihn herumfuhren und ihm bei der Logistik halfen. Ich hatte ihn gebeten, sich auf Intersektionalität zu konzentrieren – und vor allem Gesprächspartner zu suchen, die normalerweise einer bestimmten Kategorie zugeordnet wurden, aber nicht die dazugehörigen politischen Ansichten vertraten. So sollte er sich beispielsweise mit einer Fokusgruppe von, sagen wir, Latino-Republikanern, Latino-Demokraten und Latino-Unabhängigen zusammensetzen. Wie in Virginia beauftragten wir ein Marktforschungsunternehmen, entsprechende Teilnehmer zu finden.

Die Ergebnisse brachten selbst für jemanden, der schon viel Zeit in den USA verbracht hatte, neue Erkenntnisse. Gettlesons Erfahrungsberichte, von unterwegs gesendet, offenbarten ein Land am Rand des Nervenzusammenbruchs.

Bei einer Fokusgruppe von Parteilosen lateinamerikanischer Herkunft in New Orleans traf er auf einen eingefleischten Konservativen, der erklärte: »Ich habe mich deswegen nicht für die Republikaner registrieren lassen, weil ich ein *echter* Konservativer bin. Ich habe vielleicht einen Latino-Namen, aber ich bin Amerikaner durch und durch!« Am anderen Ende des Tischs saß eine zum Islam konvertierte Peruanerin, die einen Hidschab trug.

Als das Gespräch auf das Thema Waffen kam, sagte sie zu dem Mann, er werde vielleicht seine Meinung über die NRA ändern, wenn sie von jemandem geführt würde, der aussehe wie sie. Seine Antwort lautete schlicht und einfach: »Dann würde ich mir eben eine weitere Waffe besorgen.« Später entschuldigte sich die Frau bei der Gruppe, sie müsse kurz in ein Zimmer gehen, wo sie beten könne. Das machte den konservativen Superman völlig sprachlos: Er wusste nicht, wie er auf so etwas reagieren sollte. Er hatte ein Problem damit, aber konnte auch nicht zu jemandem sagen, dass er nicht beten dürfe.

Die Religion und die Waffen waren nicht die einzigen Streitpunkte von zentraler Bedeutung, auf die Gettleson in Louisiana stieß, einem Bundesstaat, der dank seiner enormen ethnischen Vielfalt ein fruchtbares Forschungsfeld darstellte. Auch die Einwanderung löste hitzige Debatten aus, die mehr als einmal beinahe zu handgreiflichen Auseinandersetzungen geworden wären.

Ein Mann namens Lloyd mit einem Cajun-Akzent, den Gettleson kaum verstand, machte lautstark seinem Ärger darüber Luft, dass an den Schulen in seiner Pfarrgemeinde nicht mehr seine französische Muttersprache unterrichtet wurde. Er war wütend, dass seiner Enkelin die Möglichkeit verwehrt würde, die »Kultur und das Erbe« ihrer Cajun-Vorfahren kennenzulernen.

Keine Viertelstunde zuvor hatte sich derselbe Mann über die Latinos in Rage geredet, weil sie auch in den USA weiterhin Spanisch sprachen. Aber niemand in der Gruppe bemerkte die Diskrepanz – dass Lloyd gegen spanischsprachige Menschen wetterte, die Spanisch sprachen, er selbst aber in unverständlichem Halbfranzösisch redete und über den Verlust seines kulturellen Erbes lamentierte.

Die Themen Ethnizität und Abstammung führten noch zu weiteren hässlichen Momenten. In einer Fokusgruppe fragte Gettleson, nachdem er sich einen Schwall von Klagen über Präsident Obama angehört hatte: »Gibt es hier irgendjemand, der *nicht* vom Präsidenten enttäuscht ist?« Alle schwiegen, bis auf einen jungen Mann, der bis dahin überaus freundlich und höflich aufgetreten war.

»Ich bin nicht enttäuscht«, sagte er.

»Und warum nicht?«

»Tja, er ist der erste schwarze Präsident, also habe ich nichts von ihm erwartet.«

Niemand zuckte auch nur mit der Wimper, aber in anderen Fokusgruppen wurden Parteiklischees durchaus infrage gestellt. Allerdings kam es nur selten zu ausgewachsenem Streit; die meisten Teilnehmer bemühten sich, Konflikte zu vermeiden, selbst wenn sie eindeutig anderer Meinung waren. Eine Ausnahme war das Treffen in Fort Smith, Arkansas, als ein Foto von Obama eine gut gekleidete Dame zu der Äußerung veranlasste: »Da hole ich doch gleich meine Pistole aus dem Auto.« Daraufhin warf ihr ein jüngerer Mann entgegen: »Unterstehen Sie sich! Das ist unser Präsident. Darüber macht man keine Scherze.«

Gettlesons Eindruck nach hätte die Frau nie im Leben damit gerechnet, dass ihre Meinung über den Präsidenten auf Widerspruch stoßen würde.

Die Vernarrtheit der USA in Waffen kam wiederholt zur Sprache, selbst in Bastionen der Progressiven wie Portland, Oregon. Dort trug ein tätowierter Hipster ihre progressive Wunschliste vor, unterbrach sich aber plötzlich, um laut darüber zu klagen, dass die Regierung Obama wild entschlossen sei, ihr die Schusswaffen wegzunehmen. Als jemand für eine Fokusgruppe Essen holen sollte, beobachtete Gettleson fassungslos, wie der Fahrer seine wuchtige Pistole einfach auf dem Fahrersitz liegenließ, bevor er in einen Subway ging, um die bestellten Sandwiches abzuholen. »Ich hatte noch nie zuvor eine echte Pistole vor mir«, erzählte mir Gettleson später. »Mir geht durch den Kopf: Das Auto ist nicht abgeschlossen – was, wenn jemand die Pistole sieht, reingreift und sie mitnimmt? Soll ich sie weglegen? Da scheint so etwas wie ein Pistolenhalfter zu sein – soll ich sie da hineinstecken? Was, wenn ich sie dabei versehentlich abfeuere? Zwei Minuten lang saß ich da und starrte auf diese Waffe, als wäre es eine Bombe.«

Viele Bürger Oregons, mit denen Cambridge Analytica sprach, waren besessen vom »Big Government« und dem »Big Enviro«, der ihrer Ansicht nach zu starken Einmischung der Regierung in ihre persönlichen Angelegenheiten und einem übertriebenen Umweltschutz. Zu ihnen gehörte auch der Vorsitzende der Republikanischen Partei von Oregon, Art Robinson, dessen zahlreiche gescheiterte Kandidaturen für das

Repräsentantenhaus die Familie Mercer nicht davon abgehalten hatten, ihn in seinen politischen Ambitionen zu unterstützen. Als ich ihn in seinem Haus tief in den Wäldern von Cave Junction, Oregon, besuchte, erschien er mir selbst nach den Maßstäben von Alt-Right geistig verwirrt.

Robinson, gelernter Biochemiker, der mit dem Nobelpreisträger Linus Pauling zusammengearbeitet hatte, ging abgesehen von seinem Labor noch zwei weiteren Interessen nach: Orgeln und Urin. Er rettete nicht mehr funktionierende Orgeln in Kirchen und Kathedralen in aller Welt, zerlegte sie und baute sie wieder zusammen.

Außerdem sammelte Robinson Urin von Tausenden Menschen, um damit die Geheimnisse von Krankheit und Langlebigkeit zu ergründen. Seit seine Frau Laurelee im Alter von dreiundvierzig Jahren an einer unentdeckten Krankheit gestorben war, war er geradezu fixiert auf die Themen Gesundheit und Alterung. Im Oregon Institute of Science and Medicine, das er gegründet hatte und bei sich zu Hause betrieb, analysierte er die Urinproben mithilfe eines riesigen Spektrometers auf ihre chemische Zusammensetzung. In seinem Haus und auf dem Anwesen sah man überall Tiere, lebendige wie tote. Katzen, Hunde, Schafe und Pferde spazierten auf dem Gelände herum, und drinnen prangten ein Zebrafell und die ausgestopften Köpfe eines Hirschs und eines Büffels an der Wand. Spinnen hatten die Dachsparren erobert, und es roch nach schmutzigen Tieren. Mehrere vollständig zusammengebaute Orgeln ergänzten die Einrichtung.

Robinson schien den Verstand verloren zu haben. Er behauptete vehement, der Klimawandel sei ein Schwindel, geringe Dosen ionisierter Strahlung seien gut für uns und Chemtrails von Flugzeugen würden uns vergiften. Sicher können Sie sich vorstellen, wie ich reagierte, als Robinson für den

Posten des wissenschaftlichen Beraters Präsident Trumps vorgeschlagen wurde.

Es gibt zwei Sorten von Milliardären: Jene, die nie genug Geld machen können, und jene, die sich, nachdem sie so viel Geld gemacht haben, dass sie mehrere Leben lang damit auskommen könnten, damit beschäftigen, die Welt zu verändern. Mercer gehörte zu Letzteren. Obwohl Cambridge Analytica als Geschäftsunternehmen gegründet worden war, bestand niemals die Absicht, damit Geld zu verdienen, wie ich später erfuhr. Der einzige Zweck dieser Firma war, die Republikanische Partei zu kannibalisieren und die Kultur der USA umzumodeln. Als CA seine Arbeit aufnahm, waren die Demokraten bei der effektiven Datennutzung den Republikanern weit voraus. Seit Jahren unterhielten sie mit VAN ein zentrales Datensystem, auf das jeder demokratische Wahlkämpfer im Land zurückgreifen konnte. Die Republikaner hatten nichts Vergleichbares. CA sollte diese Lücke schließen.

Für Mercer war der Gewinn von Wahlen eine Frage der Sozialtechnik. Die Gesellschaft sollte durch Simulationen »repariert« werden: Wenn wir die Gesellschaft mittels eines Computers quantitativ erfassen, dann das System optimieren und schließlich diese Optimierung außerhalb des Computers replizieren könnten, wären wir in der Lage, die USA nach seinen Vorstellungen umzugestalten. Abgesehen von der Technologie und der umfassenderen kulturellen Strategie war die Investition in CA ein geschickter politischer Schachzug. Da Mercer ein Privatunternehmen unterstütze und kein politisches Aktionskomitee, müsse er seine Zuwendungen nicht als politische Spenden deklarieren, wurde mir damals erklärt. So zog er doppelten Nutzen aus der Geschichte: CA würde auf die Wahlen Einfluss nehmen, aber ohne irgendwelche Beschränkungen bei der Wahlkampffinanzierung, die gesetzlich festgelegt sind. Seine riesigen Fußstapfen würden unsichtbar bleiben.

Die Struktur, die für dieses neue Unternehmen geschaffen wurde, war extrem verschachtelt und verwirrte selbst die Projektmitarbeiter, die nie genau wussten, für wen sie gerade arbeiteten. Die SCL Group würde die Muttergesellschaft des neuen US-Tochterunternehmens bleiben, dessen Sitz in Delaware lag und das Cambridge Analytica hieß. Für eine Erstinvestition von 15 Millionen Dollar erhielt Mercer 90 Prozent der Anteile an Cambridge Analytica, die restlichen 10 Prozent gingen an SCL. Dank dieser Konstruktion konnte CA in den USA als amerikanisches Unternehmen operieren und die Militärsparte von SCL ein »britisches« Unternehmen bleiben. Daher musste SCL das britische Verteidigungsministerium oder seine anderen staatlichen Kunden nicht über die neue Eigentümerschaft oder Mercers Beteiligung in Kenntnis setzen. Doch dieses Tochterunternehmen erhielt die Schutzrechte für die Arbeit von SCL, wodurch die bizarre Situation entstand, dass das Tochterunternehmen die entscheidenden Aktivposten der »Mutter« besaß. SCL und Cambridge Analytica trafen sodann eine Ausschließlichkeitsvereinbarung, der zufolge Cambridge Analytica all seine Verträge auf SCL übertragen und das Personal von SCL die tatsächliche Arbeit im Namen von Cambridge Analytica ausführen würde. Und dann, damit die SCL-Leute die Schutzrechte benutzen konnten, die die Firma ursprünglich Cambridge Analytica übertragen hatte, wurde sie per Lizenz an SCL zurückgegeben.

Nix erklärte uns anfangs, dass uns dieses labyrinthartige Konstrukt ermöglichen würde, unter dem Radar zu operieren. Mercers Rivalen im Finanzsektor beobachteten jeden seiner Schritte, und falls sie erführen, dass er eine Firma für psychologische Kriegführung erworben hatte, könnten die anderen in der Branche seinen nächsten Schachzug voraussehen – ausgefeilte Werkzeuge zur Vorhersage von Trends zu entwickeln – oder ihm wichtige Mitarbeiter abwerben. Wir wussten, dass Bannon an einem Projekt mit Breitbart arbeiten wollte, aber ursprünglich dachten wir, dies sei ein Nebenprojekt zur Befriedigung seiner persönlichen Spinnereien. Natürlich war das alles Quatsch, denn sie wollten sich ein politisches Waffenarsenal aufbauen. Ich bin mir nicht einmal sicher, ob Mercer anfangs klar war, wie effektiv Cambridge Analyticas Instrumente sein würden: Er agierte wie ein Investor bei jedem beliebigen Start-up – clevere, kreative Leute, die eine Idee hatten, mit Geld ausstatten in der Hoffnung, dass daraus etwas Profitables entstand.

Doch nur wenige Menschen wissen, wer zum ersten Desinformations-Target von Cambridge Analytica wurde. Als Bannon und ich uns kennenlernten, hatte er darauf bestanden, dass die Begegnung in Cambridge stattfand und nicht in einem privaten Club. Nix entging das nicht, und er schloss daraus, dass seine übliche Methode, Kunden zu umwerben – indem er sie mit schicken Clubs, teuren Weinen und dicken Zigarren beeindruckte –, bei Bannon nicht verfing. Denn der sah sich als Intellektueller, zu dem die gotischen Hallen und weiten Rasenflächen von Cambridge viel besser passten. Also wechselte Nix wie eine Art mythologischer Gestaltwandler seine Rolle, um seine Beute anzulocken, und entschied sich umgehend, Bannon genau das zu bieten.

Er erklärte Bannon, SCL habe zwar in London Büros, der Hauptsitz befinde sich aber wegen unserer engen Partnerschaft mit der Universität in Cambridge. Das war eine komplette Lüge. Aber für Nix war Wahrheit ohnehin nur das, was er im Moment für wahr erachtete. Nachdem er Bannon weisgemacht hatte, wir hätten in Cambridge Büros, wiederholte er das immer wieder und drängte Bannon, dort einmal vorbeizuschauen.

»Alexander, wir haben in Cambridge kein Büro«, sagte ich, genervt von seinem Irrsinn. »Was zum Teufel erzählst du da?«

»Oh doch, wir haben eins, es ist nur gerade geschlossen«, sagte er.

Ein paar Tage vor Bannons nächstem Besuch in England ließ Nix die Belegschaft aus dem Londoner Büro in Cambridge ein Scheinbüro einrichten, komplett ausgestattet mit gemieteten Möbeln und Computern. Am Tag des vereinbarten Treffens mit Bannon sagte er: »Hört mal alle her, heute arbeiten wir von unserem Büro in Cambridge aus!« Und wir packten unseren ganzen Krempel zusammen, um zum Arbeiten nach Cambridge zu fahren. Nix hatte auch eine Handvoll Zeitarbeiter und mehrere leicht bekleidete junge Frauen zur Vervollständigung des angeblichen Büros angeheuert.

Die ganze Sache war aberwitzig. Gettleson und ich schickten uns Messages mit Links über Potemkinsche Dörfer, die russischen Kulissendörfer im alten zaristischen Russland, die aufgestellt wurden, um Katharina die Große bei ihrem Besuch 1783 zu beeindrucken. Wir tauften das Büro »Potemkin-Bühne« und machten uns über Nix und seine blöde Idee schonungslos lustig. Aber als ich Bannon zwei Monate, nachdem wir uns erstmals in einem Hotel in Cambridge getroffen hatten, durch das angebliche Büro führte, sah ich das Leuchten in seinen Augen. Er hatte den Köder geschluckt und genoss jeden Augenblick. Zum Glück fiel ihm nicht auf, dass einige Computer überhaupt nicht angeschlossen waren und manche der angeheuerten Mädchen kein Englisch sprachen.

Nix errichtete die Potemkin-Bühne jedes Mal, wenn Bannon zu Besuch kam, und der schnallte nicht, dass es reiner

Schwindel war. Oder falls er es doch durchschaute, war es ihm egal. Es passte eben zu seiner Vision. Und als das neue Unternehmen, das Mercer finanzierte, einen Namen bekommen musste, wählte Bannon Cambridge Analytica – weil wir dort unseren Sitz hätten, wie er sagte. So wurde das erste Zielobjekt von Cambridge Analytica Bannon selbst. Die Potemkin-Bühne verkörperte Herz und Seele von Cambridge Analytica auf ideale Weise. Die Firma perfektionierte die Kunst, den Leuten zu zeigen, was sie sehen wollen, ob real oder nicht, um dadurch ihr Verhalten zu steuern – eine derart effektive Strategie, dass selbst ein Mann wie Steve Bannon von jemandem wie Alexander Nix hereingelegt werden konnte.

Trojanische Pferde

»Du weißt, dass die DARPA einen Teil ihrer Arbeit finanziert«, sagte Brent Clickard während einer Zugfahrt von London nach Cambridge zu mir. »Wenn du dein Team vergrößern willst, dann halte dich an die.« Er gehörte zu den Psychologen von SCL und pendelte zwischen dem Unternehmen und seiner Arbeit in den psychologischen Laboratorien der University of Cambridge. Clickard erwärmte sich genau wie ich zunehmend für die Möglichkeiten, die sich aus unserer Forschung ergaben, weshalb er uns auch bereitwillig Kontakte zu weltweit führenden Psychologen verschaffte. Die psychologische Fakultät von Cambridge leistete damals Pionierarbeit auf dem Gebiet, Daten aus den sozialen Medien für psychologisches Profiling zu nutzen. Auch Forschungsstellen der Regierung waren mittlerweile aufmerksam geworden. Das, was einmal Cambridge Analytica werden sollte, beruhte zu großen Teilen auf der Forschungsarbeit, die an der Universität geleistet wurde, nach der sich das Unternehmen benannte.

Cambridge Analytica verarbeitete große Mengen an Daten, um daraus auf spezifische Zwecke zugeschnittene Inhalte zu kreieren, die effektiv Einfluss auf die öffentliche Meinung nehmen konnten. Ohne Zugang zu psychologischen Profilen der anvisierten Gesellschaft ist das nicht möglich – und die, so stellte sich heraus, waren kinderleicht über Facebook zu bekommen, das sich nur sehr nachlässig um Genehmigungsverfahren kümmerte. All dies begann in meiner Anfangszeit bei SCL, bevor Cambridge Analytica als amerikanischer Ableger startete. Brent Clickard hatte mich durch das Psychometrische Zentrum in Cambridge geführt. Ich hatte etliche Artikel von ihm und seinen Kollegen gelesen und war fasziniert von ihren neuartigen Ideen über die Verknüpfung von maschinellem Lernen mit psychometrischen Tests. Sie schienen fast an denselben Forschungsfragen zu arbeiten wie SCL, nur mit einer leicht anderen Zielsetzung – so dachte ich jedenfalls.

Artikel über die Nutzung der Daten aus sozialen Medien zur Einschätzung der psychologischen Verfassung von Individuen erschienen in zahlreichen Fachzeitschriften wie *Proceedings of the National Academy of Sciences (PNAS)*, *Psychological Science* und dem *Journal of Personality and Social Psychology*, um nur einige zu nennen. Sie vermittelten sämtlich dieselbe Erkenntnis: Die Muster der Likes von Nutzern sozialer Medien, ihre Statusmeldungen, Gruppenmitgliedschaften, welche Seiten sie abonnieren und was sie anklicken, sind klare Hinweise, die, wenn man sie auf die richtige Weise zusammenträgt, sehr genau das Persönlichkeitsprofil einer Person abbilden. Facebook unterstützte vielfach derartige psychologische Forschung an seinen Nutzern und gewährte Wissenschaftlern privilegierten Zugang zu ihren privaten Daten. Im Jahr 2012 beantragte Facebook in den USA ein Patent zur »Bestimmung von Persönlichkeitseigenschaften von Nutzern über ihre Kommunikation und Kenndaten in sozialen Netzwerken«. Aus dem Patentantrag geht hervor, dass die hieraus »abgeleiteten Persönlichkeitseigenschaften in Verbindung mit dem Nutzer-Profil gespeichert werden und neben verschiedenen anderen Zwecken dafür verwendet werden können, um Nutzer gezielt anzusprechen, Rankings zu erstellen und verschiedene Versionen von Produkten auszuwählen und zu weiteren anderen Zwecken.« Während DARPA also an psychologischem Profiling für militärische Informationsoperationen interessiert war, ging es Facebook darum, mehr Online-Werbung zu verkaufen.

Das Gebäude, das sich auf dem Gelände der Downing Site befand, trug am Eingang ein kleines Schild mit der Aufschrift »Psychologisches Labor«. Drinnen herrschte ein muffiger Geruch, die letzte Renovierung hatte offenbar in den 1970ern stattgefunden. Wir stiegen ein paar Treppen hinauf und erreichten schließlich ein Büro am Ende eines Korridors. Dort stellte Clickard mich Dr. Aleksandr Kogan vor, einem Professor an der University of Cambridge, der sich auf die rechnergestützte Modellierung psychologischer Eigenschaften spezialisiert hatte. Kogan war ein jungenhaft aussehender Typ, der von Kleidung und Benehmen her ziemlich verschroben wirkte. Er empfing uns mit einem einfältigen Grinsen zwischen hohen Papierstapeln und allerlei Mitbringseln aus seiner Studienzeit in Hongkong.

Damals hatte ich keine Ahnung, woher Kogan kam, er sprach Englisch mit perfektem amerikanischen Akzent, allerdings mit einer etwas übertrieben wirkenden Satzmelodie. Später erfuhr ich, dass er in den letzten Jahren der Sowjetunion in Moldawien zur Welt gekommen war und seine Kindheit teilweise in Moskau verbracht hatte. Kurz nach dem Zusammenbruch der Sowjetunion, 1991, emigrierte seine Familie in die Vereinigten Staaten, wo er in Berkeley an der University of California studierte. Anschließend machte er seinen Doktor in Psychologie in Hongkong und wechselte dann zur University of Cambridge.

Clickard hatte mich mit Kogan in Kontakt gebracht, weil er dachte, dass seine Forschungsarbeit in Cambridge sehr interessant für SCL sein müsste. Doch Clickard wusste auch, wie man Nix bei Laune hielt, deshalb entschied er, dass die offizielle Vorstellung bei Häppchen und Wein stattfinden sollte. Nix war unberechenbar, er konnte Leute eiskalt abservieren, weil er ihre Krawatte nicht mochte oder ihm das Restaurant einfach nicht gefiel, in dem er sich mit ihnen traf. So kamen wir alle an einem Tisch zusammen, den Clickard in einer Bar im Obergeschoss des Great Northern Hotel neben dem Bahnhof King's Cross reserviert hatte. Kogan war für einen Tag nach London gekommen, um uns etwas über seine Arbeit zu erzählen. Bei solchen Gelegenheiten trank Nix üblicherweise zu viel Wein, aber wirklich berauscht habe ich ihn nie gesehen, außer von seiner eigenen Stimme. Das Gespräch drehte sich um soziale Medien.

»Facebook weiß mehr über Sie als jeder Mensch in Ihrem Leben, selbst Ihre Frau«, erklärte Kogan.

Schlagartig kam Nix aus seinem geistesabwesenden Zustand zurück, um eine seiner peinlichen Nummern abzuliefern. »Manchmal ist es besser, wenn Ehefrauen nicht jedes Detail kennen«, orakelte er tiefsinnig und schlürfte seinen Wein. »Wieso sollte ich da wollen, dass ein Computer mich an diese Details erinnert – oder meine Frau?«

»*Sie* wollen das vielleicht nicht«, antwortete der Professor, »aber die Werbeindustrie schon.«

»Er ist ja ganz interessant, aber wie jemand aus Cambridge hört er sich nicht an«, brummelte Nix und trank mehr Wein, während Kogan auf der Toilette war.

»Weil er nicht aus Cambridge ist, Alexander. Mein Gott … Er unterrichtet da bloß!«

Clickard rollte mit den Augen. Wir hatten dringendere

Sorgen als Nix. Nachdem man sich im Unternehmen Kogans Forschungsarbeit angeschaut hatte, wollte Nix ihn engagieren. SCL hatte sich gerade die Finanzierung von Mercer gesichert und war dabei, eine Tochtergesellschaft in den USA aufzubauen. Doch bevor Nix Kogan an sein neues Lieblingsprojekt in Amerika ließ, sollte er sich erst in der Karibik beweisen. Damals, Anfang 2014, arbeitete Kogan mit Forschern der Staatlichen Universität Sankt Petersburg an einem Projekt zum psychologischen Profiling, das vom russischen Staat durch ein Forschungsstipendium finanziert wurde. Kogan beriet ein Team in Sankt Petersburg, das Unmengen von Profildaten aus sozialen Medien abschöpfte, um mit ihrer Hilfe das Verhalten von Online-Trollen zu analysieren. Da sich die russische Forschung zu den sozialen Medien auf maladaptive und dissoziale Züge konzentrierte, dachte man bei SCL, sie ließe sich gut auf das Trinidad-Projekt anwenden. Das dortige Ministerium für nationale Sicherheit war an Vorhersagemodellen für kriminelle Neigungen seiner Bürger interessiert.

In einer E-Mail an Trinidads Sicherheitsminister und den Nationalen Sicherheitsrat des Landes, in der es um »kriminalpsychografisches Profiling via [Daten-] Überwachung« ging, schrieb ein SCL-Mitarbeiter: »Vielleicht sollten wir uns an der interessanten Arbeit beteiligen und uns etwas näher anschauen, was Alex Kogan für die Russen macht, um herauszufinden wie/ob sich das anwenden lässt.«

Schließlich heuerte Kogan bei dem Trinidad-Projekt von SCL als Berater an. Er wollte dabei helfen, Modelle für eine Reihe von psychologischen Konstrukten auszuarbeiten, die laut Forschung in Zusammenhang mit dissozialem und deviantem Verhalten standen. Im Gegenzug forderte Kogan Zugang zur SCL-Datenbank über die 1,3 Millionen Bürger Trinidads für seine eigene Forschung. Mir gefiel an Kogan, dass er nicht herumtrödelte, sondern auf schnelle Ergebnisse aus war, keineswegs selbstverständlich für Professoren, die sich oft an das Schneckentempo des akademischen Lebens anpassten. Und er machte einen ehrlichen, ehrgeizigen und offenherzigen Eindruck, wenn er in seiner Begeisterung für neue Ideen und in seinen intellektuellen Ambitionen vielleicht auch etwas naiv war.

Am Anfang kam ich mit Kogan ganz gut zurecht. Er teilte mein Interesse an den neuen Forschungsgebieten der computergestützten Psychologie und Soziologie. Wir konnten stundenlang über die Möglichkeiten zur Verhaltenssimulation reden, und immer, wenn die Rede auf SCL kam, war seine Begeisterung spürbar. Andererseits war Kogan auch ein wenig schrullig, und mir fiel auf, dass seine Kollegen in seiner Abwesenheit gelegentlich abfällige Bemerkungen über ihn machten. Aber ich beachtete das nicht weiter. Eigentlich brachte es mich ihm näher, wurde doch auch über mich allzu häufig abfällig geredet. Und ein bisschen schrullig zu sein, war ohnehin Voraussetzung für die Arbeit bei SCL.

Als Kogan im Januar 2014 beim Trinidad-Projekt einstieg, startete beim Amerika-Projekt mit Bannon gerade die Versuchsphase. Aus unseren qualitativen Studien hatten sich einige Hypothesen ergeben, die wir nun überprüfen wollten. Allerdings reichten die verfügbaren Daten nicht für ein psychologisches Profiling. Aus den Informationen über Konsumenten, die aus Quellen wie den Vielfliegerprogrammen der Fluggesellschaften, aus Medienunternehmen und großen Kaufhäusern stammten, ließen sich keine eindeutigen Signale zur Bestimmung der uns interessierenden psychologischen Eigenschaften herausfiltern. Eigentlich war das nicht verwunderlich, sagt doch beispielsweise ein Einkauf bei Walmart nicht viel über eine Person aus. Daraus ließen sich zwar

Rückschlüsse über die Demografie und Finanzlage ziehen, aber nicht über die Persönlichkeit – bei Walmart kaufen eben gleichermaßen Extrovertierte und Introvertierte ein. Wir benötigten Daten, die nicht nur einen großen Prozentsatz der amerikanischen Bevölkerung abdeckten, sondern relevante Informationen lieferten, die in signifikanter Beziehung zu psychologischen Attributen standen. Wir vermuteten, wir brauchten die Art von sozialen Daten, wie wir sie für Projekte in anderen Teilen der Welt benutzt hatten, beispielsweise die Clickstreams oder Volkszählungsdaten, mit denen Kogan oft arbeitete.

Nachdem Kogan eine Weile für das Trinidad-Projekt gearbeitet hatte, stellte er fest, dass ihn die Arbeit von SCL in den Vereinigten Staaten weit mehr reizte. Wenn man ihn dort ranlasse, erklärte er mir, könne er mit seinem Team im Psychometrischen Zentrum die Lücken in den Variablen und Datenkategorien füllen, um verlässlichere Modelle zu entwickeln. Er bat um Zugang zu einigen unserer Datensätze, um herauszufinden, was uns zum »Training« unserer Modelle fehlte. Aber das war nicht das eigentliche Problem. Clickard erklärte ihm, dass wir bereits halbwegs ausgearbeitete Modelle und genug Trainingsdaten hätten. Was wir brauchten, sei eine große Datenbasis. Für größere Bevölkerungsgruppen konnten wir einfach keine Datensätze mit den Variablen auftreiben, aus denen sich erfahrungsgemäß psychologische Eigenschaften ableiten ließen. Das bremste uns ziemlich aus. Die könne er uns beschaffen, sagte Kogan – vorausgesetzt, er könne die Daten auch für seine eigenen Forschungsarbeiten nutzen. Und als er dann noch sagte, wenn wir ihn nach Amerika ließen, dann könnten wir das erste internationale Institut für computergestützte Sozialpsychologie an der University of Cambridge gründen, war ich Feuer und Flamme. Zu den großen Problemen der Sozialwissenschaften wie der Psychologie, Anthropologie und Soziologie gehört der vergleichsweise geringe Bestand an numerischen Daten, da es extrem schwierig ist, abstrakte kulturelle oder soziale Dynamiken einer ganzen Gesellschaft zu messen und zu quantifizieren. Jedenfalls, solange man nicht von praktisch jeder Person einen virtuellen Klon in den Computer werfen und dessen Verhalten beobachten kann. Es war, als hielten wir den Schlüssel zu einem ganz neuen Zugang zur Soziologie in Händen. Wie hätte ich so ein Angebot ausschlagen können?

Im Frühjahr 2014 stellte mich Kogan zwei weiteren Professoren am Psychometrischen Zentrum vor. Dr. David Stilwell und Dr. Michal Kosinski arbeiteten mit einer riesigen Datenbank, die sie völlig legal aus Facebook abgeschöpft hatten. Sie waren Pioniere auf dem Feld des psychologischen Profiling unter Einsatz sozialer Medien. Im Jahr 2007 schrieb Stillwell eine App namens myPersonality, mit der Nutzer ein Persönlichkeitsprofil generieren konnten. Die dabei eingegebenen Daten speicherte die App für Forschungszwecke.

Ihre erste, in der akademischen Welt vielbeachtete Studie über Facebook veröffentlichten die Professoren 2012. Kosinski und Stilwell erzählten mir von den riesigen Facebook-Datenbanken, die sie während ihrer Forschungsarbeit zusammengetragen hatten. Sie würden auch Mittel von der DARPA, der Forschungsbehörde des US-Militärs, erhalten, sagten sie, was sie auch für die Zusammenarbeit mit einem Militärdienstleister qualifiziere. Stillwell hielt sich sichtlich zurück, doch Kosinski legte sich ziemlich ins Zeug und gab seinem Kollegen ab und zu einen kleinen Schubs, um das Gespräch voranzubringen. Kosinski wusste um den hohen Wert seiner Daten, aber ohne Stillwells Zustimmung durfte er sie nicht weitergeben.

»Wie sind Sie da rangekommen?«, fragte ich.

Ihrer Schilderung zufolge hatte Facebook ihnen quasi gestattet, sich die Daten einfach zu nehmen, und zwar mithilfe von Apps, die sie selbst programmiert hatten. Facebook unterstützt Forschung über seine Plattform. Je mehr Facebook über seine Nutzer erfährt, desto mehr Profit lässt sich aus ihnen schlagen. Als sie mir erklärten, wie sie die Daten gesammelt hatten, wurde mir klar, dass die Schranken und Kontrollen bei Facebook unglaublich lax waren. Wenn man eine App von Stillwell und Kosinski nutzte, dann bekam man nicht nur die Daten dieser Person, sondern auch noch gleich die all ihrer Freunde. Facebook verlangte für Apps keine explizite Zustimmung, auch auf die Daten der Freunde eines Nutzers zugreifen zu können, das Unternehmen ging einfach davon aus, jeder habe sich damit durch seine reine Mitgliedschaft bereits stillschweigend einverstanden erklärt – auch wenn die Freunde keine Ahnung davon hatten, dass eine App ihre privaten Daten abfragte. Der durchschnittliche Facebook-Nutzer hat zwischen 150 und 300 Freunde. Das musste Bannon und Mercer gefallen – und Nix sowieso, der auf alles ansprang, was die beiden gut fanden.

»Also noch mal zum Mitschreiben«, sagte ich. »Wenn ich eine Facebook-App habe und 1000 Leute sie installieren, dann bekomme ich ... so um die 150.000 Profile? Echt jetzt? Das lässt Facebook zu?«

Genau so sei es, sagten sie. Und wenn zwei Millionen die App herunterlüden, dann bekäme man 300 Millionen Profile, abzüglich der Überschneidungen. Das ergab eine beeindruckend große Datenbasis. Die größte, mit der ich bis dahin gearbeitet hatte, war die von Trinidad gewesen, eine Million Menschen, was mir schon ziemlich viel erschienen war. Aber das hier war eine völlig andere Dimension. In anderen Ländern mussten wir uns eine Sondererlaubnis zur Nutzung von Daten besorgen oder sie mühsam zusammenklauben, und das bei Populationen, die um ein Vielfaches kleiner waren.

»Wie bekommen Sie die Leute denn dazu, die App herunterzuladen?«, fragte ich.

»Wir bezahlen ihnen einfach Geld dafür.«

»Wie viel?«

»Einen Dollar. Manchmal zwei.«

Es sei daran erinnert, dass ich über 20 Millionen Dollar verfügte, die ich im Namen der Firma verjubeln konnte. Und diese beiden Profs erzählten mir so ganz nebenbei, dass ich zig Millionen Facebook-Profile für ... eine Million Dollar und ein paar Zerquetschte bekommen konnte. Da gab es nichts zu überlegen.

Ich fragte Stillwell, ob ich ein paar Testläufe mit ihren Daten machen könne. Ich wollte herausfinden, ob sich damit unsere Ergebnisse für Trinidad replizieren ließen, wo wir Zugang zu vergleichbaren Daten aus Internetbrowsern gehabt hatten. Sollten die Facebook-Profile halten, was sie versprachen, dann hatten wir nicht nur, was Mercer sich wünschte, sondern etwas viel Besseres: Wir wären dann in der Lage, ein ganz neues Forschungsgebiet zu erschließen, die computergestützte Psychologie. Wir sahen uns am Beginn einer neuen Wissenschaft der Verhaltenssimulation, und ich konnte es kaum erwarten, loszulegen.

Facebook startete im Jahr 2004 als eine Plattform, die Studenten und Schüler miteinander verband. Innerhalb weniger Jahre wuchs die Seite zum größten sozialen Netzwerk der Welt heran, dem bevorzugten Ort, an dem alle – selbst unsere Eltern – ihre Fotos teilten, harmlose Aktualisierungen posteten und Partys organisierten. Auf Facebook kann man Dinge,

die einem gefallen, »liken«– Webseiten oder Marken oder Themen, auch die Posts von Freunden. Durch die Likes können
die Nutzer ihre Persönlichkeit darstellen und werden dafür
mit den neuesten Nachrichten ihrer Lieblingsmarken, Bands
oder Promis versorgt. Facebook betrachtet das Liken und Teilen als die Basis dessen, was es als seine »Community« bezeichnet. Natürlich ist das gleichzeitig die Basis des Geschäftsmodells, können doch die Werbetreibenden ihre Botschaften
mithilfe der Facebook-Daten optimieren. Ein API (Applica-
tion Programming Interface) erlaubt es damals, Apps in Facebook einzubinden, die zwecks »besserem Nutzererlebnis«
auf ihre Daten zugreifen.

Anfang der 2010er Jahre hatte die Forschung kapiert, dass
weite Teile der Bevölkerung Daten über sich an einem einzigen Ort zusammentrugen. Eine Facebook-Seite enthält Daten
über das »natürliche« Verhalten der Nutzer in ihrem häusli-
chen Umfeld, und zwar völlig unbeeinflusst durch die Finger-
abdrücke eines Forschers. Jeder Scroll, jede Bewegung, jeder
Like wird aufgezeichnet. Ob Interessen oder Abneigungen,
alles ist da, bis ins feinste Detail, und alles ist quantifizierbar.
Das heißt, die Daten von Facebook haben hohe ökologische
Validität, da sie nicht durch die Fragen eines Forschers initi-
iert werden, was unvermeidlich eine Beeinflussung darstellen
würde. Mit anderen Worten, viele der Vorzüge der passiven
qualitativen Beobachtung, wie sie traditionell in der Anthropologie und Soziologie verwendet werden, blieben erhalten,
wurden aber durch die Vorzüge der Generalisierbarkeit ergänzt, die sich aus quantitativer Forschung ergeben, weil viele
soziale und kulturelle Interaktionen nun von vornherein in
Form digitaler Daten erfasst waren. Vergleichbare Daten hätte man zuvor lediglich von Banken oder Telefongesellschaften
bekommen können, an die kam man aufgrund gesetzlicher

Vorschriften aber praktisch nicht heran. Die extrem detaillierten Daten aus den sozialen Medien waren im Vergleich dazu fast frei zugänglich.

Viele Nutzer unterscheiden zwischen dem, was online geschieht, und dem, was im realen Leben, *in real life* geschieht, wie man gerne sagt. Sie machen sich dabei nicht klar, dass die Datenspuren, die ihre Nutzung in den sozialen Medien hinterlassen, – ob sie nun etwas über das Finale einer Serienstaffel posten oder Fotos von einer Party liken – aus gerade diesem realen Leben außerhalb des Internets stammen. Mit anderen Worten, Facebook-Daten sind Real-life-Daten. Und sie sind es umso mehr, je mehr Raum Smartphones und das Internet im Leben der Menschen einnehmen. Das heißt, dass man zur Meinungsforschung oft gar keine Interviewpartner mehr suchen muss, simple Algorithmen genügen, um die verborgenen Muster in den Daten aufzuspüren, die die Nutzer freiwillig hinterlassen. Und diese Algorithmen können sogar Muster aufzeigen, die vorher gar nicht zu entdecken waren.

Facebook-Nutzer speichern also praktischerweise ihre Daten selbst an einem einzigen Ort und in einem einzigen Datenformat. Man muss nicht mehr erst zahllose Datenbanken verknüpfen und Datenlücken mit komplizierten mathematischen Formeln füllen. Die Information ist bereits da, alle speisen in Echtzeit ihre Biografie ein, direkt dort auf ihrem Account. Hätte jemand ein System rein zu dem Zweck entworfen, Menschen zu beobachten und zu studieren, er oder sie hätte kaum etwas Besseres als Facebook erschaffen können.

In einer Studie aus dem Jahr 2015 konnten Youyou, Kosinski und Stillwell zeigen, dass ein Computermodell, das man mit den Likes von Facebook fütterte, Personen besser einzuschätzen vermochte als ein Mensch. Schon bei zehn Likes sagte das Modell das Verhalten einer Person genauer voraus als ein Kollege, bei 150 Likes besser als ein Familienmitglied, und nach der Auswertung von 300 Likes kannte das Modell die Person besser als deren Ehepartner. Das liegt teilweise daran, dass Freunde, Kollegen, Ehepartner und Eltern typischerweise nur einen Teil des Lebens einer Person sehen und deren Verhalten durch den Filter ihrer Beziehung beurteilen. Eltern sehen eben nie, wie sich ihre Sprösslinge um 3 Uhr nachts auf einer Party benehmen, nachdem sie Ecstasy genommen haben, und Freunde erleben nicht, wie zurückhaltend und ehrerbietig sich jemand gegenüber seiner Chefin verhält. Sie haben alle einen leicht unterschiedlichen Eindruck von ein und derselben Person. Aber Facebook späht sämtliche Beziehungen aus, verfolgt die Nutzer in ihren Mobiltelefonen und zeichnet auf, was sie im Internet anklicken und kaufen. Auf diese Weise spiegeln die Facebook-Daten genauer wider, wer jemand »wirklich« ist, als die Aussagen von Freunden und Verwandten. In mancherlei Hinsicht kann ein Computermodell die Gewohnheiten einer Person besser einschätzen als sie selbst – eine Erkenntnis, die die Forscher zu einer Warnung veranlasste. »Die Überlegenheit der Computer gegenüber dem Menschen bei der Beurteilung einer Persönlichkeit«, schreiben sie, »birgt große Möglichkeiten, führt aber auch zu Herausforderungen auf den Gebieten der psychologischen Beurteilung, des Marketings und des Privatlebens.«

Der Zugang zu den Facebook-Daten, so hofften wir, würde uns endlich den ersten Versuch der Simulation einer ganzen Gesellschaft *in silico* ermöglichen. Das bot faszinierende Aussichten: Theoretisch konnte man eine Gesellschaft mit Problemen wie ethnischen Spannungen und hohem Einkommensgefälle simulieren und beobachten, was sich daraus ergab. Anschließend konnte man das Ganze noch mal mit verändertem Input durchspielen und auf diese Weise herausfinden, an welchen Stellschrauben man drehen musste, um Abhilfe für solche Probleme zu schaffen. Mit anderen Worten, man konnte Lösungen für Probleme der realen Welt komplett im Computer simulieren. Mich faszinierte der Gedanke, die Gesellschaft als Computerspiel zu betrachten. Ich war geradezu besessen von Kogans Idee einer Institutsgründung und konnte es kaum abwarten, sie in die Tat umzusetzen. Aber es war nicht nur unser neues Lieblingsprojekt, auch die Professorenschaft war begeistert. Nach Gesprächen in Harvard meldete mir Kogan per E-Mail über deren Reaktion: »›Bahnbrechend‹ und ›Revolution der Soziologie‹ lautet der Tenor.« Anfangs schienen auch Stillwell und Kosinski begeistert. Dann ließ Kogan durchblicken, dass CA ein Budget von 20 Millionen hatte. Und auf einmal war es mit der akademischen Kameraderie vorbei.

Kosinski schickte Kogan eine E-Mail, in der es hieß, dass sie eine halbe Million Dollar im Voraus plus 50 Prozent aller »Lizenzgebühren« für die Nutzung ihrer Facebook-Daten verlangten. Wir hatten noch nicht einmal in einem Feldversuch gezeigt, dass die Sache in großem Maßstab realisierbar war, und sie stellten bereits hohe Geldforderungen. Nix sagte mir, ich solle ablehnen, worauf Kogan kalte Füße bekam, weil er fürchtete, das Projekt könne platzen, bevor es überhaupt begonnen hatte. Am Tag, nachdem wir Kosinskis Geldforderung abgelehnt hatten, teilte Kogan mit, er könne es auch alleine machen, so wie es ursprünglich verabredet gewesen war – er wolle uns helfen, an die Daten zu kommen, CA solle für die Kosten aufkommen, und er würde sie anschließend für seine eigene Forschung nutzen. Er hätte auch Zugang zu anderen Apps, die über Facebook auf die Daten der Freunde der User zugreifen könnten, sagte er, und die könnte er ebenso gut nutzen. Ich war skeptisch, denn ich fürchtete, Kogan wollte insgeheim doch die App von Stillwell und Kosinski nutzen. Doch Kogan versicherte mir, er habe seine eigene. »Also schön«, sagte ich. »Beweisen Sie es. Liefern Sie probeweise ein paar Daten.« Um sicherzugehen, dass er sie nicht einfach aus der anderen App zog, gaben wir Kogan 10.000 Dollar, um seine App mit neuen Datensätzen zu erproben. Er war einverstanden und verlangte auch kein Geld für sich, sondern nur, dass er eine Kopie der Daten behalten konnte.

Kosinski sagte später, er habe beabsichtigt, das Geld aus der Lizenzierung der Facebook-Daten der Universität von Cambridge zu spenden. Von diesem Plan erwähnte er mir gegenüber damals jedoch nichts. Die University of Cambridge verneint entschieden, etwas mit irgendwelchen Facebook-Datenprojekten zu tun gehabt zu haben. Ob die Universität Kenntnis von einem möglichen finanziellen Arrangement hatte oder ob sie das Geld überhaupt angenommen hätte, lässt sich nicht klären.

In der darauffolgenden Woche schickte Kogan SCL Zehntausende Facebook-Profile, die wir Tests unterzogen, um sicherzugehen, dass sie so brauchbar waren, wie wir hofften. Sie waren sogar noch besser. Die Daten umfassten Name, Geschlecht, Alter, Wohnort, Aktualisierungen, Likes, Freunde – einfach alles. Kogan sagte, seine Facebook-App käme sogar an die privaten Nachrichten heran. »Okay«, sagte ich ihm. »Die Sache läuft.«

Als Erstes bemühten sich Kogan und ich, ein Institut aufzubauen, um all die Facebook-, Clickstream- und Konsumentendaten zusammenzutragen, die wir für die Auswertung durch Psychologen, Anthropologen, Soziologen, Datenforscher und andere interessierte Wissenschaftler sammelten. Zur großen Freude meiner Modeprofessoren an der UAL ließ mich Kogan sogar mehrere Angaben zum Kleidungsstil und ästhetischen Vorlieben hinzufügen, die ich für meine Doktorarbeit gebrauchen konnte. Unser Plan war, uns weltweit an die verschiedensten Universitäten zu wenden, um unsere Datenbasis immer weiter auszubauen und dann Modelle für die Sozialwissenschaften zu entwickeln. Als uns einige Professoren von der Harvard Medical School den Zugang zu Millionen genetischer Profile ihrer Patienten anboten, war sogar ich überrascht, wie sich die Sache entwickelte. Kaum auszumalen, welches Potenzial in einer Datenbank stecke, die das digitale Verhalten einer Person mit ihren Genen verknüpfe, meinte Kogan. Er war völlig aus dem Häuschen – mit genetischen Daten konnten wir wirklich gewaltige Experimente starten und mit den Ergebnissen die Anlage-versus-Umwelt-Debatte neu aufmischen. Wir waren uns sicher, am Anfang von etwas ganz Großem zu stehen.

Unsere ersten Daten erhielten wir von Amazon MTurk, einem Online-Marktplatz für Mikrotasking-Jobs. Ursprünglich war MTurk ein internes Hilfsprogramm von Amazon für die Bilderkennung gewesen. Um Programme zur Bilderkennung trainieren zu können, brauchte man erst einmal Menschen, die sie auf üblichem Weg klassifizierten, damit der KI ein Satz korrekt benannter Fotos zum Lernen vorlag. Amazon zahlte ein paar Cent für jede Klassifizierung, und Tausende meldeten sich für diesen Job.

Schließlich witterte Amazon eine neue Einnahmequelle brachte 2005 MTurk als eigenständiges Produkt auf den Markt und sprach von einer »künstlichen künstlichen Intelligenz«. Andere Unternehmen konnten dort gegen Bezahlung Leute finden, die bereit waren, in ihrer Freizeit für geringe Beträge solche Mikrotasks zu übernehmen – beispielsweise die Zahlen von eingescannten Quittungen oder Fotobeschreibungen überprüfen. Menschen übernahmen also die Arbeit, die eigentlich Maschinen erledigen sollten. Genau darauf spielte der Name MTurk auch an, eine Abkürzung für *mechanical turk*, der »Schachtürke«, der im 18. Jahrhundert die Menschen fasziniert hatte. In Wahrheit hatte sich in dem Automaten allerdings eine kleine Person verborgen, die die Schachfiguren über einen ausgeklügelten Mechanismus bewegt hatte.

Psychologen und andere Forscher an Universitäten kamen bald dahinter, dass sie mithilfe von MTurk eine große Anzahl von Menschen für einen Persönlichkeitstest gewinnen konnten. Statt mühsam nach Studenten zu suchen, die bereit waren, Fragebögen auszufüllen, was ohnehin nie eine repräsentative Stichprobe ergab, konnten sie so Daten von allen möglichen Leuten aus der ganzen Welt bekommen. Sie baten einfach Leute, die bei MTurk aktiv waren, gegen eine kleine Geldsumme einen kurzen Fragebogen auszufüllen. Dafür erhielten sie einen Code, mit dem sie eine Geldzahlung auf ihrem Amazon-Konto freischalten konnten.

Auch Kogans App arbeitete mit MTurk: Die Teilnehmer füllten einen Fragebogen aus und erhielten dafür eine kleine Geldsumme. Doch um an das Geld zu kommen, mussten sie Kogans App über Facebook herunterladen und einen besonderen Code eingeben. Die App trug dann alle Antworten aus der Umfrage in eine Tabelle ein. Anschließend griff sie sämtliche Facebook-Daten des Nutzers ab und packte sie in eine zweite Tabelle, und in eine dritte Tabelle schließlich die Daten sämtlicher Facebook-Freunde des Kontobesitzers.

Nutzer füllten eine große Bandbreite psychometrischer Fragebögen aus, doch sie begannen stets mit einem vielfach erprobten, international validierten Persönlichkeitsmaß namens IPIP NEO-PI, das Hunderte Items wie »Ich halte andere Menschen auf Distanz«, »Ich bin offen für neue Ideen« und

»Ich handle, ohne nachzudenken« enthielt. Wenn man diese Antworten mit Facebook-Likes verknüpfte, konnte man zuverlässige Schlussfolgerungen ziehen. Beispielsweise waren Extrovertierte empfänglicher für elektronische Musik, und Menschen, die Offenheit für neue Erfahrungen zeigten, sahen häufig Fantasyfilme, wohingegen neurotische Menschen mit höherer Wahrscheinlichkeit einen Like für eine Facebook-Seite wie »Ich hasse es, wenn meine Eltern mein Handy überprüfen« setzten. Aber wir konnten nicht bloß Charaktereigenschaften ableiten. Nicht sonderlich überraschend war, dass amerikanische Männer, die auf Facebook Britney Spears, MAC Cosmetics oder Lady Gaga likten, mit leicht höherer Wahrscheinlichkeit schwul waren. Jeder einzelne Like für sich betrachtet war zu schwach, um irgendetwas auszusagen, aber wenn man diese Likes mit Hunderten anderen sowie mit Konsumentendaten kombinierte, ließen sich weitreichende Schlussfolgerungen ziehen. War der Profiling-Algorithmus dann gut genug trainiert und validiert, konnte man ihn auf die Datenbank der Facebook-Freunde loslassen. Zwar hatten wir für die Profile der Freunde nicht die Ergebnisse aus der Umfrage, aber wir hatten Zugang zu ihren Likes, was bedeutete, dass der Algorithmus ihre Daten verarbeiten und ihre wahrscheinlichen Antworten auf dem Fragebogen gut einschätzen konnte.

Das Projekt wuchs über den Sommer heran. Wir erforschten immer mehr Konstrukte, und allmählich ergab sich aus Kogans Ideen genau das, was Bannon vorgeschwebt hatte. Kogan entwickelte den Plan, die Lebenszufriedenheit der Leute ins Visier zu nehmen, ihre Aufrichtigkeit (waren sie anderen gegenüber eher offen oder misstrauisch) und ein Konstrukt namens »Interesse an Sensationen und Extremen«, das seit einiger Zeit häufiger in der Kriminalpsychologie benutzt wurde, um deviantes Verhalten zu verstehen. Dazu gehörten »Militarismus« (Interesse an Schusswaffen, Kampfsport, Armbrüsten, Messern), »gewaltbereiter Okkultismus« (Interesse an Drogen, schwarzer Magie, Paganismus), »intellektuelle Aktivitäten« (Interesse an Singen und Musizieren, Auslandsreisen, Umweltschutz), »naiver Okkultismus« (Interesse an paranormalen Phänomenen, UFOs) und »ganzheitliche Interessen« (Camping, Gärtnern, Wandern). Mein persönlicher Favorit war eine Fünf-Punkte-Skala für »Glaube an Sternzeichen«. Einige Schwule in der Firma witzelten, wir sollten daraus ein Feature »Astrologische Verträglichkeit« entwickeln und mit der schwulen Dating-App Grindr verknüpfen.

Mithilfe von Kogans App erhielten wir nicht nur ein Trainingsset, das uns die Möglichkeit gab, einen wirklich guten Algorithmus zu entwickeln, der mit reichhaltigen, dichten und aussagekräftigen Daten arbeitete, sondern auch Hunderte zusätzlicher Profile der Freunde der Probanden. Und das alles für ein bis zwei Dollar pro installierter App. Nach dem Abschluss unserer ersten Datensammelaktion hatten wir noch Geld übrig. Eine goldene Regel des Projektmanagements lautet: Man kann es billig, schnell oder gut machen. Der Haken ist, dass sich immer nur zwei dieser Attribute verwirklichen lassen, niemals alle drei. Zum ersten Mal in meinem Leben erlebte ich, dass es auch anders ging. Die Facebook-App von Kogan lieferte Ergebnisse, die schneller, besser und billiger waren als alles, was ich mir hätte erträumen können.

Der Launch war für Juni 2014 geplant. Ich erinnere mich noch, wie heiß es war. Der Sommer nahte, doch Nix schaltete die Klimaanlage nicht ein, weil er mit den Bürokosten knauserte. Wir hatten wochenlang alles kalibriert, sichergestellt, dass die App funktionierte, dass sie die richtigen Daten abschöpfte und dass es keine Probleme bei der Übertragung der Informationen in unsere Datenbanken gab. Die Antworten einer einzigen Person lieferten im Schnitt die Daten von 300 Leuten. Alle hatten sie ein paar Hundert Likes gesetzt, die wir analysieren konnten. Die mussten sämtlich organisiert und zurückverfolgt werden. Wie viele Dinge, Fotos, Links und Webseiten kann man bei Facebook insgesamt liken? Unzählige. Die Facebook-Seite irgendeiner unbekannten Band in Oklahoma bringt es vielleicht auf 28 Likes im ganzen Land, ist aber trotzdem eine separate Auswahlmöglichkeit. Bei einem Projekt dieser Größe und Komplexität kann vieles schiefgehen, daher investierten wir viel Zeit in die Optimierung der Datenverarbeitung, bevor wir Ernst machten. Doch irgendwann waren wir überzeugt, dass alles funktionierte, und es war Zeit für den Launch. Wir stellten 100.000 Dollar bereit, um Leute über MTurk anzuheuern, und warteten.

Alle standen um den Computer herum, Kogan war aus Cambridge zugeschaltet. Er startete die App, und jemand rief »Juhu!«. Und damit sollte es losgehen.

Doch es schien der undramatischste Launch der Geschichte zu werden. Es passierte überhaupt nichts. Fünf, zehn, fünfzehn Minuten verstrichen, alle scharrten unruhig mit den Füßen. »Scheiße, was ist das?« knurrte Nix. »Warum stehen wir hier überhaupt rum?« Doch ich wusste, dass es ein wenig Zeit brauchte, bevor Leute auf die Umfrage auf MTurk aufmerksam wurden, sie ausfüllten und dann die App installierten, um sich die Bezahlung zu sichern. Nicht lange, nachdem Nix seiner Ungeduld Luft gemacht hatte, trudelte das erste Ergebnis ein.

Und damit war der Damm gebrochen. Ein zweiter Datensatz kam herein, dann ein dritter, dann zwanzig, hundert, tausend – innerhalb von Sekunden. Jucikas hatte einen Piepton mit dem Zähler verknüpft, weil er wusste, dass Nix auf alberne Soundeffekte stand, und er es lustig fand, wie leicht man ihn mit solchen Technikgags beeindrucken konnte. Bald machte Jucikas Computer wie wild *bieb-biep-biep,* und der Zähler überschlug sich. Eine Null reihte sich an die andere, die Profile der Freunde füllten in exponentiellem Tempo unsere Datenbank. Aufgeregt waren wir alle, aber für die Datenwissenschaftler unter uns war es wie ein heftiger Adrenalinstoß.

Jucikas, unser charmanter technischer Leiter, griff nach einer Flasche Champagner. Er war nicht nur immer die Liebenswürdigkeit in Person und die Seele jeder Party, er sorgte auch dafür, dass wir für solche Gelegenheiten immer eine Kiste Champagner im Büro hatten. In ärmlichen Verhältnissen auf einem Bauernhof in der Endphase der Litauischen Sozialistischen Sowjetrepublik aufgewachsen, hatte er sich in die Elite von Cambridge hochgearbeitet. Er war ein Dandy und lebte nach dem Motto: Lass es heute krachen, morgen bist du vielleicht tot. Jucikas liebte das Extreme, das Überspannte. So hatte er für das Büro einen Säbel aus den Napoleonischen Kriegen gekauft, den er nun einzusetzen gedachte. Warum eine Champagnerflasche auf gewöhnliche Weise öffnen, wenn man einen Säbel hat?

Er schnappte sich eine Flasche Belle Epoque von Perrier-Jouët (seine Lieblingsmarke), lockerte den Drahtbügel um den Kork, hielt die Flasche schräg und führte den Säbel mit Schwung über den Flaschenhals. Das gesamte Halsstück samt Kork flog davon, und der Champagner strömte heraus. Wir füllten unsere Flöten und genossen die erste von vielen Flaschen an diesem Abend. Jucikas erklärte uns, dass es beim Sabrieren von Champagner nicht auf Kraft ankommt, sondern darauf, die Flasche genau in Augenschein zu nehmen und mit kunstvoller Präzision die empfindlichste Stelle zu treffen. Wenn man es richtig machte, benötigte man fast keinen Druck – man überließ es quasi der Flasche, sich selbst zu zerbrechen. Es war ein Hack, der die Schwachstelle der Flasche ausnutzte.

Als Mercer in die Firma investierte, gingen wir zunächst davon aus, ungefähr zwei Jahre Zeit zu haben, um das Projekt auf die Beine zu stellen. Doch Bannon raubte uns rasch diese Illusion. »Bis September ist das fertig«, sagte er. Als ich einwandte, das sei viel zu kurzfristig, knurrte er nur: »Interessiert mich nicht. Wir haben euch zwanzig Millionen gegeben, und das ist die Deadline. Denkt euch was aus.« In den USA standen die Zwischenwahlen des Jahres 2014 an, und bis dahin wollte er das Projekt Ripon, wie er es nach der kleinen Stadt in Wisconsin nannte, in der die Republikanische Partei gegründet worden war, am Start haben. Viele von uns rollten mit den Augen, wenn es um Bannon ging, der sich immer seltsamer verhielt, nachdem er für die Investition gesorgt hatte. Doch wir dachten, wir müssten eben Rücksicht auf seine etwas abseitigen politischen Obsessionen nehmen, wenn wir unsere Chance bewahren wollten, eine Revolution in der Wissenschaft herbeizuführen. Der Zweck heiligt die Mittel, sagten wir uns.

Bannon kam nun häufiger nach London, um zu schauen, wie wir vorankamen. Einer dieser Besuche erfolgte kurz nach dem Launch der App. Wir versammelten uns im Konferenzraum mit dem großen Bildschirm. Jucikas lieferte eine kurze Präsentation und wandte sich dann an Bannon.

»Sag mal einfach einen Namen.«

Bannon schaute amüsiert auf und nannte einen.

»Schön. Und jetzt noch einen Bundesstaat.«

»Keine Ahnung«, antwortete er. »Nebraska.«

Jucikas tippte das in eine Suchmaske ein, und eine Liste von Links erschien. Er klickte auf einen der zahlreichen Treffer in Nebraska – und da war alles zu sehen über diese Frau, direkt auf dem Bildschirm. Wir sahen ihr Foto, sahen, wo sie arbeitete, wo sie wohnte, ihr Auto, ihre Kinder, deren Schule. 2012 hatte sie für Mitt Romney gestimmt, sie war Fan von Katy Perry, fuhr einen Audi, schien eine eher bodenständige Person zu sein … und so weiter und so fort. Wir wussten alles über sie – und für etliche Punkte erhielten wir die Updates in Echtzeit, denn sobald sie etwas auf Facebook postete, erfuhren wir das.

Und wir hatten nicht bloß alle ihre Facebook-Daten, sondern wir führten sie auch mit all den Daten zusammen, die wir von kommerziellen und staatlichen Quellen erworben hatten. Volkszählungsdaten füllten verbliebene Lücken im Bild. Wir hatten Daten über ihren Hauskredit, wir wussten, wie viel sie verdiente, ob sie eine Schusswaffe besaß. Durch ein Vielfliegerprogramm waren wir informiert, wie oft sie flog. Wir konnten sehen, ob sie verheiratet war (war sie nicht). Wir verschafften uns einen Überblick über ihren Gesundheitszustand. Und wir hatten ein Satellitenfoto von ihrem Haus, das uns Google Earth problemlos lieferte. Wir hatten ihr Leben im Computer nachgestellt. Und sie hatte keine Ahnung davon.

»Nenn einen anderen«, sagte Jucikas. Und er machte dasselbe noch einmal. Und noch einmal. Beim dritten Profil setzte sich Nix, der bislang der Sache kaum Aufmerksamkeit geschenkt hatte, auf einmal kerzengerade hin.

»Warte mal«, sagte er, und seine Augen weiteten sich hinter seiner schwarz umrandeten Brille. »Wie viele von denen haben wir denn?«

»Was soll das jetzt werden?«, warf Bannon ein, sichtlich genervt von dem Desinteresse, das Nix an den Tag legte.

»Wir haben schon etliche Millionen«, sagte Jucikas. »In diesem Tempo und mit ausreichender Finanzierung könnten wir bis zum Ende des Jahres bei 200 Millionen sein.«

»Und wir wissen buchstäblich alles über diese Leute?«, fragte Nix.

»Ja«, sagte ich ihm. »Das ist der springende Punkt.«

Offenbar ging Nix ein Licht auf. Zum ersten Mal begriff er, was wir da eigentlich taten. Dinge wie »Daten« und »Algorithmen« langweilten ihn einfach, aber echte, lebendige Menschen auf dem Bildschirm zu haben und alles über sie zu wissen, das regte seine Fantasie an.

»Haben wir auch ihre Telefonnummer?«, fragte Nix. Ja, antwortete ich ihm. Und dann hatte er einen seiner Geistesblitze. Er griff nach dem Telefon und fragte nach der Nummer. Jucikas sagte sie an, und er tippte sie ein.

Es klingelte ein paarmal, und jemand hob ab. Wir hörten eine Frau »Hallo?« sagen, und Nix sprach in seinem vornehmsten Akzent: »Guten Tag, Ma'am. Hoffentlich störe ich Sie nicht. Ich rufe von der University of Cambridge an. Wir führen eine Umfrage durch. Könnte ich bitte mit Miss Jenny Smith sprechen?« Die Frau bestätigte, dass sie Jenny Smith war, und Nix begann ihr Fragen auf der Grundlage der Informationen zu stellen, die wir über sie hatten.

»Miss Smith, ich wüsste gerne, was sie von der Fernsehserie *Game of Thrones* halten?« Jenny gab ihrer Begeisterung Ausdruck – genau wie sie es auf Facebook getan hatte. »Haben Sie bei der letzten Wahl für Mitt Romney gestimmt?« Jenny sagte Ja. Nix fragte sie, ob ihre Kinder auf die So-und-so-Grundschule gingen, und Jenney bestätigte auch das. Ich sah zu Bannon hinüber, der breit grinste.

Als Nix aufgelegt hatte, sagte Bannon: »Ich will's auch mal versuchen!« Und so ging es reihum, jeder bekam seinen Anruf. Es war einfach irre, sich vorzustellen, dass diese Leute in ihrer Küche in Iowa oder Oklahoma oder Indiana saßen und mit irgendwelchen Typen in London sprachen, die sich auf Satellitenbildern anschauten, wo sie wohnten, in ihren Familienfotos stöberten und einfach alles über sie wussten. Im Rückblick ist es verrückt, sich vorzustellen, dass Bannon – der damals noch völlig unbekannt war, denn es sollte noch über ein Jahr dauern, ehe er zweifelhaften Ruhm als Berater von Donald Trump erlangte – in unserem Büro saß und irgendwelche Amerikaner anrief, um ihnen persönliche Fragen zu stellen. Und dass die Leute keinen Augenblick zögerten, sie zu beantworten.

Wir hatten es geschafft. Wir hatten das Leben von zig Millionen Amerikanern *in silico* nachgebildet, Hunderte Millionen mehr waren zu erwarten. Das war eine Riesensache. Ich war stolz darauf, dass wir etwas so Gewaltiges geschaffen hatten. Ich war mir sicher, darüber würden die Leute noch in Jahrzehnten sprechen.

Die Dunkle Triade

Im August 2014, nur zwei Monate nach dem Launch der App, hatte Cambridge Analytica die kompletten Kontodaten von über 87 Millionen Facebook-Usern, vor allem aus den USA, eingesammelt. Schon bald war M Turk als Quelle ausgeschöpft, und man engagierte zusätzlich eine Firma namens Qualtrics aus Utah, die eine Umfrageplattform betrieb. Binnen kurzem wurde CA einer ihrer wichtigsten Kunden, und bei uns trudelten jede Menge Werbeartikel mit Qualtrics-Aufdruck ein. Jucikas stolzierte gerne mit einem I-♥-Qualtrics-T-Shirt unter seinem teuren Maßanzug durch das Büro, was alle anderen sowohl amüsant als auch albern fanden. CA erhielt Rechnungen aus Provo, Utah, über je zwanzigtausend neue User des »Projekts zur Sammlung von Facebook-Daten«.

Kaum hatte CA angefangen, diese Facebook-Daten einzusammeln, trafen Anfragen hochrangiger Mitarbeiter von Palantir ein. Sie hatten offenbar herausgefunden, wie viel Daten das Team anhäufte und dass Facebook CA einfach gewähren ließ. Das hatte ihr Interesse geweckt. Die Mitarbeiter, mit denen sich CA traf, erkundigten sich nach Details des Projekts, und bald darauf äußerten sie den Wunsch, Zugang zu den Daten zu erhalten.

Palantir arbeitete noch immer für die NSA und das GCHQ.

Mitarbeiter der beiden Sicherheitsbehörden teilten Palantir mit, dass eine Zusammenarbeit mit Cambridge Analytica interessant sei, weil man dadurch möglicherweise eine Gesetzeslücke ausnutzen könne. Bei einem Treffen im Sommer 2014 in Palantirs britischer Niederlassung am Soho Square wurde erläutert, dass es gesetzliche Bestimmungen gab, die staatlichen Sicherheitsbehörden und von ihnen beauftragten Dienstleistern wie Palantir untersagten, massenhaft Daten amerikanischer Staatsbürger zu speichern, dass diese Bestimmungen aber nicht – und das war der springende Punkt – für Demoskopie-Firmen, Privatunternehmen und soziale Netzwerke galten. Und es gab zwar das Verbot, Amerikaner direkt zu überwachen, aber die Geheimdienste der USA durften Informationen verwenden, die von US-amerikanischen Staatsbürgern oder Unternehmen »freiwillig ausgehändigt« wurden. Nachdem er das gehörte hatte, beugte sich Nix vor und sagte: »Ihr meint damit amerikanische Meinungsforscher ... wie uns.« Er grinste. Ich glaubte nicht, dass irgendwer in der Runde die Sache ernst meinte, aber schon bald wurde mir klar, dass ich das Interesse dieser Leute am Zugang zu den Daten unterschätzt hatte.

Einige der Mitarbeiter von Palantir begriffen, dass Facebook das Potenzial besaß, zum effektivsten Instrument der NSA für diskrete Überwachungsaktionen zu werden – sofern die Daten von jemand anderem »freiwillig ausgehändigt« wurden. Ich weise darauf hin, dass diese Erörterungen rein spekulativer Natur waren und nicht klar ist, ob Palantir sich der Tragweite der Diskussionen bewusst war und ob die Firma je Daten von CA erhalten hat. Die Mitarbeiter ließen lediglich gegenüber Nix durchblicken, dass sie, falls Cambridge Analytica ihnen Zugang zu den Daten gewährte, diese zumindest theoretisch an die NSA weitergeben konnten, ohne gegen ein Gesetz zu verstoßen. Nix sagte daraufhin zu mir, dass wir dringend zu einer Übereinkunft mit den Leuten von Palantir kommen müssten, »um unsere Demokratie zu verteidigen«. Aber das war natürlich nicht der Grund, warum Nix ihnen uneingeschränkten Zugriff auf die privaten Daten Hunderter Millionen von Amerikanern gewährte. Nix' Traum war, wie er mir bei unserem allerersten Treffen anvertraut hatte, aus CA »das Palantir der Propaganda« zu machen.

Ein führender Informatiker von Palantir unternahm von nun an regelmäßige Reisen nach London, um zusammen mit dem Datenverarbeitungsteam von CA Profiling-Modelle zu erstellen. Nur gelegentlich wurde er von Kollegen begleitet, und seine Tätigkeit wurde vor den übrigen Teams bei CA geheim gehalten – und womöglich auch bei Palantir. Über die Gründe kann ich nur spekulieren, aber die Palantir-Mitarbeiter erhielten E-Mails mit Zugangsinformationen für die Cambridge-Analytica-Datenbank von Adressaten mit Namen wie »Dr. Freddie Mac« (nach der Hypothekenbank, die während der Immobilienkrise des Jahres 2008 von der Regierung der USA finanziell gerettet wurde), bei denen es sich offenkundig um Pseudonyme handelte. Was ich hingegen weiß, ist, dass die Informatiker von Palantir, nachdem sie begonnen hatten, ihre eigenen Datensammel-Apps und Data-Scraper herzustellen, von Nix gebeten wurden, Überstunden zu machen, um an Programmen zu arbeiten, die Kogans Facebook-Daten kopieren konnten – ohne dass man Kogan dazu benötigte. Zudem wurden auch nicht mehr ausschließlich Facebook-Apps benutzt. Cambridge Analytica begann, harmlos wirkende Browsererweiterungen zu testen, beispielsweise Rechner und Kalender, die bei den Nutzern auf Facebooks Session Cookies zugriffen, was es der Firma ermöglichte, sich als der jeweilige Nutzer bei Facebook einzuloggen und seine

Daten und die seiner Freunde abzugreifen. Diese Erweiterungen wurden ausnahmslos bei den unabhängigen Prüfstellen verschiedener beliebter Browser eingereicht – und von ihnen genehmigt.

Es war unklar, ob Palantirs Mitarbeiter CA »offiziell« oder »inoffiziell« besuchten, und Palantir hat später versichert, dass nur ein einziger Angestellter der Firma »aus eigenem Antrieb« bei CA tätig gewesen sei. Ich weiß inzwischen offen gestanden nicht mehr, wem oder was ich glauben soll. Genau wie Nix es oft bei externen Dienstleistern für die Afrikaprojekte tat, brachte er auch in diesen Fällen Beutel voller Dollarnoten mit ins Büro und bezahlte die Dienstleister in bar. Während sie arbeiteten, saß Nix an seinem Schreibtisch, zählte die grünen Geldscheine und türmte sie zu kleinen Stapeln auf, von denen ein jeder mehrere Tausend Dollar wert war. Manchmal erhielten die Dienstleister wöchentlich mehrere Zehntausend Dollar.

Viele Jahre zuvor war Nix' Bewerbung beim britischen Auslandsgeheimdienst MI6 abgelehnt worden. Er behauptete oft scherzhaft, dass er nicht genommen worden sei, weil er zu auffällig sei, um in einer Menschenmenge zu verschwinden, aber die Ablehnung wurmte ihn offensichtlich noch immer. Es war ihm jetzt fast egal, wer Zugriff zu den Daten von CA erhielt; er hätte sie jedem gegeben, nur um zu hören, was für ein toller Typ er sei.

Im späten Frühling 2014 hatte Mercers Investition dazu geführt, dass eine Menge neuer Psychologen, Informatiker und Datenexperten eingestellt wurden. Nix engagierte auch ein neues Team von Managern, die den rasch wachsenden Bereich der Rechercheoperationen betreuen sollten. Ich behielt zwar den Titel des Forschungsleiters, aber die neuen Manager hatten nun in diesen stetig wachsenden Abteilungen das Sagen. Es schien so, als würden täglich neue Projekte gestartet, und manchmal war nicht ersichtlich, von wem oder warum ein bestimmtes Projekt genehmigt worden war. Ich beschwerte mich bei Nix darüber, dass ich zunehmend den Überblick verlor, wer was tat, aber er fand das nicht problematisch. Für Nix zählte nichts anderes als Prestige und Geld. Er sagte zu mir, dass die meisten Menschen dankbar wären, wenn sie weniger Verantwortung tragen und weniger arbeiten müssten, aber trotzdem ihren Titel behalten dürften.

Ab diesem Zeitpunkt hatte ich irgendwie ein mulmiges Gefühl, aber jedes Mal, wenn ich mit Firmenkollegen redete, schafften wir es, einander zu beruhigen und vernünftige Gründe für die Vorkommnisse zu finden. Nix redete über zwielichtige Aktivitäten, aber so war er eben, und niemand nahm ihn ernst. Und nachdem Bannon von Mercer auf seine Position gehievt worden war, sah ich über die Entwicklungen hinweg, bei denen rückblickend die Alarmglocken bei mir hätten läuten müssen, oder redete mir ein, dass sie nichts zu bedeuten hätten. Bannon hatte seine »abseitigen« politischen Interessen, aber Mercer schien zu seriös, um sich auf Bannons zwielichtigen Nebenkriegsschauplätzen zu betätigen. Unsere Arbeit versprach für Mercer einen derart hohen finanziellen Ertrag, dass es uns nicht einleuchten wollte, warum er so viel Geld für etwas ausgeben würde, dessen Erfolgsaussichten völlig ungewiss waren. Mercer hatte CA Zigmillionen Dollar gegeben, ehe die Firma in den USA auch nur einen Datensatz beschafft oder eine Software für das Land entwickelt hatte. Aus der Perspektive eines Investors wäre das eine hochriskante Seed-Finanzierung gewesen. Aber CA wusste auch, dass Mercer weder dumm noch leichtsinnig war und er die Risiken bestimmt sorgfältig abgewogen hatte. Damals nahmen viele bei uns an, dass Mercer hoffte, dank seiner risikoreichen Investition in unsere Forschung später Unsummen für seinen Hedgefonds zu verdienen. Zweck der Firma war, mit anderen Worten, nicht, einen Aufstand der Alt-Right-Bewegung zu initiieren, sondern für Mercer Geld zu verdienen, und wir fühlten uns durch Nix' unübersehbare Vorliebe für Geld in dieser Annahme bestätigt.

Natürlich ist inzwischen bekannt, dass wir komplett falsch lagen. Ich kann als Erklärung nur vorbringen, dass ich damals naiver war, als ich dachte. Obwohl ich für jemanden meines Alters schon eine Menge Erfahrungen gesammelt hatte, war ich doch erst vierundzwanzig und hatte noch viel zu lernen. Als ich bei SCL anheuerte, wollte ich in der Firma Forschungen auf Gebieten wie der Deradikalisierung vorantreiben und Großbritannien, den Vereinigen Staaten und ihren Verbündeten bei der Abwehr von neuen Gefahren der Onlinewelt helfen. Ich gewöhnte mich langsam an die ungewöhnlichen Begleitumstände dieses Arbeitsgebiets, das eine Menge Dinge normal wirken ließ, die einem Außenstehenden merkwürdig vorkommen mussten. Informationsoperationen sind kein normaler 40-Stunden-Bürojob, und die Leute oder die Situationen, mit denen man dabei zu tun hat, sind alle etwas merkwürdig. Und jedes Mal, wenn jemand bezweifelte, dass ein geheim gehaltenes Projekt in einem weit entfernten Land moralisch vertretbar sei, wurde er verspottet, weil er angeblich keine Ahnung vom »wahren Leben« im Rest der Welt hatte.

Zum ersten Mal durfte ich Ideen nachgehen, ohne mich ständig mit lästigen internen Richtlinien auseinandersetzen zu müssen oder mit Leuten, die Vorschläge allein deshalb ablehnten, weil sie noch nie ausprobiert worden waren. Nix war zwar ein ziemlicher Mistkerl, aber er ließ mir weitgehend freie Hand beim Testen neuer Ideen. Nachdem Kogan dazu-gestoßen war, passierte es ständig, dass Professoren der Universität von Cambridge das Projekt wegen seines Potenzials für bahnbrechende Fortschritte auf den Gebieten Psychologie und Soziologie in den höchsten Tönen lobten, wodurch ich das Gefühl bekam, eine Mission zu verfolgen. Und als ihre Kollegen von Universitäten wie Harvard und Stanford sich ebenfalls für unsere Arbeit interessierten, dachte ich, dass wir offenbar auf dem richtigen Weg waren. Kogans Vorschlag zur Institutsgründung begeisterte auch mich, und ich war überzeugt, dass von der Nutzbarmachung der Daten für Forscher überall auf der Welt viele Fachgebiete enorm profitieren könnten. Und so kitschig das auch klingen mag, ich glaubte wirklich, an einer Sache mitzuwirken, die Bedeutung hatte – nicht nur für Mercer, sondern für die Wissenschaft. Leider ließ ich mich davon derart einlullen, dass ich am Ende Unentschuldbares entschuldigte. Ich redete mir ein, dass jeder, der wahrhaft Neues über die menschliche Gesellschaft erfahren will, sich auch mit unbequemen Fragen über unsere dunklen Seiten befassen musste. Wie konnten wir rassistische Vorurteile, Autoritarismus oder Misogynie begreifen, ohne diese Dinge zu erforschen? Nicht bewusst war mir dabei, wie schmal die Trennlinie zwischen der Erforschung und der Erschaffung eines Phänomens ist.

Bannon hatte die Kontrolle über die Firma erlangt und war ein ehrgeiziger und überraschend gewiefter Kulturkrieger. Er glaubte, dass die Identitätspolitik der Demokraten mit ihrem Schwerpunkt auf Wählergruppen mit bestimmter ethnischer Zugehörigkeit weniger wirksam als die Politik der Republikaner war, die oft die Ansicht vertraten, dass die amerikanische Identität über die Hautfarbe, die religiöse Überzeugung und das Geschlecht hinausging. Ein weißer Mann, der in einem

Trailerpark lebt, empfindet sich nicht als Mitglied einer privilegierten Klasse, auch wenn andere ihn womöglich ihr zuordnen würden, weil er weiß ist. Jede Persönlichkeit hat viele Facetten. Und Bannons neuer Job bestand darin, herauszufinden, wie man Menschen gezielt und erfolgreich anspricht, um die eigenen Ziele zu erreichen.

Ich berichtete Bannon, dass die verblüffendste Erkenntnis von CA war, wie viele Amerikaner – und zwar nicht nur Homosexuelle – das Gefühl hatten, sich nicht frei ausleben zu können. Dies fiel zuerst bei Fokusgruppen auf und bestätigte sich später bei quantitativer Forschung mittels Online-Panels. Heterosexuelle weiße Männer, insbesondere ältere, waren mit einem Wertesystem aufgewachsen, das ihnen bestimmte gesellschaftliche Privilegien zubilligte. Heterosexuelle weiße Männer hatten in Gegenwart von Frauen oder People of Color nicht auf ihre Wortwahl achten müssen, denn ein gewisses Maß an Rassismus und Misogynie galt als akzeptabel. Als sich die gesellschaftlichen Normen in den USA wandelten, wurden diese Privilegien nach und nach beseitigt, und viele jener Männer waren zum ersten Mal mit Kritik an ihrem Verhalten konfrontiert. Am Arbeitsplatz lief man nun Gefahr, wegen eines »unschuldigen Flirts« mit einer Sekretärin Ärger zu bekommen, und wenn man von den »Gangstern« in dem von Afroamerikaner bewohnten Stadtviertel sprach, konnte es passieren, dass einen die Kollegen fortan schnitten. Solche Erlebnisse waren oft unangenehm und bedrohlich für die Identität als »normaler Mann«.

Männer, die nicht daran gewöhnt waren, ihre Impulse, ihre Körpersprache und ihre Redeweise zu kontrollieren, entwickelten einen Widerwillen gegen die von ihnen als unfair erachteten geistigen und emotionalen Bemühungen, die nötig waren, um ihr öffentliches Auftreten dauerhaft zu verändern.

Besonders interessant fand ich, wie sehr sich der Diskurs, der sich in diesen Gruppen zorniger, heterosexueller Männer herausbildete, dem Befreiungsdiskurs in der Schwulenbewegung ähnelte. Auch diese Männer spürten die Last, die daraus resultierte, dass sie nicht sie selbst sein durften, und es gefiel ihnen nicht, sich verstellen zu müssen, um von der Gesellschaft »akzeptiert« zu werden. Obwohl es sehr unterschiedliche Gründe für die Selbstverleugnung von Schwulen und die Selbstverleugnung von Rassisten und Frauenfeinden gab, war das subjektive Gefühl der Unterdrückung vergleichbar. Und Letztere wollten das nicht länger akzeptieren, sondern in eine Epoche zurückkehren, in der Amerika großartig war – jedenfalls für Leute wie sie.

»Überleg mal«, sagte ich zu Bannon, »die Botschaften bei einer Wahlkampfveranstaltung der Tea Party sind genau genommen dieselben wie bei einer Schwulen- und Lesbenparade: *Trampelt nicht auf uns herum! Wir wollen wir selbst sein!*« Verbitterte Konservative glaubten, keine »echten Kerle« mehr sein zu können, weil Frauen sich nicht mit Männern einlassen wollten, die sich so benahmen, wie sich Männer jahrtausendelang benommen hatten. Sie mussten ihr wahres Ich verbergen, um ihrer Umwelt zu gefallen – und fanden das zum Kotzen. Ihrer Ansicht nach hatte der Feminismus den »echten Kerlen« Zügel angelegt. Das war demütigend, und Bannon wusste, dass es keine stärkere Kraft als die Wut eines gedemütigten Mannes gab. Und diesen emotionalen Zustand wollte er unbedingt erforschen (und sich zunutze machen).

Zu den Gruppierungen, auf die er es abgesehen hatte, zählte die Incel-Szene, die zu der Zeit, als Cambridge Analytica gegründet wurde, erstmals größere Aufmerksamkeit erlangte. Sie fühlten sich abgestraft und ignoriert von einer Gesellschaft – und insbesondere von Frauen –, die »normale« Männer nicht mehr wertschätzte. Die Incel-Szene, ein Ableger der sogenannten Männerrechtsbewegung, erhielt teilweise durch die wachsende ökonomische Ungleichheit Zulauf, die verhinderte, dass männliche Millennials ähnlich gut bezahlte Jobs wie ihre Väter bekamen. Zu diesen finanziellen Problemen gesellte sich das von herkömmlichen und sozialen Medien vermittelte, aber für viele unerreichbare Idealbild des männlichen Körpers, auch wenn die Probleme, die Männer mit ihrem Körper und durch das männliche Rollenbild haben, weniger im Fokus der öffentlichen Aufmerksamkeit stehen als die der Frauen. Beim modernen Dating etwa spielt die physische Attraktivität doch eine große Rolle. Die Entscheidung für oder gegen eine Person erfolgt nicht selten dadurch, dass man eine Sekunde lang auf ein Porträtfoto schaut und dann nach links oder rechts wischt. Zudem war eine gestiegene Zahl an Frauen wirtschaftlich unabhängig und konnte es sich leisten, bei der Partnerwahl relativ anspruchsvoll zu sein. Aus diesen Gründen war der »normale« Mann, der weder gut aussah noch über ein hohes Einkommen verfügte, dazu verdammt, ständig amouröse Misserfolge zu erleiden.

Einige dieser Männer begannen, sich in Foren wie 4chan zusammenzuschließen, eine Fundgrube für Memes, schräge Fantasy-Fangemeinden, abseitige Pornos und Popkultur. So entwickelte sich eine kulturkritische Gruppierung frustrierter junger Leute in einer zunehmend fragmentierten Gesellschaft. In den frühen 2010er-Jahren breiteten sich nihilistische Diskussionen unter jungen Männern aus, die zwangsweise ein einsames Leben führten. Eine neue Terminologie zur Beschreibung ihres Zustands entstand, darunter Begriffe wie »Betas« (unterlegene Männer), »Alphas« (überlegene Männer), »Vocels« (voluntary celibates, also freiwillig zölibatär Lebende), »MGTOW« (Men Going Their Own Way, das heißt Männer, die sich von Frauen lösten), die schon erwähnten Incels und »Robots« (Incels mit Asperger-Syndrom).

Ungeachtet der Privilegien, die sie als heterosexuelle weiße Männer genossen, fehlten den Mitgliedern dieser Gruppen eine Identität, ein konkretes Ziel und ein gesundes Selbstwertgefühl, und sie stürzten sich daher auf alles, was das Erleben von Zugehörigkeit und Solidarität bewirkte. Männer, die sich selbst als »Betas« einstuften, redeten davon, sie hätten die »schwarze Pille« geschluckt, womit sie meinten, dass sie sich mit ihrer mangelnden Attraktivität als Sexual- und Lebenspartner abgefunden hatten. Foren enthielten Threads wie »suicide fuel«, in denen die Member Beispiele von Zurückweisung in ihrem täglichen Leben schilderten, die bei ihnen Gefühle der Hoffnungslosigkeit und Minderwertigkeit verstärkten. Bei vielen Incels resultierte die zornige Verzweiflung in extremer Misogynie.

Die Doktrin der schwarzen Pille war pessimistisch und starr, denn sie implizierte, dass für Frauen nur gutes Aussehen zählte und dass bestimmte Merkmale, darunter ethnische Zugehörigkeit, über den Grad sexueller Anziehungskraft entschieden. Incels posteten Diagramme und Beobachtungen, die auf einen angeborenen Vorteil für weiße Männer hinwiesen, da Frauen aller »Rassen« einen weißen Partner akzeptieren würden, und auf einen großen Nachteil für asiatische Männer. Dick oder arm oder behindert oder farbig zu sein, bedeutete, zur Gruppe der am wenigsten begehrten Amerikaner zu gehören. Incels, die keine weiße Hautfarbe hatten, benutzten Begriffe wie »JBW«, just be white – was bedeutete, dass es ausreiche, weiß zu sein, um Erfolg zu haben –, um ihr Empfinden einer angeborenen ethnischen Benachteiligung zu beschreiben. Es wurde von erstaunlich vielen zugestanden, dass Weiße privilegiert waren, doch in den Diskussionen unter

Incels wurden die Privilegien als Teil der ethnischen Über-legenheit weißer Männer dargestellt, zumindest im Kontext der Auswahl von Sexualpartnern.

Regelmäßig wurden Witze und Memes geteilt, die davon handelten, dass Männer sich dem Schicksal lebenslänglicher Einsamkeit widersetzten und eine Rebellion oder einen Auf-stand der Betas anzettelten, um für die Umverteilung von Sex zu ihren Gunsten zu sorgen. Aber hinter dem fragwürdigen Humor verbarg sich die Wut der Zurückgewiesenen. Wenn ich durch diese Texte angeblicher Opfer scrollte, musste ich an die Narrative der Rekrutierungsmedien der Dschihadis-ten denken, denn jene vermittelten dasselbe naiv-romanti-sche Bild von Männern, die die Ketten einer oberflächlichen Gesellschaft sprengten, um zu glorreichen Helden einer Re-bellion zu werden. Zudem fühlten sich die Incels auf gerade-zu masochistische Weise zu »Gewinnern« wie Donald Trump und Milo Yiannopoulos hingezogen, die Verkörperungen ei-nes äußerst kompetitiven, seine Mitmenschen drangsalieren-den Alphas waren und die Rolle der Anführer übernehmen sollten. Viele dieser wutschäumenden jungen Männer waren willens, die Gesellschaft niederzubrennen. Bannon bemüh-te sich, ihnen bei Breitbart eine Heimat zu bieten, aber damit war sein Ehrgeiz nicht befriedigt. Er sah in ihnen die ersten Rekruten für seinen künftigen Aufstand.

Als Cambridge Analytica im Sommer die Arbeit aufnahm, verfolgte Bannon das Ziel, politische Veränderungen durch kulturelle Veränderungen zu erreichen. Facebook-Daten, Al-gorithmen und Narrative waren seine Waffen. Zuerst benutz-ten wir Fokusgruppen und qualitative Beobachtung, um die Wahrnehmungen einer bestimmten Bevölkerungsgruppe zu ermitteln und zu erfahren, was den Menschen am Herzen lag. Amtszeitbegrenzungen, der Deep State, das Trockenlegen des Sumpfs, Waffen und das Konzept von Mauern zum Fernhalten von Einwanderern – all das wurde 2014 erforscht, etliche Monate, ehe Trump mit seinem Wahlkampf begann. Dann ersonnen wir Hypothesen für das Herbeiführen von Meinungsumschwüngen. CA testete diese Hypothesen bei bestimmten Zielgruppen unter Einsatz von Online-Panels oder -Experimenten, um festzustellen, ob sie tatsächlich wie erwartet funktionierten. Wir nahmen uns auch Facebook-Profile vor und suchten nach Mustern, um mit ihrer Hilfe ein künstliches neuronales Netz zu schaffen, das uns helfen würde, Vorhersagen zu treffen.

Eine bestimmte Minderheit von Menschen besitzt Züge des Narzissmus (extreme Selbstbezogenheit), des Machiavellismus (skrupelloser Eigennutz) und der Psychopathie (Impulsivität und Empathielosigkeit). Im Gegensatz zu den Charakterzügen des Fünf-Faktoren-Modells, die in verschiedener Ausprägung bei jedem normalen Menschen vorkommen – Offenheit, Gewissenhaftigkeit, Extraversion, Verträglichkeit und Neurotizismus –, sind diese Charakterzüge, die zusammen die sogenannte »Dunkle Triade« bilden, maladaptiv, das heißt, jene, bei denen sie in Erscheinung treten, neigen im Allgemeinen besonders stark zu asozialem Verhalten und zum Begehen von Straftaten.

Mithilfe der von CA gesammelten Daten war das Team in der Lage, Menschen zu identifizieren, die Neurotizismus und Charakterzüge der Dunklen Triade erkennen ließen, und solche, die stärker zu Wutausbrüchen und Verschwörungsdenken neigten als der Durchschnitt. Cambridge Analytica nahm sie ins Visier, indem man sie mittels Gruppen, Anzeigen oder Artikeln bei Facebook mit Narrativen konfrontierte, über die sich, wie die Firma aufgrund vorangegangener Tests wusste, die sehr spezifische Gruppe mit diesen Charakterzügen wahrscheinlich aufregen würde. CA wollte Leute provozieren, damit sie interagierten.

Cambridge Analytica tat dies wegen eines speziellen Merkmals von Facebooks damaligem Algorithmus. Wenn jemand einer Seite von einer bekannten Kette wie Walmart oder einer beliebten Fernsehserie folgte, änderte das kaum etwas an seinem Newsfeed. Aber das Liken einer Gruppe mit extremen Ansichten wie den Proud Boys oder der Incel Liberation Army kennzeichnete einen Nutzer als unterschiedlich von anderen. Diese spezifische Kennzeichnung führte dazu, dass ein Empfehlungsalgorithmus diesem Like einen Vorrang bei der Personalisierung des Newsfeeds zuwies. Das bedeutet, dass der Algorithmus der Webseite den Nutzer mit dazu passenden Geschichten und Empfehlungen versorgte – einzig und allein, um das Maß an Interaktion zu steigern. Für Facebook ist das Maß an Nutzer-Interaktion von zentraler Bedeutung, denn je stärker jemand interagiert, desto länger sitzt er oder sie vor dem Bildschirm und ist Zielperson für Werbeanzeigen.

Dies ist die dunklere Seite des vom Silicon Valley viel gepriesenen Kriteriums der »Nutzer-Interaktion«. Indem sich die sozialen Medien so stark auf die Steigerung der Interaktion konzentrieren, neigen sie dazu, die Adaptionsmechanismen unseres Gehirns zu zersetzen. Tatsache ist, dass die Inhalte mit dem größten Interaktionspotenzial in den sozialen Medien oft schrecklich sind oder Wut entfachen. Evolutionspsychologen zufolge hat der Mensch in grauer Vorzeit zu Überlebenszwecken eine überdurchschnittlich hohe Aufmerksamkeit gegenüber potenziellen Bedrohungen entwickelt. Der Grund, warum wir instinktiv auf die blutüberströmte Leiche schauen, die auf dem Boden liegt, statt den Blick dem wunderschönen Himmel darüber zuzuwenden, liegt darin, dass

Ersteres uns einst beim Überleben geholfen hat. Wir haben gelernt, vor möglichen Bedrohungen auf der Hut zu sein. Es gibt einen Grund, warum Sie sich von diesem schrecklichen Video nicht losreißen können: *Sie sind ein Mensch.*

Die sozialen Netzwerke benutzen auch Methoden, mit denen *ludic loops* und »variable Verstärkungspläne« in unserem Gehirn aktiviert werden. Dies sind Muster aus wiederkehrenden, aber unregelmäßigen Belohnungen, die eine Erwartung erzeugen, aber zu wenig vorhersehbar und zu flüchtig sind, um planbar zu sein. Dies kreiert einen selbstverstärkenden Kreislauf aus Ungewissheit, Erwartung und Feedback. Die Unberechenbarkeit eines Spielautomaten verhindert, dass ein Spieler einen Plan oder eine Strategie entwickeln kann, also besteht die einzige Möglichkeit, eine Belohnung zu erhalten, darin, weiterzuspielen. Die Belohnungen sind so verteilt, dass sie gerade eben oft genug vorkommen, damit der Spieler nach einer vorangegangenen Pechsträhne neuen Mut fasst und weitermacht. Beim Glücksspiel verdient das Kasino an der Zahl der Spiele, zu der sich jemand verleiten lässt. Die sozialen Netzwerke verdienen an der Zahl der Klicks eines Nutzers. Darum gibt es den Infinite Scroll bei den Newsfeeds – es besteht kaum ein Unterschied zwischen dem Nutzer, der unablässig über den Bildschirm wischt, um weitere Inhalte präsentiert zu bekommen, und dem Spieler, der wieder und wieder am Hebel des Spielautomaten zieht.

Im Sommer 2014 begann Cambridge Analytica, auf Facebook und anderen Plattformen gefälschte Seiten zu platzieren, die wie echte Foren, Gruppen oder Nachrichtenquellen wirkten. Dies war eine sehr weit verbreitete Taktik, die Cambridge Analytica und deren Muttergesellschaft SCL im Zuge der Bekämpfung von Aufständen in anderen Regionen der Welt angewandt hatten. Es ist unklar, wer in der Firma den endgültigen Befehl gab, diese Desinformationsoperationen in Gang zu setzen, allerdings fanden viele der alten Garde, die schon jahrelang bei Projekten überall auf der Welt mitarbeiteten, das nicht ungewöhnlich. Sie verhielten sich gegenüber der amerikanischen Bevölkerung schlicht und einfach genauso, wie sie sich bei Projekten von amerikanischen oder britischen Kunden gegenüber der pakistanischen oder jemenitischen Bevölkerung verhalten würden. Die Firma wurde auf lokaler Ebene aktiv, wo sie rechtsgerichtete Seiten mit unspezifischen Namen wie Smith County Patriots oder I Love My Country einrichtete. Wegen der Funktionsweise von Facebooks Empfehlungsalgorithmus tauchten diese Seiten in den Feeds von Leuten auf, die zuvor ähnliche Inhalte gelikt hatten. Wenn ein User sich einer der gefälschten Gruppen von CA anschloss, wurden dort Videos und Artikel gepostet, die ihn provozierten und aufstachelten. Daraufhin tobten dann Diskussionen auf der Seite der Gruppe, in deren Verlauf sich Leute beklagten, wie schrecklich oder ungerecht etwas sei. CA riss soziale Schranken ein und förderte Kontakte zwischen Mitgliedern verschiedener Gruppen. Und währenddessen testete und verfeinerte die Firma Botschaften mit dem Ziel maximaler Interaktion.

CA hatte nun Zugang zu Usern, die sich erstens als Teil einer Gruppe von Extremisten sahen, die zweitens ein aufmerksames Publikum waren und drittens mit Daten manipuliert werden konnten. Viele Berichte über Cambridge Analytica haben den Eindruck erweckt, dass jeder ins Visier genommen wurde. In Wahrheit waren es gar nicht so viele Leute. CA musste kein riesiges Targeting-Universum erschaffen, denn für Wahlen gilt in der Regel, dass man sie gewinnt, wenn man eine Stimme mehr kriegt als der andere Kerl oder die andere

Frau. Cambridge Analytica brauchte nur einen schmalen Ausschnitt der Bevölkerung zu infizieren und konnte dann zuschauen, wie sich das Narrativ weiterverbreitete.

Sobald eine Gruppe eine gewisse Mitgliederzahl erreicht hatte, hielt CA ein Treffen im *Real Life* ab. Die Teams von CA wählten dafür kleine Veranstaltungsorte aus – ein Café oder eine Kneipe – damit die Menge der Teilnehmer größer schien, als sie tatsächlich war. Nehmen wir an, eine Gruppe besteht aus Tausend Leuten, was für Facebook-Verhältnisse eine eher bescheidene Anzahl ist. Selbst wenn nur ein kleiner Teil davon erscheint, sind das immerhin ein paar Dutzend Leute. Eine Gruppe aus 40 Personen wirkt im Café an der Ecke wie eine große Versammlung. Die Leute erschienen dort und trafen auf Gleichgesinnte, die genauso zornig und paranoid wie sie selbst waren. Dies gab ihnen natürlich das Gefühl, Teil einer gewaltigen Bewegung zu sein, und es ermöglichte ihnen, sich gegenseitig in ihrer Paranoia und ihrer Angst vor Verschwörungen zu bestärken. Manchmal tauchte auch ein Mitarbeiter von Cambridge Analytica dort auf, um die Ängste in der Gruppe anzuschüren. Aber meistens entwickelte sich die Dynamik bei diesen Treffen von selbst. Da die Eingeladenen aufgrund ihrer Charakterzüge ausgewählt wurden, wusste Cambridge Analytica meist, wie sie aufeinander reagieren würden. Die Treffen fanden in allen möglichen Countys der USA statt, angefangen mit den Bundesstaaten, in denen die Republikaner ihre ersten Vorwahlen abhielten, und die Leute reagierten mit wachsender Leidenschaft und kamen immer mehr in die »Wir-gegen-sie«-Stimmung. Was als digitale Fantasie von Leuten begonnen hatte, die spätabends in ihrem Schlafzimmer bestimmte Links anklickten, wurde jetzt zu deren Realität. Das Narrativ hatte eine menschliche Form angenommen, befand sich direkt vor ihrer Nase und redete mit ihnen. Ob es real *war*, spielte keine Rolle mehr. Es genügte, dass es sich real *anfühlte*.

Cambridge Analyticas Wirken wurde letztendlich zur digitalisierten, skalierten und automatisierten Version einer Taktik, die die USA und ihre Verbündeten bereits in anderen Ländern angewandt hatten. Als ich bei SCL anfing, arbeitete die Firma an Programmen gegen die Drogenkriminalität in einem südamerikanischen Land. Die Strategie bestand teilweise darin, Zielpersonen auszuwählen, um mit ihrer Hilfe die Drogenorganisationen von innen zu destabilisieren. Als erstes suchte die Firma nach einem besonders geeigneten Opfer, d. h. jemand, der laut Einschätzung der Psychologen eine erhöhte Neigung zu erratischem und paranoidem Verhalten besaß. Dann flüsterte die Firma ihm Verdächtigungen ein: »Die Bosse beklauen dich«, oder »Sie lassen dich bei der ersten Gelegenheit fallen.« Das Ziel war, ihn gegen die Organisation aufzuwiegeln, und wenn eine Person etwas oft genug zu hören bekommt, glaubt sie es mit einer gewissen Wahrscheinlichkeit irgendwann.

Waren jene ersten Individuen in ausreichendem Maß den neuen Narrativen ausgesetzt, war es an der Zeit, dass sie sich trafen und sich zu einer Gruppe zusammenschlossen. Sie erzählten einander Gerüchte und verstärkten dadurch gegenseitig ihre Paranoia. An diesem Punkt brachte man die nächsten Leute ins Spiel: jene, deren anfängliche Unempfänglichkeit für Gerüchte schwächer geworden war. Auf diese Weise destabilisiert man eine Organisation von innen. CA wollte dasselbe mit den Vereinigten Staaten machen und die sozialen Medien dabei als Speerspitze einsetzen. Sobald eine Gruppe, die auf ein County beschränkt ist, nicht mehr auf organisatorische Hilfe von außen angewiesen ist, bringt man sie in Kontakt mit einer ähnlichen Gruppe im Nachbarcounty. Das wiederholt man dann regelmäßig. Nach einiger Zeit hat man so eine landesweite Bewegung neurotischer Bürger mit verschwörerischen Tendenzen erschaffen. Die Alt-Right-Bewegung.

Interne Tests zeigten auch, dass die Werbeinhalte, die CA probeweise über Digitalplattformen und soziale Netzwerke verschickte, zu einer Steigerung der Online-Interaktion führten. Zielpersonen für Test-Werbeanzeigen im Internet waren Leute, bei denen das Profil in den sozialen Medien mit dem bisherigen Wahlverhalten verknüpft werden konnte, deren Namen und deren »reale« Identität also bekannt waren. Dann begann die Firma, mithilfe der Interaktionsdaten dieser Werbeanzeigen mögliche Auswirkungen auf die Wahlbeteiligung zu erforschen. Ein internes Memo fasste die Ergebnisse eines Experiments mit registrierten Wählern zusammen, die den vorigen beiden Wahlen ferngeblieben waren. Wenn nur 25 Prozent der gelegentlichen Wähler, die diese neuen Inhalte von CA anklickten, am Ende zur Wahl erschienen, konnte man dadurch, so schätzte CA, den Prozentsatz der republikanischen Stimmen in den Bundesstaaten um etwa ein Prozent erhöhen, was bei knappen Entscheidungen oft für den Sieg reichte. Bannon war davon hellauf begeistert. Aber er wollte, dass CA in tiefere – und dunklere – Sphären vordrang. Er wollte die Formbarkeit der amerikanischen Psyche austesten. Er drängte uns, Fragen in unsere Forschung aufzunehmen, die rassistische Vorurteile transportierten, um herauszufinden, wie stark wir die Leute beeinflussen konnten. Die Firma begann, Fragen über Schwarze zu testen – beispielsweise ob sie fähig seien, ohne die Unterstützung von Weißen in den USA erfolgreich zu sein, oder genetisch zum Scheitern prädestiniert. Bannon glaubte, die Bürgerrechtsbewegung habe die »Gedankenfreiheit« in Amerika eingeschränkt. Er war entschlossen, die Menschen zu »befreien«, indem er ihnen Dinge enthüllte, die er für unterdrückte Wahrheiten über die »Rassen« hielt.

Außerdem vermutete Bannon, dass eine ganze Reihe Amerikaner nur deshalb den Mund hielten, weil sie sich davor fürchteten, als Rassist abgestempelt zu werden. Cambridge Analyticas Forschungsergebnisse bestätigten seinen Verdacht: In Amerika lebten lauter Rassisten, die schwiegen, weil sie Angst vor sozialer Isolation hatten. Aber Bannons Augenmerk lag nicht nur auf seiner sich langsam formierenden Alt-Right-Bewegung; er hatte es auch auf Demokraten abgesehen.

Die »typischen Demokraten« reden viel über die Unterstützung ethnischer Minderheiten, doch Bannon nahm einen gewissen elitären Dünkel bei ihnen wahr, der ihrer zur Schau getragenen Aufgeklärtheit widersprach. In der Partei gab es, ihm zufolge, lauter »Limousine Liberals« – ein Ausdruck aus dem New Yorker Bürgermeisterwahlkampf des Jahres 1969, der rasch von Populisten übernommen wurde, um heuchlerische Demokraten zu diskreditieren. Gemeint waren Weiße, die die ethnische Integration in den Schulen unterstützten, aber ihre eigenen Kinder auf Privatschulen mit mehrheitlich weißen Schülern schickten, oder betonten, dass ihnen die Innenstädte am Herzen lägen, aber in einer Gated Community lebten. »Die Dems behandeln Schwarze immer wie Kinder«, sagte Bannon bei einem Telefonat. »Sie stecken sie in soziale Wohnprojekte ... geben ihnen staatliche Unterstützung ... sorgen für positive Diskriminierung ... schicken weiße Kinder nach Afrika, um dort Lebensmittel zu verteilen. Doch die Dems trauen sich nicht, sich die Frage zu stellen: Warum brauchen diese Leute ständig einen Babysitter?«

Damit meinte er, dass weiße Demokraten unterschwellige Vorurteile gegen Minderheiten hegten. Er behauptete, dass diese Demokraten zwar glaubten, Afroamerikaner zu mögen, sie aber nicht respektierten, und viele politische Vorschläge der Demokraten von dem insgeheimen Eingeständnis herrührten, dass sich *diese Leute* nicht selbst helfen konnten. Der Redenschreiber Michael Gerson gab diese Ansicht perfekt mit einer Formulierung wieder, die er 1999 für den damaligen Präsidentschaftskandidaten George W. Bush erdachte: »Die sanfte Bigotterie geringer Erwartungen.« Diesem Vorwurf zufolge waren Demokraten Leute, die übertrieben fürsorglich waren und Fehlverhalten und Schulversagen geradezu Vorschub leisteten, weil sie eigentlich gar nicht daran glaubten, dass Schüler, die einer ethnischen Minderheit angehörten, genauso gut abschneiden könnten wie ihre weißen Klassenkameraden.

Bannon hing einer drastischeren, böseren Variante dieser Idee an: Er glaubte, die Demokraten würden Minderheiten bloß für ihre politischen Zwecke benutzen. Er war überzeugt davon, dass der gesellschaftliche Pakt mit der Bürgerrechtsbewegung, der besagte, dass die Demokraten als Gegenleistung für staatliche Unterstützung von den Stimmen der Afroamerikaner profitierten, nicht aufgrund moralischer Überzeugungen geschlossen worden war, sondern aus kühler Berechnung. Seiner Theorie zufolge konnten die Demokraten das, was er für unbequeme Wahrheiten über diesen gesellschaftlichen Pakt hielt, nur mittels politischer Korrektheit rechtfertigen. Demokraten belegten »Rationalisten« mit sozialer Ächtung, wenn sie über diese »Rassenrealität« sprachen.

»Rassenrealismus« ist die jüngste Form der altbekannten Tropen und Theorien, die besagen, dass bestimmte ethnische Gruppen anderen genetisch überlegen sind. Rassenrealisten glauben beispielsweise, dass schwarze Amerikaner bei standardisierten Tests nicht deshalb schlechter abschneiden, weil die Tests unfair sind oder weil die Schwarzen eine lange Tradition der Unterdrückung und der Vorurteile überwinden müssen, sondern weil sie von Natur aus weniger intelligent als weiße Amerikaner sind. Es ist eine pseudowissenschaftliche, von weißen Suprematisten propagierte Vorstellung mit Wurzeln in dem jahrhundertealten »wissenschaftlichen Rassismus«, der in der Vergangenheit zu Abscheulichkeiten wie der Sklaverei, der Apartheid und dem Holocaust beigetragen hat. Die Alt-Right-Bewegung, angeführt von Bannon und Breitbart, machte den Rassenrealismus zu einer tragenden Säule ihrer Weltanschauung.

Wenn Bannon mit seinem Streben nach Erlösung seiner »Freidenker« erfolgreich sein wollte, musste er einen Weg finden, die Menschen gegen die Forderungen der politischen Korrektheit zu impfen. Cambridge Analytica begann, sich nicht nur mit offenkundigem Rassismus zu beschäftigen, sondern auch mit Rassismus in seinen vielen anderen Erscheinungsformen. Wir stellen uns Rassismus oft als unverblümten Hass vor. Aber er kann zu verschiedenen Arten des Verhaltens führen. Rassismus kann aversiv wirken, was bedeutet, dass eine Person Vertreter einer bestimmten ethnischen Gruppe bewusst oder unbewusst meidet (Beispiele sind die Entscheidung für ein ethnisch homogenes Wohnviertel oder Hautfarbe als Ausschlusskriterium bei der Partnerwahl), oder symbolisch sein, was bedeutet, dass eine Person negative Meinungen über eine ethnische Gruppe hat (Beispiele sind Stereotype und Doppelmoral). Weil jedoch das Etikett »Rassismus« im modernen Amerika zu einer starken gesellschaftlichen Stigmatisierung führen kann, ignorieren oder relativieren Weiße unseren Erkenntnissen zufolge diese verinnerlichten Vorurteile häufig und reagieren heftig auf die Unterstellung, sie würden sie hegen.

Dieses Phänomen ist als »White Fragility«, weiße Empfindlichkeit, bekannt: Weiße in den USA bevorzugen Umgebungen, in denen es keine ethnisch bedingte Ungleichheit gibt, was bei ihnen die Erwartung erzeugt, ohne ethnische Probleme zu leben, und gleichzeitig die Fähigkeit verringert, ethnische Konflikte zu ertragen. Bei unseren Forschungen fanden wir heraus, dass White Fragility Menschen hinderte, sich mit ihren latenten Vorurteilen auseinanderzusetzen. Diese kognitive Dissonanz bedeutete auch, dass Testpersonen oft positive Reaktionen auf Minderheiten besonders betonten, um sich selbst zu bestätigen, dass sie persönlich keine Rassisten waren. Als wir zum Beispiel Leuten eine Reihe erfundener Biografien mit Fotos vorlegten, stuften einige jener, die zuvor bei Tests über verborgene rassistische Voreingenommenheit eine besonders hohe Punktzahl erreicht hatten, die Angehörigen von Minderheiten als sympathischer ein als die Weißen. Seht her! Ich habe den Schwarzen positiver beurteilt, weil ich kein Rassist bin.

Durch diese kognitive Dissonanz tat sich eine Tür auf: Viele Testpersonen reagierten auf ihren eigenen Rassismus nicht aus Sorge über ihren möglichen Beitrag zu struktureller Unterdrückung, sondern im Bestreben, ihren eigenen gesellschaftlichen Status zu schützen. Bannon reichte das als Bestätigung dafür aus, dass seine Theorie über die Demokraten zutraf – dass es sich bei der Behauptung der Testpersonen, sie stünden auf der Seite der Minderheiten, bloß um ein Lippenbekenntnis handelte und sie im tiefsten Inneren genauso rassistisch waren wie die übrigen Amerikaner. Der Unterschied bestand nur darin, in welcher »Realität« man lebte.

Bannon schwebte ein Vehikel vor, mit dessen Hilfe weiße Rassisten all diese Beschränkungen überwinden und zu »Freidenkern« werden würden. Das Gaming-Unternehmen IGE, bei dem Bannon 2005 in Hongkong einstieg, beschäftigte damals eine Menge schlecht bezahlter chinesischer Gamer, die Items auf *World of Warcraft* erspielen sollten. Statt diese einzutauschen oder ganz legal über die Benutzerschnittstelle zu verkaufen, was erlaubt war, vertickte IGE diese virtuellen Dinge mit Profit an Zocker aus dem Westen. Diese Praxis hielten viele andere Spieler für Betrug, und es folgten eine zivilrechtliche Klage gegen die Firma und heftige Kritik im Internet. Womöglich begegnete Bannon bei dieser Gelegenheit zum ersten Mal dem Zorn von Online-Communitys; einige der Kommentare sollen »anti-chinesische Hasstiraden« enthalten haben. Bannon las danach regelmäßig in Foren von Reddit und 4chan mit und erlebte, wie Menschen, die im Netz anonym sind, ihrer unterdrückten Wut Luft machen. In seinen Augen enthüllten sie ihr wahres Selbst, unbeeinflusst von einer »politischen Korrektheit«, die sie daran hinderte, solche »Wahrheiten« öffentlich zu äußern. Durch das Studium dieser Foren erkannte Bannon, dass er sich die dort aktiven anonymen Schwärme und deren Feindseligkeit zunutze machen konnte.

Dies dürfte nach Gamergate stattgefunden haben, im Spätsommer 2014, kurz bevor er in Kontakt mit SCL kam. In vieler Hinsicht lieferte Gamergate eine konzeptionelle Blaupause für Bannons Alt-Right-Bewegung, denn er hatte nun erkannt, dass es eine Subkultur aus Millionen leidenschaftlichen und zornigen jungen Männern gab. Trolling und Online-Mobbing wurden zu zentralen Methoden der Alt-Right-Bewegung. Aber Bannon ging noch weiter und ließ Cambridge Analytica etliche jener Taktiken in großem Stil anwenden, die häusliche Gewalttäter und Mobber benutzen, um die psychische Resilienz ihrer Opfer zu untergraben. Bannon verwandelte CA in ein Instrument für automatisierte Einschüchterung und umfangreichen psychischen Missbrauch. Die Firma begann diese Entwicklung, indem sie eine Reihe kognitiver Vorurteile identifizierte, die laut ihrer Hypothese mit latenten ethnischen Vorurteilen interagieren würden. Durch zahlreiche Tests stellten wir ein Arsenal an psychologischen Instrumenten zusammen, die systematisch mittels sozialer Medien, Blogs, Gruppen und Foren angewandt werden konnten.

Zunächst sollte unser Team für Bannon ermitteln, wer sich von politischer Korrektheit unterdrückt fühlte. Cambridge Analytica fand heraus, dass es ein guter Ausgangspunkt für die Ermittlung von Vorurteilen in Zielgruppen war, die Aufmerksamkeit auf Situationen zu richten, in denen man sich in Gegenwart anderer unbehaglich fühlt. Etwa weil man fürchtet, für die falsche Aussprache eines fremdländisch klingenden Namens kritisiert zu werden. Eine der effektivsten von der Firma getesteten Botschaften war die Bitte an die Testpersonen, »sich ein Amerika vorzustellen, in dem Sie den Namen keines Einwohners aussprechen können.« Man präsentierte den Testpersonen eine Reihe ungewöhnlicher Namen und fragte dann: »Wie schwierig ist es für Sie, diesen Namen auszusprechen? Erinnern Sie sich an einen Vorfall, bei dem jemand ausgelacht wurde, weil er oder sie einen fremdländisch klingenden Namen falsch ausgesprochen hat? Benutzen manche Menschen politische Korrektheit, um sich einen Vorteil zu verschaffen oder anderen das Gefühl zu geben, dass sie dumm sind?«

Die Leute reagierten heftig auf die Behauptungen, dass die »Linken« ständig auf der Suche nach Gelegenheiten wären, sie zu verspotten und beschämen, und dass politische Korrektheit ihnen als Mittel zur Schikanierung diente. Eine wirkungsvolle Methode von Cambridge Analytica war, Testpersonen Blogs wie *People of Walmart* zu zeigen, die sich über Menschen wie sie lustig machten. Bannon beobachtete Online-Communitys bei Betreibern wie 4chan und Reddit schon seit Jahren und wusste daher, wie oft Untergruppen aus zornigen jungen weißen Männern Inhalte teilten, bei denen es darum ging, dass «elitäre Linke« über »normale« Amerikaner herzogen. Es hatte immer Publikationen gegeben, in denen die »Provinzler« aus dem Mittleren Westen parodiert wurden, und die sozialen Medien boten nun eine hervorragende Möglichkeit, »normalen« Amerikanern den Snobismus der Eliten an der Ost- und Westküste unter die Nase zu reiben.

Cambridge Analytica benutzte diese Inhalte dann, um die unterschwellige Ansicht hervorzukitzeln, es herrsche ein Wettkampf der verschiedenen Ethnien um Aufmerksamkeit und Ressourcen. Und zwar die Vorstellung, dass das Verhältnis zwischen den Ethnien ein Nullsummenspiel ist. Je mehr die anderen bekommen, desto weniger bleibt für euch übrig, und die anderen setzen die politische Korrektheit ein, um euch zum Schweigen zu bringen. Diese Darstellung von politischer Korrektheit als Bedrohung der Identität rief bei Leuten einen Bumerangeffekt hervor, wodurch Gegennarrative die bereits vorhandenen Vorurteile oder Überzeugungen nicht schwächten, sondern vielmehr verstärkten. Das bedeutet, dass Zielpersonen, denen Videos mit Kritik an rassistischen Äußerungen von politischen Kandidaten oder Prominenten gezeigt wurden, durch diese in ihren rassistischen Ansichten eher bestärkt wurden, statt sie infrage zu stellen. Wenn man es also schaffte, dass Menschen rassistisch angehauchte Meinungen durch die Brille ihrer eigenen Identität wahrnahmen, ehe sie Gegennarrativen ausgesetzt wurden, interpretierten sie diese als Angriff auf ihre Identität. Für Bannon war es besonders hilfreich, dass dadurch Zielgruppen im Endeffekt immun gegen Gegennarrative wurden, die den Ethnonationalismus kritisierten. Auf diese Weise entstand ein perverser Verstärkungskreislauf, bei dem die radikalisierten Testpersonen sich in ihren Ansichten bestätigt sahen, wenn sie mit Kritik an diesen konfrontiert wurden. Das könnte teilweise daran liegen, dass der Bereich des Gehirns, der besonders stark aktiviert wird, wenn wir uns mit tiefsitzenden Überzeugungen beschäftigen, auch beim Nachdenken über uns selbst und unsere Identität beteiligt ist. Als später die Medien Trump wegen rassistischer oder frauenfeindlicher Aussagen scharf kritisierten, hatte diese Kritik einen ähnlichen Effekt, denn sie stärkte die Entschlossenheit von Trumps Anhängern, die sie als Bedrohung ihrer eigenen Identität wahrnahmen.

Indem es CA gelang, Menschen auf diese Weise wütend zu machen, wurden ziemlich viele Forschungsergebnisse bestätigt, die ergeben haben, dass Zorn die Suche nach Informationen behindert. Darum treffen Leute oft aus einem Wutanfall heraus voreilige Entschlüsse, die sie später bereuen. Bei einem Experiment zeigte CA in Onlinestudien den Leuten simple Säulendiagramme zu harmlosen Themen (z. B. die Anzahl der Benutzer von Mobiltelefonen, die Verkaufszahlen eines bestimmten Automodells), und die Mehrheit war in der Lage, die Diagramme korrekt zu deuten. Ohne dass die Testpersonen es wussten, betrafen die Daten, die den Diagrammen zugrunde lagen, aber in Wahrheit politisch strittige Themen wie Einkommensungleichheit, Klimawandel oder Opfer von Waffengewalt. Wenn die Beschriftungen der Diagramme geändert wurden und es nun um die tatsächlichen, strittigen Themen ging, deuteten Befragte, die wegen einer Bedrohung ihrer Identität wütend waren, die neu beschrifteten Diagramme überdurchschnittlich oft falsch, auch wenn sie diese zuvor korrekt interpretiert hatten.

CA stellte fest, dass das Bedürfnis von Testpersonen nach umfassenden und rationalen Informationen deutlich sank, wenn sie zornig waren. Vor allem versetzte Zorn die Leute in einen Zustand, in dem sie Feindseligkeit gegenüber Randgruppen empfanden. Außerdem unterschätzten sie die Wahrscheinlichkeit negativer Konsequenzen ihrer Einstellung. Dies führte bei Cambridge Analytica zu der Erkenntnis, dass Menschen, die man in Rage versetzt hatte, im hypothetischen Falle eines Handelskriegs mit China oder Mexiko, der Verluste von Arbeitsplätzen und bei Firmengewinnen in den USA nach sich zog, diesen Schaden für die heimische Wirtschaft hinnehmen würden, sofern er dazu diente, Immigranten und die linke urbane Elite abzustrafen.

Bannon war überzeugt, dass Menschen die Wahrheit erkannten, wenn man ihnen vor Augen führte, was politische Korrektheit »wirklich bedeutete«. Also bat CA Testpersonen, ob sie die Vorstellung, ihre Tochter würde einen mexikanischen Einwanderer heiraten, mit Unbehagen erfüllte. Testpersonen, die das verneinten, wurde als Nächstes folgende Suggestivfrage gestellt: »Haben Sie geglaubt, dass Sie das sagen mussten?« Den Testpersonen wurde danach gestattet, ihre vorherige Antwort zu ändern, was viele auch taten. Nachdem die Facebook-Daten eingesammelt worden waren, erforschte CA Methoden, diese Richtung weiter zu verfolgen, und nahm die Fotos von Töchtern weißer Männer und kombinierte sie mit Fotos schwarzer Männer – um weißen Männern zu verdeutlichen, was politische Korrektheit »wirklich bedeutete«.

Bei Cambridge Analyticas Forschungspanels kam auch heraus, dass es Beziehungen zwischen abgefragten Einstellungen und einem psychologischen Konzept namens *Gerechte-Welt-Glaube* (JWH, von just-world hypothesis) gab. Dies ist ein kognitives Vorurteil, bei dem Menschen davon ausgehen, dass die Welt im Grunde gerecht ist und schlimme Dinge stets »aus einem bestimmten Grund« passieren oder durch eine »moralische Instanz« im Universum ausgeglichen werden. Wir fanden beispielsweise heraus, dass Menschen, die der JWH anhingen, nach der Schilderung eines hypothetischen sexuellen Übergriffs relativ oft die Ansicht vertraten, das Opfer trage zumindest eine Mitschuld. Wenn die Welt gerecht ist, stößt unschuldigen Menschen nicht zufällig etwas Schlimmes zu, und daher muss sich das Opfer in irgendeiner Weise falsch verhalten haben. Opfern Schuld zuzuweisen dient manchen Menschen als psychisches Prophylaktikum, weil es ihnen hilft, die Angst zu ertragen, die unkontrollierbare Bedrohungen auslösen, und gleichzeitig dem tröstenden Glauben anzuhängen, dass die Welt *ihnen* gegenüber trotz allem gerecht sein wird.

Cambridge Analytica stellte fest, dass die JWH zwar mit vielen Haltungen verbunden war, aber eine besondere Beziehung zu rassistischen Vorurteilen bestand. JWH-Anhänger stimmten relativ oft der These zu, dass Minderheiten selber an den sozioökonomischen Ungleichheiten zwischen den Ethnien schuld seien. Schwarze hätten, mit anderen Worten, jede Menge Zeit gehabt, um Erfolge zu erzielen, aber nichts erreicht. Vielleicht war man gar kein *Rassist*, wenn man die Meinung vertrat, Minderheiten seien nicht in der Lage, etwas aus ihrem Leben zu machen, wurde den Testpersonen gesagt – vielleicht war man bloß *Realist*.

Dann ermittelte CA, dass nach Meinung von Personen, die in ihrer Weltanschauung dem evangelikalen Glauben nahestanden, eine »gerechte Welt« existiert, weil Gott Menschen belohnt, die seine Regeln befolgen. Das heißt, Menschen, die auf die richtige Weise leben, werden nicht ernsthaft krank und haben Erfolg, selbst wenn sie schwarz sind. Cambridge Analytica präsentierte diesen Gruppen daraufhin Narrative mit erhöhter religiöser Valenz.» Gott ist doch gut und gerecht, oder? Reiche Menschen sind doch aus einem bestimmten Grund von Gott gesegnet, oder? Weil ER gerecht ist. Vielleicht gibt es ja einen Grund für die schlechtere ökonomische Lage der Minderheiten, über die diese sich beklagen – denn ER ist gerecht. Oder wollen Sie etwa Gott kritisieren?«

Dies verschaffte CA die Möglichkeit, feindselige Einstellungen gegenüber »den anderen« zu fördern. Wenn auf der Welt ein gerechter Gott herrscht, dann gibt es einen Grund für das Leid von Flüchtlingen. Die Testpersonen zweifelten zunehmend, dass es nach US-Gesetzen berechtigte Asylanträge geben könne, und ihre Gedanken kreisten mehr darum, wie und warum die Antragsteller bestraft werden sollten. Das führte in einigen Fällen sogar dazu, dass die Reaktionen desto harscher ausfielen, je berechtigter der Anspruch eines Flüchtlings war. Den Zielpersonen ging es immer weniger um die hypothetischen Flüchtlinge, sondern in zunehmendem Maße darum, ihre Weltanschauung widerspruchsfrei zu halten. Wenn man fest davon überzeugt ist, dass es auf der Welt gerecht zugeht, dann können Beweise des Gegenteils als äußerst bedrohlich empfunden werden.

Für Bannons Freidenker wurde die Rassenrealität nicht nur ihre, sondern Gottes Realität – eine Einstellung mit langer Tradition in den USA. Als die ersten Sklaven nach Amerika gebracht wurden, zitierten Prediger aus dem Epheserbrief die Zeile: »Ihr Sklaven, seid gehorsam euren irdischen Herren« als Beweis dafür, dass Gott Sklavenbesitz billigte. Im frühen 19. Jahrhundert behauptete Stephen Elliott, ein Bischof der Episkopalkirche, dass jene, die die Sklaverei abschaffen wollten, sich gottlos verhielten. Sie sollten, schrieb er, »sich überlegen, ob sie durch ihre Einmischung nicht ein Bestreben behindern, das wahrhaft christlich ist«, denn »Millionen von

Halb-Wilden«, seien »in den Himmel gelangt... und haben dank der Sklaverei den Weg zum Erlöser gefunden!« Nach dem Ende des Bürgerkriegs erließen etliche Bundesstaaten so genannte »Black Codes«, mit denen die Rechte der kürzlich befreiten schwarzen Bürger eingeschränkt wurden. In Städten wie Memphis und New Orleans lösten weiße Politiker und Mitarbeiter der Stadtverwaltung durch Angstkampagnen blutige Aufstände aus, die Dutzende Schwarzer das Leben kosteten. Die Jim-Crow-Gesetze, die im späten 19. und frühen 20. Jahrhundert in Kraft gesetzt wurden, stellten jahrzehntelang sicher, dass an öffentlichen Orten Rassentrennung praktiziert wurde. Wahlsteuern machten es vielen Schwarzen im Süden fast unmöglich, zur Wahl zu gehen. Und der Ku-Klux-Klan, der kurz nach dem Bürgerkrieg fast komplett von der Bildfläche verschwunden war, gewann Anfang des 20. Jahrhunderts wieder an Bedeutung, was teilweise daran lag, dass er sich betont patriotisch gab.

Der Civil Rights Act von 1964 und der Voting Rights Act von 1965 bedeuteten einen großen Fortschritt für die Rechte schwarzer Amerikaner. Indem diese umfassenden Gesetzespakete das Wahlrecht zementierten, die Rassentrennung aufhoben und die Diskriminierung auf dem Arbeitsmarkt und bei Anträgen auf staatliche Unterstützung untersagten, versprachen sie, viele der Ungerechtigkeiten zu beenden, unter denen Schwarze so lange hatten leiden müssen. Sie führten aber auch zum Beginn eines neuen Kapitels der schamlosen Angstmacherei bei Weißen.

In den späten 1960er-Jahren befeuerte Richard Nixons »Südstaaten-Strategie« die rassistisch motivierten Ängste und Spannungen, um die Weißen dazu zu bewegen, statt den Demokraten die Republikaner zu wählen. Sein Präsidentschaftswahlkampf von 1968 konzentrierte sich auf die

Themen »Eigenständigkeit der Bundesstaaten« und »Recht und Ordnung« – mit Botschaften, die eindeutig rassistische Untertöne hatten. In seinem Wahlkampf von 1980 benutzte Ronald Reagan wiederholt den Begriff der »Wohlfahrtskönigin« – womit eine schwarze Frau gemeint war, die staatliche Unterstützung erhielt und angeblich in der Lage war, sich davon einen Cadillac zu kaufen. Und 1988 erdachte George H. W. Bushs Wahlkampfteam die infame Willi-Horton-Wahlwerbung, die Weiße mit der Vorstellung von bedrohlich aussehenden, Amok laufenden schwarzen Kriminellen ängstigen sollte.

Steve Bannon verfolgte das Ziel, die übelsten Vorurteile der amerikanischen Psyche zu bestätigen und die Menschen, die sie hegten, davon zu überzeugen, dass sie Opfer waren und schon allzu lange gezwungen wurden, ihre echten Gefühle zu unterdrücken. Tief im Inneren der amerikanischen Seele lauerten gefährliche Verwerfungen. Bannon spürte das schon seit Langem, und nun verfügte er über die Daten, die es bewiesen. Die Geschichte würde ihm, davon war Bannon überzeugt, recht geben, und die passenden Instrumente würden ihm helfen, seine Prophezeiung schon bald wahr werden zu lassen. Die jungen Leute, an deren schlechten Zukunftsaussichten ein nimmersatter Staatsapparat und ein korruptes Finanzwesen Schuld hatten, waren reif für eine Rebellion. Sie wussten es bloß noch nicht. Bannon wollte ihnen begreiflich machen, welche Rolle sie in seiner Revolutionsprophezeiung spielen sollten – dass sie als Generation eine »Kehrtwende« in der Geschichte erzwingen und jene »Künstler« sein würden, die nach dem »großen Umbruch« den Sinn und Zweck der Gesellschaft neu bestimmten. Wichtige historische Gestalten, sagte er, seien Künstler gewesen: Franco und Hitler waren Maler, Stalin, Mao und bin Laden Dichter. Er begriff, dass Bewegungen auch nach einer neuen Ästhetik für die Gesellschaft streben. Bannon fragte, warum Diktatoren stets als Erstes die Künstler einsperrten. Weil sie oft selber Künstler waren. Und Bannon wollte mit dieser Bewegung sein Meisterwerk abliefern. Er wollte seine eigene Prophezeiung erfüllen, indem er die Narrative seiner Lieblingsbücher verwirklichte, zu denen *The Fourth Turning* zählte, dessen Autor den Ausbruch einer Krise vorhersagt, der die Rebellion einer vergessenen Generation folgt, und *Das Heerlager der Heiligen*, in dem die westlichen Zivilisationen unter der Last einer Masseninvasion von Migranten zusammenbrechen.

Doch Bannon brauchte eine Armee, um das Chaos herbeizuführen. Für ihn war das alles ein Aufstand, und um völlige Loyalität und völlige Hingabe der Aufständischen zu erreichen, war er willens, jedes erfolgversprechende Narrativ zu verwenden. Das Ausnutzen kognitiver Vorurteile diente laut Bannon lediglich dazu, die Zielpersonen zu »deprogrammieren«, um die Folgen der »Gehirnwäsche« zu beseitigen, der sie während des Heranwachsens in einer oberflächlichen, sinnentleerten Gesellschaft unterzogen worden waren. Bannon wollte, dass seine Zielpersonen »sich selbst entdeckten« und »zu denen wurden, die sie wirklich waren«. Doch bei den Instrumenten, die 2014 bei Cambridge Analytica entwickelt worden waren, ging es nicht um Selbstverwirklichung; sie wurden benutzt, um den inneren Dämonen der Menschen Nahrung zu geben, damit Bannon mit ihrer Hilfe seine sogenannte »Bewegung« aufbauen konnte. Die Firma nahm Menschen mit bestimmten psychischen Schwächen ins Visier und brachte sie dazu, sich einer regelrechten Sekte anzuschließen, die falsche Propheten als Anführer hatte und deren neue Anhänger weitgehend gefeit gegen unbequeme Narrative waren und darum Vernunft und Tatsachen wenig Beachtung schenkten.

Im letzten Gespräch, das ich mit Bannon führte, erklärte er mir, dass man »alles zerstören müsse«, um die Gesellschaft grundlegend zu verändern. Und dass er genau das tun wolle – das »Establishment« kurz und klein schlagen. Bannon beschuldigte die »allmächtige Regierung« und den »allmächtigen Kapitalismus«, dass sie das Element des Zufalls beseitigten, das ein existenzieller Teil der menschlichen Erfahrung ist. Er wollte die Menschen von der übermäßigen Kontrolle der staatlichen Behörden befreien, die Entscheidungen für sie trafen und ihnen damit den Lebenssinn raubten. Er wollte Chaos stiften, um die behördliche Tyrannei der Gewissheit zu beenden. Bannon wollte und konnte nicht dulden, dass der Staat Amerikas Schicksal diktierte.

Liebesgrüße aus Russland

Angesichts des ursprünglichen Aufgabenbereichs von Cambridge Analytica – Informationsoperationen in fremden Ländern – war es wenig überraschend, dass im Londoner Büro fast täglich neue Gestalten auftauchten. Die Firma wurde zu einer Drehtür für ausländische Politiker, Mittelsmänner, Sicherheitsdienste und für Geschäftsleute mit leicht bekleideten Sekretärinnen im Schlepptau. Offensichtlich waren viele dieser Typen Kompagnons russischer Oligarchen, die eine ausländische Regierung beeinflussen wollten. Aber ihr Interesse an Außenpolitik war keineswegs ideologischer Natur. Vielmehr suchten sie in der Regel Unterstützung, um diskret Geld zu verstecken oder es aus einem eingefrorenen Konto irgendwo auf der Welt zurückzuholen. Die Mitarbeiter waren angewiesen, das Kommen und Gehen dieser Leute zu ignorieren und nicht zu viele Fragen zu stellen. In internen Chats machte man sich jedoch über sie lustig, und vor allem die russischen Besucher waren in der Regel ziemlich exzentrische Zeitgenossen. Stellte die Firma Recherchen über potenzielle Kunden an, erfuhren wir per Mundpropaganda von den schrulligen Hobbys oder den bizarren sexuellen Eskapaden dieser mächtigen Männer. Zugegeben, ich habe einfach weggeschaut, wenn es zu Treffen mit verdächtig wirkenden Auftraggebern kam. Mir war klar, ich hätte mir bei Nix nur Ärger eingehandelt, hätte ich zu viele unerwünschte Fragen gestellt. Und damals im Frühjahr 2014, genau zwei Jahre, bevor eine russische Desinformationskampagne den Präsidentschaftswahlkampf in den USA beeinflusste, war an diesen Russen von Haus aus nichts weiter verdächtig als die Zwielichtigkeit, die den Geschäften der Firma auch sonst anhaftete. Doch eine Ausnahme gab es – einen potenziellen Kunden, der die Führungsriege von CA geradezu in Euphorie versetzte, über den sie aber ungewöhnlich wenig preisgab.

Im Frühjahr 2014 wandte sich der russische Ölkonzern Lukoil mit einer Reihe von Fragen an Cambridge Analytica. Zuerst führte Nix die Gespräche, aber schon bald verlangten die Öl-Manager Antworten, bei denen Nix passen musste. Er schickte dem Lukoil-CEO Wagit Alekperow eine von mir erstellte Dokumentation über die Targeting-Projekte von Cambridge Analytica in den USA, woraufhin Lukoil um ein Meeting bat. Nix wollte, dass ich daran teilnahm. »Sie verstehen zwar das verhaltensbezogene Mikrotargeting im Zusammenhang mit Wahlen (dank deines exzellenten Dokuments/Berichts), aber schaffen es nicht, die Verbindung zwischen Wählern und ihren Konsumenten herzustellen«, schrieb er mir in einer E-Mail.

Nun ja, das schaffte auch ich nicht. Lukoil war eine mächtige Nummer in der Weltwirtschaft – das größte Privatunternehmen in Putins Kleptokratie –, aber ich konnte keinen plausiblen Zusammenhang zwischen einer russischen Ölfirma und der Arbeit von CA in den USA erkennen. Und Nix half mir auch nicht weiter. »Ach, du weißt doch, wie solche Dinge laufen«, sagte er zu mir. »Du lüpfst einfach deinen Rock ein wenig, dann geben sie dir Geld.« Anders gesagt: Die Details interessierten ihn nicht. Wenn Lukoil für unsere Daten zahlen wollte, warum sollten wir uns dann darüber Gedanken machen, was sie damit anstellten?

Kurz nachdem Lukoil sich 2014 erstmals an uns gewandt hatte, bekam Nix ein Memo über das Leistungsvermögen von CA vorgelegt. In euphemistischen Formulierungen wurde darin erläutert, was die Firma zumindest theoretisch zu leisten in der Lage war, sollte es ein Projekt geben, bei dem spezielle nachrichtendienstliche Maßnahmen oder groß angelegte Operationen zur Desinformation in sozialen Medien benötigt wurden. (Da das Memo intern war, bezog es sich auf SCL; Cambridge Analytica war bloß eine Fassadenmarke für US-Kunden und vollständig mit SCL-Personal besetzt.) »SCL kann auf eine Anzahl ehemaliger Angehöriger von Geheim- und Sicherheitsdiensten aus Israel, den USA, Großbritannien, Spanien und Russland zurückgreifen, die über umfangreiche technische und analytische Erfahrung verfügen«, hieß es in dem Memo. »Unsere Erfahrung zeigt, dass es in vielen Fällen wirksamer ist, zur ›Bloßstellung‹ eines Gegners soziale Medien oder ›ausländische‹ Publikationen zu nutzen als potenziell tendenziöse örtliche Medienkanäle.« Auch könne man gegnerische Kampagnen »infiltrieren«, indem man mit »nachrichtendienstlichen Netzen« »schädigende Informationen« abfischt und umfangreiche Netzwerke aus Facebook- und Twitter-Konten knüpft, um Glaubwürdigkeit aufzubauen und Follower an sich zu binden.« Das war das übliche Angebot an viele der Kunden von SCL – privatwirtschaftliche Spionage, verdeckte Operationen, Bestechung, Erpressung, Infiltration, Honigfallen und Desinformation, verbreitet über Fake-Accounts in den sozialen Medien. Wenn nur der Preis stimmte, war SCL bereit, alles zu tun, was nötig wäre, um dem Kunden zum Sieg bei einer Wahl zu verhelfen. Und jetzt, mit noch umfangreicheren Datenbasen, ausgereifteren KIs und einer Millioneninvestition, gedachte Cambridge Analytica, das Tätigkeitsfeld noch weiter auszubauen.

Die Lukoil-Bosse kamen nach London, wo Nix für sie eine kurze Präsentation mit einigen Folien vorbereitet hatte. Ich lehnte mich in meinen Sessel zurück und war gespannt, was in aller Welt Nix ihnen denn vorführen wollte. Zuerst stellte er ein SCL-Projekt in Nigeria vor, bei dem es darum gegangen war, das Vertrauen der Wähler in die staatlichen Institutionen zu untergraben. Die mit »Wahl: Einimpfung« betitelte Folie zeigte, wie man mithilfe von Gerüchten und Desinformation Wahlergebnisse beeinflussen konnte. Dazu führte Nix Videos von aufgebrachten Wählern vor, die überzeugt waren, dass die bevorstehenden Wahlen in Nigeria manipuliert werden würden.

»Das haben wir ihnen eingeimpft«, verkündete er freudestrahlend.

Die folgenden Folien veranschaulichten die Vorgehensweise von SCL bei der Manipulation von Wahlen in Nigeria. In Videoaufnahmen äußerten Wähler ihre Besorgnis angesichts der Gerüchte über Gewalttaten und Aufstände. »Und auch das haben wir ihnen eingeimpft«, erklärte Nix.

Still beobachtete ich, wie die russischen Manager sich Notizen machten und beiläufig nickten, als sei das, was sie hier sahen, nichts Ungewöhnliches. Als Nächstes präsentierte Nix Folien, die unseren erstklassigen Bestand an Daten belegen sollten, obwohl wir gar keine Daten über die Märkte in Russland oder der Gemeinschaft Unabhängiger Staaten (GUS) hatten, in denen Lukoil hauptsächlich tätig war; unsere größte Datenbasis betraf die USA. Und schließlich referierte Nix über Mikrotargeting, KI und darüber, was Cambridge Analytica mit den Daten in unserem Besitz tat.

Ich war nach wie vor ratlos. Als mich am Ende der Präsentation die Lukoil-Manager nach meiner Meinung fragten, drückte ich mich um eine Antwort herum: »Tja, wir verfügen über Erfahrungen und Daten aus der erfolgreichen Arbeit in vielen Ländern ... Warum sind Sie eigentlich an all dem interessiert?«

Einer erwiderte, sie würden das selbst noch überlegen, und wir sollten sie auf dem Laufenden halten, über welche Daten und Einsatzmöglichkeiten CA verfüge. Diese Antwort stellte mich nicht zufrieden. Warum wollte ein russisches Ölunternehmen mit praktisch null Präsenz in den USA Zugang zu unseren Datenbeständen über die USA? Und wenn dies ein kommerzielles Projekt war, warum zeigte ihnen Nix dann Folien über Desinformationskampagnen in Afrika?

Aber es waren nicht nur die internen Datenbestände, die Kunden zu sehen bekamen. Die Firma legte sich mächtig ins Zeug, potenziellen Auftraggebern zu demonstrieren, wie gut sie über Militäroperationen der USA Bescheid wusste. Bei einem Meeting mit angehenden Kunden wurde ein für den internen Gebrauch bestimmter Foliensatz des US Air Force Targeting Center in Langley, Virginia, präsentiert, an den die Firma irgendwie gelangt war. Daraus ging hervor, dass die USA bereits »soziokulturelle Verhaltensfaktoren in die operative Planung miteinbezogen«, um dadurch die »Fähigkeit zum ›zieladäquaten Waffeneinsatz‹« zu erlangen und die nicht-kinetische Schlagkraft gegen Feinde der USA zu erhöhen. Nix hingegen gab von seinen Plänen kein Sterbenswörtchen preis. Das schien mir ganz entgegen seiner sonstigen Art zu sein – wie oft hatte ich ihn herumalbern erlebt, wenn die Firma Minister bestach oder Honigfallen auslegte. Aber er konnte – oder wollte – nicht erklären, warum wir mit diesem Kunden weiterhin kommunizierten. Und wenn darauf die Rede kam, sagte er nur: »Es sind schon Leute an der Sache dran.«

Einige Monate vor dem ersten Meeting mit Lukoil nahm Cambridge Analytica Kontakt zu einem gewissen Sam Patten auf, der sich als Politberater und Lobbyist in aller Welt verdingt und ein schillerndes Leben geführt hatte. In den 1990er-Jahren war Patten für die Ölbranche in Kasachstan tätig gewesen, bevor er sich der osteuropäischen Politik zuwandte. Als CA ihn anheuerte, hatte er gerade ein Projekt für prorussische politische Parteien in der Ukraine abgeschlossen. Damals arbeitete er mit einem Mann namens Konstantin Kilimnik zusammen, einem ehemaligen Offizier der russischen Hauptverwaltung für Aufklärung (GRU). Zwar bestreitet Patten, seinem russischen Partner irgendwelche Daten überlassen zu haben, aber später wurde bekannt, dass Paul Manafort – mehrere Monate lang Donald Trumps Wahlkampfleiter – bei anderer Gelegenheit Kilimnik Daten zum Wahlverhalten bestimmter Personen ausgehändigt hatte. Patten und Kilimnik hatten sich Anfang der 2000er-Jahre in Moskau kennengelernt und später für Paul Manaforts Beratungsfirma in der Ukraine gearbeitet. Bald nachdem Patten von CA engagiert worden war, wurden die beiden formell Geschäftspartner.

Patten war genau der Richtige für die Welt der zwielichtigen Operationen zur Einflussnahme auf fremde Länder. Außerdem unterhielt er gute Verbindungen zur wachsenden Zahl von Republikanern, die sich Cambridge Analytica anschlossen, deshalb sollte er anfangs in den USA arbeiten. Er wurde mit der Leitung der dortigen Rechercheoperationen beauftragt, inklusive Fokusgruppen und Datensammlung, und mit der Ausarbeitung von Fragen für Wählerinterviews. Im Frühjahr 2014 begann er, in Oregon zu arbeiten, und übernahm dabei einige von Gettlesons Projekten zur Erforschung der sozialen Lage und der Einstellungen von US-Bürgern.

Doch schon bald darauf begannen in unseren Forschungsreports sonderbare Fragestellungen aufzutauchen. Eines Tages, als ich in meinem Londoner Büro die eingegangenen Berichte prüfte, stieß ich auf ein Projekt, bei dem es um die Bewertung von Aussagen über Russland ging. Die Operation in den USA wurde laufend größer, und verschiedene neue Leute waren hinzugekommen, um die Flut an Aufgaben zu bewältigen, sodass man kaum jeden einzelnen Forschungsbereich im Auge behalten konnte. Deshalb dachte ich, dass vielleicht jemand begonnen hatte, die Ansichten der Amerikaner über internationale Themen zu ergründen. Aber als ich in unserem Fragen- und Datenarchiv nachsah, konnte ich nur Daten zu Russland finden. Unser Team in Oregon hatte die Leute unter anderem gefragt: »Hat Russland ein Recht auf die Krim?«, und »Was denken Sie über Wladimir Putin als Führungsfigur?« Fokusgruppenleiter hatten den Teilnehmern verschiedene Fotos von Putin vorgelegt und wissen wollen, auf welchem er den stärksten Eindruck vermittelte. Ich sah mir Videoaufnahmen von einigen dieser Fokusgruppen an – und fand sie sehr befremdlich. Man hatte zum Beispiel Fotos von Putin und russische Sprüche auf eine Wand projiziert, dann fragte der Interviewer die versammelten Amerikaner, was sie beim Anblick eines starken Anführers empfanden.

Erstaunlich war, dass Putin trotz der jahrzehntelangen Gegnerschaft zwischen Russland und den USA von den Befragten für seine Führungsstärke bewundert wurde.

»Er hat das Recht, sein Land zu schützen und das zu tun, was er für das Beste für sein Land hält«, meinte ein Mann, worauf die übrigen zustimmend nickten. Ein anderer sagte, die Krim sei Russlands Mexiko, aber anders als Obama ergreife Putin Maßnahmen. Nachdem ich mir in dem inzwischen dunklen Büro bizarre Aufnahmen von US-Bürgern angesehen hatte, die sich über Putins Ansprüche auf die Krim ausließen, wollte ich eine Erklärung dafür haben. Gettleson hielt sich damals in den USA auf. Ich rief ihn an und fragte, ob er mir verraten könne, wer einen Forschungsstrang über Putin autorisiert habe. Er hatte keine Ahnung. »Es wurde einfach gemacht«, sagte er, »also habe ich angenommen, dass irgendwer den Auftrag dazu erteilt hat.«

Mir kam Pattens Interesse an osteuropäischer Politik in den Sinn, aber ich dachte nicht weiter darüber nach. Im August 2014 schickte ein Mitarbeiter von Palantir eine E-Mail an das Team der Datenwissenschaftler mit einem Link zu einem Artikel, wonach Russen Millionen Browser-Chroniken gestohlen hätten. »Das nennt man Datengewinnung!«, scherzten sie. Zwei Minuten später antwortete einer unserer Ingenieure: »Wir haben durchaus ähnliche Methoden in petto.« Vielleicht sollte das ein Witz sein, vielleicht auch nicht, aber die Firma hatte ja bereits ehemalige russische Geheimdienstleute für andere Projekte verpflichtet, wie aus dem Memo an Nix hervorging.

Kogan, seit Mai 2014 unser Chefpsychologe, unternahm Reisen nach St. Petersburg und Moskau. Über seine Projekte in Russland schwieg er sich aus, aber ich wusste, dass er an psychometrischem Profiling von Nutzern sozialer Medien arbeitete. Kogans Forschungen in Russland konzentrierten sich darauf, durchgeknallte Leute aufzuspüren und herauszufinden, ob sie als Trolle in sozialen Medien geeignet waren. Seine Studien an der staatlichen Universität von St. Petersburg, finanziert durch ein Stipendium der russischen Regierung, konzentrierten sich darauf, Verbindungen zwischen Persönlichkeitsmerkmalen der Dunklen Triade und der Bereitschaft zu Cybermobbing, Trolling und Cyberstalking zu erforschen. Ausgewertet wurden auch Facebook-Beiträge zu politischen Themen, wobei man feststellte, dass Personen mit hohem

Psychopathie-Wert mit hoher Wahrscheinlichkeit Beiträge zu autoritärer Politik posten. Gemeinsam mit klinischen Psychologen und Neurowissenschaftlern arbeitete Kogan mit den »Daten von Facebook-Nutzern aus Russland und den USA mittels einer speziellen Web-Anwendung«, wie es in einem Forschungsbericht seines russischen Teams hieß. Im Spätsommer hielt Kogan in Russland Vorlesungen über die potenziellen politischen Einsatzmöglichkeiten von Profiling in sozialen Medien. Ich erinnere mich, dass er mir gegenüber erwähnte, es gebe »Überschneidungen« zwischen seiner Arbeit in St. Petersburg und der bei Cambridge Analytica, aber ich hielt das für einen bloßen Zufall. Meiner persönlichen Überzeugung nach, wie ich sie auch gegenüber dem US-amerikanischen Kongress geäußert habe, verfolgte Kogan keine bösen Absichten, sondern war nur unvorsichtig und naiv. Objektiv betrachtet war unsere Datensicherung erbärmlich.

Schon bevor Kogan zu CA kam, hatte deren Muttergesellschaft SCL große Erfahrung mit Propaganda im Netz, aber Kogans Forschungen waren gut dafür geeignet, Wähler mit autoritären Persönlichkeitsmerkmalen ins Visier zu nehmen und Narrative zu entwickeln, durch die man ihre Unterstützung gewann. Nachdem sich Kogan dem Projekt von Cambridge Analytica angeschlossen hatte, begann das Psychologenteam von CA einige seiner Forschungen aus Russland zu kopieren und Menschen mit starkem Neurotizismus und Persönlichkeitsmerkmalen der Dunklen Triade zu profilen. Diese Zielpersonen waren impulsiver und anfälliger für Verschwörungstheorien, und mit dem richtigen Kniff konnte man sie zu extremem Denken oder Verhalten bewegen.

Um ein bösartiges Unternehmen zu führen, bedarf es bösartiger Bosse, und ich denke, Cambridge Analytica spiegelte in dieser Hinsicht den Charakter von Nix wider. Neben dem offensichtlichen Vergnügen, Menschen einzuschüchtern, besaß Nix die unheimliche Gabe, genau den Punkt zu treffen, an dem seine Boshaftigkeit den größten Schaden anrichtete. Er ließ zum Beispiel nicht ab davon, mich als »Krüppel« oder »Spasti« zu bezeichnen, weil er wusste, dass mir das ein Gefühl der Schwäche gab. Und er wusste auch, ich würde mich dadurch nur noch mehr für ihn ins Zeug legen. So sehr ich ihm auch grollte, war ich aus irgendeinem Grund entschlossen, ihm zu beweisen, dass er falschlag. Für seine ständigen Beleidigungen hatte Nix eine schlichte Erklärung: Nur die »Wahrheit« würde jemanden motivieren, seinen hohen Ansprüchen zu genügen. Es machte ihm auch Spaß, die Mitarbeiter herabzusetzen, er wütete wie ein Tornado durchs Büro und stieß dabei Beleidigungen aus.

Einmal fürchteten wir, er würde gleich handgreiflich werden. Zwar weiß ich nicht mehr, was genau ihn damals aufbrachte, aber aus irgendeinem Grund verlor er die Beherrschung und fegte einem Praktikanten alles vom Schreibtisch. Nix brüllte ihm direkt ins Gesicht, sodass Speicheltröpfchen auf der Wange des Praktikanten landeten. Tadas Jucikas, der körperlich Größte unter uns, stand auf und ging zu ihm. »Alexander, wie's scheint, brauchst du einen Drink«, sagte er. »Wie wär's, wenn wir zusammen in den Club gehen.« Nachdem Nix verschwunden war, saß der Praktikant einfach nur da und atmete schwer, bis ein Kollege vorschlug, er solle sich den Rest des Tages freinehmen. Wir räumten das Chaos auf, das Nix hinterlassen hatte, und als er zurückkehrte, war er deutlich besser gelaunt, so als wäre gar nichts vorgefallen.

Manchmal gab er seinem Opfer die Schuld, dass er die Beherrschung verlor. »Du bringst mich immer dazu, dass ich herumbrülle«, sagte er dann, als habe er seine eigene Stimme nicht im Griff. Aber am meisten verstörte mich, wenn er einfach abstritt, einen Wutanfall gehabt zu haben, während ich noch mit dessen Folgen kämpfte. Kategorisch gesagt zu bekommen, dass das, was dich erschrocken hat, gar nicht geschehen ist, hat eine mächtige Wirkung; man beginnt schließlich darüber zu grübeln, ob man nicht verrückt geworden sei. »Du musst erwachsen und weniger sensibel werden«, sagte Nix. »Ich kann dir nicht vertrauen, wenn du immer wieder behauptest, ich wäre ausgerastet.«

Wir hatten einen heftigen Zusammenstoß, der sowohl kurzfristige als auch langfristige Folgen zeitigte. Nach der offiziellen Gründung von Cambridge Analytica weigerte ich mich wie schon zuvor, einen Arbeitsvertrag zu unterzeichnen. Meine Unterschrift hätte mir Geschäftsanteile eintragen können, aber mir war nicht wohl dabei, mich langfristig an die Firma zu binden. Eine Stimme im Hinterkopf warnte mich davor.

Meine Weigerung versetzte Nix in Rage. Schließlich begann er zu toben und sperrte uns beide in ein Zimmer ein, wo er mich anbrüllte und beschimpfte. Als das nicht fruchtete, warf er den Stuhl neben mir um. Kaum hatte er die Tür aufgesperrt, verließ ich auf der Stelle das Büro und kehrte zwei Wochen lang nicht mehr zurück. Wir beide wussten, dass er mich mehr brauchte als ich ihn, weil ich der Einzige war, der aufbauen konnte, was er den Mercers versprochen hatte. Dennoch war er zu stur und zu arrogant, um sich bei mir zu entschuldigen, deshalb bat er nach einer Weile Jucikas, eine Entschuldigung an mich zu überbringen. Daraufhin kehrte ich widerstrebend an die Arbeit zurück, weigerte mich aber weiterhin, den Vertrag zu unterschreiben.

Die Kundenliste von CA wuchs sich zu einem Who's who der amerikanischen Rechten aus. Aus den Wahlkampfkassen von Trump und Cruz erhielt die Firma jeweils mehr als fünf Millionen Dollar. Roy Blunt aus Missouri und Tom Cotton aus Arkansas, die beide für den US-Senat kandidierten, wurden ebenfalls Kunden. Und natürlich gab es da noch die gescheiterte Kandidatur für das Repräsentantenhaus von Art Robinson, dem Republikaner aus Oregon, der Urin und Kirchenorgeln sammelte. Im Herbst 2014 stattete Jeb Bush unserem Büro einen Besuch ab. Obwohl Nix von Mercer Millionen bekommen hatte, unternahm er keine Anstalten, sich besser über die US-Politik zu informieren, deshalb bat er Gettleson, dabei zu sein. Bush, der alleine kam, erklärte Nix sogleich, falls er beschließe, für das Präsidentenamt zu kandidieren, wolle er das zu seinen eigenen Bedingungen tun, ohne die »Verrückten« in seiner Partei »umschmeicheln« zu müssen.

»Natürlich, natürlich«, erwiderte Nix und verriet so seine Absicht, zu bluffen und nichts anderes als Unsinn von sich zu geben. Nach dem Treffen war er von der Möglichkeit, einen weiteren großen US-Amerikaner als Kunden zu gewinnen, so aufgekratzt, dass er darauf bestand, sofort den Mercers die frohe Kunde mitzuteilen. Dabei hatte er offenbar vergessen, dass sie ihm bei zahllosen Gelegenheiten klar gemacht hatten, sie würden Ted Cruz unterstützen. Zu Beginn seines Telefonats mit Rebekah Mercer schaltete er den Lautsprecher an, sodass alle ihre Reaktion auf das erstaunliche Treffen, das soeben stattgefunden hatte, mithören konnten.

»Wir hatten gerade Gouverneur Jeb Bush im Büro, und er will mit uns arbeiten. Was halten Sie davon?«, sagte er stolz. Nach einer kurzen Pause erwiderte Rebekah tonlos: »Nun, ich hoffe, Sie haben ihm deutlich mitgeteilt, dass er sich das abschminken kann.« Dann legte sie auf. Ende der Durchsage.

Und es waren nicht nur mögliche Präsidentschaftskandidaten, die die Hilfe von CA suchten. Für den evangelikalen Führer Ralph Reed organisierte Nix einen Lunch im großen Speisesaal des Oxford and Cambridge Club auf der Pall Mall. Reed schwadronierte zwei Stunden lang über seine Ziele und darüber, wie CA dazu beitragen konnte, im Kampf der USA gegen die gleichgeschlechtliche Ehe und andere kulturelle Übel die Moral wiederherzustellen. Nix war am Ende des Essens ein wenig betrunken. Zurück im Büro verkündete er allen auf seine großspurige Art: »Wenn das kein verkappter Schwuler ist, dann habe ich noch nie einen gesehen.«

Die meiste Zeit über, die ich bei SCL und Cambridge Analytica war, fühlte sich nichts, was ich tat, real an, was teils daran lag, dass so viele der Leute, denen ich begegnete, fast wie Karikaturen erschienen. Der Job wurde immer mehr zu einer Art mentalem Geschicklichkeitsparcours, wie bei einem Videospiel mit steigendem Schwierigkeitsgrad. Was passiert, wenn ich das und das mache? Kann ich diese Figur von Blau zu Rot umwandeln oder von Rot zu Blau? In einem Büro zu sitzen und auf einen Bildschirm zu starren, führte leicht dazu, in einen tieferen, dunkleren Ort hinabzusinken und die Sicht auf das zu verlieren, womit man eigentlich gerade beschäftigt war.

Aber schließlich konnte ich nicht mehr ausblenden, was direkt vor meinen Augen ablief. Seltsame PACs (Politische Aktionskomitees) begannen, aufzutauchen. Das Super-PAC des künftigen Nationalen Sicherheitsberaters John Bolton zahlte Cambridge Analytica mehr als eine Million Dollar dafür, herauszufinden, wie man die US-amerikanische Jugend für den Militarismus begeistern könnte. Bolton sorgte sich, die Millennials seien eine »moralisch schwache« Generation, die nicht in den Krieg gegen den Iran und andere »Schurkenstaaten« ziehen wolle.

Nix verlangte schließlich, dass wir Decknamen für jeden Kundenauftrag in den USA verwendeten und behaupteten, die Forschungen erfolgten im Auftrag der Universität Cambridge. Das wollte ich mit einer E-Mail an die Mitarbeiter verhindern: »Man darf die Leute nicht belügen«, schrieb ich und verwies auf mögliche rechtliche Folgen. Die Warnung wurde ignoriert.

Von da an hatte ich immer mehr das Gefühl, als sei ich Teil von etwas, das ich nicht verstand und nicht kontrollieren konnte, und das war im Grunde zutiefst widerlich. Aber ich fühlte mich auch verloren und wie in der Falle sitzend. Deshalb gewöhnte ich mir an, auszugehen und ganze Nächte lang in Clubs oder auf Technopartys zu trinken. Ein paar Mal verließ ich abends das Büro, war die ganze Nacht über unterwegs und kam morgens zurück zur Arbeit, ohne eine Sekunde geschlafen zu haben. Meinen Freunden in London fiel auf, dass ich nicht mehr ich selbst war. Schließlich sagte Gettleson zu mir: »Du siehst nicht gut aus, Chris. Alles in Ordnung mit dir?« Keineswegs, ich war verzweifelt. An manchen Tagen hatte ich Lust, zurückzubrüllen, wenn Nix mich anschrie, aber etwas hielt mich davon ab. Ich zog um die Häuser, bisweilen allein, und die laute Musik und der Kontakt mit anderen tanzenden Körpern gaben mir das Gefühl, dass ich noch existierte und nicht alles nur ein Traum war. Wenn die Musik laut genug ist, kannst du schreien, ohne dass jemand Notiz davon nimmt.

Unsere Arbeit bei Cambridge Analytica schien jeden Tag infamer zu werden. Ein Projekt, das darauf abzielte, Afroamerikaner von den Wahlurnen fernzuhalten, wurde in der CA-Korrespondenz als Initiative zur »Wähler-Suspendierung« bezeichnet. Republikanische Kunden waren besorgt über den wachsenden Stimmenanteil der Minderheiten, vor allem im Verhältnis zu ihrer älter werdenden weißen Basis, und suchten nach Möglichkeiten, People of Color zu verwirren und zu demotivieren, damit sie ihre Rechte nicht wahrnahmen. Als ich herausfand, dass CA ein Projekt zur Demotivierung von Wählern begann, brachte es das Fass zum Überlaufen. Ich dachte daran, wie viele Male ich 2008 Wahlkampfauftritte von Barack Obama besucht hatte, und fragte mich: Wie zum Teufel bin ich hierhergekommen? Einem der neuen Manager erklärte ich, dass es unabhängig vom Wunsch des Kunden illegal sei, an einem Projekt zu arbeiten, dessen Ziel darin bestand, Wähler von der Stimmabgabe abzuhalten. Wieder einmal ignorierte man mich. Ich rief Cambridge Analyticas Anwälte in New York an und bat um Rückruf, aber es erfolgte keiner.

Im Juli 2014 erhielt ich die Kopie eines vertraulichen Memos an Bannon, Rebekah Mercer und Nix, verfasst von Bracewell & Giuliani, der Anwaltsfirma von Rudy Giuliani. Cambridge Analytica hatte zur Gesetzeslage in den USA bezüglich des Einflusses von Ausländern in Wahlkämpfen um Rat gefragt. In dem Memo wurde auf den Foreign Agents Registration Act verwiesen, und der war eindeutig: Ausländischen Personen ist es strengstens untersagt, einen US-Wahlkampf oder ein PAC auf örtlicher, bundesstaatlicher oder nationaler Ebene zu organisieren oder zu beeinflussen. Es wurde empfohlen, dass Nix unverzüglich alle Leitungsfunktionen bei Cambridge Analytica ruhen ließ, bis etwaige »Schlupflöcher« gefunden seien. Außerdem wurde in dem Memo von Bracewell & Giuliani vorgeschlagen, die Arbeit von ausländischen CA-Mitarbeitern durch US-Bürger zu »filtern«. Nachdem ich das Memo gelesen hatte, zog ich Nix in einen Besprechungsraum und drängte ihn, die Warnung zu beherzigen.

Stattdessen mussten von da an die Mitarbeiter von Cambridge Analytica, die über keinen US-Pass verfügten, vor ihrer Reise in die Vereinigten Staaten eine Erklärung unterzeichnen, mit der sie die volle Haftung für mögliche Verstöße gegen die Wahlgesetze der USA übernahmen. Über den Rat von Giulianis Kanzlei wurden sie nicht informiert. Das brachte mich auf die Palme. Ich knöpfte mir Nix vor.

»Was, wenn sie strafrechtlich verfolgt werden, Alexander?«, fuhr ich ihn an. »Das geht dann auf deine Kappe.«

»Es ist *ihre* Verantwortung, nicht meine, die Regeln zu kennen«, erwiderte er. »Sie sind erwachsen. Sie können selbst Entscheidungen treffen.«

Aber es war *seine* Entscheidung, die mich beunruhigte, und ich war nicht der Einzige. Ein Kollege aus dem Psychologenteam, mit dem ich an einigen neuen Projekten arbeitete, hatte ähnliche Bedenken, dass unsere Forschungen benutzt werden könnten, um in den Bevölkerungsgruppen, die Cambridge Analytica im Visier hatte, den Rassismus anzuheizen, anstatt ihn abzuschwächen. »Ich denke, dass wir daran nicht mehr weiterarbeiten sollten«, sagte er.

Von Anfang an gehörte die ethnische Zugehörigkeit zu den vielen Themen, die die Firma erforschte. Das war an sich nicht ungewöhnlich, da ethnische Konflikte in Kultur und Geschichte der USA schon immer eine bedeutende Rolle gespielt haben. Die mit diesem Projekt befassten Psychologen gingen ursprünglich davon aus, dass ihre Arbeit entweder als passive Information über die Vorurteile in der Bevölkerung oder sogar dazu verwendet würde, deren Folgen zu reduzieren. Aber da kein kritisches Ethikkomitee vorhanden war, was in der wissenschaftlichen Forschung heute als Grundvoraussetzung gilt, kam nie der Gedanke auf, diese Forschungen könnten missbraucht werden.

Ich wusste, wie Bannon zeterte, dass die USA sich zu sehr veränderten, ich kannte seine Prophezeiung eines bevorstehenden großen Konflikts und sein verdrehtes Verständnis des Dharma im Hinduismus, das an fetischistischen Orientalismus grenzte. Aber viele von uns in den Forschungsteams von CA taten ihn als einen der Exzentriker ab, die wir eben in dieser bizarren Welt, in der wir uns bewegten, beschwichtigen mussten. Und viele in der Belegschaft von CA hatten Erfahrung mit der Arbeit unter noch weit extremeren Umständen bei früheren Informationsoperationen von SCL in aller Welt, deshalb erschien uns Bannon sogar als vergleichsweise harmlos.

Aber als CA nach Mercers Investition rapide wuchs, ermaß ich noch nicht, in welch großem Umfang wir mit ethnischen Projekten befasst waren. Die neuen Manager, die Nix und Bannon anheuerten, begannen mich von Besprechungen auszuschließen, und ich wurde nicht mehr automatisch zu Projektplanungstreffen eingeladen. Ich hielt das für eine weitere Machtdemonstration von Nix, deshalb war ich darüber eher verärgert, als dass es mir verdächtig vorkam. Doch einer der Psychologen im Team suchte mich öfter auf, um mir einige der neuen ethnisch-orientierten Projekte zu zeigen. Er legte mir den Entwurf der Fragen vor, die in den USA den Testpersonen gestellt werden sollten, und als ich sie mir durchlas, wurde mir übel. Wir erforschten, wie man kognitive Verzerrungen als Zugang dazu benutzen konnte, die Wahrnehmung von Menschen auf ethnische Fremdgruppen zu lenken. Wir verwendeten Fragen und Bilder, die eindeutig darauf abzielten, bei unseren Probanden Rassismus zu stimulieren. Als ich mir ein Video von einem Mann ansah, der an einem der Feldexperimente teilgenommen hatte und von der direktiven Fragetechnik des CA-Forschers zu Tobsuchtsanfällen und rassistischen Beschimpfungen provoziert worden war, begann ich, mich zu fragen, woran ich mich da eigentlich beteiligte.

Mit unserer Arbeit in den USA aktivierten wir gezielt das Schlechteste in den Menschen, von Paranoia bis hin zum Rassismus. Ich musste gleich an Stanley Milgram denken – ob es ihm bei der Beobachtung seiner Probanden wohl auch so wie mir ergangen war? Wir taten es in Diensten von Männern, deren Werte den meinen völlig entgegengesetzt waren. Bannon und Mercer freuten sich diebisch, wenn sie genau die Leute anwarben, für deren Unterdrückung sie eintraten – Schwule und Lesben, Einwanderer, Frauen, Juden, Moslems und People of Color –, sodass sie unsere Erkenntnisse und Erfahrungen als Waffe zur Durchsetzung ihrer Sache machen konnten. Ich arbeitete nicht mehr für eine Firma im Kampf gegen radikale Extremisten, die Frauen in Ketten legten, Ungläubige brutal misshandelten und Schwule folterten; ich arbeitete jetzt *für* Extremisten, die ihre ganz eigene Dystopie in den USA und Europa verwirklichen wollten. Nix wusste das, und es war ihm völlig egal. Für den billigen Kick eines Deals hatte er damit begonnen, Fanatiker und Homophobe zu umgarnen, und erwartete von seinem Personal, dass es nicht nur wegsah, sondern die eigenen Leute betrog.

Letztendlich erschufen wir eine Maschine, die die USA mit Hass und sektenhafter Paranoia kontaminieren sollte, und ich konnte die Unmoral und Gesetzwidrigkeit all dieses Tuns nicht mehr ignorieren. Ich wollte kein Kollaborateur sein.

Dann, im August 2014, geschah etwas Schreckliches. Ein altgedienter Mitarbeiter von SCL, langjähriger Freund und Vertrauter von Nix, kehrte malariakrank aus Afrika zurück. Mit rotgeränderten Augen und heftig schwitzend betrat er das Büro; er sprach sehr undeutlich und redete wirres Zeug. Nachdem Nix ihn angeblafft hatte, weil er sich verspätet hatte, drängten wir übrigen ihn, ins Krankenhaus zu gehen. Aber auf dem Weg dorthin brach er zusammen und stürzte eine Treppe hinunter, wobei er sich am Kopf schwer verletzte. Daraufhin fiel er ins Koma. Sein Gehirn schwoll an, sodass ihm der Schädel geöffnet werden musste. Die Ärzte befürchteten, seine geistigen Fähigkeiten würden dauerhaft geschädigt sein.

Nach seiner Rückkehr von einem Besuch im Krankenhaus fragte Nix in der Personalabteilung nach, wie es um die Haftpflichtversicherung bestellt sei und wie lange er seinem loyalen Freund noch das Gehalt zahlen müsse, der nach wie vor im Koma lag und dem nun ein Teil seines Schädels fehlte. Es war das Höchstmaß an Hartherzigkeit. In diesem Moment begriff ich, dass Nix ein Ungeheuer war. Und schlimmer noch, er war nicht das einzige.

Bannon war ebenfalls ein Monster. Und würde ich noch länger bleiben, stand zu befürchten, dass auch ich schon bald eines sein würde.

Die soziale und kulturelle Forschung, die mir noch wenige Monate zuvor viel Spaß gemacht hatte, hatte Ungeheuerliches hervorgebracht – es war furchterregend. Die Atmosphäre, die herrschte, ist schwer zu erklären, aber es war, als hätte sich jeder von der Realität dessen, was wir taten, entkoppelt. Doch nun war ich aus der Benommenheit erwacht und sah, wie sich eine widerliche Idee in Realität verwandelte. Mein Kopf wurde klar, und die Folgen von Nix' bösartigen Träumen in der wirklichen Welt begannen, mich zu verfolgen. Spätnachts starrte ich schlaflos an die Decke, die Gedanken gefangen zwischen Qual und Fassungslosigkeit. Eines Nachts rief ich meine Eltern in Kanada an, um drei Uhr früh ihrer Zeit, um sie um Rat zu fragen. »Erkenne die Zeichen«, sagten sie. »Wenn du nicht schlafen kannst – wenn du mitten in der

Nacht anrufst und panisch nach Antworten suchst – dann weißt du, was du zu tun hast.«

Ich erklärte Nix, dass ich aufhören würde. Seine psychopathische Vision – und die von Bannon – wollte ich so schnell wie möglich hinter mir lassen. Sonst lief ich Gefahr, mich mit derselben geistigen und moralischen Krankheit anzustecken.

Nix reagierte darauf, indem er an meinen Loyalitätssinn appellierte. Er versuchte mir einzureden, ich sei ein schlechter Mensch, wenn ich meinen Freunden in der Firma untreu würde. Ich war es gewesen, der Leute für die Arbeit an Bannons Projekt rekrutiert hatte. Sie vertrauten mir, und ich wollte sie nicht enttäuschen.

»Chris, du darfst mich nicht hier mit Nix allein lassen«, sagte Mark Gettleson, der hauptsächlich in das Unternehmen eingetreten war, um mit mir zu arbeiten. »Wenn du gehst, tue ich das auch.«

Mir gefiel die Vorstellung nicht, ich würde meine Freunde und Kollegen im Stich lassen, aber ich verabscheute das, was aus Cambridge Analytica geworden war und was es anrichtete. Zu Nix sagte ich, wir könnten gern über den Ablauf meines Ausstiegs sprechen, aber gehen würde ich definitiv. Er tat, was zu erwarten war – er lud mich zum Lunch ein.

Das Restaurant lag im Green Park, unweit vom Buckingham Palast entfernt. Kaum hatten wir uns gesetzt, sagte Nix: »Also gut. Ich habe damit gerechnet, dass wir dieses Gespräch einmal führen werden. Wie viel willst du?«

Ich erwiderte, dass es mir nicht um Geld gehe.

»Ach was«, gab er zurück. »Ich leite diese Firma lange genug, um zu wissen, dass es immer um Geld geht.«

Im Unterschied zu meinen Kollegen hätte ich nie eine Gehaltserhöhung verlangt, sagte er, obwohl er mir so wenig zahle. Das stimmte tatsächlich: Ich hatte eines der niedrigeren

Gehälter im Büro, ungefähr die Hälfte dessen, was andere bekamen, während die für Projekt Ripon Angeworbenen sogar das Drei- bis Vierfache nach Hause trugen. Als ich den Kopf schüttelte, meinte Nix: »Na gut. Ich verdoppele dein Gehalt. Das dürfte ja wohl reichen.«

»Alexander«, erwiderte ich, »ich spiele hier kein Spiel. Ich gehe. Ich will hier nicht mehr arbeiten. Ich bin fertig damit, was immer es sein mag.«

Ich sagte es so nachdrücklich, dass er endlich zu begreifen schien, wie ernst es mir war, denn er beugte sich vor und meinte: »Aber Chris, das ist doch dein Baby. Und das weißt du auch. Du würdest doch nicht dein Baby auf der Straße aussetzen, oder?« Er meinte wohl, damit den richtigen Dreh gefunden zu haben, denn er spann die Metapher noch weiter. »Es ist doch gerade erst auf die Welt gekommen. Willst du nicht erleben, wie es aufwächst? Auf welche Schule es gehen wird? Ob wir es in Eton unterbringen können? Was es im Leben erreichen wird?«

Er schien mit seinem metaphorischen Gerede recht zufrieden zu sein, aber ich war nicht im Mindesten davon berührt. Kurzerhand erklärte ich ihm, dass ich mich weniger wie ein Vater fühlte, sondern eher wie ein Samenspender, ohne die Möglichkeit, das Baby davor zu bewahren, ein hasserfülltes Kind zu werden. Da schaltete Nix schnell um und schlug vor, in Cambridge Analytica eine »Modeabteilung« einzuführen.

»Herr im Himmel, Alexander. Ist das dein Ernst? Psychologische Kriegführung, die Tea Party ... und dazu Modetrends, verdammt noch mal? Nein, Alexander. Das ist lächerlich.«

Schließlich wurde er wütend. »Du wirst enden wie der fünfte Beatle«, sagte er. Ich dachte, er hätte *beetle,* also »Käfer« gesagt. War das eine Art ägyptische Parabel? Hatte das etwas mit Skarabäen zu tun? Was in aller Welt redete er da? Erst später kapierte ich, dass er die Band gemeint hatte, die drei Jahrzehnte vor meiner Geburt gegründet worden war.

Selbst als ich ihm halb entgegenkam und zusagte, noch bis zu den Zwischenwahlen Anfang November zu bleiben, ließ Nix nicht davon ab, mir einreden zu wollen, dass ich einen Fehler machte.

»Du verstehst nicht, wie gigantisch das ist, was du geschaffen hast, Chris«, sagte er. »Du wirst es erst kapieren, wenn wir alle im Weißen Haus sitzen – jeder von uns, außer dir.«

Im Ernst? Selbst für Nix war das großspurig. Ich könnte im Westflügel ein Büro haben, sagte er. Ich sei zu dumm, um zu begreifen, was ich aufgäbe.

»Wenn du gehst, ist es aus und vorbei«, sagte er. »Dann komm nicht mehr zurück.«

Ich blieb noch ein knappes Jahr, nachdem Bannon übernommen und ein Chaos angerichtet hatte. Aber im Rückblick fällt es mir schwer zu verstehen, wie ich noch so lange hatte ausharren können. Jeden Tag übersah ich Warnzeichen, ignorierte sie oder redete sie mir schön. Die große intellektuelle Freiheit und die Wissenschaftler weltweit führender Universitäten, die mir versicherten, wir seien kurz davor, die Sozialwissenschaften zu »revolutionieren«, hatten mich gierig gemacht, und so ignorierte ich die dunkle Seite unseres Tuns. Viele meiner Freunde machten es genauso. Ich versuchte Kogan zu überreden, ebenfalls zu gehen, aber obwohl er einräumte, das Projekt könnte in einem ethischen Sumpf enden, beschloss er trotz meines Weggangs, bei Cambridge Analytica weiterzuarbeiten. Als mir klar wurde, dass er bleiben würde, weigerte ich mich, ihm bei der Erstellung weiterer Datensätze für seine Projekte zu helfen, denn meine Sorge war, dass sämtliche neuen Daten, die ich ihm beschaffen würde, in den

Händen von Nix, Bannon und Mercer landeten. Das, was meinen Vorstellungen nach ein akademisches Institut hätte werden sollen, wurde einfach nur zu einem weiteren Bestandteil im ständig größer werdenden Geflecht der Partner von Cambridge Analytica. Auf meine Weigerung hin, ihm künftig noch zu helfen, verlangte Kogan von mir, alle Daten herauszugeben, die ich von ihm bekommen hatte. Das tat ich auch. Ein hoher Preis, den ich zu zahlen hatte, denn Kogan hatte in die Panels Fragen zur Mode und zur Musik mit aufgenommen, damit ich die Antworten aus den Interviews in meine Doktorarbeit über die Prognose von Trends einarbeiten könnte. Nachdem nun aber das Grundlagenmaterial für meine wissenschaftliche Studie verloren war, wusste ich, dass ich meine Doktorarbeit aufgeben musste – das Einzige, was mich noch bei der Stange hielt. Doch am meisten ärgert mich, zugelassen zu haben, dass Nix Macht über mich besaß. Ich ließ ihn jede Unsicherheit und Schwäche ausbeuten, die ich zeigte, und dann, willfährig wie ich ihm gegenüber war, beutete ich die Unsicherheiten und Schwächen eines ganzen Landes aus. Mein Handeln war unentschuldbar, und mit dieser Schande werde ich immer leben müssen.

Kurz vor meinem Ausscheiden aus Cambridge Analytica plante die Firma, erneut Wahlen in Nigeria zu manipulieren. Wie Nix bei seiner Präsentation von Gerüchte-Kampagnen gegenüber Lukoil erklärt hatte, war dieses afrikanische Land uns vertrautes Terrain. Cambridge Analytica wusste, dass bei Wahlen in Afrika zahlreiche ausländische Interessengruppen die Hand im Spiel hatten und sich deshalb wohl kaum irgendwer daran stören würde, was die Firma vorhatte – schließlich war das ja nur Afrika. Nach dem Taumel der Entkolonisierung in den 1960er-Jahren fühlten sich viele westliche Mächte nach wie vor berechtigt, sich in ihren ehemaligen afrikanischen Kolonien einzumischen; der einzige Unterschied war jetzt, dass es mit einem gewissen Maß an Diskretion geschehen musste. Europa war auf das Öl, den Kautschuk, die Mineralien und die Arbeitskraft Afrikas angewiesen, und die bloße Tatsache, dass eine frühere Kolonie inzwischen politisch unabhängig war, änderte daran nichts.

Beim Nigeria-Projekt versank Cambridge Analytica noch tiefer im Morast abscheulicher psychologischer Experimente. Im selben Hotel, in dem Cambridge Analytica sein Lager aufschlug, waren auch israelische, russische, britische und französische Projekte unter dem Deckmantel des »zivilgesellschaftlichen Engagements« im Gange. Die unausgesprochene, von allen geteilte Überzeugung: Ausländische Einmischung in Wahlen ist erlaubt, sofern diese Wahlen in Afrika stattfinden.

Offiziell unterstützte die Firma Goodluck Jonathan, der für die Wiederwahl als nigerianischer Präsident kandidierte. Jonathan, ein Christ, trat gegen Muhammadu Buhari an, einen moderaten Moslem. Cambridge Analytica war von einer Gruppe nigerianischer Milliardäre beauftragt worden, die befürchteten, bei einem Wahlsieg Buharis könnte er ihnen die Explorationsrechte für Öl und Mineralien entziehen und ihnen so eine Haupteinnahmequelle rauben.

Erwartungsgemäß konzentrierte sich Cambridge Analytica nicht darauf, die Kandidatur von Goodluck Jonathan zu fördern, sondern der von Buhari zu schaden. Den Milliardären war es eigentlich egal, wer gewinnen würde, solange der Sieger klar verstand, wozu sie fähig und entschlossen waren. Im Dezember hatte Cambridge Analytica eine Frau namens Brittany Kaiser angeworben und sie zur »Leiterin Unternehmensentwicklung« gemacht. Kaiser wies die Art von Stammbaum vor, bei dem Nix ins Sabbern geriet. Bei ihrem ersten Treffen schmachtete er sie an und säuselte: »Lass mich dich betrunken machen, damit ich dir all deine Geheimnisse rauben kann.« Sie war in einer reichen Gegend außerhalb Chicagos aufgewachsen und hatte die Phillips Academy besucht, eine exklusive Privatschule in Massachusetts (auf der auch die beiden Präsidenten Bush gewesen waren). Dann studierte sie an der Universität von Edinburgh und war anschließend an Projekten in Libyen beteiligt. Dort lernte sie einen Anwalt namens John Jones kennen, der nicht nur Saif Gaddafi, Muhammad Gaddafis Sohn, vertrat, sondern auch Julian Assange von WikiLeaks. Jones war ein hoch angesehenes Mitglied der britischen Anwaltskammer. Kaiser begann als Beraterin für ihn zu arbeiten und lernte dadurch Assange kennen. Ende 2014 stieg sie bei Cambridge Analytica ein, gerade als ich auf dem Absprung war.

Cambridge Analytica entwickelte eine zweigleisige Methode zur Einflussnahme auf die nigerianische Wahl. Zum einen suchte man nach Informationen, die Buhari schadeten – sogenanntes *Kompromat*. Und zum anderen wurden Videos produziert, die die Leute von der Stimmabgabe für ihn abschrecken sollten. Kaiser reiste nach Israel, wo sie, wie sie behauptete, über ihre dortigen Kontakte gewisse Berater kennenlernte. Laut der internen Korrespondenz über das nigerianische Projekt, die ich zu sehen bekam, engagierte Cambridge Analytica auch ehemalige Geheimagenten aus einer Handvoll Länder. Unsicher ist, ob jemand (und wenn ja, wer) bei Cambridge Analytica die Dienste von Hackern in Anspruch nahm, doch es besteht kein Zweifel, dass hochsensibles Material über politische Gegner – das womöglich gehackt oder gestohlen worden war – schließlich in den Besitz der Firma gelangte. Sie verschaffte sich Zugang zu E-Mail-Konten, Datenbanken und sogar privaten Krankenakten von Oppositionellen und fand so heraus, dass Buhari wahrscheinlich Krebs hatte, was damals öffentlich nicht bekannt war. Die Verwendung von gehacktem Material beschränkte sich nicht auf Nigeria; CA beschaffte auch *Kompromat* gegen den Oppositionsführer im karibischen Inselstaat St. Kitts und Nevis.

Das Hacken privater Krankenakten und E-Mails war schon verwerflich, aber noch viel übler waren die von Cambridge Analytica produzierten Propagandavideos. Sie wurden auf Mainstream-Networks einschließlich Google platziert und zielten vor allem auf Regionen in Nigeria, in denen die Bevölkerung Buhari favorisierte. So stießen Nigerianer, die nach Nachrichten suchten, auf eine gewöhnlich aussehende Clickbait-Anzeige – eine grelle Schlagzeile oder das Bild einer aufreizenden Frau. Wenn die Person auf den Link klickte, gelangte sie auf eine Webseite mit einem Video in der Mitte.

Die Videos waren kurz – nur etwas länger als eine Minute – und begannen gewöhnlich mit einer Off-Stimme. »Eingetroffen in Nigeria am 15. Februar 2015«, sagte eine männliche Stimme. »Finster. Angsteinflößend. Sehr unsicher.« »Wie sähe Nigeria aus, wenn man die Scharia einführt, wozu sich Buhari verpflichtet hat?« Die Antwort lautete: Es gäbe das grauenhafteste, entsetzlichste Massaker, das man sich vorstellen kann. Denn plötzlich wurde gezeigt, wie ein Mann mit einer stumpfen Machete einem anderen langsam die Kehle durchsäbelte. Noch während dem Opfer das Blut aus dem Hals schoss, wurde es zum Sterben in einen Graben geworfen. Die Erde ringsum war blutdurchtränkt. In einer anderen Szene fesselte eine Gruppe Männer eine Frau, überschüttete sie mit Benzin und zündete sie an, während sie vor Qualen schrie. Das waren keine Schauspieler – das waren echte Aufnahmen von Folter und Mord.

Eine Anzahl Leute verließ Cambridge Analytica direkt nach meinem Weggang mit der Begründung, wenn die Firma inakzeptabel für mich geworden sei, den Typen, der sämtliche Geheimnisse kannte, dann war sie auch inakzeptabel, Punkt. Das Nigeria-Projekt, ein neuer Tiefpunkt, löste eine weitere Runde von Abgängen aus. Bis März 2015 kündigten alle, an denen mir etwas lag – Jucikas, Clickard, Gettleson und mehrere weitere –, bei Cambridge Analytica. Aber viele andere fanden einen Grund zu bleiben. Kaiser machte bis 2018 weiter und äußerte sich erst öffentlich, nachdem die Firma unter der Last der Beweise, die ich den Medien und den Behörden übergeben hatte, unterging. Später behauptete sie, nicht gewusst zu haben, dass Cambridge Analytica Hacker engagierte, und erklärte gegenüber einem Untersuchungsausschuss des britischen Parlaments, sie habe einfach nur gedacht, sie seien gute »Informationsbeschaffer« und benutzten »verschiedene Arten von Datensoftware zur Verfolgung der Transfers zwischen Bankkonten ... Ich weiß nicht wirklich, wie das funktioniert.«

Im Rückblick auf meine Tätigkeit bei Cambridge Analytica ergeben manche Dinge viel mehr Sinn als zu der Zeit, als ich die Seltsamkeit dieser Firma gewöhnt war. Ständig gingen merkwürdige Leute ein und aus – dubiose Typen in dunklen Anzügen, afrikanische Militärs mit Hüten in der Größe von Servierplatten, Bannon – wäre man also durch jedes ungewöhnliche Ereignis aus dem Tritt geraten, hätte man nicht lange durchgehalten.

Inzwischen weiß ich, dass Lukoil ein formelles Kooperationsabkommen mit dem Inlandsgeheimdienst der Russischen Föderation (FSB) hat – dem Nachfolger des sowjetischen KGB. Und ein Mitglied des Geheimdienstausschusses des US-Repräsentantenhauses informierte mich später, dass Lukoil dem FSB oft als Tarnung diente und in dessen Auftrag Geheimdienstaktionen organisierte. Führungskräfte von Lukoil wurden auch schon dabei geschnappt, dass sie in anderen Ländern Operationen zur Einflussnahme durchführten, zum Beispiel in Tschechien. 2015 beschuldigten ukrainische Sicherheitsdienste Lukoil, prorussische Aufstände in Donezk und Luhansk finanziert zu haben. »Ich habe nur eine Aufgabe, die mit Politik zu tun hat, nämlich dem Land und dem Unternehmen zu helfen«, sagte der CEO von Lukoil, Wagit Alekperow, über seine Rolle in der Geopolitik.

Dies ist wahrscheinlich der Hauptgrund für ihr Interesse an SCL. Die Firma hatte in Osteuropa eine lange Geschichte, und 2014 war sie für ein weiteres gegen Russland gerichtetes Propagandaprojekt der NATO im Gespräch. Zuvor hatte SCL Kampagnen im Baltikum ausgearbeitet, die den Zweck verfolgten, den Russen die Schuld an bestimmten politischen Missständen in die Schuhe zu schieben. »Im Wesentlichen ging es darum, die Russen für die Arbeitslosigkeit und andere ökonomische Probleme verantwortlich zu machen«, heißt es in einem alten Bericht über dieses Projekt. Aber von alldem abgesehen begann genau zu dem Zeitpunkt, als Lukoil prorussische Aufstände in Donezk finanzierte, die Verteidigungsabteilung von SCL an Gegenmaßnahmen zu arbeiten und »Bevölkerungsdaten zu sammeln, Analysen durchzuführen und eine datengestützte Strategie für die ukrainische Regierung zu entwickeln hinsichtlich ihrer Zielsetzung, in Donezk wieder die Kontrolle zu gewinnen.« Dieses Projekt war darauf ausgelegt, »die Volksrepublik Donezk (DNR) zu destabilisieren«, und hätte die Firma zu einem lohnenden Ziel des russischen Geheimdienstes gemacht, der wie gesagt in Europa mittels Lukoil operierte.

Als Nix und ich uns mit den »Führungskräften von Luk-oil« trafen, sprachen wir mit an Sicherheit grenzender Wahr-scheinlichkeit mit russischen Geheimagenten. Sie waren ver-mutlich daran interessiert, mehr über diese Firma zu erfahren, die auch für NATO-Streitkräfte arbeitete. Es ist auch deshalb wahrscheinlich, weil sie so viel über unsere US-amerikani-schen Daten wissen wollten, und an Nix machten sie sich vermutlich deshalb heran, weil man ihn mit Schmeicheleien dazu bringen konnte, so ziemlich alles auszuplaudern. Gut möglich, dass Nix genauso wenig wie ich ahnte, mit wem er es zu tun hatte. Was diese Kontakte noch bedenklicher mach-te, war, dass die Russen Cambridge Analytica nicht einmal hätten hacken müssen, um an die Facebook-Daten zu kom-men. Nix hatte ihnen nämlich verraten, wo sie sich dazu Zu-gang verschaffen konnten: in Russland, bei Kogan.

Das soll nicht heißen, dass Kogan etwas davon gewusst hat, aber die Facebook-Daten hätte man einfach abgreifen können, indem man seinen Computer bei einer seiner Vor-tragsreisen in Russland mit einem Keylogger infizierte. 2018, nachdem die britischen Behörden die Server von Cambridge Analytica konfisziert hatten, erklärte der staatliche Daten-schutzbeauftragte, dass »auf einige der von den Ermittlungen betroffenen Systeme von IP-Adressen aus zugegriffen wur-de, die Russland und anderen Regionen der GUS zuzuordnen sind«.

Erstaunlich, was in jenen letzten Monaten meiner Tätig-keit bei CA vor sich ging. Unsere Forschung drehte sich in hohem Maße um Fragen zu Putin und Russland. Der Chef-Psychologe, der Zugang zu Facebook-Daten hatte, arbeitete ebenfalls für ein von den Russen finanziertes Projekt in St. Petersburg, hielt auf Russisch Präsentationen und schilderte die Bemühungen von Cambridge Analytica, eine psychologische Profiling-Datenbank über US-amerikanische Wähler aufzubauen. Hochrangige Mitarbeiter von Palantir gingen bei uns ein und aus. Wir gaben einem russischen Großunternehmen mit Verbindungen zum FSB Informationen über unsere amerikanischen Datenbestände. Wir ließen Nix den Russen unser ganzes Können bei der Verbreitung von Fake News und Gerüchten offenlegen. Und dann gab es noch die internen Memos, aus denen hervorging, dass Cambridge Analytica in Zusammenarbeit mit ehemaligen russischen Geheimdienstleuten Hacking-Kapazitäten entwickelte.

In dem Jahr, als Steve Bannon Vizepräsident von Cambridge Analytica geworden war, begann die Firma Taktiken anzuwenden, die auf gespenstische Weise auf die Geschehnisse während des Präsidentschaftswahlkampfs in den USA 2016 vorauswiesen. Um Zugang zu den E-Mails der Gegnerin von Trump zu bekommen, nahm Cambridge Analytica die Dienste von Hackern in Anspruch, zu denen vermutlich auch Russen gehörten, wie aus internen Dokumenten hervorgeht. Die gehackten E-Mails, die sich CA beschafft hatte, wurden sodann benutzt, um Trumps Gegnerin zu schaden, wozu auch die konzertierte Aktion gehörte, Gerüchte über den Gesundheitszustand der Kandidatin zu streuen. Und dieses gestohlene *Kompromat* wurde sodann online in eine Desinformationskampagne in den sozialen Medien eingeflochten. Die Überschneidung bestimmter Ereignisse könnte reiner Zufall gewesen sein, aber viele der Leute, die am Nigeria-Projekt arbeiteten, wirkten auch bei den US-amerikanischen Operationen von CA mit. Ein Jahr nach Nigeria wurde Brittany Kaiser Operationsleiterin der Brexit-Kampagne Leave.EU, und Sam Patten gehörte später zusammen mit Paul Manafort zu Trumps Wahlkampfteam. 2018 wurde Patten von Sonderermittler Robert Mueller angeklagt und später für schuldig befunden, dass er sich nicht als ausländischer Berater und Lobbyist hatte registrieren lassen. Sein Geschäftspartner Kilimnik stand ebenfalls unter Anklage, entzog sich aber einer Verurteilung, indem er Russland nicht verließ. Erst später, nachdem enthüllt worden war, dass Patten mit mutmaßlichen russischen Geheimagenten kollaborierte, dachte ich erneut über diese bizarren Forschungsprojekte zu Wladimir Putin und der Krim nach.

Für seine Recherchen in Oregon hatte Patten einen umfangreichen Katalog von Fragen zur persönlichen Einstellung der Interviewpartner gegenüber der russischen Außenpolitik und Putins Führerschaft verwendet. Was kümmerte es Russland, wie die Einwohner Oregons über Wladimir Putin dachten? Weil CA aus diesen Antworten eine Datenbank erstellen und so Gruppen von US-Amerikanern mit prorussischen Ansichten identifizieren konnte. Die russische Regierung unterhält im Inland Propagandamedien, aber eine ihrer globalen Strategien besteht darin, in anderen Ländern prorussische Einstellungen heranzuzüchten. Will man seine Narrative digital verbreiten, ist es hilfreich, über eine Liste von Personen zu verfügen, die mit hoher Wahrscheinlichkeit die Weltsicht dieses Landes gutheißen. Per Internet bestimmte Bevölkerungsteile mit russischer Propaganda zu beliefern, war eine elegante Möglichkeit, sämtliche westlichen Vorstellungen von »nationaler Sicherheit« zu unterlaufen. In den meisten Ländern des Westens genießen die Bürger Rede- und Meinungsfreiheit – einschließlich des Rechts, mit der Propaganda eines feindlichen Landes übereinzustimmen. Dieses Recht dient der Online-Propaganda als magisches Kraftfeld. Die Geheimdienste der USA können keinen US-Bürger davon abhalten, frei seine politische Meinung zu äußern, selbst wenn diese auf russischer Einflussnahme beruht. Geheimdienste können nur Präventivmaßnahmen ergreifen, um die als Waffe verwendeten Narrative von den sozialen Netzen der USA fernzuhalten.

Russland hat nur Verachtung für die Haltung der USA gegenüber der freien Meinungsäußerung und der Demokratie insgesamt übrig. Für russische Staatsführer ist die amerikanische Geschichte der Massenbewegungen und Proteste nichts anderes als eine Abfolge von Chaos und sozialem Aufruhr. Wenn US-Gerichte auf die Bürgerrechte verweisen, um damit die Eheschließung zwischen Homosexuellen zu legitimieren, beweist das in ihren Augen die westliche Dekadenz, die die USA schwächt und in den moralischen Niedergang führen wird. Für Moskau sind Bürgerrechte und der erste Zusatzartikel der US-Verfassung die eklatantesten Schwachstellen im politischen System der Vereinigten Staaten. Und so versuchte Russland diese Schwachstellen auszunutzen – um die US-Demokratie zu hacken. Das würde funktionieren, entschieden die Russen, weil die US-Demokratie ein System mit grundlegenden Fehlern sei. Sie ersannen eine selbsterfüllende Prophezeiung des sozialen Chaos – sympathisierende US-Bürger mit Propaganda impfen, die diese sodann per Mausklick, mit Likes und Shares in alle Welt verbreiten, ermöglicht durch die von der Verfassung geschützte Meinungsfreiheit. Die US-Regierung unternahm nichts, um gegen diese Propaganda einzuschreiten. Und Facebook ebenso wenig.

War Cambridge Analytica an der russischen Desinformationskampagne in den USA beteiligt? Das kann niemand mit Sicherheit beantworten, und es gibt kein Corpus Delicti, das eindeutig beweisen würde, dass sich CA schuldig gemacht hat, angestiftet und unterstützt von Russland. Aber ich habe den Ausdruck »Corpus Delicti« stets gehasst, weil ein solches für einen guten Ermittler unerheblich ist. Ermittler setzen kleine Bruchstücke von Informationen zu einem Gesamtbild zusammen – einen Fingerabdruck, eine Speichelprobe, Reifenspuren, eine Haarsträhne. Im Falle von Cambridge Analytica hieße das: Sam Patten wurde für CA tätig, nachdem er an prorussischen Kampagnen in der Ukraine gearbeitet hatte; CA erforschte die Einstellung von US-Bürgern zu Wladimir Putin; die Arbeit von SCL für die NATO machte die Firma zu einem Ziel russischer Geheimdienste; Brittany Kaiser war als Beraterin für Julian Assanges Anwaltsteam tätig; der Chef-Psychologe, der für CA Facebook-Daten sammelte, unternahm Reisen nach Russland, um dort Vorträge über Profiling in sozialen Medien zu halten, wobei ein Vortrag den Titel »Neue Methoden der Kommunikation als wirksames politisches Instrument« trug; auf CA-Systeme wurde von IP-Adressen aus zugegriffen, die in Russland und anderen GUS-Staaten angesiedelt sind; in Memos war von ehemaligen russischen Sicherheitsleuten die Rede; und Alexander Nix erzählte Lukoil, dass Cambridge Analytica über Datenbasen zu den USA und über Möglichkeiten verfüge, Desinformationskampagnen durchzuführen.

Als ich Nix bei dem schon erwähnten Mittagessen mitteilte, dass ich die Firma verlassen werde, erklärte er mir klipp und klar, wie es weitergehen würde. »Wenn du mich das nächste Mal siehst«, sagte er, »werde ich im Weißen Haus sein. Und du nirgendwo.« Wie sich herausstellte, lag er damit nicht allzu weit daneben. Denn als ich Alexander Nix das nächste Mal sah, fast vier Jahre, nachdem ich ihm meinen Entschluss mitgeteilt hatte, beantwortete er im britischen Parlament Fragen zu den Lügen, die er bei einer parlamentarischen Untersuchung aufgetischt hatte. Sein Ruf löste sich gleichsam vor meinen Augen in Luft auf, aber er schien das – was typisch für ihn war – gar nicht zu merken, oder vielleicht war es ihm auch egal. Als er mich auf der Empore sitzen sah, zwinkerte er mir einfach zu.

Verbrechen gegen die Demokratie

Im Januar 2016 nahm ich ein Angebot an, als Berater beim Liberal Caucus Research Bureau (LRB) einzusteigen, das im kanadischen Parlament untergebracht war. Justin Trudeau hatte im Oktober 2015 die Liberal Party zu einem Erdrutschsieg geführt und gerade sein Kabinett gebildet. Ein Kernelement seines Wahlprogramms war die Wiedereinführung der Volkszählung, die die vorherige konservative Regierung abgeschafft hatte. Der Zensus sollte nicht zuletzt dazu dienen, datenbasierte Sozialprogramme aufzulegen. Gleich nach seinem Wahlsieg fragten mich ehemalige Kollegen der Liberalen Partei, ob ich Interesse hätte, in Trudeaus neuem Forschungs- und Insight-Team mit den Schwerpunkten Technologie und Innovation mitzuarbeiten.

Nach mehreren höchst frustrierenden Jahren, erst bei den Liberaldemokraten in der britischen Koalitionsregierung, dann bei Cambridge Analytica, suchte ich nach einer Tätigkeit, bei der ich etwas Gutes zur Welt beitragen konnte. Zwar hieß das auch, dass ich nach Kanada zurückkehren musste, aber ich handelte einen Arbeitsvertrag aus, laut dem ich nur zu wichtigen Meetings anwesend sein musste. Nachdem ich über fünf Jahre im Ausland gelebt hatte, war mein Freundeskreis in Kanada nicht sehr groß, aber ich war immer noch traumatisiert von den vergangenen Ereignissen und dachte, eine ruhige Auszeit zu Hause würde zu meiner Genesung beitragen.

Als ich zu meinen vorbereitenden Meetings und für eine Einführung nach Ottawa kam, überschwemmten mich Erinnerungen an meine früheren Jahre im Parlament, als ich versucht hatte, VAN zu installieren. Dies war die Kulisse meiner prägenden Abenteuer als Angestellter des Oppositionsführers gewesen, und jetzt war ich wieder hier, um ein Kapitel meines Lebens abzuschließen, das in meiner Teenagerzeit begonnen hatte. Ottawa war immer noch die langweilige Stadt, die ich Jahre zuvor hinter mir gelassen hatte, und jetzt, nachdem ich eine Zeit lang in London gelebt hatte, erschien sie mir noch viel monotoner. In typisch kanadischer Manier war Ottawa sogar gesichtsloser als Washington.

Die politische Forschungseinheit der Regierung hatte ihren Sitz in der Queen Street 131. Die Büros waren so trist wie der Rest von Ottawa und hatten eine Atmosphäre zwischen Raumstation und Fegefeuer. Beim Gang durch die fensterlosen Flure und schmucklosen, beigefarbenen Räume gab es kein Entrinnen vor der Behördenästhetik. Hier und da standen Empfangstresen mit kleinen blauen Schildern, auf denen »ENGLISH/FRANÇAIS« stand, denn in Kanada *nous parlons aussi français, naturellement*. Meine Stellenbeschreibung versprach solide Langeweile – Einrichtung der technologischen Basics, Beratung bei Umfragen, Beobachtung der sozialen Medien, ein bisschen KI und Recherchen für Innovationen. Nichts Spektakuläres, und ironischerweise kam auch nichts großartig Innovatives dabei heraus. Aber für mich war es okay, da ich nicht verpflichtet war, immer vor Ort zu sein. Ich konnte ohne Weiteres dem LRB-Büro in Ottawa entfliehen und an Projekten überall in Kanada arbeiten. Das würde mich davor bewahren, verrückt zu werden.

Unterdessen hatte in Großbritannien der konservative Premier David Cameron ein Referendum zur Zukunft des Landes angekündigt. Die Frage lautete, ob es in der Europäischen Union bleiben oder ihr den Rücken kehren sollte. Seit sich Großbritannien 1972 der Europäischen Wirtschaftsgemeinschaft (EWG) angeschlossen hatte, warben Euroskeptiker für den Austritt. Anfangs wurde die Bewegung von Linken angeführt, und viele Labour-Politiker und Gewerkschaftler waren der Meinung, dass ein blockartiger Zusammenschluss ihre sozialistischen Träume zunichtemachen würde. Doch die meisten ihrer Landsleute begrüßten das Abkommen. Im Jahr 1975 stimmten 67 Prozent in einem Referendum für den Verbleib in der EWG.

Als dann aus der EWG die EU wurde, waren sich Linke und Rechte weitgehend einig, dass die Mitgliedschaft Vorteile mit sich brachte. Doch Anfang der 1990er-Jahre entstand aus einem wachsenden Widerstand gegen die europäische Agenda die rechte UK Independence Party (UKIP, Partei für die Unabhängigkeit Großbritanniens). 1997 vertrieb Nigel Farage, ehemals Investmentbanker und Gründungsmitglied der UKIP, den Parteichef aus dem Amt. 2006 übernahm er selbst die Führung, und die UKIP begann, die virulente Immigrantenfeindlichkeit unter Mitgliedern der weißen Arbeiterklasse zu schüren und an die Sehnsucht nach der imperialen Vergangenheit des Landes in reichen weißen Gemeinschaften zu appellieren. Die Anschläge vom 11. September 2001, die zunehmende Islamophobie und die Konflikte in den Bush/Blair-Jahren hatten die Welt verändert. Als das Drama der Flüchtlinge aus Afrika und dem Nahen Osten in eine europäische Krise mündete, begann Cameron, an nationalistische Gefühle zu appellieren, um seine rechte Wählerschaft nicht zu verlieren. Die konservative Partei entwarf den Plan für ein Referendum, das vor Ende 2017 stattfinden sollte. Schließlich wurde der Termin auf den 23. Juni 2016 festgelegt.

In Großbritannien werden Volksabstimmungen weitgehend von der öffentlichen Hand finanziert. Dabei bestimmt die Wahlkommission je eine Gruppe der Befürworter und Gegner zu den offiziellen Repräsentanten der jeweiligen Seite, und beide erhalten dann dieselbe Summe aus der Staatskasse für ihre Kampagne. Außerdem setzt das britische Wahlrecht strikte Ausgabengrenzen für beide Seiten, um sicherzustellen, dass eine Partei, die viele Spenden erhält, gegenüber der anderen nicht im Vorteil ist. Diese Regelung im Wahlrecht ist mit den Antidopingvorschriften bei den Olympischen Spielen vergleichbar, die einen fairen Wettkampf garantieren. Wer über mehr Mittel verfügt, kann mit seinen Botschaften eine unverhältnismäßig größere Zahl von Wählern erreichen. Um faire Verhältnisse zu garantieren, werden die Ausgaben bestimmten Regeln unterworfen. Zwar können sich auch andere Gruppen am Wahlkampf beteiligen, erhalten aber keine öffentlichen Mittel und dürfen ihre Aktionen nicht mit den Hauptparteien koordinieren, um nicht gegen die Vorschriften zur Wahlkampfkostenbegrenzung zu verstoßen.

Politiker und Aktivisten hatten bis zum 13. April 2016 Zeit, sich als offizielle Kampagnenorganisation für »Leave« oder »Remain« registrieren zu lassen. »Vote Leave« und »Leave.EU« gehörten zu den wichtigsten Aktionsteams für den Austritt aus der EU. »Britain Stronger in Europe« trat von Beginn an offiziell für das Verbleiben in der Union ein, wobei spezielle Initiativen wie »Scientists for EU« und »Conservatives In« ebenfalls für den Verbleib aktiv waren. Vote Leave bestand vorwiegend aus Konservativen, hatte aber auch eine Handvoll euroskeptischer Progressiver in seinen Reihen. Die andere Pro-Brexit-Kampagnenorganisation, Leave.EU, konzentrierte sich fast ausschließlich auf das Thema Einwanderung. Viele seiner Aktivisten gingen mit rassistischen Sprüchen und rechtsextremen Themen hausieren, um die Öffentlichkeit aufzuhetzen. Diese Gruppen verfolgten jeweils eigene Ziele und ideologische Strategien und durften, so sah es das britische Recht vor, in keiner Weise zusammenarbeiten. Schließlich erteilte die Wahlkommission Vote Leave und Britain Stronger in Europe den offiziellen Status einer Kampagnenorganisation. Doch die beiden Hauptgruppen für den Austritt machten sich daran, mit verschiedenen Themen unterschwellige Ressentiments bei potenziellen Unterstützern zu schüren – eine Taktik, mit der sie außerordentlich viele Stimme gewannen.

Stadtbewohner mit höherer Bildung, die schon lange in Vierteln mit Immigranten lebten und in Unternehmen arbeiten, die von deren Fähigkeiten profitierten, widersetzten sich der Panikmache der Rechten und stimmten im Allgemeinen für den Verbleib in der EU. Briten mit geringerem Einkommen und Wähler aus ländlichen Gebieten oder ehemaligen Industriezentren neigten eher dazu, für den Austritt zu stimmen. Die nationale Souveränität war schon immer ein Kern der britischen Identität gewesen, und die Leave-Befürworter erklärten, die EU-Mitgliedschaft untergrabe diese Souveränität. Die Remain-Vertreter konterten mit dem Hinweis auf die Vorteile des Status quo für Wirtschaft, Handel und nationale Sicherheit des Landes.

Vote Leave wurde in der Öffentlichkeit von Boris Johnson angeführt, dem großmäuligen ehemaligen Bürgermeister von London, der sich zum Premier berufen fühlte und mit hohen Umfragewerten immer schon ein Favorit der Konservativen gewesen war. Ein weiterer Sprecher war Michael

Gove, den man als Gegenteil von Johnson bezeichnen könnte. Ihm fehlte dessen Großspurigkeit, und er war gemäßigter und Favorit der libertär eingestellten Briten. Ihr Slogan »Vote Leave, Take Back Control« (»Stimmt für den Austritt, übernehmt wieder die Kontrolle«) wurde vom Lager der Befürworter des Verbleibs in der EU belächelt, aber der Kampfruf bezog sich nicht wirklich auf die EU. Er sollte an Wähler appellieren, die aus anderen Gründen das Gefühl hatten, ihr Leben nicht selbst bestimmen zu können. Aus Mangel an Berufsaussichten oder Bildung waren sie mehr als irgendjemand sonst den Wechselfällen des Wirtschaftssystems ausgesetzt und wurden von der britischen Gesellschaft regelrecht ignoriert. Vote Leave war 2015 von Dominic Cummings, einem der bekanntesten politischen Strategen in Westminster, und Matthew Elliott mitbegründet worden, der mehrere rechte Lobbygruppen in Großbritannien auf die Beine gestellt hatte. Nicht alle Mitglieder von Vote Leave waren politisch einer Meinung, doch unter Cummings Führung rückten sie zusammen.

Während Vote Leave vom siebten Stock des Westminster Tower am Ufer der Themse aus operierte, direkt gegenüber dem Parlament, hatte Leave.EU seinen Sitz knapp zweihundert Kilometer entfernt im Lysander House von Bristol mit Blick auf einen stark befahrenen Kreisverkehr. Die Gruppe teilte sich ein Bürogebäude mit Eldon Insurance, einer Firma unter der Führung des Millionärs Arron Banks, der zufällig auch der Mitbegründer und Hauptinitiator von Leave.EU war. Das Team begann seine Arbeit im Sommer 2015 und nahm im Oktober desselben Jahres Kontakt zu Cambridge Analytica auf. Der prominente rechte Politiker und Euroskeptiker Nigel Farage wurde zur Galionsfigur von Leave.EU. Nachdem Steve Bannon die beiden mit dem amerikanischen Milliardär

Robert Mercer bekannt gemacht hatte, stieg Cambridge Analytica in die Brexit-Kampagne ein und schloss einen Vertrag mit Leave.EU, um die Gruppe mit Algorithmen und digitalem Targeting zu unterstützen. Dann wurde verkündet, dass Brittany Kaiser die operative Leitung bei Leave.EU übernehmen würde. Sie und Banks gaben bei einer Pressekonferenz gemeinsam den Start von Leave.EU bekannt.

Kurz vor meiner Rückkehr nach Kanada saß ich mit einigen Leuten, die ich in meiner Zeit in der britischen Politik kennengelernt hatte, bei einem Drink zusammen. Darunter war der Sonderberater der damaligen Innenministerin Theresa May, ein schwuler Konservativer namens Stephen Parkinson. Er war zwar ein Tory, doch im Lauf meiner Jahre in der Politik war mir klar geworden, dass es in der Regel leichter ist, mit Leuten außerhalb der eigenen Partei befreundet zu sein, weil sie keine Konkurrenz darstellen und folglich die Wahrscheinlichkeit, dass sie einen reinlegen, relativ gering ist. Parkinson erklärte mir, er habe sich gerade beim Innenministerium beurlauben lassen, um für Vote Leave zu arbeiten – eine neu gegründete Kampagnenorganisation für den Brexit. Mich überraschte das nicht, und ich erzählte ihm, dass ich Leute kenne, die ebenfalls daran interessiert sein könnten.

Einer davon war ein junger Student der University of Brighton namens Darren Grimes. Ich hatte ihn bei den Lib Dems kennengelernt, aber er hatte seine Illusionen über die Partei verloren, nachdem sie im Anschluss an die herben Wahlverluste 2015 im internen Führungskampf implodiert war. Als Grimes bei den Lib Dems ausgetreten war, bat er mich darum, ihn bei den Torys einzuführen, und so stellte ich ihn Parkinson vor. Wahrscheinlich ist Ihnen der Name Darren Grimes kein Begriff, aber er wurde später unerwartet eine zentrale Figur beim Sieg von Vote Leave im Referendum.

Parkinson und ich trafen uns mehrmals, bevor ich aus London abreiste, weil er wissen wollte, was meine Ansichten zu Datenanalysen waren. Damals erwähnte er es nicht, aber er wusste von Cambridge Analytica und hatte bereits erkannt, wie wertvoll die Targeting-Instrumente dieser Firma für die Brexit-Kampagne sein könnten. Er sagte, er wolle mich jemandem vorstellen. »Er heißt Dom Cummings.« Ich zuckte zusammen.

Dom Cummings – kein Pornoname, obwohl es ein guter wäre – hatte sich im Bildungsministerium der Koalitionsregierung als machtbesessener Berater und äußerst schwieriger Mensch einen Namen gemacht. Der damalige Premier Cameron behauptete später, Cummings sei ein »psychopathischer Karrierist«. Seinem zweifelhaften Ruf machte er alle Ehre als Drahtzieher des größten Verstoßes gegen das Wahlfinanzierungsgesetz in der britischen Geschichte, indem er bei Cambridge Analytica entwickelte Technologien nutzte, um das Brexit-Referendum in Richtung Leave kippen zu lassen. Aber von alldem erfuhr ich erst, als es bereits zu spät war: Damals war er lediglich ein auf Krawall gebürsteter, ambitionierter Mitarbeiter der Konservativen, der in der britischen Politik gerne alle bis zum Erbrechen reizte.

Parkinson, Cummings und ich setzten uns in einem kahlen Raum der zukünftigen Zentrale von Vote Leave zusammen, um uns über Wähler-Targeting zu unterhalten. Der Fußboden wurde gerade renoviert und war deshalb mit einer Kunststofffolie überzogen, doch das Gebäude stand am Albert Embankment und bot einen spektakulären Blick auf den Westminster Palace direkt auf der anderen Seite der Themse. Cummings sah ziemlich zerzaust aus, als hätte er es nach dem Untergang der Titanic gerade noch in ein Rettungsboot geschafft. Er hat einen sehr großen Kopf, sein schütteres Haar hängt ihm in wirren Strähnen über den großenteils kahlen Schädel. Er blickte abwesend umher, und ich dachte, entweder versucht er ein Rätsel zu lösen oder er hat sich vor dem Treffen einen dicken Joint reingezogen – aber ich konnte mich einfach nicht entscheiden.

Zu seiner Ehrenrettung muss ich jedoch sagen, dass er zu den wenigen cleveren Leuten gehörte, die ich während meiner Arbeit im Augiasstall der Mittelmäßigkeit kennengelernt habe, als den ich die britische Politik bezeichnen würde. Bei meinen Begegnungen mit Cummings gefiel mir, dass wir nie über Dinge sprachen, von denen Politiker besessen sind. Cummings hatte erkannt, dass die Menschen lieber Telenovelas oder Pornos schauten, als sich auf BBC *Newsnight* über den politischen Skandal des Tages zu informieren. Cummings war an den Themen Identität, Psychologie, Geschichte und ja, auch an KI interessiert. Und dann erwähnte er Renaissance Technologies, den Hedgefonds, für den Robert Mercer arbeitete. Offensichtlich hatte sich Cummings über Cambridge Analytica kundig gemacht, denn er stellte mir eine Menge Fragen zur Arbeitsweise des Unternehmens. Er wollte »ein Palantir der Politik« erschaffen – ein Name, bei dem es mir eiskalt den Rücken hinunterlief, nachdem ihn Nix so oft erwähnt hatte. Aber ich rollte nur mit den Augen und dachte: Jetzt geht das schon wieder los!

Vote Leave lag noch nicht einmal das Wahlregister vor, deshalb erklärte ich Cummings, ich sei äußerst skeptisch, ob er Datenbasen entwickeln könne, die nur annähernd mit denen von Cambridge Analytica vergleichbar seien. Und dann sagte ich noch, Steve Bannon stehe Nigel Farage sehr nahe, deshalb arbeite Cambridge Analytica bereits mit der Konkurrenz, dem Pro-Brexit-Team Leave.EU, zusammen. Kurz nach diesem Treffen gab Leave.EU seine Partnerschaft mit Cambridge Analytica offiziell bekannt, womit Cummings' Plan offenbar hinfällig war. Parkinson bat nach dem Treffen Gettleson und mich, für Vote Leave zu arbeiten. Da ich bereits bei dem Projekt für Trudeau zugesagt hatte, lehnte ich ab. Aber Gettleson, der anfangs mit dem Gedanken gespielt hatte, zu mir nach Kanada zu kommen, beschloss, in London zu bleiben und bei Vote Leave einzusteigen, um sich einen neuerlichen Umzug in ein anderes Land zu ersparen. Aus purer Freundlichkeit schickte ich Cummings dennoch eine E-Mail, in der ich skizzierte, wie er wahrscheinlich eine Testerhebung bei ein paar Tausend Wählern zustande bringen könnte, meinte aber, dass sie in dem außerordentlich engen Zeitrahmen des Referendums mehr nicht tun könnten – nun, jedenfalls nicht legal.

Kurz bevor ich nach Ottawa aufbrach, fragte mich ein anderer Freund namens Shahmir Sanni, ob ich ihm helfen könne, eine Praktikumsstelle zu finden. Wir hatten uns im Londoner Nachtleben kennengelernt, waren über Facebook in Kontakt geblieben und tauschten häufig Gedanken und Meinungen über Politik, Mode, Kunst, heiße Jungs und Kultur aus. Sanni hatte gerade sein Studium abgeschlossen und war an Politik interessiert, hatte aber keine Kontakte und brauchte eine Empfehlung. Er meinte, die Partei spiele keine Rolle, er wolle vor allem Erfahrungen sammeln. Ich erkundigte mich bei beiden Kampagnenteams für den Verbleib beziehungsweise den Austritt nach einer Praktikumsstelle. Nur Stephen Parkinson reagierte, und so schickte ich ihm Sannis Instagram-Profil. Parkinson, zweifellos sehr angetan von Sannis sorgfältig ausgewählten Fotos, schrieb nur zwei Wörter zurück. »YES PLEASE!!!!!«. Und so stieg Sanni – der schließlich einer der beiden Brexit-Whistleblower sein sollte – beim Vote-Leave-Team ein.

Da die Anführer der Brexit-Bewegung wussten, dass sie das Referendum nicht gewinnen würden, wenn sie nur die älteren konservativen Brexit-Anhänger ansprachen, setzten sie die Unterstützung durch eine breiter gefächerte Koalition ganz oben auf ihre Prioritätenliste. Eine Besonderheit von Volksabstimmungen in Großbritannien ist, dass die Kampagnenteams parteiübergreifend Wähler zu gewinnen versuchen, da es um konkrete Inhalte geht. Niemand gewinnt am Ende an Macht, nur die Idee gewinnt, und die gerade amtierende Regierung kann entscheiden, ob sie das Ergebnis in ihrer Politik umsetzt. Cummings und Parkinson war klar, dass der Schlüssel zu einem Sieg die Identifizierung von Labour- und Lib-Dem-Wählern sowie Nichtwählern war. Es galt, sie zu bewegen, entweder für den Austritt zu stimmen oder neutral zu bleiben. Aus diesem Grund waren die Brexit-Befürworter äußerst interessiert daran, Lib Dems, Grüne, Labour-Anhänger, LGBTQ und Immigranten für sich zu gewinnen – so viele typische nicht-konservative Wähler wie möglich. Sanni war der ideale Mann, bei dieser Aufgabe behilflich zu sein.

Eins der überzeugendsten progressiven Argumente für einen Brexit war recht schlicht. Es lautete, dass die Europäische Union in der Regel europäische – das heißt weiße – Immigranten gegenüber denen aus den Commonwealth-Ländern bevorzugte, bei denen es sich vorwiegend um Menschen dunklerer Hautfarbe handelte. Laut den Regeln der EU brauchten Einwanderer, die aus Ländern wie Frankreich, Italien, Spanien, Deutschland und Österreich kamen, kein Visum, um in Großbritannien zu arbeiten und zu leben. Immigranten aus beispielsweise Indien, Pakistan, Nigeria oder Jamaika mussten sich umfangreichen Überprüfungen und schwierigen Einwanderungsprozeduren unterziehen. Doch jahrhundertelang hatte Großbritannien sein riesiges Empire vorwiegend durch die Ausbeutung von People of Color im gesamten Commonwealth errichtet, ihr Land an sich gerissen, ihre Ressourcen geraubt und sie ums Überleben kämpfen lassen, während die Großstädte Großbritanniens in dem den Kolonien gestohlenen Reichtum florierten. In den beiden Weltkriegen, in denen die britische Freiheit durch andere europäische Länder bedroht wurde, rief man die Bürger des Commonwealth zu den Waffen, um für Großbritannien zu kämpfen. Selbst in Kriegsfilmen werden ihre Opfer kaum gewürdigt, während doch viele der großen britischen Siege mit dem Blut von Commonwealth-Soldaten aus Indien, der Karibik und Afrika errungen wurden. Jahrzehnte später, als Europa wirtschaftlich mehr versprach als die jungen Nationen, die sich aus der Kolonialherrschaft befreit hatten, wandte Großbritannien diesen Ländern den Rücken zu, machte seine Grenzen dicht und setzte neue Einwanderungsgesetze für Commonwealth-Bürger in Kraft. Gleichzeitig ermöglichte Großbritannien die nahezu uneingeschränkte Einwanderung europäischer Bürger, die in überwältigender Mehrzahl weiß waren.

Wegen dieses Gefühls größter Ungerechtigkeit empfanden viele People of Color – Menschen wie Sannis Freunde und Familienangehörige, die aus Pakistan stammten – keine Verbundenheit mit der EU: Sie wussten, was es bedeutete, einer kafkaesken Einwanderungsbürokratie ausgeliefert zu sein, in der man jedes Quäntchen des eigenen Werts mühselig nachweisen musste. Sie wussten, wie es war, in einem Land zu leben, das ihre Vorfahren ausgebeutet hatte, um auf ihre Kosten reich zu werden, und nun Lastwagen des Innenministeriums mit Warnungen wie »Illegal hier? Kehren Sie nach Hause zurück oder Sie werden inhaftiert, SMS an das Innenministerium unter 78070« durch indisch oder pakistanisch geprägte Viertel fahren ließ. Unterdessen konnte ein Deutscher oder Italiener, dessen Großvater auf jene von den Briten in die Schlacht geschickten Bataillone von Indern und Nigerianern geschossen hatte, nach Großbritannien einreisen, ohne dass man ihm auch nur eine einzige Frage stellte, und sich problemlos für einen Job bewerben.

Als das Remain-Team mit seinen einwandererfreundlichen Parolen hausieren ging, um die EU zu verteidigen, sahen viele People of Color gerade darin das unausgesprochene Weiße – dass eigentlich nur die Rechte für bestimmte Immigranten gemeint waren. Für Menschen wie Sanni war der Brexit eine Sache der Marginalisierung und des nicht verarbeiteten Erbes des Kolonialismus – ein Versuch, den Fehler wiedergutzumachen, dass Immigranten und People of Color der Zugang zu genau dem Land verwehrt wurde, das sie jahrhundertelang ausgeraubt hatte. Und indem die Pro-Brexit-Bewegung dieses brodelnde Ressentiment erkannte, gelang es ihr, eine bei oberflächlicher Betrachtung schwer verständliche Allianz zwischen Teilen der Immigranten-Communitys und Gruppen chauvinistischer Brexit-Befürworter zu schmieden, die sie alle wieder »nach Hause« schicken wollte.

Parkinson stellte Sanni als unbezahlten Praktikanten ein. Er begann 2016 als Freiwilliger. Doch da das Einsatzteam sehr klein war, nahmen seine Aufgaben rasch zu. Ein Großteil seiner Arbeit galt migrantischen und queeren Communitys. Er besuchte prekäre Viertel, um die Bewohner zu fragen, wie sie abstimmen würden und warum.

An Sannis erstem Tag im Büro fiel ihm ein Dandy in grünem Blazer und rosafarbener Hose auf: Mark Gettleson in seinem vollen Homosexuellen-Ornat. Sofort begannen die beiden, darüber zu witzeln, wie es sich so als Schwuler inmitten konservativer weißer Männer lebt. Gettleson hatte sich im Frühjahr 2016 Vote Leave angeschlossen und das Team mit seinem Witz, seiner Intelligenz und seinem intuitiven Verständnis der britischen Progressiven beeindruckt. Er machte sich sofort daran, Webseiten für mehrere Gruppierungen einzurichten, die er zum Großteil selbst entwickelte und benannte – Green Leaves, Out and Proud und andere. Als Darren Grimes, der zweiundzwanzigjährige Modestudent, den ich von den Lib Dems kannte, ins Team kam, konzipierten er und Gettleson einen progressiven Zweig von Vote Leave, der BeLeave heißen sollte.

Ich war damals schon in Kanada, aber wir standen alle über Facebook miteinander in Kontakt. Grimes schickte mir sein Exposé. Ich war zwar mit der Entwicklung von Projekten für die neue liberale Regierung in Ottawa vollauf beschäftigt, wollte ihm nach seiner harten Zeit bei den Lib Dems aber ein wenig unter die Arme greifen. Die offizielle Farbe von Vote Leave war Rot, also musste eine andere gefunden werden. Ich schrieb: »Warum nicht die Pantone-Farben des Jahres?« Das waren 2016 Serenity, ein Blauton, und Rose Quartz. Darren machte einen Entwurf, und ich schrieb ihm zurück: »Das sieht total schwul und jung aus. Kein bisschen faschistisch.«

BeLeave versuchte, die weichere Seite des Pro-Brexit-Votums hervorzuheben, und griff Themen wie die Gleichheit bei der Behandlung von Immigranten, das Ende der »Pass-Diskriminierung« zwischen EU- und Nicht-EU-Bürgern, die Folgen der unfairen protektionistischen EU-Politik für die afrikanischen Bauern und den Umweltschutz auf. Nachdem Parkinson Sanni gebeten hatte, seine Aufmerksamkeit statt auf Minderheiten auf BeLeave zu richten, übernahmen er und Grimes – zwei Praktikanten Anfang zwanzig – die Leitung des Projekts, wobei ältere Teammitglieder von Vote Leave gelegentlich Anregungen einbrachten. Da die Leave-Seite die eingefleischten immigrationsfeindlichen Wähler bereits in der Tasche hatte, brauchte sie nur noch einen kleinen Prozentsatz eher liberal gesinnter Stimmen, um zu gewinnen. Und um die zu finden und anzusprechen, brauchte man Daten.

Aber Vote Leave verfügte nicht über die benötigten Daten, und das Unternehmen, das sie liefern konnte, Cambridge Analytica, war keine Option, weil es bereits mit Leave.EU zusammenarbeitete und die Wahlkampfgesetze eine strikte Trennung zwischen einzelnen Kampagnenorganisationen verlangten. Wie ich später erfuhr, verpflichtete man eine Firma, deren Ursprünge in meine ersten Tage bei SCL zurückreichten, als ich gerade damit begonnen hatte, ein technisches Team zusammenzustellen.

Das war im August 2013 gewesen, damals suchte ich Leute, die helfen konnten. Ich erinnerte mich an meine Zeit beim LPC und die Mentorschaft von Jeff Silvester, der sich schon für mich interessiert hatte, als ich noch die Schule besuchte. Er war studierter Softwareingenieur und hatte lange bevor er bei LPC für eine neue Datenstrategie warb, bereits solide Kenntnisse über Datenbanksysteme für Unternehmen besessen. Silvester, ein großer Kerl mit Bart – er erinnerte mich an Ron Swanson in *Parks and Recreation* –, war stets besonnen und nachdenklich, besaß aber auch den trockenen und sarkastischen Humor eines Menschen, der Jahre in der Politik verbracht hatte. Er lebte bei Victoria in British Columbia und verbrachte die Wochenenden als Anführer einer Pfadfindertruppe. In den ersten Wochen, in denen ich als Praktikant mit Silvester zusammenarbeitete, half ich ihm auch beim Papierkram und Asylanträgen von Flüchtlingen. Er zeigte mir, wie man wirklich das Leben anderer zum Besseren verändern konnte. Er gehörte zu den rechtschaffensten Menschen, die ich kannte.

Kurz nachdem ich bei SCL angefangen hatte, schrieb ich Silvester und schilderte ihm das Leistungsspektrum der Firma – das nicht nur die psychologische Kriegführung für die NATO enthielt, sondern auch den Kampf gegen HIV in Afrika. Er antwortete sofort: »Ihr braucht eine Zweigstelle in Kanada!« Als das Trinidad-Projekt auf den Tisch kam, wurde sein Wunsch erfüllt. SCL benötigte jemanden, der dabei half, eine Dateninfrastruktur aufzubauen und zu pflegen, und Silvester hatte dafür die richtigen Kenntnisse. Und er gewann einen weiteren kanadischen Akteur, Zack Massingham, einen Veteran der rauen Provinzpolitik British Columbias. Massingham übernahm das Projektmanagement für die neue Firma, die er AIQ nannte. Das Unternehmen war in Kanada unter dem Namen AggregateIQ registriert, überließ aber SCL vertraglich die Rechte an seinem Datenmaterial. SCL und später Cambridge Analytica machten sich häufig ein Netzwerk von Briefkastenfirmen unter verschiedenen Namen zunutze. Ähnlich wie bei Steuervermeidungsmodellen half dieses weltweite Netzwerk Cambridge Analytica, dem strengen Blick der Wahlkontroll- und Datenschutzbehörden zu entgehen.

Die Zentrale von AIQ befand sich in einem Backsteingebäude nur einen Block vom Meer entfernt an der Pandora Avenue in Victoria auf Vancouver Island. Die Mitarbeiter von SCL und CA gingen gern in das Büro – im Gegensatz zur Hektik Londons war es dort geradezu idyllisch, und es ging fröhlich und entspannt zu. Als AIQ größer wurde, rekrutierte die Firma ein fantastisches und bunt gemischtes Team von Entwicklern, die an SCL-Projekten arbeiteten.

Der Trinidad-Vertrag von AIQ mit SCL beinhaltete den Aufbau einer Infrastruktur für die Erfassung von Facebook-

Daten, Clickstream-Daten und Providerprotokollen sowie den Abgleich von Internetprotokollen und User Agents mit Privatadressen, um Internet-Browsing-Daten besser deanonymisieren zu können. Als SCL zu Cambridge Analytica heranwuchs, wurde AIQ ein unverzichtbarer Teil des nachgeschalteten Informatikerteams. Sobald entschieden war, dass die Modelle von Cambridge Analytica in eine Plattform eingefügt werden sollten, von der aus das soziale und digitale Ad-Targeting stattfinden sollte, wurde AIQ mit der Konstruktion von Ripon beauftragt, der Ad-Targeting-Plattform von CA. Nachdem Kogan die Facebook-Daten abgegriffen hatte, wurden sie an AIQ weitergeleitet, wo sie auf die Ripon-Plattform geladen wurden. So konnte man unzählige Wähler entsprechend Hunderter verschiedener psychometrischer und das Verhalten betreffender Faktoren kategorisieren. Bei den US-Vorwahlen 2016 reisten Mitglieder des AIQ-Teams in den Süden nach Texas, um die Infrastruktur für den Wahlkampf von Senator Ted Cruz aufzubauen.

Als Brittany Kaiser und Sam Patten zu Cambridge Analytica kamen und das Nigeria-Projekt übernahmen, wurde AIQ hinzugezogen, um die Wählerunterdrückung und Einschüchterungspropaganda von CA in Umlauf zu bringen. Nach dem Hochladen von Videos, auf denen zu sehen war, wie Frauen lebendig verbrannt wurden und sich Männer am eigenen Blut verschluckten, nachdem ihnen die Kehle durchschnitten worden war, machte sich AIQ daran, diese Inhalte auf Regionen und Wählerprofile auszurichten, die von CA stammten. Als ich 2015 herausfand, dass Silvester bei diesem Projekt mitarbeitete, hatte ich ein seltsames Gefühl: Mein einstiger Mentor war doch kein Mensch, der unbekümmert Videos von Folteropfern verbreitete? Jahre später traf ich mich mit ihm und fragte ihn nach Nigeria. Abgesehen von einem verlegenen La-

chen zeigte er keine Reue. Irgendwie hatte er mit der Drecksarbeit Frieden geschlossen, die seine Firma als Vertragsfirma
von Cambridge Analytica in die Welt hinausgerotzt hatte.

Am Nachmittag des 16. Juni 2016 war eine Pro-Remain-Ab-
geordnete der Labour-Partei namens Jo Cox in der Kleinstadt
Birstall in West Yorkshire auf dem Weg zur Bibliothek, um
ihre zwei Wochen lang stattfindende Sprechstunde für Wähler des Wahlkreises abzuhalten, die Unterstützung in regio-
nalen politischen Problemstellungen brauchten oder sons-
tige Fragen hatten. Als sie nur noch ein paar Schritte von der
Eingangstür zur Bibliothek entfernt war, trat ein Mann mit
einer Baseballkappe auf sie zu und schoss mit einer abgesäg-
ten Schrotflinte auf sie. Dann zog er die einundvierzigjährige
Frau zwischen zwei parkende Autos, stach auf sie ein und
drohte schockierten Passanten, die einschreiten wollten, mit
dem Messer. Dabei brüllte er immer wieder: »Britain first! This
is for Britain!« Schließlich lud er nach und schoss Cox in den
Kopf. Die Mutter zweier Kinder starb auf dem Asphalt.

Die Ermordung von Jo Cox löste in ganz Großbritannien
eine wahre Schockwelle aus, war in diesem Land doch Waffengewalt weitaus weniger verbreitet als in den Vereinigten
Staaten. Abgeordnetenkollegen versammelten sich zu einer
Wache auf dem Parliament Square, wo Blumen von Trauern-
den eine improvisierte Gedenkstätte bildeten. Bald stellte
sich heraus, dass der Mörder ein weißer Suprematist und Nazi-
Sympathisant war, was die emotionale Spannung zwischen
Leave- und Remain-Befürwortern nur noch steigerte. Um die
Wogen zu glätten und zum Gedenken an Cox, einigten sich
die beiden Kampagnenorganisationen darauf, drei Tage lang
alle Aktivitäten einzustellen. Eine außerordentliche Entscheidung, da es nur noch eine Woche bis zum Referendum war.

AIQ verschickte jedoch heimlich weiterhin digitale Werbung für Vote Leave in dem Wissen, dass die britischen Medien es nicht herausbekommen würden. Nachdem sie in Nigeria Videos von Folterungen und Tötungen ins Internet gebracht hatten, hielten sie es offenbar nicht für unter ihrer Würde, in einer Zeit öffentlicher Trauer um eine ermordete Abgeordnete ein wenig digitalen Wahlkampf zu betreiben.

Inzwischen war das politische Klima in Großbritannien extrem vergiftet. Es gab Drohungen gegen Parlamentarier, die die eine oder andere Seite unterstützten (vor allem aber gegen die Brexit-Gegner), eine unverhältnismäßige Zunahme rassistisch motivierter Gewalt, und die sozialen Medien pushten das Thema jeden Tag weiter hoch. Niemand hatte mehr eine neutrale oder gelassene Haltung in Fragen der britischen Politik. Die Menschen waren hellwach, und sie waren wütend. Sehr wütend.

Ein Großteil der Botschaften der Leave-Seite in dieser Zeit richtete sich gegen die »Großstadtelite«, wie die Politiker die Betroffenen nannten, sowie gegen People of Color und europäische Migranten. Vote Leave übernahm zwar nicht die Verantwortung, aber es war offensichtlich, dass man die rassistische Hetze den Leave.EU-Leuten überlassen hatte, die sich dieser Sache gern (und voller Stolz) annahmen. Ein paar Tage bevor Jo Cox ermordet wurde, enthüllte Farage ein Plakat, auf dem eine Karawane dunkelhäutiger Migranten zu sehen war und darüber die Worte »Breaking Point«, eine Warnung, dass in der Flüchtlingsfrage die Grenze der Belastbarkeit erreicht sei. Die Aktion legte Vergleiche mit der Nazi-Propaganda der 1930er-Jahre nahe, die zeigte, wie jüdische Menschen nach Europa strömten.

Während ich von Kanada aus zusah, wie das Drama seinen Lauf nahm, sagte ich mir: Vote Leave ist nicht dasselbe wie Leave.EU, wohl weil viele meiner Freunde für Vote Leave arbeiteten. Farages Kampagne ist die rassistische von den beiden, und sie nutzt Cambridge Analytica, dachte ich. Vote Leave würde sich nie einer solchen Rhetorik bedienen. Ich irrte mich.

Schon einige Wochen vor der Abstimmung hatte Vote Leave fast die gesamten der Organisation zugewiesenen sieben Millionen Pfund verbraucht. Laut Gesetz war es ihr untersagt, weitere Gelder anzunehmen oder mit anderen Kampagnenteams zusammenzuarbeiten, also suchte Cummings nach anderen Möglichkeiten. Der Großteil des Werbebudgets von Vote Leave war an AIQ geflossen, und Cummings war höchst beeindruckt vom digitalen Targeting der Firma. AIQ war in der Lage, sehr gezielt Wähler anzusprechen, ihr Interesse zu gewinnen und sie aufzuhetzen. Da viele Zielpersonen von AIQ nur selten zur Wahl gingen, eroberte AIQ neue Randgruppen in der Wählerschaft, die in den traditionellen Wahlkämpfen nie angesprochen und von Meinungsforschungsinstituten ausgeklammert wurden, während bei öffentlichen Umfragen die Brexit-Gegner vorn lagen. Bei AIQ hatte man begriffen, dass das Geld, das Vote Leave laut Gesetz ausgeben durfte, nicht reichte, wenn die Kampagne nicht ihren Schwung verlieren sollte. Und dieser Mangel musste rasch behoben werden. Daher richtete man die Aufmerksamkeit nun auf das BeLeave-Projekt. Bis zu diesem Punkt war BeLeave ein völlig organisches Projekt gewesen, das von zwei Praktikanten im Vote-Leave-Büro geführt wurde. Das heißt, es gab keine bezahlte Werbung, und sämtlichen kreativen Content hatten Sanni und Grimes in ihrer Freizeit entwickelt. Vote Leave gab gelegentlich Ratschläge und stellte Geld für bestimmte Dinge bereit, allerdings nur sehr geringe Summen – hier und da 100 Pfund.

Parkinson bot etwa um dieselbe Zeit Sanni an, bei ihm zu übernachten, weil er wusste, dass sein Schützling in Birmingham wohnte. So kam es, dass die beiden eine Beziehung eingingen. Für Sanni mit seinen zweiundzwanzig Jahren, der seiner Familie seine sexuelle Ausrichtung noch nicht bekannt hatte, war das alles neu und verwirrend. Er wusste nicht, wie er sich in dieser intimen Situation mit seinem Chef verhalten sollte. Aber er war überwältigt, dass er so viel Aufmerksamkeit und Orientierungshilfe von einem erfahrenen politischen Berater erhielt, der ganz oben auf der Rangliste der britischen Regierung stand. Parkinson führte Sanni des Öfteren aus und sagte ihm, dass er viel von seiner Arbeit halte und dass er Karriere machen könne, wenn er so weitermache. Sanni versprach, ihre Affäre geheim zu halten.

Auch die Wähler bekamen die Arbeit von BeLeave zu spüren. Ein Teil des Contents, den Sanni und Grimes entwickelt hatten, ging viral und erreichte mehr als die bezahlte Werbung von Vote Leave. Die grafischen Darstellungen von BeLeave betrafen aktuelle Themen wie die »Tamponsteuer«, wobei die Argumentation lautete, wenn die Briten aus der EU raus wären, sei es nicht mehr nötig, dass siebenundzwanzig andere Mitgliedstaaten zustimmten, um eine offensichtlich frauenfeindliche Steuer abzuschaffen. Anscheinend gab es eindeutig einen Markt für die progressive, politisch bewusste und an sozialer Gerechtigkeit orientierte Spielart des Euroskeptizismus. Wochen vor dem Referendum am 23. Juni setzte Cleo Watson, Chef der Öffentlichkeitsarbeit bei Vote Leave, ein Treffen von Grimes und Sanni mit einem potenziellen Spender an. Es fand in der Zentrale von Vote Leave statt, und die beiden skizzierten, wie effektiv ihre Posts seien – ihre organische Reichweite übertraf die Wirkung der bezahlten Werbung von Vote Leave.

Grimes schickte mir die Präsentation und bat mich um Rat, wie er das Targeting auf Facebook optimieren könne und welches Budget er dafür ansetzen solle. Ich gab ihm Ratschläge, welche Metriken sie verwenden und wie sie ihre Präsentation am besten verkaufen könnten. Es war eine gute Präsentation, aber der Spendenkandidat entschied sich letztlich dagegen, Geld dafür bereitzustellen. So trat einer der Abteilungsleiter von Vote Leave auf die beiden Praktikanten zu und erklärte ihnen, man habe eine neue Möglichkeit gefunden, ihnen Geld für BeLeave zu beschaffen, doch dazu müssten sie zunächst ein Dokument unterschreiben. Nach einem Treffen mit Anwälten von Vote Leave wurden Sanni und Grimes aufgefordert, ein eigenes Kampagnenteam zu bilden, ein Bankkonto zu eröffnen und eine formelle Firmensatzung zu verfassen. Die Anwälte von Vote Leave setzten einen Gesellschaftsvertrag auf und gaben ihn den Praktikanten zur Unterschrift. Aber Sanni und Grimes übersahen, dass BeLeave kein weiteres Geld ausgeben durfte, weil sie so eng mit Vote Leave zusammenarbeiteten. Indem man sagte, dass BeLeave eine eigene Kampagnenorganisation sei und selbst Ausgaben tätigen könne, wälzte Vote Leave das Risiko dieser illegalen Kampagnenfinanzierung auf die beiden jungen Praktikanten ab. Natürlich sagte man ihnen nichts davon, und so machten sie weiter wie zuvor, arbeiteten in der Zentrale von Vote Leave, nahmen an Veranstaltungen von Vote Leave teil und halfen bei der Verteilung von Flugblättern.

In der folgenden Woche teilte man Grimes und Sanni mit, das Geld, das Vote Leave ihnen versprochen habe, würde endlich eintreffen – und es sei mehr, als sie verlangt hätten. Tatsächlich waren es dann etliche Hunderttausend Pfund mehr. Vote Leave bereitete den Transfer von 700.000 Pfund an BeLeave vor – das war die höchste Einzelsumme, die Vote Leave für seine gesamte Kampagne aufbrachte. Aber Grimes und Sanni mussten noch einer Bedingung zustimmen. Das Problem für Vote Leave war, dass die beiden gesetzlich berechtigt waren, das Geld nach Belieben auszugeben, wenn sie es als »unabhängige« Organisation erhielten. So erklärte Vote Leave den beiden Praktikanten, sie würden nichts von dem Geld auf ihrem neuen Bankkonto sehen. Vielmehr werde Leave das Geld direkt an AIQ überweisen, und Grimes und Sanni würden einfach eine Reihe von AIQ-Rechnungen abzeichnen müssen. Enttäuscht fragte Sanni, ob er wenigstens die Kosten für seine Reisen und Essen erstattet bekäme (er war Kassenwart und Sekretär), aber sein Vorgesetzter bei Vote Leave erklärte ihm, das sei nicht möglich. Grimes und Sanni hatten keine Ahnung, dass das, was sie unterschrieben, völlig illegal war. Sie vertrauten voll und ganz den Anwälten und Beratern von Vote Leave, die ihnen immer wieder sagten, alles sei in Ordnung.

Die Täuschung wurde noch dadurch verschlimmert, dass die Anwälte von Vote Leave die Namen der beiden Praktikanten in den Vertrag von BeLeave einfügten, sodass Grimes persönlich für die juristischen Folgen haftbar war. All das war keine ungewöhnliche Strategie der schmutzigen Truppen im britischen Wahlkampf, insbesondere bei den Torys, die sich dergleichen schon öfter geleistet hatten: Ranghohe Wahlkampfberater, die nicht das persönliche Risiko eines Vergehens gegen das Wahlkampfgesetz auf sich nehmen wollten, suchten sich einen unerfahrenen, häufig ambitionierten jungen Ehrenamtlichen und ernannten ihn zum Repräsentanten des Wahlkampfs, womit dieser rechtlich für die Kampagne den Kopf hinhielt. Auf diese Weise stand ein Sündenbock bereit, wenn die Sache aufflog, und die wahren Täter kamen ungeschoren davon, genossen weiterhin die Nähe zur Macht und ließen die betrogenen Praktikanten auf den Trümmern ihres Lebens sitzen.

Dann kam der Tag des Referendums. Am 23. Juni peitschte ein sintflutartiger Regen den Süden Englands, und die Londoner, die zur Abstimmung gehen wollten, hatten mit unglaublichen Verspätungen der öffentlichen Verkehrsmittel zu kämpfen. Bahnhöfe wurden geschlossen, und am Abend stellte die U-Bahn wegen Überflutungen komplett den Betrieb ein. Der Großteil des Vote-Leave-Teams, darunter auch Grimes und Sanni, suchten den ganzen Tag die Leave-Hochburgen auf, um Wähler zu mobilisieren. Dover war das Tor zu Festland-Europa und für die Briten der letzte Halt vor dem Ärmelkanal. Die ehrenamtlichen Mitarbeiter liefen dort Stunden im strömenden Regen herum und klopften an die Türen der Bewohner. Das rechte Krawallblatt *The Sun* machte noch in letzter Minute mit der fett gedruckten einzigen Schlagzeile »Beleave in Britain« Stimmung für den Brexit.

Ich hatte keine Ahnung, dass AIQ an der Leave-Kampagne beteiligt war – bis zum Abend der Abstimmung, als Parkinson mir ein Foto von sich und Massingham in der Zentrale von Vote Leave schickte. Er stand grinsend vor beschlagenen Fenstern, hinter denen die Umrisse des Parlaments zu erkennen waren. Eigenartig, dass ich seit meiner Rückkehr nach Kanada des Öfteren mit Silvester gesprochen, er aber nicht ein einziges Mal die Verbindung zwischen AIQ und dem Leave-Team erwähnt hatte. Nachdem die Spendeneinnahmen bekannt gegeben worden waren, kam heraus, dass AIQ 40 Prozent des Budgets von Vote Leave erhalten hatte – und Hunderttausende Pfund mehr von den anderen Pro-Brexit-Teams, darunter auch BeLeave.

Jetzt begriff ich: Mit dieser Methode hatte Cummings verbergen können, dass Cambridge Analytica längst mit Leave.EU zusammenarbeitete – er machte sich einfach einen von CAs Ablegern zunutze, der unter einem unbekannten Namen seinen Sitz in einem anderen Land hatte. AIQ verfügte über die Infrastruktur von Cambridge Analytica, arbeitete mit dessen gesamtem Datenbestand und konnte alle Möglichkeiten dieses Unternehmens nutzen, ohne den Namen preiszugeben. (Vote Leave bestreitet, Zugang zu den Facebook-Daten von Cambridge Analytica gehabt zu haben.) Niemand hatte es mir sagen wollen, weil alle wussten, dass ich mich wie viele andere im Streit von Cambridge Analytica getrennt hatte. Silvester und Massingham hielten den Mund, weil dies ihr größter politischer Coup war. Silvester redete offen über die dubiosen Geschäfte, die sie in Afrika oder der Karibik gemacht hatten, jedoch nicht über den Brexit.

Als jemand, der an personalisierten Kampagnen gearbeitet hatte, wusste ich, dass der Großteil des Contents, über den in den Medien gesprochen wurde, nicht identisch war mit dem, was Einzelpersonen und Gruppen tatsächlich während des Referendums zu sehen bekamen. Schlagartig wurde mir klar, dass in Großbritannien etwas wirklich Finsteres vor sich ging. Dennoch gaben 72 Prozent der Wahlberechtigten ihre Stimme ab. Über Stunden war der Stand der Auszählung zu knapp, um den Ausgang des Referendums vorauszusagen, doch am Ende ging Leave mit 51,89 Prozent als Sieger daraus hervor. Zu diesem Zeitpunkt war mir unbekannt, dass Vote Leave Thomas Borwick zum Technischen Leiter des Kampagnenteams ernannt hatte. Borwick hatte zuvor mit Alexander Nix und SCL zusammengearbeitet und eine Reihe von Projekten zur Datenerfassung in Inselstaaten der gesamten Karibik durchgeführt. (Allerdings weist nichts darauf hin, dass Borwick an SCLs gesetzwidriger Arbeit in der Region beteiligt war.) Nach dem Referendum enthüllte Borwick, dass Vote Leave und AIQ zusammen in den Wochen vor dem Referendum über 100 verschiedene Anzeigen mit 1433 unterschiedlichen Botschaften unter ihren Zielpersonen verbreitet hatten. Cummings erklärte später, diese Anzeigen seien über 169 Millionen Mal angeklickt worden, obwohl sie nur ein schmales Segment von wenigen Millionen Wahlberechtigten ins Visier genommen hatten, deren Newsfeeds von Vote-Leave-Botschaften offenbar geradezu überschwemmt wurden.

Die Bürger des Vereinigten Königreichs waren Ziel einer von AIQ durchgeführten großangelegten Desinformationsoperation, und das Problem der Remain-Seite war, dass sie überhaupt nicht begriff, womit sie es zu tun hatte. Wie Cambridge Analytica erkannt hatte, verminderte die Provokation von Wut und Empörung das Bedürfnis nach rein rationalen Erklärungen und bewirkte, dass die Wähler in Kategorien des Bestrafens dachten. CA entdeckte, dass dieser Zorn nicht nur die Zielpersonen gegen den Einwand immunisierte, dass bei einem Brexit die Wirtschaft leiden würde. Vielmehr *wünschten* sich manche Einbrüche in der Wirtschaft, unter denen ihnen unliebsame Gruppen wie die Liberalen in den Großstädten oder Immigranten zu leiden hätten – sodass ihre Stimme als eine Form der Bestrafung wirkte.

Das Vorgehen erwies sich als effektiv gegen die »Project-Fear«-Botschaften der Remain-Seite, welche die Aufmerksamkeit der Wähler auf die möglicherweise katastrophalen ökonomischen Folgen eines Austritts aus der Europäischen Union lenkten. Kurz, es ist enorm schwer, wütenden Menschen Angst einzujagen. Die Affektheuristik, die aus der Wut entsteht, behindert die Einschätzung negativer Folgen. Das ist auch der Grund dafür, dass zornige Menschen eher zu riskantem Verhalten neigen – ganz gleich, ob sie einen Wahlzettel ausfüllen oder eine Kneipenschlägerei anzetteln. Wenn Sie jemals an einer solchen beteiligt waren, wissen Sie, dass es buchstäblich die schlechteste Methode ist, Ihrem Gegner laut schreiend zu drohen, wenn Sie ihn zur Räson bringen und vom ersten Faustschlag abhalten wollen. Es wird ihn nur umso mehr anstacheln.

Mit der Fokussierung auf die Wirtschaft versäumte es die Remain-Seite zudem, die Leute zu fragen, was ihrer Ansicht nach Wirtschaft überhaupt war. Cambridge Analytica hingegen fand heraus, dass viele Leute außerhalb urbaner Gebiete und Angehörige der unteren sozioökonomischen Schichten häufig »die Wirtschaft« als etwas betrachteten, an dem nur die Reichen und die Bewohner der Metropolen teilhatten. »Die Wirtschaft« hatte nichts mit ihrem Job in einem lokalen Supermarkt zu tun, es war etwas, was Banker machten. Dies war auch der Grund, warum bestimmte Gruppen keine Bedenken wegen möglicher Risiken für die Wirtschaft und auch keine Angst vor Handelskriegen hatten, denn sie glaubten, dann werde Chaos über diejenigen hereinbrechen, die »in der Wirtschaft« arbeiteten. Und je mehr das wirtschaftliche Argument hervorgehoben wurde, desto sicherer waren sie sich, dass das, was sie »eigentlich« zu hören bekamen, die Ängste einer in die Knie gehenden Elite waren, die um ihren Reichtum fürchtete. Es gab ihnen ein Gefühl der Macht, und es sollte eine Macht werden, die sie auch ausüben wollten.

Nachdem Leave den Sieg davongetragen hatte, herrschte allgemein Bestürzung, und eine Schockwelle ging durch Großbritannien und die Welt. David Cameron gab vor Downing Street 10 eine düstere Stellungnahme ab und kündigte an, er werde im Oktober als Premierminister zurücktreten. Sowohl der Euro als auch das Pfund verloren an Wert, und die internationalen Aktienkurse brachen ein. Eine Petition machte die Runde, in der ein zweites Referendum gefordert wurde. Innerhalb von zweiundsiebzig Stunden nach der Abstimmung unterschrieben über dreieinhalb Millionen Menschen. In den Vereinigten Staaten herrschten weitgehend Überraschung und Irritation. Während Experten zu analysieren begannen, was der Brexit für die Amerikaner bedeuten werde, hielt sich Präsident Obama an die Devise »Ruhe bewahren und weitermachen« und versicherte allen, dass »sich eins nicht ändern wird, und das ist die besondere Beziehung zwischen unseren beiden Ländern«.

Donald Trump, damals inoffiziell bereits Präsidentschaftskandidat der Republikaner, der sich zu dieser Zeit zufällig in Schottland in seinem Golfresort Trump Turnberry aufhielt, nannte den Leave-Sieg »eine große Sache« und sagte, die Wähler hätten sich ihr Land zurückerobert.

»Die Menschen wollen ihr Land zurückhaben, sie wollen Unabhängigkeit«, erklärte er. »Die Leute sind verärgert, überall auf der Welt ... Sie sind verärgert über Grenzen, sie sind verärgert über die Menschen, die in ihr Land kommen und es übernehmen, keiner weiß überhaupt, wer sie sind. Sie sind verärgert über viele, viele Dinge.«

Die Welt wusste es noch nicht: Das Brexit-Referendum war Ort eines Verbrechens. Großbritannien war das erste Opfer einer Operation, die Bannon Jahre zuvor in Gang gesetzt hatte. Die sogenannten Patrioten der Brexit-Bewegung, die schrien, man müsse das britische Gesetz und die Souveränität des Landes vor dem Griff der gesichtslosen Europäischen Union bewahren, hatten eine Abstimmung gewonnen, indem sie genau dieses Gesetz verhöhnten. Dafür hatten sie ein Netz von Unternehmen geschaffen, die mit Cambridge Analytica verbunden waren und unter ausländischer Rechtsprechung standen, fern vom prüfenden Blick der Behörden, deren Aufgabe es ist, die Integrität unserer Demokratien zu schützen. Vorausdeutend auf das, was in Amerika kommen sollte, zeigte sich beim Brexit-Debakel ein klares Muster: Zuvor unbekannte ausländische Organisationen übten mithilfe großer Datenbasen zweifelhaften Ursprungs Einfluss auf nationale Wahlen aus. Und da die Social-Media-Unternehmen keinerlei Kontrolle über die Werbekampagnen ausübten, die sich in ihren Plattformen breitmachten, gab es keinen Wächter, der die feindlichen Organisationen daran hinderte, Chaos zu stiften und unsere Demokratien auszuhöhlen.

Der Star aus dem Reality-TV zieht ins Weiße Haus

»Also ganz ehrlich, das ist eine der verrücktesten Geschichten, mit denen ich je zu tun hatte«, meinte meine Anwältin. Wir saßen in ihrem Büro in London und gingen ein Schreiben von Cambridge Analytica durch. Es war im Juni 2015 verfasst worden und drohte mir mit rechtlichen Schritten, weil ich angeblich versuchte, ein Konkurrenzunternehmen zur Unterstützung der Präsidentschaftskandidatur von Donald Trump aufzubauen. Mit Donald Trump hatte ich wenige Monate zuvor, im Frühjahr 2015, zum ersten Mal zu tun bekommen, als Mark Block mich anrief und mir ein Angebot unterbreitete, das sich nach einer erfrischenden Abwechslung von meiner Arbeit bei Cambridge Analytica anhörte. Die Trump Organization suchte Hilfe bei der Marktforschung, und zwar für Trumps Reality-TV-Show *The Apprentice* und für seine Casinos. Block hatte auch Jucikas und Gettleson angerufen, die noch in London waren. Nachdem wir uns zu dritt darüber ausgetauscht hatten, vereinbarten wir einen Termin mit den Trump-Leuten.

In Telefonaten mit der Trump Organization erfuhren wir, dass die Zuschauerzahlen von *The Apprentice* sanken und weniger Leute in Trumps Hotels übernachteten und in seinen Casinos ihr Geld verjubelten. Die Konkurrenz durch Online-Glücksspiele wuchs, und Trumps Geschäft setzte stark auf sein Image des sexy gerissenen Milliardärs. Seinem Team schien zu dämmern, dass altmodische Casinos und ein C-Promi mit fleckig orangefarbener Haut nicht den »sexy Spaß« versprachen, der neue Kunden anlockte. Die Marke Trump war auf dem absteigenden Ast und brauchte dringend neuen Schwung.

Allerdings schien das Projekt nicht so richtig greifbar, was frustrierend war. Die Trump-Leute schienen sich nicht einmal richtig klar darüber, was wir überhaupt machten und wie wir helfen konnten. Mir kam der Verdacht, dass sie einfach kostenlosen Rat abgreifen wollten. Als sie einen Gesprächstermin für den nächsten Monat vorschlugen, lehnte ich ab. Mir reichte es, wenn mir Jucikas und Gettleson von dem Treffen im Trump Tower berichteten. Das Gespräch fand im dortigen Restaurant statt und blieb ebenso nebulös wie die vorangegangenen Telefonate. Ob wir mithilfe von Daten das Image von Trump und seiner Produkte aufpolieren und der Marke neuen Glanz verleihen konnten? Und wenn ja, was wäre die Zielgruppe für ein solches Projekt?

Gettleson lachte, als er mich anrief. »Halt dich fest«, sagte er. »Trump will Präsident werden!« Zu dem Meeting war auch Corey Lewandowski gekommen, der sich als Trumps Wahlkampfmanager vorstellte und Gettleson und Jucikas versicherte, dass es Trump mit seiner Kandidatur wirklich ernst sei. Er bot uns an, ebenfalls in den Wahlkampf einzusteigen, worauf ich nicht die geringste Lust hatte, und zwar aus mehreren Gründen. Erstens war das schon wieder eine politische Kampagne, und ich hatte gerade bei Cambridge Analytica aufgehört und war aus London weggegangen, weil ich von Politik genug hatte. Zweitens war Trump in meinen Augen eine absolut lächerliche Figur und konnte als Kandidat nur ein

Reinfall sein. Drittens kandidierte er für die Republikaner, und ich hatte die Schnauze voll davon, die Drecksarbeit für rechte Politiker zu machen. Herauszufinden, wie man die Zuschauerzahlen für eine bestimmte Fernsehsendung erhöhen konnte, schön und gut, aber einem Republikaner ins Weiße Haus verhelfen, nein danke. Gettleson war ganz meiner Meinung, Jucikas, der bald als Wahlkampfberater bei den Republikanern arbeiten sollte, sah die Dinge etwas anders. Damit, so dachten wir, war die Trump-Geschichte für uns erledigt.

Doch nur zwei Wochen später, am 5. Juni 2015, erfuhren wir, dass Cambridge Analytica Gettleson, Jucikas und mir mit einer Klage drohte. Sie behaupteten, wir hätten das Abwerbeverbot unserer Verträge verletzt. Wir hätten versucht, einen von Cambridge Analyticas Kunden zu übernehmen: Donald Trump. Es wurde uns zwei Wochen Zeit eingeräumt, uns zu den Vorwürfen zu äußern. Zwar schien mir die Sache sonnenklar, doch ich hielt es für klüger, mir anwaltlichen Beistand zu holen, um sie so schnell wie möglich vom Tisch zu bekommen. Beim ersten Beratungstermin waren auch die Anwälte baff. Lange vor der Zeit, in der Cambridge Analytica und Steve Bannon in aller Munde waren, muss die Geschichte tatsächlich völlig absurd geklungen haben. »Es gibt da eine Firma, die sich auf psychologische Kriegführung spezialisiert hat«, erzählte ich den Anwälten. »Die wurde von einem republikanischen Milliardär aus den Vereinigten Staaten aufgekauft. Und nachdem ich dort ausgestiegen war, erhielt ich eine Einladung, mit Donald Trump zu sprechen – Sie wissen sicher, der Typ von *The Apprentice*? Anscheinend will er als Präsident kandidieren, und er ist insgeheim ein Kunde dieser Firma. Und jetzt drohen die mir mit einer Klage …«

Cambridge Analytica hatte sich inzwischen wie eine Seuche in der Republikanischen Partei ausgebreitet. Das Unternehmen beriet prominente Kandidaten, die für das Repräsentantenhaus und den Senat kandidierten, und führte Studien für konservative Lobbyisten zu kulturellen Phänomenen wie den militaristischen Tendenzen in der amerikanischen Jugend durch. Auf den ersten Blick war Cambridge Analytica enorm erfolgreich. Aber wenn man genauer hinsah, erkannte man, dass das Unternehmen die Republikanische Partei hinters Licht führte – insbesondere die Mercers. Die eigentliche Offenbarung der Klagedrohung war für mich, dass Cambridge Analytica klammheimlich schon mit Trump in Kontakt stand, als das Unternehmen offiziell noch für den von den Mercers bevorzugten Kandidaten Ted Cruz arbeitete. Bannon hatte nicht nur völlig andere Pläne als die Mercers, er hatte auch kein Interesse daran, Cruz zu unterstützen, den er verachtete.

Nachdem ich den Anwälten erklärt hatte, dass ich gar nicht für Trump arbeitete, sagten sie mir sinngemäß: »Gut, machen Sie sich keine Sorgen. Unternehmen verschicken dauernd solche Warnungen, aber gewöhnlich kommt dabei nichts raus. Wahrscheinlich ein Ausdruck von Unsicherheit des Managements. Wir kümmern uns darum.«

Aber billig wurde es nicht. Cambridge Analytica ließ nicht locker und schien willens, so lange mein Konto und meine Nerven zu strapazieren, bis ich einknickte. Ich bot ihnen an, eine Verpflichtung zu unterzeichnen, nie mehr für einen Republikaner zu arbeiten, aber das war ihnen nicht genug. Ich sollte nie mehr in meinem Leben Datenanalyse betreiben, was natürlich ein unmögliches Ansinnen war. So ging es monatelang hin und her. Die Geschichte wurde immer absurder. Im Verlauf unserer juristischen Auseinandersetzung kam ich auch dahinter, dass CA zwei gefakte Mitarbeiter erfunden hatte, nachdem Gettleson und ich die Firma verlassen hatten, einen »Chris Young« und einen »Mark Nettles«, die immer noch in ihrem Internetauftritt herumspukten und die sie auch im Umgang mit Kunden erwähnten. Schließlich stimmte ich einer Vereinbarung zu, die im Wesentlichen die eiserne Schweigeverpflichtung enthielt, niemals über irgendetwas zu reden, was ich bei Cambridge Analytica gesehen oder getan hatte. Ohne es zu ahnen, hatte ich mir damit selbst eine Grube für meine Zukunft als Whistleblower gegraben.

Schließlich ging ich nach Kanada zurück, um für Trudeaus Team zu arbeiten. Meine Tage bestanden nun hauptsächlich aus Telefonkonferenzen und Meetings. Ich war froh, wieder in einem verlässlichen und von Herzlichkeit geprägten Umfeld arbeiten zu können, nicht mehr in dieser Schlangengrube, in der es dem Boss Freude bereitete, die Mitarbeiter mit Psychotricks zu schikanieren.

Im März 2016 rief mich ein Mitarbeiter der kanadischen Regierung an und bat mich um Informationen, die ein wenig über meinen Arbeitsauftrag hinausgingen. Er wollte etwas über den Vorwahlkampf der Republikaner in den Vereinigten Staaten wissen, der gerade voll im Gang war. Insbesondere interessierte ihn, warum Donald Trump so hohe Werte in den Umfragen erzielte. Am 1. März hatte Trump die Vorwahlen in sieben von elf der sogenannten Super-Tuesday-Staaten gewonnen, und zu seinen Wahlkampfauftritten im ganzen Land strömten Tausende jubelnde Menschen herbei. Je empörender Trump sich verhielt, desto höher stiegen seine Umfragewerte. Bei der Präsidentschaftsdebatte am 3. März thematisierte er allen Ernstes mit Senator Marco Rubio von Florida die Größe seines Penis. »Ich versichere Ihnen, ich habe da kein Problem«, tönte Trump. Zwei Wochen später gewann Trump am »Super Tuesday II« die Vorwahlen in vier von fünf Bundesstaaten sowie im Territorium Northern Mariana Islands, und Marco Rubio warf das Handtuch. Trudeaus Leute machten sich keine Sorgen – noch nicht –, aber sie waren neugierig geworden, denn der Reality-TV-Star Trump kam ihnen einfach lächerlich vor, eine unmögliche Figur. Warum hatte er so großen Erfolg? Was dachten sich die Amerikaner dabei? Wie viele ihrer Landsleute, schüttelten die Mitarbeiter von Trudeau amüsiert den Kopf über ihre seltsamen Nachbarn.

Was Populismus ist, begriff man in Kanada nicht so recht, denn im Unterschied zu Amerika oder England war dort die Medienlandschaft nicht von einer Figur wie Rupert Murdoch geprägt. In Kanada gibt es weder einen Fernsehsender wie Fox News noch eine Zeitung wie die *Sun*. Das kanadische Bankensystem ist nicht so risikofreudig, was dem Land eine Immobilienkrise und einen Finanzcrash ersparte. Und im Unterschied zu anderen OECD-Staaten sind in Kanada Patriotismus und die Befürwortung von Immigration keine Gegensätze. Also musste ich den verdutzten Kanadiern, die einfach nicht verstehen konnten, dass der Brexit und Trump überhaupt Anhänger fanden, wieder und wieder dasselbe erklären.

Pierre Trudeau, mit einer Unterbrechung von 1968 bis 1984 Premierminister Kanadas, sagte einmal, die direkte Nachbarschaft zu den USA sei, »als würde man neben einem Elefanten schlafen. Ganz gleich wie friedfertig und gutmütig das Tier ist ... man bekommt jede Zuckung und jedes Schnauben mit«. Selbst wenn Trump die Wahl nicht gewann – wovon die meisten damals ausgingen –, sorgten seine Positionen zum Handel bereits für Unruhe. Trump hasste das Nordamerikanische Freihandelsabkommen NAFTA und putschte die amerikanischen Wähler in Bundesstaaten dagegen auf, die besonders enge Handelsbeziehungen zu Kanada unterhielten. Man fürchtete nicht so sehr einen Sieg Trumps, sondern dass sein ständiges Wettern gegen NAFTA die Wahlen in diesen Bundesstaaten beeinflussen und den nationalen Dialog über die Handelsbeziehungen beeinträchtigen könnte, wenn er noch länger im Rennen blieb.

Die Saga von Cambridge Analytica hatte sich noch nicht im öffentlichen Bewusstsein verankert, doch unter meinen kanadischen Kollegen war es kein Geheimnis, dass meine Arbeit für das Unternehmen schließlich auch bei bestimmten Wahlkampfteams in den USA bekannt geworden war. Je weiter Trump vorankam, desto neugieriger wurden sie. Ich beschrieb ihnen, welche Taktiken Cambridge Analytica zur Wählermanipulation anwendete – wie das Unternehmen Menschen mit neurotischen Zügen und Hang zu Verschwörungstheorien ausfindig machte und mit speziell abgestimmter Propaganda traktierte, die diese Tendenzen vertiefte und verstärkte. Ich erklärte, dass Cambridge Analytica über Daten, die das Unternehmen von Facebook-Konten absaugte, das Verhalten von Menschen manchmal besser einzuschätzen vermochte als deren Ehepartner und diese Informationen nutzte, um Mitglieder der Republikanischen Partei zu radikalisieren.

Während es also offensichtlich war, dass Trump bei einem gewissen Prozentsatz der amerikanischen Wähler einen Nerv getroffen hatte, arbeitete Cambridge Analytica hinter den Kulissen an der nächsten Stufe der Kampagne. Unter anderem nahmen sie Leute ins Visier, die üblicherweise nicht die Republikaner oder überhaupt nicht wählten. Sie versuchten, die Wahlbeteiligung bestimmter Gruppen zu erhöhen und zugleich die anderer zu unterdrücken. Insbesondere bemühten sie sich, afroamerikanische Bürger und andere Minderheiten von den Urnen fernzuhalten. Eine der Methoden, die sie dabei einsetzten, war die Verbreitung linker Rhetorik über soziale Gerechtigkeit, um Hillary Clinton als Vertreterin des weißen Suprematismus darzustellen – während das in Wahrheit doch eine Idee war, für die ihr Auftraggeber stand. Ziel war es, links denkende Menschen aus allen Bevölkerungsgruppen dazu zu bringen, für den Kandidaten oder die Kandidatin einer dritten Partei wie Jill Stein zu stimmen.

Meine Aufmerksamkeit richtete sich erst auf Trump, als Cambridge Analytica mir mit der Klagedrohung kam, denn erst da erfuhr ich, dass das Unternehmen für ihn arbeitete. Anfangs war sein Wahlkampf eine reine Katastrophe. Aber dann gab er Parolen wie »Build the Wall!« und »Drain the swamp!« aus, und seine Umfragewerte stiegen. Ich rief Gettleson an und sagte: »Klingt irgendwie bekannt, findest du nicht?« Es waren exakt die Slogans, die CA getestet und an Bannon geschickt hatte, lange bevor Trump seine Kandidatur bekanntgegeben hatte. Das hieß nichts anderes, als dass bereits im Frühjahr 2016, als Cambridge Analytica offiziell für Ted Cruz arbeitete, die Früchte ihrer Recherchen – ganz zufällig – ihren Weg zu Donald Trump fanden.

Je länger der Vorwahlkampf dauerte, desto höher stiegen Trumps Chancen, tatsächlich den Sieg davonzutragen, und die Haltung der Leute in Ottawa war nicht mehr: »Ein Irrer, haha«, sondern »Ein Irrer ..., und er könnte der Präsident des Elefanten nebenan werden!«

Als der Brexit heraufzog und Trump immer mehr an Boden gewann, wurde mir klar, dass ich nicht länger schweigen konnte. Ich beschloss, ein paar Freunde zu kontaktieren, die im Silicon Valley arbeiteten. Zu ihnen gehörte Sheela, wie ich sie hier nennen will, die jemanden bei Andreessen Horowitz kannte, dem Risikokapitalgeber, zu dessen Gründern das Tech-Wunderkind Marc Andreessen gehörte. Anfang der 1990er-Jahre hatte Andreessen zusammen mit Eric Bina den Webbrowser

Mosaic entwickelt, der völlig neue Nutzungsmöglichkeiten für das Internet bot. Aus Mosaic wurde Netscape, einer der ersten Supererfolge des Internets, der 1995 an die Börse ging. Seitdem hat Andreessen Hunderte Millionen Dollar durch Investitionen in Unternehmen wie Skype, Twitter, Groupon, Zynga ... und Facebook verdient. Er saß auch im Aufsichtsrat von Facebook.

Im Frühjahr 2016 flog ich nach San Francisco und begann, Leute, die meiner Meinung nach wissen sollten, was vor sich ging, darüber zu informieren, was ich bei Cambridge Analytica gesehen hatte. Sheela arrangierte ein Meeting in den Büros von Andreeessen Horowitz in der Sand Hill Road in Menlo Park. Von außen gesehen wirkte das Gebäude wie eine bessere Vorort-Zahnarztpraxis. Auch die Lobby war ziemlich nichtssagend, trotz der sündhaft teuren Kunstwerke, die an den Wänden hingen. Ich traf mich mit Angestellten von Andreessen in einem Konferenzraum und erzählte ihnen von Cambridge Analytica, von den Millionen Facebook-Profilen, die sich das Unternehmen unter den Nagel gerissen hatte, und von den unheilvollen Methoden, mit denen es sie zur Wahlmanipulation benutzte.

»Leute, ihr arbeitet für einen Großaktionär und Vorstandsvorsitzenden«, sagte ich. »Facebook muss erfahren, was da passiert.« Sie sagten, sie würden sich darum kümmern. Ich habe keine Ahnung, ob sie jemals wirklich etwas unternommen haben.

Nachdem ich nun ein Vorstandsmitglied von Facebook auf den Fall angesetzt hatte – zumindest glaubte ich das –, ging ich auf eine Party im Mission District von San Francisco, auf der auch ein Vizepräsident von Facebook zu Gast war. Wie sich herausstellte, wimmelte es auf der Party nur so von Facebook-Mitarbeitern. Man sah überall körperbetonte graue T-

Shirts, das Standardoutfit im Silicon Valley, und in kaum einem Gespräch blieb man von dem Bericht verschont, wie es jemand mit seinem Keto-Diätplan oder seiner Soylent-Ersatznahrung erging. Überhaupt sei Essen ja so »überbewertet«! Nachdem man mich als »der Typ von Cambridge Analytica« vorgestellt hatte, stand ich rasch im Mittelpunkt der Aufmerksamkeit, schließlich hatten sie alle schon viele Gerüchte über die Firma gehört. Jeder schien Cambridge Analytica zu kennen. Wie ich später erfuhr, hatten die Mitarbeiter von Facebook schon im September 2015 intern über Cambridge Analytica diskutiert und die Untersuchung eines möglichen »Datenklaus« durch das Unternehmen verlangt. Die Mitarbeiter wiederholten die Forderung im Dezember 2015, was später in einer Beschwerde der US-Börsenaufsichtsbehörde gegen Facebook zitiert wurde, in der das Unternehmen als eine »zwielichtige (um es vorsichtig auszudrücken) Firma zur Datenmodellierung, die tief in unseren Markt eingedrungen ist«, beschrieben wurde. Doch bei der Beantwortung ihrer Fragen wurde auch klar, dass sie die Bedrohung der Demokratie nicht annähernd so sehr interessierte wie die Methoden, mit denen Cambridge Analytica Daten abgezogen hatte. Selbst der Vizepräsident von Facebook reagierte recht gelassen. Wenn ich ein Problem mit Cambridge Analytica hätte, sollte ich doch ein Konkurrenzunternehmen gründen – anders ausgedrückt, wenn dir der Uber der Propaganda nicht gefällt, dann entwickle halt den Lyft der Propaganda. Ich fand das zynisch, insbesondere von dem leitenden Manager eines Unternehmens, der in seiner Position wirksame Maßnahmen hätte ergreifen können. Doch so tickte eben das Silicon Valley, wie ich bald feststellte. Die Antwort auf jedes Problem, selbst wenn es um etwas Ernstes wie die Bedrohung der Unabhängigkeit unserer Wahlen ging, war nicht: »Was kann man dagegen tun?«, sondern eher: »Wie kann man damit Geld machen?« Sie waren schlicht nicht in der Lage, über den Tellerrand der Vermarktbarkeit von allem und jedem hinauszuschauen. Die US-Aufsichtsbehörden, an deren Untersuchung ich später beteiligt war, stellten schließlich fest, dass mindestens 30 Facebook-Mitarbeiter von Cambridge Analytica wussten – doch bevor ich als Whistleblower die Geschichte publik machte, befand es das Unternehmen nicht für nötig, die Aufsichtsbehörden zu alarmieren.

Später luden mich die Leute von Andreessen Horowitz zur Teilnahme an einem privaten Facebook-Gruppenchat namens »Futureworld« ein, in dem leitende Manager großer Unternehmen aus dem Silicon Valley die Probleme des Technologiesektors diskutierten, darunter solche, wie ich sie aufgeworfen hatte. Andreessen redete auch mit anderen Führungskräften über den möglichen Missbrauch ihrer Plattformen. Er lud sie zu sich nach Hause zu einer Dinner Group ein, die sich die »Junta« nannte.

»Es würde sicherlich nicht der Ironie entbehren, wenn unsere Gruppe wegen der sarkastischen Verwendung des Wortes ›Junta‹ auf dem Radar der Regierung landet«, schrieb ein Mitglied der Gruppe in einer E-Mail an Andreessen.

Im Frühsommer 2016 kochte die Russland-Geschichte hoch. Mitte Juni leakte jemand, der sich Guccifer 2.0 nannte, E-Mails, die aus einem Hack des Democratic National Committee (DNC) stammten, der nationalen Organisation der Demokratischen Partei. Eine Woche später, nur drei Tage vor der Democratic National Convention, auf der die Demokraten endgültig entscheiden sollten, wer sich in ihrem Namen fürs Weiße Haus bewerben sollte, veröffentlichte WikiLeaks Tausende gestohlener E-Mails, was zu Spannungen zwischen den beiden Favoriten Bernie Sanders und Hillary Clinton sowie der DNC-Vorsitzenden Debbie Wasserman Schultz führte, die kurz darauf zurücktrat. Und natürlich begann Nix auf Geheiß von Rebekah Mercer, nach Hillary Clintons E-Mails zu forschen, und bot schließlich WikiLeaks auch die Dienste von Cambridge Analytica an, um das gehackte Material zu streuen. Dies erfuhr ich von einem ehemaligen Kollegen, der noch bei der Firma arbeitete und der Ansicht war, dass die Sache völlig aus dem Ruder lief.

Während sich die Demokraten bemühten, ihre Convention in geordneten Bahnen zu halten, streute Donald Trump Sand ins Getriebe. Auf einer Pressekonferenz am 27. Juli lud er die Russen nonchalant ein, sich weiter in den Wahlkampf einzumischen. »Russland, falls mich dort jemand hört«, tönte er, »ich hoffe, ihr könnt die 30.000 verschwundenen E-Mails finden.« Gemeint waren die E-Mails, die Hillary Clinton als privat eingestuft und gelöscht hatte, statt sie den Ermittlern zu übergeben, die ihre Nutzung eines privaten E-Mail-Servers während ihrer Amtszeit als Außenministerin unter Präsident Obama unter die Lupe nahmen.

Den ganzen Sommer über und bis in den Herbst hinein tauschten Trump und Putin Nettigkeiten aus, und ich musste an die seltsamen Beziehungen zu Russland zurückdenken, die mir bei Cambridge Analytica aufgefallen waren. Kogans Draht zu Sankt Petersburg. Das Treffen mit den Managern von Lukoil. Sam Pattens Prahlerei über seine Zusammenarbeit mit der russischen Regierung. Die internen Memos von Cambridge Analytica, die auf den russischen Geheimdienst anspielten. Die Fragen zu Putin, die unerklärlicherweise in unsere Fragebögen eingefügt wurden. Und selbst Brittany Kaisers offensichtliche Verbindung zu Julian Assange und WikiLeaks. Das alles hatte ich schon damals seltsam gefunden, doch nicht miteinander verknüpft. Erst jetzt ging mir allmählich auf, dass mehr dahintersteckte.

Am 19. Juli wurde Trump schließlich auf der Republican National Convention zum Präsidentschaftskandidaten seiner Partei gekürt. Wenn mich mein Gefühl nicht täuschte, dann benutzte Cambridge Analytica nicht nur das Datenerfassungstool, an dem ich gearbeitet hatte, um die amerikanischen Wähler zu manipulieren, das Unternehmen half womöglich auch, ob wissentlich oder nicht, den Russen, die Präsidentschaftswahl zu beeinflussen. Jetzt, da ich nicht mehr bei Cambridge Analytica war, sah ich auf einmal alles wie mit einem Röntgenblick. Ich wusste, in welchem Dreck dieses Unternehmen zu wühlen bereit war und wie skrupellos es vorging. Mir wurde speiübel. Eins war klar, ich musste mit jemandem darüber reden und Alarm schlagen.

Also erzählte ich einer Person aus der Trudeau-Regierung – ich will ihn hier »Alan« nennen – von meinen Bedenken. Ich begann damit, all die Verbindungen zwischen Russland, WikiLeaks und Cambridge Analytica zu beschreiben. Ich sagte ihm, ich sei zu der Überzeugung gelangt, dass Cambridge Analytica Teil der Geschichte mit den Russen war, und schlug vor, jemanden aus der US-Regierung einzuweihen.

Wir wollten nicht zu sehr vorpreschen und vor allem vorsichtigen Abstand zu den Wahlen in den USA halten. Die Befürchtung war, man könnte unsere Warnung vor möglichen Sicherheitsbedrohungen, insbesondere solchen aus Russland, als Einmischungsversuch ausländischer Akteure in die Wahlen missverstehen, was wir ja gerade verhindern wollten. Daher wählten wir einen anderen Weg – eine Reise nach Berkeley, wo eine Konferenz zum Thema Daten und Demokratie stattfand und wir diskret einige Leute aus dem Weißen Haus ansprechen konnten, von deren Teilnahme wir wussten.

Die zweite Person, mit der ich intensiv über all das redete, war Ken Strasma, der in Obamas Wahlkampfteam für das Wählertargeting zuständig gewesen war. Bei einem Treffen in New York erzählte ich ihm vom datenbasierten Targeting, das CA betrieb. Sein eigenes Unternehmen hatte gerade Mikrotargeting für Bernie Sanders' Wahlkampf gemacht, und so war er natürlich interessiert.

Nachdem Hillary Clinton Ende Juli die Nominierung ihrer Partei gewonnen hatte, rief mich Strasma an und sagte: »Jetzt, wo wir verloren haben, kann ich vielleicht mit jemandem von Hillarys Datenteam reden.« Er fragte, ob ich vielleicht persönlich darlegen wolle, was im Wahlkampf von Trump vor sich ging. Natürlich sagte ich zu, aber leider kam der Kontakt mit dem Clinton-Team nie zustande.

Im August reiste ich mit Beratern aus dem Büro von Justin Trudeau zu der Konferenz nach Berkeley. Wir sollten nur wenige Tage bleiben, daher bat ich eine andere Freundin, die ich hier »Kehlani« nennen will, Termine für uns zu arrangieren. Am wichtigsten war ein Treffen mit Mitarbeitern des Weißen Hauses.

Für dieses Meeting war nicht viel Zeit angesetzt, und das hieß, wir durften die Sache nicht verpatzen. Da unsere Gesprächspartner sicherlich mit Cambridge Analytica nicht vertraut waren, bestand die Gefahr, dass sie gar nicht begriffen, wovon wir sprachen, und die Bedeutung nicht erkannten. Daher bat ich Kehlani, uns einen ruhigen Ort zu suchen, an dem wir unsere Strategie austüfteln konnten.

»Wie diskret wollt ihr es denn haben?«, fragte sie. »Ich kann euch was besorgen, wo es keinen Handyempfang gibt.«

»Ein bisschen übertrieben, aber okay«, antwortete ich lachend. Sie gab uns eine Adresse.

Am Nachmittag dirigierte uns das Navi mitten auf ein Werftgelände. Kehlani erwartete uns bereits. Sie führte uns an einem Lagerhaus entlang ein Stück den Kai hinunter. Das war schon eine seltsame Umgebung, aber dann mussten wir auch noch einen Bogen um ein paar riesige Seehunde machen. Schließlich erreichten wir eine ungefähr 40 Meter lange, halb verrostete und offensichtlich nicht seetüchtige norwegische Fähre. Das einst weiße Schiff war längst grau geworden, der Rumpf von Seepocken überzogen. Jemand ließ eine Leiter herab, über die wir an Bord des im Wellengang dümpelnden Schiffs gelangten.

Kehlani hatte für uns den sichersten Ort gefunden, den man sich vorstellen konnte: ein Hacker-Schiff. Das in der Nähe von San Francisco ankernde Wassergefährt beherbergte eine Handvoll Programmierer, die für Start-ups und irgendwelche diffusen Projekte arbeiteten. Wir fragten nicht näher nach. Angesichts der Ereignisse schien es uns der absolut passende Ort. Dort schlugen wir unser Lager auf.

Am nächsten Tag verabredeten wir auf der Konferenz Details für unser inoffizielles Treffen. Insbesondere Alan war sehr daran gelegen, dass wir die private Natur des Gesprächs klarstellten. Auf keinen Fall sollten wir als Abgesandte von Trudeau auftreten. Gedacht war an ein Meeting zwischen Mitarbeitern der kanadischen Regierung, die nicht als Repräsentanten dieser Regierung auftraten, und Mitarbeitern des Weißen Hauses, die nicht Repräsentanten des Weißen Hauses waren. Es sollte um die Wahlen in den USA und die Vorgänge in der Republikanischen Partei im Zusammenhang mit Cambridge Analytica gehen, auch die riesige Überwachungsdatenbank des Unternehmens und seine möglichen Beziehungen zu ausländischen Geheimdiensten wollten wir ansprechen.

Jemand von den Leuten aus dem Weißen Haus fragte, ob wir uns nicht irgendwo im Freien zusammensetzen könnten, da sie während der Konferenz den ganzen Tag eingesperrt seien. So kam es zu der bizarren Situation, dass sich eine Gruppe hochrangiger Regierungsberater unweit des Campus der University of California um einen Picknicktisch versammelte, um über Cambridge Analytica und die russische Verwicklung in die Präsidentschaftswahlen der USA zu reden, während um uns die Studenten mit ihren Joints und Rucksäcken schlenderten.

Ich ging gleich in medias res und warnte die Amerikaner vor der mutmaßlichen Beteiligung von Cambridge Analytica an den russischen Beeinflussungsversuchen. »Wir wissen, dass es Personen in Trumps Wahlkampfteam gibt, die Verbindungen zu ausländischen Geheimdiensten unterhalten«, sagte ich. »Sie haben eine riesige Datenbank aufgebaut, um über die sozialen Medien die Wähler anzusprechen.« Ich erläuterte die Kontakte von Cambridge Analytica zu Russland und beschrieb die Präsentation, die Nix bei Lukoil gemacht hatte. Ich erzählte auch von den Bemühungen des Unternehmens, das Vertrauen in den Wahlprozess zu erschüttern.

»So, hm«, lautete die Antwort. Einer der Amerikaner sagte, sie könnten nicht viel unternehmen, schon weil sie den Vorwurf fürchteten, die Demokraten würden die Bundesregierung mit ihrem großen Gewicht zur Wahlbeeinflussung benutzen. Den Obama-Leuten schien hauptsächlich daran gelegen, dass kein Schatten auf den Wahlsieg von Hillary Clinton fiel, der für sie so gut wie ausgemacht war. Heute erscheint es lächerlich, aber damals ging das Gerücht um, Trumps Plan sei, nach seiner unvermeidlichen Wahlniederlage *Trump TV* als Konkurrenzsender zu *Fox News* aufzuziehen. Und man ging auch davon aus, dass er behaupten werde, die Wahl sei manipuliert worden – dass der Deep State seine Finger im Spiel gehabt oder Clinton betrogen hätte oder beides. In der Sorge, Trump würde jede Unregelmäßigkeit dazu benutzen, die Rechtmäßigkeit des Wahlergebnisses anzuzweifeln, wollte die Obama-Regierung ihm nicht den kleinsten Vorwand liefern, sich zu beschweren.

Die Geschichte mit *Trump TV*, die mir die Leute aus dem Weißen Haus erzählten, schien mir plausibel. Ich dachte, die müssten schließlich wissen, was sie machten – all das passierte ja in ihrem Land, nicht in meinem. Wir verabschiedeten uns mit Handschlag.

Ähnliche Reaktionen erlebte ich auch andernorts. Anfang 2016 stellte das Facebook-Management fest, dass russische Hacker die Plattform nach Personen durchforsteten, die mit dem Präsidentschaftswahlkampf zu tun hatten, entschieden aber, weder die Öffentlichkeit noch die Behörden zu alarmieren, weil man befürchtete, dies könne dem Ruf des Unternehmens schaden. (Facebook machte das Ausmaß der russischen Operationen auf seiner Plattform erst im September 2017 bekannt, mehr als ein Jahr, nachdem das Problem entdeckt worden war, und sieben Monate, nachdem man begonnen hatte, dort den »Flächenbrand« der Desinformation, wie man es nun nannte, unter die Lupe zu nehmen.) Meine Warnungen verhallten angesichts der Gleichgültigkeit der Demokraten und der Unfähigkeit des Silicon Valley, einem Problem anders als mit der Gründung eines neuen »Uber für X« beizukommen. Wenn man Alarm zu schlagen versucht und alle nur sagen: »Keine Sorge«, und »Mach hier bitte nicht die Pferde scheu«, dann fragt man sich irgendwann, ob man vielleicht überreagiert hat. Ich gehörte weder dem Wahlkampfteam von Clinton an, noch arbeitete ich im Weißen Haus. Ich war bloß ein Kanadier, der gegen den Wind predigte.

Die nicht sonderlich lustige Pointe der Geschichte war dann, dass nach der extremen Zimperlichkeit, bloß nichts zu tun, was auch nur irgendwie als Einmischung in den Wahlkampf interpretiert werden könnte, welche die Teams von Clinton und Obama an den Tag legten, auf einmal FBI-Chef James Comey kurz vor zwölf mitten auf die Bühne sprang und die Bombe platzen ließ, er wolle die Ermittlungen zu den verschwundenen E-Mails von Hillary Clinton wieder aufnehmen. Von Kanada aus kam es mir damals so vor, als würde ich einem Freund mit Tendenz zur Selbstzerstörung zuschauen, der völlig den Halt verlor. Ich hab doch alles versucht, dir zu helfen, dachte ich. Und dieser Freund zündete nicht bloß sein eigenes Haus an. Er fackelte gleich das ganze Viertel ab.

Ende August forderte der demokratische Senator Harry Reid das FBI auf, Ermittlungen zur russischen Einmischung in die Wahlen einzuleiten. Doch zu diesem Zeitpunkt gingen die meisten noch davon aus, dass Hillary Clinton die Wahl gewinnen würde. Zur selben Zeit verkündete Cambridge Analytica offiziell, für die Wahlkampagne von Trump zu arbeiten. Das führte in Ottawa zu Nervosität, hatte ich doch ausführlich dargelegt, welche Macht und Reichweite die Daten von Cambridge Analytica hatten. Die Arbeit des Unternehmens für Trump war schon beunruhigend genug, und wenn man Cambridge Analyticas Russland-Verbindungen in das Kalkül einbezog, ergab sich erst recht ein äußerst alarmierendes Bild.

Die Möglichkeit eines Wahlsiegs von Trump war täglicher Gesprächsstoff in Trudeaus Büro, auch wenn man eher Witze darüber riss. Es war für sie einfach undenkbar, schlicht außerhalb des Bereichs des Möglichen. Besonders ein Meeting ist mir in Erinnerung geblieben, in dem man sich über Trump lustig machte. Meine Güte, diese Amerikaner! Sie übertreffen sich doch immer wieder! Und alle lachten. Na ja, fast alle. Ich lachte nicht, ich wusste, was psychologische Kriegführung im großen Stil anzurichten vermochte.

Die Deutschen reden manchmal von der »Mauer im Kopf«. Mit der Wiedervereinigung im Jahr 1990 war die innerdeutsche Grenze endgültig passé. Die Kontrollstellen wurden abgebaut, der Stacheldraht verschwand, die Berliner Mauer wurde abgerissen. Doch auch fünfzehn Jahre nach der Wiedervereinigung schätzten viele Deutsche Entfernungen zwischen Städten im ehemaligen Ost- und Westteil ihres Landes höher ein, als sie tatsächlich sind. Anscheinend hielt sich ein psychologischer Abstand hartnäckig, eine virtuelle Grenze in den Köpfen der Menschen, die auf der Karte nicht mehr zu finden war. Die Mauer aus Beton und Stahl war gefallen, doch ihr Schatten lebte, eingeätzt in die Seelen der Deutschen, weiter. Als dann in Amerika dieser neue Kandidat wie aus dem Nichts auftauchte und forderte, dass Amerika eine Mauer bauen solle, wusste ich sofort, dass das nicht wörtlich gemeint war. Demokraten und Republikaner schienen gleichermaßen ratlos, wie sie auf ein solch absurdes Wahlversprechen reagieren sollten. Doch im Unterschied zu diesem unerwarteten Kandidaten konnten sie eben nicht in die Köpfe der Amerikaner schauen. Sie sahen nicht, dass diese Leute eigentlich gar keine wirkliche Mauer wollten. Es ging nicht darum, eine Mauer aus Stahl und Beton zu errichten – die bloße Idee einer Mauer genügte für Bannons Zwecke. Was sie wollten, war die amerikanische Variante einer Mauer in den Köpfen.

Auch Alan lachte nicht. In einem Meeting sagte er: »Wenn ihr mich fragt, Trump hat durchaus eine Chance, zu gewinnen.« Alle schauten ihn entgeistert an. »Jetzt mach aber mal einen Punkt!« Er warf mir einen Blick zu, und ich sagte: »Ja, auch ich denke, dass er gewinnen kann.« Das war der Augenblick, in dem mir zu meinem Entsetzen voll aufging, dass die von mir mitgeschaffenen Instrumente möglicherweise entscheidend dazu beitragen würden, Donald Trump zum nächsten Präsidenten der Vereinigten Staaten zu machen.

Ein paar Wochen später kam bei meinen Eltern ein Brief von Facebook für mich an. Ich hatte keine Ahnung, wie sie an ihre Adresse gekommen waren. Meine Mutter schickte mir eine Kopie. Er war von Perkins Coie im Auftrag von Facebook verfasst, einer Anwaltskanzlei, die auch für das Wahlkampfteam von Clinton gearbeitet hatte, und zwar im Umfeld des sogenannten Steele-Dossiers, in dem behauptet wurde, Russland besäße kompromittierendes Material über Donald Trump. Die Anwälte von Facebook wollten eine Bestätigung, dass das Datenmaterial, das Cambridge Analytica erhalten hatte, nur für Forschungszwecke genutzt und anschließend gelöscht worden war. Jetzt, da Cambridge Analytica offiziell für das Wahlkampfteam von Trump arbeitete, fand Facebook plötzlich, dass es nicht gut aussah, wenn man die Daten von Millionen Nutzern zur Ausschlachtung für politische Zwecke hergegeben hatte, ganz abgesehen von den beträchtlichen ökonomischen Vorteilen, die Cambridge Analytica daraus gezogen hatte. Davon, dass mithilfe dieser Daten versucht worden war, die Welt auf den Kopf zu stellen, stand nichts in dem Brief. Und natürlich war das Ganze ein groteskes, plumpes Manöver, hatte doch Facebook der Data-Harvesting-App, die Cambridge Analytica einsetzte, ausdrücklich die Erlaubnis gegeben, ihre Funde auch für nichtwissenschaftliche Zwecke zu nutzen – ich selbst hatte darum während meiner Zusammenarbeit mit Kogan gebeten. Die geheuchelte Unschuld, die Facebook nun an den Tag legte, war umso schwerer zu ertragen, als das Unternehmen Ende 2015 Kogans Geschäftspartner Joseph Chancellor als »quantitativen Forscher« angeheuert hatte. Wie ich von Kogan wusste, hatte Facebook diese Entscheidung getroffen, als man dort längst über das Projekt mit den Persönlichkeitsprofilen Bescheid wusste. Später, als die Sache an die Öffentlichkeit kam, spielte Facebook dann die Rolle des schockierten Opfers. Darüber, dass es keinerlei Bedenken hatte, jemanden einzustellen, der mit Kogan zusammengearbeitet hatte, verlor das Unternehmen kein Wort. Immerhin fühlte sich Facebook bemüßigt, später in einer Erklärung zu verkünden: »Seine vorherige Arbeit hat keinen Einfluss auf das, was er heute bei Facebook macht.«

Natürlich hatte Cambridge Analytica die Facebook-Daten nicht gelöscht. Aber ich hatte das Unternehmen ein Jahr zuvor verlassen, ich war von ihm mit einer Klage bedroht worden, und ich wollte auf keinen Fall als sein Sprecher betrachtet werden. Also antwortete ich, dass ich nicht mehr über diese Daten verfüge, mir auch unbekannt sei, ob sie noch irgendwo vorhanden wären, ob noch jemand Zugriff auf sie hätte oder was Cambridge Analytica nun mit ihnen tue – und dass Facebook dies auch nicht wisse. Aber inzwischen war ich bei allem, was mit Cambridge Analytica zu tun hatte, so vorsichtig geworden, dass ich den Brief nicht einfach über die Poststelle des Kanadischen Parlaments verschicken wollte, sondern in einen Straßenbriefkasten warf. Ich wollte auf keinen Fall, dass Cambridge Analytica irgendeinen Schatten über meine Arbeit für Trudeau warf.

Am 22. September 2016 gaben Senatorin Dianne Feinstein und der Abgeordnete des Repräsentantenhauses Adam Schiff eine gemeinsame Erklärung heraus, in der sie Russland Wahlmanipulation vorwarfen. Und in der ersten Debatte der beiden Präsidentschaftskandidaten schlug Hillary Clinton dann die Alarmglocke. »Ich weiß, dass Donald gerne ein Loblied auf Wladimir Putin singt«, sagte sie. Putin habe »Hacker auf die Datenbanken der Regierung und das Democratic National Committee angesetzt. Wie wir seit Kurzem wissen, ist das eine der bevorzugten Methoden der Russen, Verwirrung zu stiften und Informationen zu sammeln.«

»Ich glaube nicht, dass jemand mit Sicherheit sagen kann, Russland habe den DNC geknackt«, erwiderte Trump. »Russland, Russland, Russland sagt sie. Vielleicht stimmt das. Es könnte Russland gewesen sein, warum nicht, aber genauso gut China oder irgendwelche anderen Leute. Vielleicht war es irgendein 200-Kilo-Typ, der zu Hause im Bett sitzt, okay?«

Am 7. Oktober, weniger als eine Stunde nachdem das *Access-Hollywood*-Video herauskam, auf dem zu hören ist, wie Trump zum Thema Frauen den Ratschlag gibt: »Grabsch einfach nach ihrer Möse«, begann WikiLeaks, gehackte E-Mails zu veröffentlichen, die von Clintons Wahlkampfleiter John Podesta stammten. Bis zum Wahltag wurden die E-Mails stückchenweise geleakt. Die Folgen für die Demokraten waren verheerend. Einzelheiten aus Reden, die Clinton vor Bankern der Wall Street gehalten hatte, sorgten für einen Skandal, und die völlig Durchgeknallten am Rand der Alt-Right-Bewegung nutzten die E-Mails zum Beweis ihrer irren Theorie, führende Personen aus Clintons Wahlkampfteam seien Mitglieder eines Kinderporno-Rings, der von einer Pizzeria in Washington aus betrieben werde. Ich musste immer wieder an die Verbindungen zwischen Cambridge Analytica, der russischen Regierung und Julian Assange denken. Cambridge Analytica schien seine dreckigen Finger in jedem schmutzigen Pfuhl dieses Wahlkampfs zu haben.

Den Wahlabend verbrachte ich auf einer Wahlparty in Vancouver. Dort lief CNN auf einem Großbildschirm, andere Sender auf kleineren. Außerdem hatte ich noch Alistair Carmichael am Telefon, den Abgeordneten von den Shetlands, mit dem ich mich während meiner Zeit in London angefreundet hatte. Ich verfolgte die Reaktionen in den USA, Kanada und England. Die Zahlen sahen zunehmend düster für Clinton aus. Als CNN Trump zum wahrscheinlichen Wahlsieger erklärte, versank der Raum in Schockstarre.

Mein Telefon hörte gar nicht mehr zu vibrieren auf, ständig schrieben mir Leute, die alle wussten, dass ich für Cambridge Analytica gearbeitet hatte. Von Hillary Clintons geplatzter Siegesfeier riefen mich einige fassungslose Unterstützer an, um ihren Zorn bei mir abzuladen. An Einzelheiten kann ich mich nicht erinnern, aber ihre Wut und Verzweiflung waren deutlich zu spüren. Nur ein Kommentar, der mich ins Mark traf, ist mir im Gedächtnis haften geblieben. Ein befreundeter Demokrat schrieb: »Für dich war das vielleicht ein Spiel. Aber wir müssen jetzt damit leben.«

An diesem Abend und am folgenden Tag herrschte unter den Trudeau-Beratern Katastrophenstimmung. Mit einem Schlag hatte sich alles, was sie bislang über den Elefanten im Süden zu wissen glaubten, in Luft aufgelöst. Stieg Trump aus NAFTA aus? Kam es vielleicht zu Aufständen? War Trump eine Marionette der Russen? Man suchte händeringend nach Antworten, und da ich der Einzige war, der etwas über Steve Bannon wusste, der nun enorme Macht hatte, wurde ich unablässig gefragt, was da vor sich ging. Man suchte Rat, wie man mit den neuen Präsidentenberatern aus der Alt-Right-Bewegung umgehen sollte, mit denen man bald über Themen von großer nationaler (und internationaler) Bedeutung verhandeln musste. Ich dachte nur: Ach du Scheiße! Ein Typ, den ich drei Jahre zuvor in einem Hotelzimmer in Cambridge kennengelernt hatte, hatte nun das Ohr des designierten Präsidenten der Vereinigten Staaten.

Es war eine Wohltat, den beruhigenden schottischen Akzent von Carmichael zu hören, der mich am nächsten Tag anrief. »Wir müssen sorgfältig überlegen, wie du nun vorgehst«, sagte er. Er gehörte zu den wenigen Personen auf der Welt, denen ich vorbehaltlos vertraute, und ihm hatte ich in den vergangenen Jahren alles über Cambridge Analytica erzählt. Er kannte mich gut genug, um zu wissen, dass es mir unmöglich sein würde, einfach zu schweigen, während Trump und Bannon nach ihrem zweifelhaften Wahlsieg die Macht übernahmen. Nun war es wirklich ernst geworden. Die lächerliche Figur aus dem Reality-TV war nicht mehr bloß ein schamloser Hetzer. Donald Trump schickte sich an, der Führer der freien Welt zu werden.

Den November und Dezember über überlegte ich, was ich sagen könnte und wem. Die Wahl von Trump erschien immer noch unwirklich, zumal Obama ja noch im Amt war. Die ganze Welt schien den Atem anzuhalten und darauf zu warten, was nach dem 20. Januar geschehen würde.

Vor der Wahl hatten mir Freunde aus der Demokratischen Partei Karten für den Ball zur Feier von Clintons Amtseinführung besorgt. Doch anstatt nach Washington zu reisen und an einer Party mit überglücklichen Demokraten teilzunehmen, sah ich nun die schwach besuchte Amtseinführung von Trump auf CNN. Ich konnte es kaum fassen. Da waren sie: Bannon, der aussah wie ein zerzauster Kobold. Kellyanne Conway, die ich durch die Mercers kennengelernt hatte, in einem patriotisch rot-weiß-blauen Kleid. Rebekah Mercer in einem Mantel mit Pelzbesatz und einer Sonnenbrille, wie sie Hollywood-Sternchen tragen. Mir fiel etwas ein, was Nix ein paar Jahre zuvor zu mir gesagt hatte, als ich ihm in einem Restaurant eröffnete, dass ich Cambridge Analytica verlassen wolle. »Du wirst das erst kapieren, wenn wir alle im Weißen

Haus sitzen. Wir alle, außer dir.« Nun, Nix war in Washington nicht dabei, aber die anderen schon.

In diesem Januar wurde Bannon in den Nationalen Sicherheitsrat berufen. Carmichaels Rat, mich »vorsichtig« zu verhalten, schien angebrachter denn je, saß Bannon doch nun an den Schalthebeln des gesamten amerikanischen Geheimdienst- und Sicherheitsapparats. Wenn ich Bannon verärgerte, ob als Whistleblower oder durch irgendeine Provokation, konnte er mein Leben zerstören.

Nicht weniger beunruhigend war, dass Bannon nun Cambridge Analytica zu Regierungsaufträgen verhelfen konnte. Die Mutterfirma von Cambridge Analytica, die SCL Group, arbeitete bereits an Projekten für das US-Außenministerium. Das bedeutete, dass CA Zugang zu Regierungsdaten der USA hatte und umgekehrt. Zu meinem Entsetzen wurde mir klar, dass sich Bannon seinen eigenen privaten Spionageapparat schaffen konnte. Und das für eine Regierung, die weder der CIA noch dem FBI oder der NSA vertraute. Mir war, als durchlebte ich in einen Alptraum. Schlimmer noch, einen feuchten Traum von Richard Nixon. Man stelle sich einmal vor, Nixon hätte Zugang zu dieser Art von privaten, detaillierten Daten über sämtliche amerikanische Bürger gehabt. Mit *Rattenficken* hätte er sich dann nicht abgegeben, er hätte gleich die *ganze Verfassung gefickt*.

Regierungsbehörden benötigen normalerweise eine Befugnis, um private Daten von Bürgern zu sammeln. Doch Cambridge Analytica war ein privates Unternehmen, dessen Macht keiner solchen Kontrolle unterlag. Ich erinnerte mich an die Meetings mit Angestellten von Palantir und daran, warum einige von ihnen so begeistert von Cambridge Analytica waren. Es gab in den USA keinen Datenschutz, der Cambridge Analytica daran hätte hindern können, so viele Facebook-Daten wie nur möglich zu erfassen. Mir wurde klar, dass Bannon mit einem privaten Geheimdienst den beschränkten Schutz aushebeln konnte, der Amerikanern von Bundesbehörden gewährt wurde. Der Deep State war nicht nur ein Narrativ der Alt-Right-Bewegung – er war Bannons selbsterfüllende Prophezeiung. Er selbst wollte zum Deep State werden.

Coming-out

Am Morgen des 28. März 2017, gut zwei Monate nach Trumps Amtseinführung, wachte ich leicht benommen auf, da ich wieder einmal bis spät in der Nacht an einem Briefing gearbeitet hatte. Es war kurz nach sechs. Während ich, nur mit Unterwäsche bekleidet, darauf wartete, dass der Kaffee fertig wurde, ging ich auf Facebook und stellte fest, dass mir eine »Claire Morrison« eine private Nachricht geschickt hatte. Ich klickte auf ihr Profil und sah, dass sie kein Profilfoto hatte.

> Hi Christopher, entschuldigen Sie bitte, dass ich
> mich einfach so an Sie wende. Ich bin in Wahrheit
> eine Journalistin … namens Carole Cadwalladr.
> Ich habe versucht, ehemalige Angestellte von
> Cambridge Analytica/SCL zu interviewen und
> mir ein genaueres Bild von der Tätigkeit der Firma
> zu verschaffen, und Sie wurden mir gegenüber als
> »Gehirn des Unternehmens« bezeichnet …

Das muss jemand von Cambridge Analytica sein, dachte ich. Nicht schon wieder. Ich war mir sicher, dass Cambridge Analytica Psychospielchen mit mir spielen wollte. Kein Journalist hatte sich je mit mir in Verbindung gesetzt, meine Warnungen waren allesamt ignoriert worden, und so ein mieser Trick sähe Nix wirklich ähnlich. Sofern diese gesichtslose »Claire Morrison« nicht zweifelsfrei beweisen konnte, wer hinter dem Profil steckte, wollte ich mit der Person nichts zu tun haben. Also antwortete ich, dass ich Beweise dafür brauchte, dass sie tatsächlich eine Journalistin des *Guardian* war.

Noch am selben Tag schickte mir Cadwalladr von ihrer *Guardian*-Mailadresse einen langen Text über Vote Leave, BeLeave, Darren Grimes, Mark Gettleson und darüber, dass offenbar die kleine kanadische Firma AggregateIQ (AIQ) bei diesen Kampagnen stark involviert war. Man hatte ihr gesagt, ich würde über die beteiligten Personen und Unternehmen Bescheid wissen. Cadwalladr schrieb, sie habe Recherchen über AIQs Beitrag zum Brexit angestellt, und Anfang 2017 habe jemand sie eines Abends auf eine sonderbare Spur gebracht. Die Telefonnummer, die bei den staatlichen Kostenerstattungen für AIG angegeben war, tauchte in einer archivierten Version der SCL-Webseite als die Telefonnummer von »SCL Canada« auf. Seinerzeit gab es fast keine öffentlich zugänglichen Informationen über SCL, abgesehen von einem Artikel in *Slate* auf dem Jahr 2005, auf den Cadwalladr gestoßen war und der den Titel trug: »You Can't Handle the Truth: Psy-ops Propaganda Goes Mainstream.« In dem Artikel wurde ein Szenario beschrieben, in dem »ein obskures Medienunternehmen in Aktion tritt, um bei der Durchführung einer ausgeklügelten Kampagne zur Täuschung der Öffentlichkeit zu helfen«.

Cadwalladr beschäftigte sich mit den Details dieser sonderbaren Geschichte, und irgendwann kam sie in Kontakt mit einem ehemaligen SCL-Angestellten in London, der bereit war, mit ihr zu reden. Der Informant bestand darauf, dass sie sich an einem geheimen Ort trafen und seine Anonymität gewahrt blieb. Er hatte Angst vor der Reaktion der Firma, falls man dort von seinem Gespräch mit ihr erfuhr. Cadwalladr hörte sich die haarsträubenden Geschichten des Informanten über die Machenschaften von SCL in Afrika, Asien und der Karibik an – Honigfallen, Bestechungsgelder, Spionage, Hacker, mysteriöse Todesfälle in Hotelzimmern. Er sagte ihr, sie solle einen gewissen Christopher Wylie ausfindig machen, denn er sei derjenige, der ursprünglich für die Zusammenarbeit zwischen AIQ und Cambridge Analytica gesorgt habe. Im Zuge ihrer Beschäftigung mit dem komplizierten Beziehungsgeflecht der Beteiligten – Vote Leave, AIQ, Cambridge Analytica, Steve Bannon, die Mercers, Russland und Trumps Wahlkampfteam – wurde Cadwalladr klar, dass ich überall eine Rolle gespielt hatte. Ich tauchte so oft auf, dass ich ihr wie der Leonard Zelig des Jahres 2016 vorkam.

Anfangs wollte ich nicht mir ihr sprechen. Ich hatte keine Lust, die Hauptfigur einer großen *Guardian*-Reportage zu sein. Ich war erschöpft, ich hatte mir wieder und wieder die Finger verbrannt und wollte das Cambridge-Analytica-Grauen hinter mir lassen. Außerdem war CA nicht mehr bloß eine Firma. Mein alter Chef Steve Bannon saß nun im Weißen Haus und war Mitglied des Nationalen Sicherheitsrats des mächtigsten Landes der Welt. Ich hatte miterlebt, was mit Whistleblowern wie Edward Snowden und Chelsea Manning passiert war, als sie die volle Wucht der Verfolgung durch die Regierung der USA zu spüren bekamen. Es war zu spät, um am Ausgang des Brexit-Referendums oder der amerikanischen Präsidentschaftswahl noch etwas zu ändern. Ich hatte versucht, die Leute zu warnen, doch niemand hatte sich dafür interessiert. Warum sollte das jetzt anders sein?

Cadwalladr interessierte sich jedenfalls sehr dafür. Als ich mir ihre bisherigen Veröffentlichungen zu dem Thema durchlas, wurde klar, dass sie zwar Cambridge Analytica und AIQ auf der Spur war, aber noch keine Kenntnis über das Ausmaß von deren Vergehen hatte. Nachdem ich einige Tage lang gezögert hatte, schickte ich ihr eine E-Mail, in der ich mich einverstanden erklärte, mit ihr zu reden, sofern sie mir absolute Vertraulichkeit zusicherte. Als der Termin unseres Telefonats gekommen war, pochte mein Herz. Ich rechnete mit einem unerfreulichen Gespräch, in dem sie mir Vorwürfe machen und gelangweilt meinen Erklärungen lauschen würde, um anschließend das zu schreiben, was ihr in den Kram passte.

Stattdessen bekam ich es mit einer Frau zu tun, die sagte: »Spreche ich mit Chris? Freut mich!« Ich hörte Hundegebell im Hintergrund, und sie sagte: »Sorry, ich war eben mit dem Hund draußen und koche mir jetzt einen Tee.« Ich wollte gerade etwas sagen, da hörte ich, wie sie beruhigende Laute zu ihrem Hund machte. Ich hatte für das Telefonat mit Carole etwa zwanzig Minuten eingeplant, aber vier Stunden später redeten wir immer noch. In London musste es bereits deutlich nach Mitternacht sein, doch wir fanden kein Ende. Zum ersten Mal erzählte ich jemandem von dem wahren Ausmaß der Geschehnisse. Was, hatte sie gefragt, ist Cambridge Analytica?

»Steve Bannons psychologisches Instrument für einen großangelegten Mindfuck«, antwortete ich.

Selbst eine gut informierte Journalistin wie Cadwalladr hatte anfangs Schwierigkeiten, bei der Cambridge-Analytica-Geschichte alle Aspekte und Querverbindungen zu verstehen. War SCL ein Teil von Cambridge Analytica oder umgekehrt? An welchem Punkt kam AIQ ins Spiel? Und auch nachdem sie die grundlegenden Details begriffen hatte, gab es noch so vieles, das ich ihr erzählen wollte. Ich redete mit ihr über psychometrisches Profiling, Informationskrieg und künstliche Intelligenz. Ich erläuterte ihr Bannons Rolle und wie wir Cambridge Analytica benutzt hatten, um Instrumente zur psychologischen Kriegführung zu entwickeln, die für seinen Kulturkrieg verwendet werden konnten. Ich erzählte ihr von Ghana, Trinidad, Kenia und Nigeria und den Experimenten, die zur Schaffung von Cambridge Analyticas Arsenal an datenbasierten Targeting-Methoden geführt hatten. Am Ende begriff sie, wie gefährlich die Aktivitäten dieser Firma waren.

Der erste Artikel erschien am 7. Mai 2017 unter dem Titel »The Great British Brexit Robbery: How Our Democracy Was Hijacked.« Er erregte großes Aufsehen und wurde in dem Jahr zum meistgelesenen Artikel der *Guardian*-Webseite. Cadwalladrs Text war journalistisch einwandfrei, aber sie hatte bisher nur an der Oberfläche einer äußerst düsteren Geschichte gekratzt. Am 17. Mai wurde Robert Mueller zum Sonderermittler ernannt, mit der Aufgabe, mögliche Beziehungen zwischen Russland und Trumps Wahlkampfteam zu untersuchen. Es wurde immer offensichtlicher, dass den Demokraten und auch einigen Republikaner ernsthaft daran gelegen war, herauszufinden, warum Trump den FBI-Direktor James Comey urplötzlich entlassen hatte, nachdem dieser kurz zuvor von ihm aufgefordert worden war, die Ermittlungen gegen Trumps ehemaligen Sicherheitsberater Michael T. Flynn einzustellen – der, wie sich herausstellte, als Berater von Cambridge Analytica tätig war. Die komplette Geschichte ging weit über den Brexit hinaus – sie handelte von Bannon, Trump, Russland und dem Silicon Valley. Sie handelte davon, wer die Identität der Menschen kontrolliert, und von den Firmen, die mit ihren Daten Handel treiben.

Ich hatte allerdings ein Problem. Wenn ich bei der Verbreitung dieser Informationen mithelfen und andere Mitarbeiter von Cambridge Analytica überreden wollte, an die Öffentlichkeit zu gehen, musste ich Kanada verlassen. Ich vertraute mich einigen Kollegen in Justin Trudeaus Team an. Sie begriffen sofort, wie bedeutsam die Angelegenheit war, und sie ermunterten mich, an die Öffentlichkeit zu gehen und zwecks Zusammenarbeit mit dem *Guardian* nach Großbritannien zu reisen. Also tat ich es.

Da ich mir keinen konkreten Plan überlegt und noch nicht einmal eine Wohnung besorgt hatte, begab ich mich in Alistair Carmichaels Wahlkreis auf den Shetlandinseln, der nördlichsten Inselgruppe Großbritanniens, die bis zur Annexion durch die Schotten im späten Mittelalter zu nordischen Königreichen gehört hatten. Als ich am Flughafen aus einem winzigen Propellerflugzeug stieg, mit nur einer Tasche als Gepäck, wartete Carmichael schon auf mich, um mich zu einer Pension zu fahren – aber nicht, ohne zuvor einen touristischen Abstecher zu unternehmen. Als örtlicher Parlamentsabgeordneter und stolzer schottischer Patriot wollte er mir, ungeachtet des Regens und des stürmischen Windes, die landschaftlichen Schönheiten der Insel zeigen. Wir waren umgeben von steilen Klippen, Shetlandponys und einer in der Nähe herumlaufenden Schafherde, als er mich fragte, was ich vorhätte.

»Ich weiß es noch nicht genau«, antwortete ich. »Nächste Woche treffe ich mich mit Carole ... Glaubst du, das Ganze ist eine gute Idee?«

»Nein – du bist verrückt!«, rief Alistair spontan. Dann schwieg er einen Moment. »Aber es ist wichtig, dass du es tust. Ich werde dich auf jeden Fall nach Kräften unterstützen.« Es gibt kaum einen Politiker, für den ich einen kilometerlangen Fußmarsch über nasse Wiesen im eiskalten Norden Schottlands auf mich nehmen würde. Doch ich hatte mich immer auf Alistair verlassen können. Er war zu einem Vertrauten, Mentor und Freund geworden.

Ein paar Wochen später trafen Cadwalladr und ich uns zum ersten Mal persönlich, und zwar in der Nähe von Oxford Circus im Londoner Riding House – einem großen, modernen Restaurant mit karmesinroten Sofas an den Fenstern und einer Theke mit helltürkisfarbenen Barhockern. Cadwalladr wartete drinnen auf mich und sah mit ihrem zerzausten blonden Haar, der Sonnenbrille, dem Top mit Leopardenmuster und der abgetragenen ledernen Bomberjacke wie die Freundin eines Harley-Davidson-Fahrers aus. Ich konnte sie quer über die Straße durch eines der großen Fenster sehen. Da ich mir unsicher war, ob es sich bei dieser Frau tatsächlich um die Journalistin vom *Guardian* handelte, mit der ich monatelang telefoniert hatte, suchte ich Fotos von ihr im Internet, um sie mit der Frau hinter der Scheibe zu vergleichen. Als sie mich sah, sprang sie auf und rief: »Meine Güte! Du bist wirklich gekommen! Du bist größer, als ich gedacht habe!« Sie umarmte mich. Sie berichtete mir, dass der *Guardian* als Nächstes eine Geschichte darüber bringen wollte, wie Cambridge Analytica an die Facebook-Daten gekommen war, und sie fragte mich, ob in dem Artikel mein Name vorkommen dürfe.

Die Antwort darauf fiel mir nicht leicht. Wenn ich an die Öffentlichkeit ging, riskierte ich, mir den Zorn des Präsidenten der USA, seines ultrarechten Einflüsterers Steve Bannon, der Downing Street, militanter Brexit-Befürworter und des soziopathischen Alexander Nix zuzuziehen. Und wenn ich die ganze Wahrheit über Cambridge Analytica erzählte, würden vermutlich Russen, Hacker, WikiLeaks und eine Reihe von Leuten, die keine Scheu gehabt hatten, in Afrika, der Karibik, Europa und anderswo Gesetze zu brechen, wütend auf mich sein. Ich hatte mitbekommen, wie Menschen mit ernst zu nehmenden Drohungen unter Druck gesetzt wurden; etliche meiner ehemaligen Kollegen hatten mir geraten, äußerst vorsichtig zu sein. Mein Vorgänger bei SCL, Dan Mureșan, war tot in seinem Hotelzimmer in Kenia aufgefunden worden. Diese Entscheidung wollte gut überlegt sein.

Ich sagte Cadwalladr, dass ich darüber nachdenken werde, und gab ihr weitere Informationen. Aber dann wurde meinem Vertrauen in den *Guardian* ein schwerer Schlag versetzt, denn die Zeitung entschied sich, nicht zu einer von ihr veröffentlichten Reportage zu stehen. Cadwalladr hatte ihren Artikel vom 7. Mai mit der Schilderung begonnen, wie Sophie Schmidt – Tochter des Google-CEO Eric Schmidt – den Kontakt zwischen Nix und Palantir hergestellt hatte, wodurch eine Kette von Ereignissen in Gang gesetzt worden war, die SCLs Vorstoß in die Datenkriegführung zur Folge hatte. Mir war das bekannt, aber ich war nicht die Quelle dafür; jemand anderes hatte es Carole erzählt. Ihr Artikel entsprach der Wahrheit. Ich besaß sogar E-Mails, die Sophie Schmidts Verbindung zu SCL belegten. Die Geschichte war nicht einmal ansatzweise verleumderisch, aber Schmidt hetzte eine Armee von Anwälten auf den *Guardian* und drohte mit einem zeitraubenden und kostspieligen Rechtsstreit. Statt sich einer offensichtlich unbegründeten Klage zu stellen, erklärte sich die Zeitung bereit, Schmidts Namen mehrere Wochen nach der Veröffentlichung aus dem Text zu streichen.

Dann drohte Cambridge Analytica wegen desselben Artikels mit einer Klage. Und obwohl der *Guardian* über schriftliche Unterlagen, E-Mails und Dateien verfügte, die bestätigten, was ich ihnen erzählt hatte, knickte die Zeitung erneut ein. Um Cambridge Analytica zu beschwichtigen und das Haftungsrisiko der Zeitung zu verringern, erklärte sich die Chefredaktion bereit, bestimmte Absätze mit dem Zusatz »strittig« zu versehen. Sie verwässerten damit Cadwalladrs tadellos recherchierte Geschichte.

Meine Stimmung war zu diesem Zeitpunkt im Keller. Ich dachte: Okay, ich bin gerade zurück nach London gezogen, habe keinen Job und soll für eine Zeitung Kopf und Kragen riskieren, die noch nicht einmal willens ist, sich hinter die eigenen Journalisten zu stellen. Ein weiteres Problem war die strikte Verschwiegenheitsvereinbarung, die mir untersagte, Details über meine Arbeit bei Cambridge Analytica preiszugeben. Cambridge Analytica hatte mich natürlich deshalb genötigt, diese zu unterschreiben, weil man mich am Reden hindern wollte, und meine ehemaligen Arbeitgeber würden mich zweifellos mit Klagen überziehen, falls ich der Vereinbarung zuwiderhandelte. Meine Anwälte sagten, dass ich vor Gericht gute Chancen hätte – denn indem ich mein Wissen mit dem *Guardian* teilte, würde ich ungesetzliches Handeln aufdecken. Aber gute Chancen vor Gericht verhindern nicht unbedingt die Einreichung einer Klage, und ein Rechtsstreit mit Cambridge Analytica würde mich mehrere Hunderttausend Pfund kosten – Geld, das ich nicht hatte.

Dennoch wollte ich unbedingt, dass die gesamte Geschichte ans Licht kam. Bei der für mich sinnvollsten Vorgehensweise spielte, wie ich bald feststellte, Trumps Heimatstadt eine Rolle. Carole verwies mich an Gavin Millar, einen bekannten Londoner Anwalt der Kanzlei Matrix Chambers, der für den *Guardian* im Fall Edward Snowden tätig gewesen war. Er schlug mir vor, die Geschichte einer US-amerikanischen Zeitung zu erzählen. Dank des ersten Verfassungszusatzes verfügten Zeitungen in den USA über eine erfolgversprechende Verteidigungsstrategie gegen Verleumdungsklagen, sagte er. Die *New York Times* dürfte sehr viel weniger geneigt sein, einzuknicken, als es der *Guardian* gewesen war, und sie änderte Texte nie im Nachhinein. Das war ein großartiger Vorschlag. Er würde auch dafür sorgen, dass die Geschichte in den USA genauso viel Aufmerksamkeit erregte wie in Großbritannien.

Ich teilte den Leuten vom *Guardian* mit, dass ich vorhatte, die *New York Times* über die Geschichte in Kenntnis zu setzen. Sie waren nicht erfreut darüber und wandten ein, dass wir mit der Veröffentlichung nicht warten sollten, weil das Interesse an dem Thema abebben oder jemand anderes uns zuvorkommen könnte. Aber ich hatte das letzte Wort und blieb bei meinem Entschluss. Ich würde beiden Zeitungen dieselben Informationen geben, verknüpft mit der Bedingung, dass sie ihre Artikel am selben Tag herausbrachten – und erst, nachdem ich mein endgültiges Okay gegeben hatte. Es stand zu viel auf dem Spiel, und die Sache mit Sophie Schmidt hatte mir die Gefahr vor Augen geführt, die von Großbritanniens extrem klägerfreundlichen Verleumdungsgesetzen ausging. Ich wiederholte dem verantwortlichen Redakteur gegenüber, dass ich zur Zusammenarbeit und zur Aushändigung von Dokumenten erst bereit war, wenn es eine Übereinkunft mit der *New York Times* gäbe. Cadwalladr fand es übrigens eine gute Idee, die *New York Times* mit ins Boot zu holen, und der *Guardian* sah schließlich ein, dass ihm nichts übrigblieb, als sich zu fügen. Die zuständigen Redakteure begeisterte es zwar überhaupt nicht, die Konkurrenz zu beteiligen, aber ich muss ihnen zugutehalten, dass sie ihren Stolz unterdrückten und ein Treffen mit Redakteuren der *Times* in Manhattan anberaumten, um Gespräche über das weitere Vorgehen zu führen. Die Zeitungen kamen im September 2017 zu einer vorläufigen Übereinkunft, und kurz danach traf ich mich mit dem Reporter, der bei der *New York Times* für die Geschichte zuständig war.

Am Tag meines ersten Treffens mit dem amerikanischen Journalisten betrat ich die gut besuchte Bar in der Lobby des Hoxton Hotels im Londoner Stadtteil Shoreditch und entdeckte Cadwalladr, die mich zu sich winkte. Sie saß gegenüber von Matt Rosenberg von der *Times*. Er war vollkommen kahl, dezent muskulös, angeblich geschieden und ziemlich attraktiv.

»Du bist also derjenige, welcher?«, sagte Rosenberg, als er sich erhob, um mir die Hand zu geben. »Vermutlich«, fuhr er fort, »müssen erst einmal die Handys verschwinden.« Wir zückten alle unsere Faraday-Etuis, die verhindern, dass ein Handy Signale aussendet oder empfängt. Sämtliche Treffen mit Journalisten begannen mit diesem Ritual. Wir verstauten die Etuis dann in einer schalldichten Tasche, die ich für den Fall mitgebracht hatte, dass es auf den Geräten vorinstallierte Abhör-Malware gab, die sich anschalten konnte, ohne aus der Ferne aktiviert zu werden. Da meine ehemaligen Kollegen von Cambridge Analytica jetzt für die Trump-Regierung arbeiteten und Cambridge Analytica bekanntermaßen mit Hackern und WikiLeaks kooperiert hatte, mussten wir äußerst vorsichtig sein.

Nach einem über zwei Stunden dauernden Gespräch über meine Erfahrungen mit Cambridge Analytica sagte Rosenberg, er habe genug Material, um seinen Vorgesetzten einen Überblick verschaffen zu können. Er bestellte Wein und erzählte dann von seinen Abenteuern als Reporter in Afghanistan. Er machte auf mich einen ehrlichen, anständigen Eindruck, und ich war einigermaßen zuversichtlich, dass wir gut miteinander auskommen würden. Ehe wir uns trennten, gab er mir seine Visitenkarte: »Matthew Rosenberg. Ressort Nationale Sicherheit. New York Times«. Auf die Rückseite hatte er eine Telefonnummer geschrieben. »Die ist von meinem Wegwerfhandy. Ist ein paar Wochen lang gültig. Ruf mich auf *Signal* an.«

Da nun die *New York Times* beteiligt war, stellte ich Kontakte zwischen Journalisten und ehemaligen Angestellten von Cambridge Analytica her, und den Journalisten wurde in einem Punkt immer wieder dasselbe gesagt: wenn es jemandem gelänge, unter vier Augen mit Nix zu sprechen, würde dieser nicht an sich halten können – er würde sich mit Cambridge Analyticas Taten brüsten, um sich auf sein ohnehin schon aufgeblähtes Ego einen runterzuholen. Das stimmte zweifellos, aber ich fand es nicht ratsam, ihm einen Hinweis auf bevorstehende Veröffentlichungen zu geben.

»Vielleicht sollte ich mich um ein Interview mit ihm bemühen«, sagte Cadwalladr eines Nachmittags zu mir. Dann hatte sie eine bessere Idee: ihn auf frischer Tat zu ertappen. Wenn wir Nix in eine Lage brachten, in der er versuchen würde, potenzielle Kunden anzuwerben, würde er bestimmt mit seinen finsteren Machenschaften prahlen, um sie zu beeindrucken. Ich hatte das mindestens ein Dutzend Mal miterlebt. Und wenn wir eine Tonaufnahme von diesem Gespräch hätten, würde das der internationalen Öffentlichkeit beweisen, dass meine Vorwürfe berechtigt waren. Also beschlossen wir, zusätzlich zum *Guardian* und der *New York Times* auch *Channel 4 News* einzuweihen. Als öffentlich-rechtlicher Fernsehsender war *Channel 4* laut seinem Statut stärker zu Diversität, Innovation und Unabhängigkeit verpflichtet als die BBC mit ihren nicht besonders wagemutigen Nachrichtenredaktionen.

An einem Nachmittag Ende September trafen Cadwalladr und ich uns mit Job Rabkin, dem für Investigationen zuständigen Redakteur bei *Channel 4*, und seinem Team im hinteren Teil eines leeren Pubs im Stadtteil Clerkenwell, nur ein paar Straßen entfernt von ihren Fernsehstudios. Cadwalladr stellte uns gegenseitig vor, und Rabkin schilderte die Erfahrungen seines Teams mit Undercover-Operationen. Als ich von Cambridge Analyticas Projekten in Afrika berichtete, machte sich

Fassungslosigkeit auf Rabkins Gesicht breit. Er unterbrach mich. »Das klingt alles so krank und kolonialistisch.« Rabkin war der erste Journalist, der mir gegenüber dieses Wort benutzte – »kolonialistisch«. Die meisten Leute, denen ich von Cambridge Analytica erzählte, lauschten gebannt meinen Geschichten über Trump, den Brexit oder Facebook, aber wenn ich auf Afrika zu sprechen kam, reagierten viele mit einem Achselzucken. »Dumm gelaufen. So ist das halt in Afrika.« Aber Rabkin begriff, was der springende Punkt war. Die Aktionen von Cambridge Analytica in Kenia, Ghana und Nigeria – sie zeugten von einer neuen Ära des Kolonialismus, in der mächtige Europäer Afrika wegen seiner Rohstoffe ausbeuteten. Und obwohl der Abbau von Erzen und die Ölförderung immer noch im Vordergrund standen, ging es neuerdings auch um eine weitere Ressource: Daten.

Rabkin versprach mir die volle Unterstützung der Abteilung für Investigationen bei *Channel 4* und fügte hinzu, dass sein Team bereit war, das Risiko einer Undercover-Operation einzugehen, um an Interna von Cambridge Analytica zu gelangen. Ich arbeitete mit ihnen an der Aktion, die meiner Überzeugung nach Nix' verwerfliches Treiben enthüllen würde. Aber es war ein unglaublich kompliziertes und heikles Unterfangen, das desaströs enden würde, falls Nix irgendwie spitzbekam, was wir vorhatten.

Angesichts der Menge an zu beachtenden Details wurde die Arbeit eines Whistleblowers in spe zu einem Vollzeit-Job. Da ich auch eine Unmenge juristischer Probleme bekommen würde, wenn irgendetwas schiefging, wandte ich mich an die Anwaltskanzlei, die mir im Sommer geholfen hatte. Die Antwort hätte unerfreulicher nicht sein können. Mein Fall überstieg ihre Kapazität für Pro-bono-Mandate. Ich musste entweder Geld auftreiben oder mir eine neue Kanzlei suchen.

Ich war verzweifelt. Ich war arbeitslos, befand mich in einer äußerst verworrenen Situation, lief Gefahr, jede Menge Klagen abwehren zu müssen – und all das ohne Anwalt. Aber wie so oft im Leben hatte ich das Glück, dass aus einer schlechten Neuigkeit etwas Wunderbares resultierte. In diesem Fall führte sie mich sie zu Tamsin Allen.

Gavin Millar erfuhr, was passiert war, und verwies mich an Allen, eine Medienanwältin, die als eine der besten ihrer Profession in Großbritannien galt und im Herbst 2017 die Expertin für Verleumdungen und Verletzungen der Privatsphäre der Kanzlei Bindmans LLP war. Zu ihren Klienten zählten ehemalige Spione des MI5 und Prominente, die in einem aufsehenerregenden Fall den Konzern News Corp wegen des Hackens ihrer Handys verklagt hatten. Sie schien genau die Richtige für meine Probleme zu sein, und wir verstanden uns auf Anhieb hervorragend. Als Jugendliche war sie wegen Nacktbadens von der Schule geflogen, und als die Punk-Bewegung in den 1980er-Jahren in ihrer Blüte stand, zog sie nach London und wohnte in einem besetzten Haus in Hackney. »Ich habe alle möglichen Sachen erlebt, die ich wirklich niemandem erzählen könnte«, bemerkte sie einmal, als wir spätabends gemeinsam Beweise durchgingen. Allen war eine Rebellin, und sie ließ sich weder von meinem pinkfarbenem Haar und dem Nasenring abschrecken noch von meinen irren Geschichten über Spionage, Hacker und Manipulationen mittels Daten. sie wurde für mich, den angehenden Whistleblower, zur wichtigsten Verbündeten.

Allen erkannte, dass meine Interessen nicht völlig mit denen von *Channel 4*, dem *Guardian* und der *New York Times* übereinstimmten. Den Reportern ging es um den journalistischen Coup des Jahres, wenn nicht des Jahrzehnts, für mich hingegen kam es darauf an, diese ungeheuer wichtige Geschichte zu erzählen, ohne mich dabei unnötigen juristischen Gefahren auszusetzen. Sie riet mir, immer wieder darauf hinzuweisen, dass die Schilderung der Aktivitäten von Cambridge Analytica im öffentlichen Interesse lag, insbesondere wegen der strikten Verschwiegenheitsvereinbarung, denn die britischen Gesetze erlauben es einem Beklagten nur, eine solche Vereinbarung zu brechen, wenn dies erforderlich ist, um illegales Handeln aufzudecken, oder wenn ein eindeutiges öffentliches Interesse daran besteht. Wir diskutierten lang und breit, worin das »öffentliche Interesse« bestand und wie wir es geltend machen konnten, ohne zu sehr in Klatsch und Tratsch abzugleiten oder etwas preiszugeben, dass die berechtigten nationalen Sicherheitsinteressen der britischen oder amerikanischen Regierung berührte, doch Allen warnte mich, dass Cambridge Analytica mich wahrscheinlich auch dann verklagen würde, wenn ich mich voll und ganz an die Gesetze hielt. Sie meinte, auch Facebook könnte versuchen, mich juristisch zu belangen, und deren finanzielle Mittel seien unbegrenzt. Zudem befürchtete sie, Facebook oder CA würden eine einstweilige Verfügung beantragen, um die Veröffentlichungen zu verhindern. Solche einstweiligen Verfügungen sind in den USA sehr unüblich, in Großbritannien jedoch nicht ungewöhnlich. Eine Aufhebung der einstweiligen Verfügung zu erreichen, sei ein zeitraubendes Unterfangen, und selbst wenn wir am Ende Erfolg hätten, könnten die britischen Journalisten kalte Füße bekommen und einen Rückzieher machen – Allen sagte mir, das habe sie schon viele Male erlebt.

Aber dies waren bloß die juristischen Szenarien. In meiner Geschichte kamen auch viele Gestalten vor, die dafür bekannt waren, dass sie sich nicht an Gesetze hielten, und Allen machte sich ihretwegen Sorgen um meine Sicherheit. Bei einem unserer ersten Treffen fragte sie mich, ob ich Verwandte in London habe und welche Sicherheitsmaßnahmen ich ergriffen hätte. »Wen wirst du im Notfall anrufen?«, fragte sie mich. Wir mussten einen Plan schmieden. Aber als sich nach einer Weile ein enges Verhältnis zwischen uns entwickelt hatte, beschloss ich, dass ich Allen anrufen würde, sollte ich ernsthaft in die Bredouille geraten.

Da meine juristische Lage nun geklärt war, wandte ich mich Gesprächen mit Sanni über die Dinge zu, die sich zwischen BeLeave und Vote Leave abgespielt hatten. Er war sehr hilfsbereit. Ohne sich der tieferen Bedeutung der von ihm geschilderten Vorgänge bewusst zu sein – unerlaubte Absprachen und Betrug –, erzählte er mir von einer Vereinbarung, die es Vote Leave ermöglicht hatte, über BeLeave mehrere Hunderttausend Pfund auf ein AIQ-Konto zu schleusen. Nachdem ich ihm erklärt hatte, was daran illegal war, begriff Sanni schließlich, wozu man ihn benutzt hatte. Er hatte keine Ahnung gehabt, dass AIQ ein Teil von Cambridge Analytica war, und war sichtlich angewidert, als ich ihm von den Videos erzählte, für deren Verbreitung AIQ im Auftrag von CA während des nigerianischen Wahlkampfs gesorgt hatte.

Ein paar Tage später zeigte er mir eine geteilte Ablage im Internet, in der sich Strategie-Dokumente von BeLeave, Vote Leave und AIQ befanden. Nach britischem Recht erfüllte das den Tatbestand unerlaubter Absprachen. Laut Änderungsprotokoll hatte bei der Ablage jemand, der über Administratorenrechte verfügte, die Namen führender Mitarbeiter von Vote Leave gelöscht. Diese Löschungen, sagte Sanni mir, waren in derselben Woche vorgenommen worden, in der die Wahlkommission Ermittlungen gegen die Pro-Brexit-Wahlkampagne eingeleitet hatte. Vote Leave hat später behauptet, es habe sich um eine normale Datenbereinigung gehandelt, aber mir kommt es so vor, als habe Vote Leave versucht, Beweise für übermäßige Ausgaben zu beseitigen, wodurch diese Leute sich einer weiteren Straftat schuldig gemacht hätten: Vernichtung von Beweismaterial. Für mich sah es wie eine Vertuschungsaktion aus, und als Sanni mir zeigte, wer sonst noch Zugriff auf die Ablage hatte, wurde es noch interessanter. Zwei der Personen, die die Ablage benutzen durften, waren wichtige Berater des Pro-Brexit-Lagers gewesen, die inzwischen für die Premierministerin arbeiteten und sie bei den Verhandlungen mit der EU unterstützten. Ich wies Sanni darauf hin, dass er womöglich im Besitz von Beweisen für eine Straftat – genau genommen mehrere – war und sehr vorsichtig sein musste, weil ihm womöglich ernsthafte Schwierigkeiten drohten. Ich hatte ihn bereits über meine Zusammenarbeit mit dem *Guardian* und der *New York Times* informiert. Als ihm die enorme Tragweite seiner Entdeckung klar wurde, erklärte er sich zu einem Treffen mit Cadwalladr bereit, um ihr alles zu erzählen, was er wusste. Ich verwies ihn auch an Tamsin Allen, damit sie ihn juristisch beriet.

Anfangs hatte Allen pro bono für mich gearbeitet. Aber die Angelegenheit war inzwischen so komplex geworden, dass sie die dafür nötige Arbeit nicht mehr ohne Bezahlung leisten konnte. Sie machte sich auch Sorgen, was passieren würde, falls Cambridge Analytica herausfände, dass ich vorhatte, an die Öffentlichkeit zu gehen, und mich daraufhin verklagte. Allen wollte mich auf keinen Fall aus finanziellen Gründen vor die Tür setzen, aber wir mussten uns etwas einfallen lassen. Wir beschlossen, uns an einige ihrer gut vernetzten Bekannten zu wenden, denn Allen wusste, dass es wichtig für mich sein würde, eine Gruppe von Unterstützern auf meiner Seite zu haben. Der erste war Hugh Grant – jawohl, *der* Hugh Grant, Star aus Filmen wie *Vier Hochzeiten und ein Todesfall* und *Bridget Jones – Schokolade zum Frühstück*. Bei einem

Abendessen schilderte Allen ihm die Zwickmühle, in der ich steckte. Sanni gesellte sich zu uns, um zu erläutern, was bei Vote Leave geschehen war. Grant war herzlich und mitfühlend und wirkte genau wie viele der Charaktere, die er gespielt hatte. Außerdem hatte er eigene Erfahrungen mit dem Diebstahl von Daten gemacht – Rupert Murdochs Zeitung *News of the World* hatte die Mailbox seines Handys gehackt. Er war empört über das Ausmaß von Cambridge Analyticas Vergehen und versprach zu überlegen, wer uns helfen könne.

Die entscheidende Unterstützung erhielten wir ein paar Wochen, nachdem wir Lord Strasberger vorgestellt worden waren, einem Liberaldemokraten, der Mitglied des britischen Oberhauses und Gründer der gemeinnützigen Bürgerrechtsorganisation Big Brother Watch war. Er wiederum stellte den Kontakt zu einem sehr wohlhabenden Mann her, der extra nach London kam, um mich zu treffen. Ich fragte ihn, warum er uns unterstützen wolle, und er nannte als Grund die Geschichte Europas. Er sagte, er wisse, was passiere, wenn jeder Mensch in Listen erfasst werde. Die Wahrung der Privatsphäre sei von zentraler Bedeutung für den Schutz vor der wachsenden Gefahr eines neuen Faschismus, und darum werde er mir helfen. Ein paar Tage später stellte er die von mir benötigten Gelder zur Verfügung.

Das war nur ein Teil der Unterstützung, die es mir ermöglichte, die Qualen, die man als Whistleblower erleidet, unversehrt zu überstehen. Während ich mich darauf vorbereitete, die Umtriebe von politischen und ökonomischen Goliaths anzuprangern, war ich nun ein David, der sich der Rückendeckung durch engagierte Anwälte und Journalisten, eines Rechtskosten-Fonds und jeder Menge moralischen Beistands gewiss sein konnte. Whistleblower werden oft als einsame Aktivisten dargestellt, die sich um der Gerechtigkeit willen

Giganten in den Weg stellen. Aber ich für meinen Teil war nie allein und hatte in mehreren Fällen unglaubliches Glück. Ohne fremde Hilfe hätte ich es niemals geschafft, an die Öffentlichkeit zu gehen.

Im Oktober 2017 trafen sich Allen und ich mit den Producern von *Channel 4 News*, Jeb Rabkin und seinem Chef Ben de Pear. Ich beschrieb Nix und berichtete, in welche Arten illegaler Aktivitäten er regelmäßig verstrickt war. Sie waren fasziniert von der Vorstellung, ein Geständnis von ihm aufzuzeichnen, aber als wir über die Details einer solchen Täuschungsaktion diskutierten, warfen sie die Frage auf, ob sie womöglich zu kompliziert sei, um Erfolg zu haben. Die wichtigsten Juristen des Senders müssten ihre Erlaubnis geben, und es könnte gut sein, dass sie das Risiko von rechtlichen Konsequenzen und der Schädigung des Rufs von *Channel 4 News* im Falle des Scheiterns unseres Vorhabens für zu groß hielten.

Wir erstellten daraufhin zusammen mit den Anwälten des Senders vorsorglich einen umfangreichen vorbereitenden Schriftsatz. In Großbritannien gibt es Gesetze, die eine solche Täuschungsaktion gestatten, sofern die Journalisten belegen, dass sie im öffentlichen Interesse durchgeführt, dass niemand zu Straftaten angestiftet wird und dass durch die Aktion vermutliche Straftaten enthüllt werden. Der Schriftsatz sollte zur Verteidigung des Vorgehens von *Channel 4* dienen, falls Nix Klage einreichte.

Bei der Vorbereitung der Aktion war sorgsam auf jedes noch so kleine Detail geachtet worden. Ich rief Mark Gettleson an, der sich, ohne zu zögern, bereit erklärte, uns zu helfen. Nix musste überzeugt davon sein, dass die Person, mit der er sich traf, potenzielle Kunden waren, dass es das Projekt, an dem er mitwirken sollte, wirklich gab und dass das Gespräch unter dem Siegel der Verschwiegenheit stattfand. Der Mensch, der den Kunden spielen würde, musste ausführlich darüber informiert werden, wie Nix tickte. Er musste genau wissen, welche Fragen er zu stellen hatte und sich auch hervorragend mit der politischen Lage des Landes auskennen, in dem das Projekt angeblich durchgeführt werden sollte.

Wir entschieden uns aus mehreren Gründen für Sri Lanka als Schauplatz. Erstens war SCL bereits in Indien tätig gewesen und hatte dort ein Büro, weshalb Nix vor einem Einsatz im Nachbarland wohl nicht zurückschrecken würde. Und zweitens erleichterte die unübersichtliche politische und geschichtliche Situation Sri Lankas es uns, ein gefälschtes politisches Szenario zu entwerfen, das realistisch wirkte. Das Projekt, das wir erfanden, musste mit genügend echten Protagonisten aufwarten, damit es für einen Assistenten bei Cambridge Analytica, der vor dem Treffen ein bisschen googelte, glaubwürdig wirkte und auch einer eingehenderen Prüfung standhielt.

Nachdem *Channel 4* einen sri-lankischen Privatermittler angeheuert hatte, den sie »Ranjan« nannten, setzten Gettleson und ich uns mit den Leuten von *Channel 4* zusammen, um ihnen Nix' Angewohnheiten und Marotten zu schildern, ihnen zu erläutern, wie Cambridge Analytica potenzielle Kunden überprüfte, und ihnen E-Mails von Nix zu zeigen, damit sie begriffen, wie er und die Firma agierten. Es sollte insgesamt vier Treffen geben – drei vorbereitende mit hochrangigen Managern von Cambridge Analytica und ein abschließendes, bei dem die Vereinbarung in Nix' Anwesenheit unter Dach und Fach gebracht wurde. Ranjan musste erreichen, dass Nix von selbst mit Vorschlägen für illegale Maßnahmen herausrückte, damit uns später niemand vorwerfen konnte, wir hätten ihn zu einer Straftat angestiftet.

Ranjan würde den Agenten eines ehrgeizigen jungen Sri Lankers spielen, der in den Westen gegangen war, eine Menge Geld verdient hatte und nun in seine Heimat zurückkehren und für ein politisches Amt kandidieren wollte. Aber wegen einer Familienfehde hatte ein Minister der Regierung die Vermögenswerte seiner Familie eingefroren. Ranjan würde den Namen eines echten Ministers und genug wahre Einzelheiten über die politische Lage in Sri Lanka nennen, dass Nix und die anderen Manager ihm seine Geschichte abkauften. *Channel 4* musste im Vorweg umfassende Recherchen betreiben, denn jeder Fehler gefährdete die ganze Aktion. Die Karotte, mit der wir vor Cambridge Analyticas Nase zu wedeln gedachten, war ein Erfolgshonorar in Höhe von fünf Prozent der (imaginären) Vermögenswerte, falls es der Firma gelänge, sie freizubekommen. Wir wussten, Alexander würde dem nicht widerstehen können.

Bei den ersten beiden Terminen traf sich Ranjan mit dem Chief Data Officer Alexander Tayler und dem Managing Director, Mark Turnbull, in einem Zimmer eines Hotels in der Nähe von Westminster. Die beiden Manager präsentierten Cambridge Analyticas Arbeit auf dem Gebiet der Datenanalyse und boten Dienstleistungen an, bei denen es um Informationsbeschaffung ging, aber die Begegnungen erbrachten nichts Konkretes. Die beiden waren zurückhaltend und verkniffen sich Aussagen über die wahren Tätigkeiten von Cambridge Analytica. Die Leute von *Channel 4* waren frustriert, aber wir hatten eine Idee, wie man das Problem lösen könnte.

Wir begriffen, dass Leute wie die beiden davon ausgehen, dass jedes Hotelzimmer, das sie betreten, verwanzt ist. *Channel 4* musste also die Voraussetzungen für ein Treffen an einem öffentlichen Ort schaffen. Die Bosse von *Channel 4* lehnten das mit dem Argument ab, es sei organisatorisch nicht machbar. Wenn wir versuchten, ein Treffen in einem Restaurant oder einer Bar aufzuzeichnen, würden die Hintergrundgeräusche womöglich alles übertönen. Und wo sollten die Kameras für eine Videoaufnahme der Manager postiert werden? Wir konnten sie nicht an einen zuvor ausgewählten Tisch führen – das wäre zu verdächtig.

Die Mitglieder des Teams von *Channel 4* traf jedoch eine mutige Entscheidung, für die ihnen alle Achtung gebührt. Sie mieteten den größten Teil eines Restaurants, engagierten Leute, die dort zu Mittag essen und sich dabei nur leise unterhalten würden, und richteten Dutzende von Kameras auf alle frei gebliebenen Tische. Nix und die anderen Manager konnten sich selbst einen Tisch aussuchen, wodurch sie sich sicherer fühlen würden. Dennoch wäre fast alles um sie herum eine Kamera – selbst Teile der Tischdekoration, Handtaschen und in der Nähe sitzende »Gäste« würden das Gespräch aufzeichnen.

Zwei Treffen fanden in dem Restaurant statt. Beim ersten machte Turnbull Andeutungen über die eher fragwürdigen Dienstleistungen, die Cambridge Analytica anbot. Er sagte zu Ranjan, die Firma könne ein paar Nachforschungen über den sri-lankischen Minister anstellen, und meinte, sie würden »diskret und unauffällig alle Leichen in seinem Keller aufspüren und Ihnen die Ergebnisse zur Verfügung stellen«. Aber am Ende machte er scheinbar einen Rückzieher, denn er sagte: »Wir würden niemals ein hübsches Mädchen losschicken, um einen Politiker zu verführen und dann die beiden im Schlafzimmer filmen und das Video veröffentlichen. Es gibt Firmen, die so etwas tun, aber ich finde, dass man damit eine rote Linie überschreitet.« Indem er beschrieb, was Cambridge Analytica angeblich niemals tun würde, wollte er natürlich Ranjan erst auf die entsprechenden Ideen bringen.

Sechs Wochen nach Beginn der Täuschungsaktion trat schließlich Nix in Erscheinung. Für dieses vierte Treffen hatte sich *Channel 4* bei der Vorbereitung besonders ins Zeug gelegt, damit alles reibungslos klappte. Die Tische waren verwanzt und etliche Kameras installiert. Auch in den Handtaschen von Frauen, die so tun würden, als äßen sie bloß zu Mittag, waren Kameras verborgen. Alles war bereit, und wir drückten die Daumen, dass Alexander das Treffen nicht absagen oder verschieben würde.

Er tat keines von beidem. Stattdessen schaufelte er sich selbst sein eigenes Grab. Ranjan machte seine Sache hervorragend, denn er stellte die richtigen Fragen und gab sich in den passenden Momenten interessiert. Und Alexander, gesegnet sei er, kam hereinspaziert und riss sein großes Maul auf.

Zwei Monate vergingen, ehe *Channel 4* bereit war, uns das Restaurant-Video zu zeigen. Anfang November hatte ich an einem Vormittag einen Termin mit Allen, und weil sonniges, frisches Herbstwetter herrschte, beschloss ich, zu Fuß zu gehen. Als ich im Empfangsbereich der Kanzlei wartete, schaute ich auf mein Handy und stellte fest, dass ich von einer merkwürdigen Nummer mehrere Nachrichten bekommen hatte. Ich öffnete die erste und rief unwillkürlich: »Ach, du Scheiße!« Die Frau am Empfang schaute hoch, fragte, ob alles in Ordnung sei, und meine Antwort lautete: »Nein.« Die Nachrichten bestanden aus Fotos von mir, aufgenommen während meines Spaziergangs an jenem Vormittag. Jemand war mir zur Kanzlei meiner Anwältin gefolgt und wollte, dass ich es wusste.

Wir hatten den Verdacht, dass Cambridge Analytica von meiner Rückkehr nach London erfahren hatte und mich observieren ließ. Allen sagte, ich müsse ab sofort meine Gewohnheiten ändern – wohin ich ging und wie ich mich mit

Anwälten traf. Ein paar Tage später postete Leave.EU auf Twitter ein Video, das die Szene aus dem Film *Die unglaubliche Reise in einem verrückten Flugzeug* zeigte, in der einer »hysterischen« Frau von mehreren Leuten nacheinander ins Gesicht geschlagen wird, wobei auf das Gesicht der Frau das von Cadwalladr montiert war und im Hintergrund die russische Nationalhymne ertönte. Cadwalladr sagte mir, man habe wahrscheinlich eine private Ermittlungsfirma auf sie angesetzt, und sollten diese Leute ein Treffen von uns beiden beobachtet haben, hätten sie bloß eins und eins zusammenzählen müssen. Wenn Cambridge Analytica herausfand, was ich plante, könnte die Firma laut Allens Befürchtung bei Gericht eine einstweilige Verfügung beantragen, um zu verhindern, dass ich dem *Guardian* oder der *New York Times* weitere Dokumente aushändigte. Meine Angst vor dem, was noch kommen könnte, wuchs ständig. Ein paar Tage später, am 17. November, demselben Tag, an dem Cadwalladr im *Guardian* einen Artikel über die Drohungen veröffentlichte, die sie erhalten hatte, erlitt ich mitten auf einer Londoner Straße einen Anfall, fiel in Ohnmacht und wurde ins Krankenhaus gebracht. Die Ärzte fanden keine eindeutige Ursache für den Vorfall.

Kurz nach meiner Entlassung aus dem Krankenhaus fragte ich Allen, ob es einen Weg gäbe, die mir zur Verfügung stehenden Informationen vor Versuchen zu schützen, ihre Veröffentlichung zu verhindern. Gab es in Großbritannien eine legale Methode, einstweilige Verfügungen zu umgehen? Erst sagte sie Nein, aber dann fiel ihr etwas ein, und sie erklärte mir, dass bei der einzigen denkbaren Möglichkeit das Parlament eine Rolle spiele, denn einem uralten Gesetz zufolge verhindere die Immunität der Parlamentsabgeordneten, dass man sie mit einer einstweiligen Verfügung oder einer Verleumdungsklage belangen könne. Die Beschäftigung mit Gesetzen aus dem 17. Jahrhundert hatte für mich anfangs etwas sehr Akademisches, aber Allens Erläuterungen brachten mich auf die Idee, Alistair Carmichaels Angebot, mir zu helfen, anzunehmen. Bei einem Treffen mit Carmichael im Parlament berichtete ich, dass ich wahrscheinlich überwacht wurde, und bat ihn, ein paar externe Festplatten für mich aufzubewahren, damit die darauf gespeicherten Beweise für den Fall, dass ich sie nicht veröffentlichen durfte, in Sicherheit waren. Carmichael war einverstanden und sagte mir, dass er, wenn nötig, alles in seiner Macht Stehende tun würde, um die Informationen unter die Leute zu bringen, einschließlich der Berufung auf seine parlamentarische Immunität. Ich gab ihm die Festplatten, und sie blieben in seinem Safe, bis die ganze Geschichte publik wurde.

Zudem verschaffte ich ihm ein paar erstaunliche Tonaufnahmen. Prof. Dr. Emma Briant ist eine britische Expertin für Informationskrieg, die im Zuge ihrer Beschäftigung mit Cambridge Analyticas Arbeit für die NATO mit mehreren leitenden Angestellten der Firma zu tun hatte. Obwohl sie den Umgang mit Leuten, die Militärpropaganda betrieben, gewöhnt war, schockierte sie der Inhalt der ersten Gespräche mit Angestellten von Cambridge Analytica derart, dass sie die folgenden aufnahm. Cadwalladr hatte uns miteinander bekannt gemacht, weil Briant für ihr Material denselben Schutz wollte, den ich dank des Parlamentsabgeordneten Carmichael für meines erlangt hatte. Kurz darauf saß ich mit Alistair in seinem Büro, und wir hörten zu, wie Briant uns eine Aufnahme von Nigel Oakes vorspielte, dem CEO der SCL Group, deren Tochterfirma Cambridge Analytica war. »Hitler war nicht deshalb ein Feind der Juden, weil er ein Problem mit ihnen hatte, sondern weil das Volk sie nicht leiden konnte«, hörten wir Oakes sagen. »Er hat sich ein Feindbild zunutze gemacht. Und das ist genau dasselbe, was Trump getan hat. Er hat ein muslimisches Feindbild ausgenutzt.« Oakes' Firma half also Trump, das zu tun, was Hitler getan hatte, und er fand die Sache amüsant. In einem Mitschnitt eines Gesprächs zwischen Briant und Wigmore wollte der Kommunikationsleiter von Leave.EU ebenfalls über die Kommunikationsstrategie der Nazis reden. Auf der Aufnahme erläutert Wigmore: »Die Propagandamaschinerie der Nazis hat zum Beispiel – wenn man die ganzen grauenvollen Dinge beiseitelässt – sehr gute Arbeit geleistet. Vom reinen Marketingstandpunkt her ergibt es total Sinn, was sie gesagt haben, warum sie es gesagt haben, wie sie Dinge dargestellt haben und mit welcher Bildsprache … Und rückblickend denke ich, als jemand, der zum Führungsteam dieser Kampagne [dem Wahlkampf vor dem Brexit-Referendum im Jahr 2016] gehörte, herrje, das war keine neue Erfindung, man benutzt einfach – einfach die Instrumente, die einem die Ära zu dem Zeitpunkt zur Verfügung stellt.« Carmichael hörte sich die Aufnahme schweigend an.

Im Februar 2018 wurden Allen und ich schließlich eingeladen, in einen Vorführraum im ITN-Gebäude zu kommen, das sich zufällig gegenüber von Tamsins Kanzlei in der Gray's Inn Road befand. Ich sah zu, wie Nix in dem von *Channel 4* angemieteten Restaurant herumzappelte und sich bemühte, seinem potenziellen Kunden alle nur erdenklichen Wünsche zu erfüllen. Ich sah zu, wie er redete und einen Fehler nach dem anderen machte. Es war der reine Wahnsinn. Ich sah einen Nix in Hochform, der einige der grausigen Dinge schilderte, die Cambridge Analytica getan hatte oder zu tun bereit war. Nix erzählte, dass er Trump während des Wahlkampfs im Jahr 2016 »viele Male« getroffen hatte. Turnbull ging noch weiter und verriet, dass Cambridge Analytica das Crooked-

Hillary-Narrativ erfunden hatte. »Wir haben einfach Informationen in den Blutkreislauf des Internets eingespeist und dann zugeschaut, wie sie immer weitere Kreise zogen«, sagte er. »Mit solchen Sachen infiltriert man die Online-Communitys ohne Branding, sodass man sie weder zuordnen noch nachverfolgen kann.« Ich konnte beim Zusehen kaum an mich halten. Meine Erfahrungen wurden endlich durch Nix' eigene Worte bestätigt.

Der Film war ein Meisterwerk. Nix und Turnbull wurden in flagranti dabei ertappt, wie sie beiläufig anboten, *Kompromat* über einen sri-lankischen Minister zusammenzustellen und ihn zu erpressen. Nix schlug die Beine übereinander, nippte an seinem Drink und sagte:

Intensive Recherche ist eine feine Sache. Aber wissen Sie, genauso effektiv kann es sein, einfach zu dem Amtsträger zu gehen und ihm einen Deal anzubieten, der zu schön ist, um wahr zu sein, und das Ganze zu filmen. Diese Taktik ist sehr reizvoll. Man hat sofort ein Video mit dem Beweis für Korruption. Wenn man das dann im Internet kursieren lässt und so weiter ...

Wir lassen einen reichen Geschäftsmann auftreten – jemanden, der einen reichen Geschäftsmann spielt ... Er wird dem Kandidaten viel Geld für dessen Wahlkampf bieten, falls er als Gegenstück Bauland oder etwas Ähnliches bekommt. Wir haben das alles dann auf Video. Wir verpixeln das Gesicht unseres Helfers und stellen die Aufnahme ins Internet.

Ganz genau, Nix schlug tatsächlich inmitten unserer Täuschungsaktion eine Täuschungsaktion vor. Ich schaute ihm dabei mit Allen und dem Team von *Channel 4* zu und staunte über diese absurde Duplizität. Aber Nix war noch nicht fertig, denn er fuhr fort:

Wir können bei dem Kandidaten ein paar Mädchen vorbeischicken. Wir haben schon viele solche Sachen gemacht ... Wir könnten ein paar Ukrainerinnen als Urlaubsbegleitung mitnehmen, wenn Sie wissen, was ich meine ... Diese Frauen sind echte Schönheiten. Nach meiner Erfahrung klappt das sehr gut ... Ich schildere Ihnen hier bloß, was man machen könnte und was schon gemacht wurde ... Ich weiß, das hört sich schrecklich an, aber die Vorwürfe müssen gar nicht der Wahrheit entsprechen, es reicht, wenn die Leute sie glauben.

Nach monatelanger Arbeit und der Überwindung zahlloser Probleme hatten wir endlich alles Nötige beisammen. Die Filmaufnahmen von *Channel 4* würden wie ein Todesstoß sein, und in diesem Moment war ich überzeugt, dass wir die Machenschaften von Cambridge Analytica tatsächlich beenden würden.

Wir kamen überein, in den letzten beiden Wochen des März 2018 mit den Zeitungsartikeln und der dazugehörigen Fernsehreportage an die Öffentlichkeit zu gehen. Ein paar Wochen vorher traf ich mich mit Damian Collins, dem Vorsitzenden des Ausschusses für Digitalpolitik, Kultur, Medien und Sport (DCMS) des britischen Parlaments, in seinem Büro in Portcullis House, einem modernen Gebäude auf dem Gelände des Parliamentary Estate. Collins hatte eine offizielle Untersuchung über das Ausmaß von Desinformation in den

sozialen Medien angeordnet, und mehrere Parlamentsabge-
ordnete und Ausschussvorsitzende hatten mir geraten, mich
mit ihm zu treffen. Collins war äußerst höflich und sprach mit
dem gepflegten Oberklasse-Akzent, der für eine bestimmte
Sorte britischer Konservativer typisch zu sein scheint. Ich war
sofort beeindruckt von ihm. Er wusste über Cambridge Analytica besser Bescheid als alle anderen Abgeordneten, mit
denen ich mich getroffen hatte, und er hatte Nix bereits vor
einigen Monaten vorgeladen, damit er eine Aussage machte.
Nix hatte gegenüber dem Ausschuss bestritten, dass Cambridge Analytica Daten von Facebook benutze. Ich sagte zu
Collins, dass das gelogen sei und Nix den Ausschuss offenkundig getäuscht habe – was ein gravierendes Vergehen war,
da es den Tatbestand der Missachtung des Parlaments erfüllte. Ich schloss eine der externen Festplatten aus Carmichaels
Safe an meinen Laptop an und drehte den Bildschirm zu Collins hin. Zu sehen war darauf ein Vertrag über Facebook-Daten, der sowohl Nix' als auch Kogans Unterschrift in leuchtend
blauer Tinte trug. Stundenlang gingen wir interne Schriftstücke von CA durch, die belegten, dass die Firma Facebook-
Daten benutzt und Beziehungen zu russischen Firmen unterhalten hatte, und ich zeigte ihm einige besonders üble,
massenhaft verbreitete Propagandavideos, auf denen Menschen getötet wurden. Nachdem Collins und seine Mitarbeiter sich entschieden hatten, welche Dokumente sie haben
wollten, kopierte ich sie auf eine externe Festplatte, die ich
ihnen dann gab. Wir beschlossen, dass ich zwei Wochen nach
dem geplanten Veröffentlichungstermin vor seinem Ausschuss vor laufenden Kameras aussagen würde. An dem Tag
würde er anfangen, die Dokumente, die ich ihm ausgehändigt hatte, in die Untersuchung seines Ausschusses einfließen zu lassen und somit ebenfalls publik zu machen.

Außerdem informierte ich in jenen Tagen das Information Commissioner's Office (ICO) – die Regierungsbehörde, die Verstöße gegen den Datenschutz untersucht – über die von uns zusammengetragenen Beweise für Cambridge Analyticas illegale Aktivitäten. Nachdem ich die Videoaufnahmen von *Channel 4* gesehen hatte, teilte ich Elizabeth Denham, der Chefin der Behörde, mit, dass CA weiterhin im Geschäft war und potenziellen Kunden anbot, in ihrem Auftrag Straftaten zu begehen. Sie bat uns, die Geschichten noch nicht publik zu machen, denn sie wollte vorher noch Hausdurchsuchungen durchführen und vermeiden, dass CA Gelegenheit zur Vernichtung von Beweisen erhielt. Ich gab ihr alle Beweise, über die ich verfügte, einschließlich Dateien aus der Führungsetage von CA, Projektunterlagen und interner E-Mails, und sie leitete diese an die National Crime Agency weiter, dem britischen Pendant des FBI. Ich musste die ziemlich unübersichtliche Menge von Beweisen sortieren, damit das ICO in der Lage war, die Durchsuchungsbeschlüsse korrekt zu beantragen. Tamsin und ich bereiteten auch künftige Zeugenaussagen von mir vor und eine ausführliche schriftliche Stellungnahme für die nationale Wahlkommission über die Straftaten, die von der Vote-Leave-Kampagne begangen worden waren. Da wir juristische Schriftsätze erstellten, die Strafverfolgungsbehörden berieten und uns um die Journalisten kümmern mussten, bekamen wir kaum Schlaf. Es war eine anstrengende Zeit. Aber schließlich griffen alle Zahnräder ineinander.

Circa eine Woche vor der geplanten Veröffentlichung schickte der *Guardian* sogenannte *Right-of-Reply*-Briefe an die Personen und Firmen, die in der Reportage genannt werden sollten. Solche Briefe sind bei britischen Medien üblich, um Betroffenen schon vor der Veröffentlichung Gelegenheit zu einer Gegendarstellung zu geben. Am 14. März erhielt ich einen Brief von Facebooks Anwälten, in denen ich aufgefordert wurde, ihnen sämtliche meiner Speichermedien zur Überprüfung zu überlassen. Um mich einzuschüchtern, verwiesen sie auf mögliche Verstöße meinerseits gegen den Computer Fraud and Abuse Act und das Strafgesetzbuch Kaliforniens. Am 17. März, dem Tag vor der Veröffentlichung, drohte Facebook dem *Guardian* mit einer Klage, sollten die Artikel erscheinen, und behauptete in diesem Zusammenhang, es habe kein Datenleck gegeben. Als dem Konzern klar wurde, dass die Veröffentlichung nicht zu verhindern war, verkündete er vorauseilend und als Ablenkungsmanöver, dass Kogan, Cambridge Analytica und ich die Facebook-Plattform nicht mehr benutzen durften. Der *Guardian* und die *New York Times* waren wütend, dass Facebook die Vorankündigung, die es aus journalistischer Sorgfalt erhalten hatte, für den Versuch benutzte, mit dieser Mitteilung der Glaubwürdigkeit der Geschichte zu schaden.

Am Abend des 17. März herrschte beim *Guardian* und der *Times* hektische Betriebsamkeit angesichts der unmittelbar bevorstehenden Veröffentlichungen. Die Schlagzeile der *Times* lautete: »How Trump Consultants Exploited the Facebook Data of Millions«. Die Redakteure des *Guardian* entschieden sich für eine dramatischere Überschrift: »›I Made Steve Bannon's Psychological Warfare Tool‹: Meet the Data War Whistleblower.« Die Geschichten gingen viral, und noch am selben Tag begann *Channel 4* mit der Ausstrahlung seiner Serie, inklusive Nix' skandalöser, heimlich gefilmter Aussagen. Der Sender brachte auch ein Interview mit der unterlegenen Präsidentschaftskandidatin Hillary Clinton, die die Anschuldigungen gegen Cambridge Analytica als »äußerst schwerwiegend« bezeichnete. In dem Interview sagte Clinton: »Wenn es massive Propaganda-Bemühungen gab, die Menschen zu verunsichern, indem man sie mit Falschinformationen fütterte … und ihnen im Internet diese Unwahrheiten auf etlichen Webseiten und Suchmaschinen wieder und wieder angezeigt wurden, dann muss man davon ausgehen, dass es den Entscheidungsprozess der Wähler beeinflusst hat.« Die Zahl der Leser von Cadwalladrs Reportage ging danach durch die Decke. Zwei andere Journalistinnen des *Guardian*, Emma Graham-Harrison und Sarah Donaldson schrieben Artikel, in denen sie die Zusammenhänge der Geschichte erklärten. Ihrer großartigen Arbeit ist es zu verdanken, dass auch Menschen, die sich nicht mit Technik auskannten, begriffen, worum es ging, und in den sozialen Medien die Hölle los war (eine Ausnahme war Facebook, wo die eigene Pressemitteilung in der Rubrik »wichtige Trends und Nachrichten« verbreitet wurde). Die *Times* konzentrierte sich vor allem auf Facebooks Verstöße gegen den Datenschutz und sprach von einem der »schlimmsten Datenlecks in der Geschichte dieses sozialen Netzwerks.« Unter Mithilfe von Cadwalladr zeigten die Reporter Matthew Rosenberg und Nicholas Confessore die Verbindungen zwischen Bannon, Mercer und Cambridge Analytica auf und erklärten ausführlich, wie man Facebook-Daten benutzt hatte, um Trump zum Wahlsieg zu verhelfen.

Als ich in London den Behörden vor der Veröffentlichung Beweise aushändigte, ermittelten diese schon seit Monaten gegen Cambridge Analytica und Facebook. Aber noch während die Mitarbeiter des Information Commissioner's Office mit der Beantragung der Durchsuchungsbeschlüsse beschäftigt waren, die es ihnen ermöglichen sollten, die Büros von Cambridge Analytica zu durchsuchen und dort Beweise sicherzustellen, kam Facebook ihnen zuvor, denn der Konzern hatte eine IT-Forensik-Firma engagiert, die bereits die Server von Cambridge Analytica überprüfte. Da CA ihnen freiwillig Zugang gewährte, brauchten diese Leute, im Gegensatz zum ICO, keinen Durchsuchungsbeschluss. Kaum hatte Facebook von den bevorstehenden Veröffentlichungen erfahren, hatte man sich an Cambridge Analytica gewandt und umgehend die Erlaubnis zum Zugriff auf die Server und Computer der Firma erhalten. Als das ICO den Hinweis erhielt, dass sich Leute von Facebook im Firmensitz von CA befanden, waren Elizabeth Denham und ihre Mitarbeiter stinksauer. Sie hatten noch nie erlebt, dass ein Unternehmen so dreist war, auf Beweismaterial zuzugreifen, das in Kürze Bestandteil eines Durchsuchungsbeschlusses sein würde. Dieses Verhalten wurde dadurch noch schlimmer, dass Facebook nicht bloß ein unbeteiligter Dritter in dieser Angelegenheit war – der Umgang mit Facebooks Daten war Teil der Ermittlungen, und jetzt befanden sich Leute im Auftrag des Konzerns an einem möglichen Tatort und sichteten Beweismittel, die zu einer Anklage ihres Auftraggebers führen konnten. Das ICO schickte Mitarbeiter in Begleitung von Polizisten los. Spätabends kam es dann zu einer dramatischen Konfrontation zwischen ICO-Mitarbeitern und Polizisten auf der einen und Facebooks IT-Forensikern auf der anderen Seite. Den Forensikern wurde befohlen, alles stehen und liegen zu lassen und sofort den Firmensitz von CA zu verlassen, und sie gehorchten. Elizabeth Denham war so empört über Facebooks Verhalten, dass sie am nächsten Tag einen ihrer seltenen Auftritte vor der Presse hatte und dabei erklärte, dass sich Facebook möglicherweise der »Behinderung behördlicher Ermittlungen« schuldig gemacht habe.

Auf beiden Seiten des Atlantiks erfolgten prompte, heftige Reaktionen. Ich wurde vorgeladen, um vor Parlamentsabgeordneten über »Fake News und Desinformation« Auskunft zu geben. Es war die erste von vielen öffentlichen und geheimen Anhörungen, und es ging bei ihr um alle möglichen Themen, von Cambridge Analyticas Einsatz von Hackern und Bestechungsgeldern über Facebooks Verletzung des Datenschutzes bis hin zu russischen Geheimdienstoperationen. Marc D'Arcy, der als Parlamentskorrespondent der BBC über die Anhörung berichtete, sagte: »Ich glaube, die Anhörung [vor dem DCMS-Ausschuss] mit Chris Wylie ist mit Abstand das Erstaunlichste, was ich je im Parlament miterlebt habe.«

In den USA leiteten die Verbraucherschutz- und die Börsenaufsichtsbehörde Ermittlungen ein, und sowohl in den USA als auch in Großbritannien äußerten Parlamentarier die Forderung, Facebooks Chef Mark Zuckerberg solle unter Eid aussagen. Mitarbeiter des Justizministeriums und des FBI flogen nach Großbritannien, um mich persönlich auf einem Stützpunkt der königlichen Marine zu treffen. Das dortige Gebäude hatte sich das NCA von der Marine ausgeborgt.

Facebooks Aktienkurs sank deutlich, doch Zuckerberg hüllte sich in Schweigen. Am 21. März trat er schließlich mit einem Facebook-Post in Erscheinung, in dem er schrieb, dass er noch dabei sei, der Sache auf den Grund zu gehen, und dass ein »Vertrauensbruch im Verhältnis zwischen Kogan, Cambridge Analytica und Facebook« vorliege. Der Hashtag #DeleteFacebook tauchte in den Twitter-Trends auf, und Elon Musk goss noch Öl ins Feuer, indem er twitterte, er habe die Facebook-Seiten von SpaceX und Tesla löschen lassen. Während ich mich auf meine öffentlichen Anhörungen vorbereitete, hörte ich mir Songs von Cardi B an, der amerikanischen Rapperin, die nur ein paar Wochen nach den Veröffentlichungen ihr Debüt-Album herausgebracht hatte. Dessen Titel, der (rein zufällig) *Invasion of Privacy* lautete, führte dazu, dass schon bald Memes in den sozialen Medien kursierten, bei denen Mark Zuckerbergs Gesicht auf das Cover des extrem erfolgreichen Albums montiert war. Es schien zunehmend so, als habe die Geschichten bei jenen Leuten einen Nerv getroffen, die Facebooks Gebaren schon länger mit Unbehagen erfüllte und die jetzt erlebten, dass ihre Befürchtungen in aller Öffentlichkeit bestätigt wurden. Als Folge dieses PR-Alptraums schaltete Zuckerberg in wichtigen Zeitungen eine Anzeige mit einem Entschuldigungsbrief, nachdem er einige Wochen zuvor noch mit einer Klagedrohung den *Guardian* hatte mundtot machen wollen, aber es gelang ihm nicht, die Gemüter zu beruhigen. Nur zwei Wochen später wurde er zwei Tage lang von Mitgliedern des US-amerikanischen Kongresses in die Mangel genommen.

In Großbritannien wurden noch weitere Reportagen publiziert. Dieses Mal ging es um den Brexit. Während die ersten Geschichten in den USA erschienen, verschickte der *Guardian* eine Reihe weiterer Briefe mit dem Angebot einer Gegendarstellung, dieses Mal an Personen, die an Vote Leave beteiligt gewesen waren. Zu den Adressaten zählten Dom Cummings und Stephen Parkinson. Erst als Sanni eines Abends, nachdem ihn eine Menge ehemaliger Vote-Leave-Mitarbeiter angerufen hatten, in Allens Kanzlei erschien, wurde uns klar, wie Parkinson reagiert hatte – nämlich in Form eines besonders niederträchtigen persönlichen Angriffs. Damals arbeitete Parkinson als hochrangiger Berater der Premierministerin Theresa May, und einen Tag, bevor der *Guardian* die Geschichte publik machte, gab die Presseabteilung der Downing Street eine offizielle Mitteilung heraus, von der wir erst erfuhren, als die *New York Times* uns um einen Kommentar dazu bat. In der Mitteilung enthüllte Parkinson seine Beziehung zu Sanni und tat die Anschuldigungen als Reaktion eines enttäuschten Liebhabers ab. Sanni ist muslimischer Pakistani und hatte seiner Familie nichts von seiner Homosexualität erzählt, weil er andernfalls seine Verwandten in Pakistan Gefahren ausgesetzt hätte, und das wusste Parkinson ganz genau. Trotzdem outete er Sanni in aller Öffentlichkeit, ohne Rücksicht auf die Konsequenzen für seinen ehemaligen Praktikanten zu nehmen. Es hatte, zumindest in der jüngeren Geschichte, keinen weiteren Fall gegeben, in dem die Presseabteilung von Downing Street 10 jemanden aus Rache geoutet hatte. Als Sanni von der Mitteilung erfuhr, schaute er uns eindringlich in die Augen und lehnte sich dann in seinem Stuhl zurück. Allen und Cadwalladr gelang es danach, Cummings zu überreden, einen Blog-Eintrag über die Affäre zu löschen, aber der Schaden war angerichtet. Parkinson hatte sein Ziel erreicht.

Die Reportage über die Machenschaften von Vote Leave musste nun um die Aufmerksamkeit mit Artikeln wetteifern wie dem in der Sonntagsausgabe der *Daily Mail*, der die Überschrift trug: »PM's Aide in Toxic Sex Row Over Pro-Brexit Cash Plot«. Im Einklang mit ihrer üblichen Dämonisierung von LGBTQ-Menschen reduzierte Großbritanniens rechte Presse Sanni und seine Beweise für den schwersten Verstoß gegen die britischen Gesetze zur Wahlkampffinanzierung aller Zeiten auf einen »giftigen« Streit unter ehemaligen Sexpartnern. Sannis Verwandte in Karatschi mussten Sicherheitsmaßnahmen wegen der Gewaltdrohungen ergreifen, denen LGBTQ-Menschen in Pakistan ausgesetzt sind. Sein Leben und das Leben seiner nächsten Angehörigen waren aus den Fugen geraten. Ich werde niemals vergessen, wie ich Sanni durch ein Fenster beobachtete, als er nachts um halb eins in Allens Büro saß und seine Mutter anrief, um ihr zu sagen, dass er tatsächlich schwul war. Es war ein Augenblick, in dem der Mut, als Whistleblower in Erscheinung zu treten, und die Folgen dieser Entscheidung untrennbar miteinander verbunden waren. In den folgenden Tagen nahm das Maß an Abscheulichkeit, mit dem Sanni konfrontiert war, weiter zu, denn er wurde von Leuten mit versteckten Kameras verfolgt, und Fotos von ihm und mir in einer Schwulenbar wurden später, versehen mit üblen homophoben Kommentaren, auf Webseiten der britischen Alt-Right-Szene gepostet. Premierministerin Theresa May verteidigte im Parlament Parkinsons Vorgehen. Es war entsetzlich, all das miterleben zu müssen, aber es machte mich stolz darauf, Sanni meinen Freund nennen zu können.

Am Abend des 20. März, drei Tage nach den ersten Publikationen über Cambridge Analytica, ging ich zusammen mit Allen und Sanni in den Londoner Frontline Club, um dort zum ersten Mal in der Öffentlichkeit aufzutreten. Ich wurde beim Betreten des Gebäudes von Fotografen umschwärmt, und der Veranstaltungsraum quoll geradezu über von Reportern aus aller Welt, die alle bemüht waren, sich die besten Plätze zu sichern. An der Rückwand standen Kameraleute von über zwanzig Fernsehsendern. Es war so voll, dass die Temperatur im Raum schnell anstieg. Der Autor Peter Jukes, ein Aktivist für das Recht auf Privatsphäre, interviewte mich auf der Bühne, und dann durften Fragen gestellt werden. Als ich es nicht mehr aushielt, im Mittelpunkt zu stehen, verließ ich das Gebäude durch einen Notausgang. Allen und ich hatten vereinbart, dass sie ein paar Minuten warten und mir dann unauffällig folgen würde. Ich wandte mich nach rechts und ging den Norfolk Place entlang, als plötzlich ein Mann auf mich zukam. Er streckte mir ein Handy mit leuchtendem Bildschirm ins Gesicht. Verwirrt und leicht verängstigt trat ich einen Schritt zurück. Ich fragte ihn, was er wolle, und er sagte bloß, ich solle auf das Handy schauen.

Meine Augen brauchten einen Moment, dann konnte ich den Screenshot einer Rechnung von Cambridge Analytica an die UKIP erkennen. Der Mann wischte über den Bildschirm, und ich glaubte, eine E-Mail von Andy Wigmore, dem Kommunikationschef von Leave.EU, zu sehen, die an jemanden mit russischem Namen adressiert war. Ich hatte nur kurz Gelegenheit, den Text zu lesen. Es schien in der Nachricht um Gold zu gehen. »Diese Leute haben mit den Russen paktiert«, sagte der Mann zu mir. In dem Moment kamen Allen und ein paar andere nach draußen. Als sie den Mann sahen, befürchteten sie offenbar, dass er mich bedrohe, denn sie kamen angerannt und versuchten, ihn festzuhalten. Der Mann schüttelte sie jedoch ab und verschwand. Ich war nach alldem, was passiert war, wie benommen. Tagsüber hatte ich stundenlang ein Live-Fernsehinterview nach dem anderen gegeben und war von Fotografen verfolgt worden. Es war ein kräftezehrender Tag gewesen. Als ich mit Allen im Auto saß und wir zurück zu ihrer Kanzlei fuhren, um meine Tasche zu holen, sagte ich zu ihr, ich sei mir nicht sicher, was ich von dem Zwischenfall halten sollte, die Dokumente hätten aber echt gewirkt: Ich hatte die Kontonummer wiedererkannt. Noch in derselben Woche erhielt Allen eine kryptische Nachricht und rief mich an, um mir zu sagen, dass sie glaube, der Mann, der sich mir auf der Straße in den Weg gestellt hatte, versuche, mit mir in Kontakt zu treten.

Ich hatte zu diesem Zeitpunkt geglaubt, meine Arbeit als Whistleblower sei größtenteils erledigt, aber durch die nun folgenden Entwicklungen gelangte ich an Informationen, die so vertraulich waren, dass die Anhörung vor dem Geheimdienstausschuss des US-amerikanischen Repräsentantenhauses im Juni 2018 in dem abhörsicheren Raum im Keller des Kapitols stattfinden musste. In den zwei Monaten vor jener geheimen Befragung hatte ich den Mann an etlichen über ganz London verteilten, öffentlichen Orten getroffen, und es wurde klar, dass er im Besitz von Dokumenten des Leave. EU-Mitgründers Arron Banks und des Kommunikationsleiters der Organisation, Andy Wigmore, war. Aus ihnen ging hervor, dass es während des Brexit-Wahlkampfs ausgiebige Kontakte zwischen Leave.EU, einer wichtigen, zur Alt-Right-Bewegung gehörenden Pro-Brexit-Gruppierung, und der russischen Botschaft gegeben hatte. Sobald Allen und ich von der Echtheit der Dokumente überzeugt waren, wandten wir uns an den MI5 und das NCA.

Im April traf sich Allen mit einem Mitarbeiter des NCA in einem von dessen anonymen Büros in einem großen Londoner Bahnhofsgebäude, um ihn in meinem Auftrag auf den aktuellen Stand zu bringen, da es noch immer möglich war, dass ich beschattet wurde. Wir waren beide besorgt, denn wir hatten erfahren, dass mein Informant mit den Dokumenten, die womöglich Beweise für eine russische Geheimdienstoperation lieferten, durch die Ukraine und Osteuropa reiste. Das NCA setzte die britische Botschaft in Kiew über die Situation in Kenntnis. Dann verlor sich seine Spur, und seine Handynummer funktionierte nicht mehr. Wir hatten alle große Angst um seine Sicherheit.

Mehrere Wochen später tauchte der Informant wieder auf und wollte mich erneut sehen. Allen und ich beschlossen, meine Treffen mit ihm heimlich aufzuzeichnen. Wir übergaben den britischen Behörden Kopien der Tonaufnahmen und Kopien von den Screenshots der Dokumente. Wir benachrichtigten auch die Amerikaner, denn wir hielten es für erwiesen, dass die Russen Kontakt mit Kunden von Cambridge

Analytica gehabt hatten, kurz bevor oder nachdem sich diese Kunden mit Mitgliedern von Trumps Wahlkampfteam getroffen hatten. Wir trafen uns schließlich in Nancy Pelosis Büro im Kapitol mit dem kalifornischen Kongressabgeordneten Adam Schiff, dem ranghöchsten Mitglied der Demokraten im Geheimdienstausschuss. Allen und ich informierten Schiff über die Existenz dieser Dokumente. Ich erklärte mich bereit, mit den Dokumenten, die Carmichael in seinem Safe im Parlament verwahrte, ein weiteres Mal nach Washington zu fliegen.

Kurz nach diesem Treffen in den USA wurde ich von Fusion GPS kontaktiert, der Beratungsfirma mit dem Spezialgebiet Informationsbeschaffung, die Christopher Steeles Trump-Russland-Dossier in Auftrag gegeben hatte. Steeles eigene Firma hatte durch eine britische Quelle von den Dokumenten und Tonaufnahmen erfahren, und Fusion GPS berichtete uns, man besäße ebenfalls Dokumente und Informationen, die diese Verbindungen – zwischen den Russen, dem Pro-Brexit-Lager und dem Trump-Team – belegten. Wir kamen überein, uns im Büro von Damian Collins, dem Vorsitzenden des DCMS-Ausschusses, zu treffen. Es stellte sich heraus, dass Collins, Fusion GPS und ich in den Besitz unterschiedlicher Dokumente über dieselben Vorkommnisse gelangt waren, die wir nun wie Puzzleteile zusammenfügten. Allen wandte sich erneut an das NCA, aber dort weigerte man sich, etwas zu unternehmen, also übergaben wir alles dem Geheimdienstausschuss des US-Repräsentantenhaus, der zusagte, es an die zuständigen amerikanischen Geheimdienstbehörden weiterzuleiten. Wir hofften, dass die amerikanischen Geheimdienstler, wenn sie das Material gesichtet hatten, ihre bislang untätig gebliebenen britischen Kollegen drängen würden, aktiv zu werden.

Die Dokumente erzählen eine erstaunliche Geschichte. Im Jahr 2015, nicht lange, nachdem ich Cambridge Analytica verlassen hatte, wurde die Firma von Leave.EU engagiert, einer Organisation, die von der UK Independence Party (UKIP) unterstützt wurde. Ihr Auftrag war, wie es beim Auftakt der Leave.EU-Kampagne hieß: »Die britische Wählerschaft und deren Ansichten zu erforschen und uns dadurch einen besseren Austausch mit den Menschen zu ermöglichen.« Die Beziehung zwischen CA und der UKIP war von Steve Bannon eingefädelt worden. Nachdem Banks und Wigmore mit Bannon über Cambridge Analytica gesprochen hatten, stellte Nigel Farage sie seinem Freund Robert Mercer vor. Mercer wollte liebend gerne die noch junge Alt-Right-Gruppierung der beiden finanziell unterstützen, aber dem amerikanischen Milliardär war es, wie allen Ausländern, gesetzlich verboten, einer britischen Wahlkampagne Geld zu spenden oder in bedeutendem Maß Einfluss auf sie zu nehmen. Daher gab man den Brexit-Befürwortern den Hinweis, Cambridge Analyticas Daten und Dienste könnten nützlich sein, und Bannon bot auf Anfrage seine Hilfe an. Farage, Banks und Konsorten akzeptierten Bannons Angebot, und so konnte mittels Datenbanken und Algorithmen die neue angloamerikanische Alt-Right-Allianz vollzogen werden.

Diese Beziehung interessierte später den Geheimdienstausschuss des Repräsentantenhauses in besonderem Maße, denn sie wurde anscheinend von der russischen Botschaft benutzt, um unauffällig die Fühler zum Trump-Team auszustrecken. Im November eröffnete Leave.EU öffentlich seinen Brexit-Wahlkampf, und Brittany Kaiser wurde zusätzlich zu ihrer Tätigkeit für Cambridge Analytica zur Chefin des operativen Managements bei Leave.EU ernannt. Während des Wahlkampfs sollte sich Kaiser vor allem um den Einsatz von

Cambridge Analyticas Algorithmen für das Mikrotargeting kümmern.

Kurz vor der Verkündung der Kooperation mit CA begannen die größten Spender der UKIP und von Leave.EU – Arron Banks und Andy Wigmore – ihren Flirt mit der russischen Regierung. Ausgangspunkt war ein Treffen der beiden mit Alexander Udod, einem russischen Diplomaten, während des Parteitages der UKIP im Jahr 2015 in Doncaster, dem die Einladung zu einem Gespräch mit dem Botschafter in der russischen Botschaft in London folgte. Ein paar Wochen später, nach der Begegnung mit Botschafter Alexander Wladimirowitsch Jakowenko, die als »feucht-fröhliches, sechsstündiges Mittagessen« beschrieben wurde, trafen Bank und Wigmore ihn ein zweites Mal und erhielten dabei ein reizvolles Angebot, das Banks anschließend etlichen Gleichgesinnten übermittelte, darunter Jim Mellon, einem prominenten Investor und Unterstützer des Pro-Brexit-Lagers. Die russische Botschaft war daran interessiert, Verbindungen mit dem Ziel zu knüpfen, dass daraus Vereinbarungen über potenziell lukrative Investitionen in Minenbetriebe erwuchsen, die Banks in einer E-Mail als »russisches Gegenstück zu Goldplay« bezeichnete.

Das Angebot an die Männer kam durch den Botschafter zustande, da er sie dem russischen Geschäftsmann Siman Powarenkin vorstellte. Powarenkin deutete an, dass mehrere russische Firmen, die Gold- und Diamantminen betrieben, fusioniert und teilprivatisiert werden sollten. Die Botschaft machte klar, dass die Vereinbarung über die Sberbank abgewickelt werden sollte, eine staatliche russische Bank, die von den USA und der EU mit Sanktionen belegt worden war. Der Vorteil einer Mitwirkung der Botschaft und der Sberbank bestand, wie den UKIP-Spendern mitgeteilt wurde, darin, dass sich dadurch »gewisse Möglichkeiten ergeben, die anderen nicht offenstehen.«

In der Zeit vor der Bekanntgabe, dass Cambridge Analytica beim Wahlkampf von Leave.EU mitwirken würde, bestand der Kontakt zur russischen Botschaft fort. In einer E-Mail, in der Banks auf die Einladung eines russischen Botschaftsangehörigen zu einem Treffen antwortete, heißt es: »Vielen Dank, Andy und ich freuen uns schon darauf, an dem Mittagessen am 6. November teilzunehmen und den Botschafter auf den neusten Stand zu bringen. In den USA ist man auch sehr an dem Referendum interessiert, und wir werden in Kürze nach Washington fliegen, um die Schlüsselperson [sic!] über den Wahlkampf zu informieren.« Am 16. November 2015, dem Tag nach der Bekanntgabe über die Zusammenarbeit, wurden Banks und Wigmore zu weiteren Treffen in die Botschaft eingeladen. Ich weiß nicht, was dort an jenem Tag besprochen wurde, aber ich weiß, dass die Brexit-Befürworter anschließend in die USA flogen, um sich mit Republikanern zu treffen, und dass die russische Botschaft über Reisen dieser Art im Bilde war. Wir wissen ebenfalls, dass Banks und Wigmore Botschafter Jakowenko stets auf dem Laufenden hielten. In einer Textnachricht schreibt Banks an den Botschafter: »Andy und ich würden gerne zu Ihnen kommen und Ihnen den aktuellen Stand der Wahlkampagne schildern. Es läuft gut. Viele Grüße, Arron.«

Warum Banks dem russischen Botschafter über seine politischen Begegnungen in den USA oder die Pro-Brexit-Wahlkampagne berichtete, obwohl seine Beziehungen mit den Russen doch angeblich rein geschäftlicher Natur waren, bleibt unklar, aber die Treffen hatten eindeutig Einfluss auf die Brexit-Befürworter. In einer E-Mail-Korrespondenz regte einer der Männer an, bei dem Aufbau einer Bewegung wie dem Pro-

Brexit-Lager in der Ukraine mitzuhelfen, deren Ziel es sein sollte, EU-freundliche Narrative in dem Land zu bekämpfen, das Russland seit langem unbedingt in seinem Einflussbereich behalten wollte. Sie entschieden sich später gegen Aktivitäten in der Ukraine, und in einer E-Mail wurde sogar die Frage gestellt, ob ein bestimmter Satz im Entwurf einer Pressemitteilung als »zu eindeutig russophil« wirken könnte, aber Wigmore reagierte darauf mit dem Vorschlag, »den Botschafter schriftlich unserer Unterstützung zu versichern«.

Banks und Wigmore blieben in Kontakt mit der russischen Botschaft; Wigmore lud russische Diplomaten zu Veranstaltungen von Leave.EU ein – einschließlich der Siegesparty nach dem Referendum im Juni 2016. Banks hat Berichten zufolge Fachleute wegen des Angebots zur Investition in russische Gold- und Diamantminen um Rat gefragt, hat sie jedoch, eigenen Angaben zufolge, alle ausgeschlagen. Wigmore hatte ebenfalls beschlossen, die Sache mit der Investition »nicht weiter zu verfolgen«. Aber kurz nach dem Ende des Brexit-Wahlkampfs soll ein Investmentfonds, der in Verbindung zu Jim Mellon stand, einem der wichtigsten Spender der UKIP, eine Beteiligung an Alrosa erworben haben, einer ehemals staatlichen Diamantenfirma, die teilprivatisiert wurde. Ein Sprecher der Fondsgesellschaft hat allerdings gesagt, dass die fragliche Investition ohne Mellons Wissen getätigt wurde und dass der Fonds bereits 2013 Anteile an Alrosa erworben hatte, als diese erstmals frei erhältlich waren. Ende Juli 2016, einen Monat, nachdem das Pro-Brexit-Lager gesiegt hatte, und nur wenige Wochen, nachdem bekannt geworden war, dass russische Hacker brisante Dateien und E-Mails des DNC gestohlen hatten, besuchte Alexander Nix ein Polospiel und wurde dabei fotografiert, wie er gemeinsam mit Botschafter Jakowenko eine Flasche russischen Wodkas leerte. Zufällig bemühte sich Nix etwa zur selben Zeit, für das Trump-Team an WikiLeaks-Informationen zu gelangen.

Nach dem Sieg beim Brexit-Referendum wandten Farage und Banks den Blick nach Amerika, das nun mitten im Wahlkampf des Jahres 2016 steckte. In der zweiten Hälfte dieses Jahres unterstützten diese Briten Trump leidenschaftlich. Farage trat bei unzähligen Veranstaltungen des Kandidaten der Republikaner auf. Arglose Beobachter mochten es normal finden, dass Trump, der sich selbst »Mr. Brexit« nannte, führende Männer der UKIP für seine Wahlkampagne einspannte. Vielen Amerikanern war dabei jedoch nicht klar, wie eng die Verbindung zwischen den verschiedenen Alt-Right-Gruppierungen ist. Es handelt sich um eine gut vernetzte globale Bewegung. Und sie wurde 2016 zu einem enormen Sicherheitsrisiko.

Am 20. August 2016 erhielt Sergey Fedichkin, ein in London stationierter russischer Botschaftsrat, eine E-Mail von Andy Wigmore mit dem Betreff: »Weitergeleitet: Cottrell-Dokumente – streng vertraulich.« Die Nachricht hatte einige Anhänge und einen kryptischen, einzeiligen Text: »Viel Spaß damit.« Die Anhänge enthielten juristische Schriftstücke im Zusammenhang mit der Verhaftung George Cottrells durch das FBI. Cottrell war zu der Zeit Nigel Farages Stabschef und oberster Spendenakquisiteur der UKIP. Farage erklärte später, er habe nichts von Cottrells illegalen Aktivitäten gewusst. Nachdem sie in die USA geflogen waren, um mit einem Auftritt während des Nominierungsparteitags der Republikaner ihren kürzlichen Sieg beim Referendum zu feiern, wollten sie in Chicagos O'Hare-Flughafen den Rückflug nach England antreten. Ehe die Maschine jedoch abheben konnte, kamen mehrere FBI-Beamte in die Kabine und verhafteten Cottrell wegen des Verdachts auf zahlreiche Fälle von bandenmäßiger

Geldwäsche und Betrug unter Einsatz von Kommunikationsmitteln. Er stand auch in Verbindung zur Moldindconbank, einer moldawischen Bank, die eine zentrale Rolle bei dem Geldwäschesystem gespielt haben soll, das unter dem Namen »Russian Laundromat«, russischer Waschsalon, bekannt wurde. E-Mails, die ich von meinem Informanten erhalten habe, belegen, dass Wigmore russischen Diplomaten Kopien der Anklageschriften der US-amerikanischen Justiz schickte. Cottrell traf später eine Vereinbarung mit der Staatsanwaltschaft, der zufolge er sich des Betrugs unter Einsatz von Kommunikationsmitteln für schuldig erklärte.

Die russische Botschaft wusste eindeutig von der engen Verbindung zwischen führenden Köpfen der Brexit-Bewegung und dem Trump-Team und hegte derart gute Beziehungen zu Ersteren, dass Wigmore ihr Dokumente über die Verhaftung seines Parteifreundes durch das FBI schickte. Warum sollte es die Amerikaner kümmern, was Russland in Großbritannien tat? Weil die Brexit-Befürworter mit Cambridge Analytica dieselbe Datenfirma und mit Steve Bannon denselben Berater beschäftigten und sie eindeutig offizielle russische Stellen permanent auf dem Laufenden hielten. Und eben diese Brexit-Befürworter zählten zu den ersten, die nach Trumps überraschendem Sieg in den Trump Tower eingeladen wurden. Der gewählte Präsident der USA traf sich mit britischen Staatsbürgern, die regelmäßig der russischen Regierung Bericht erstatteten.

Während die Journalisten begeistert darüber waren, dass sie Cambridge Analytica bloßgestellt und den Aktienkurs des uneinsichtigen Facebook-Konzerns zum Absturz gebracht hatten, spürte ich keine Freude. Ich war wie betäubt. Es fühlte sich an, als würde ich jemand beim Sterben zusehen, dessen Zeit gekommen war. Es war die schlimmste, strapaziöseste

Zeit meines Lebens. Erst Monate später, als das Adrenalin verflogen war, wurde mir bewusst, was sich ereignet hatte. Ich begriff, was ich durchlitten hatte, und ließ es zu, den durch das Geschehene verursachten Schmerz zu spüren, einen Schmerz, der angesichts meiner eigenen Rolle bei dieser Katastrophe besonders heftig war. Während ich miterlebte, wie Trump an die Macht kam, wie er Menschen aus muslimischen Ländern die Einreise in die USA verbot und die Taten weißer Suprematisten verharmloste, drängte sich mir das Gefühl auf, dass ich die Saat dafür ausgebracht hatte. Ich hatte mit dem Feuer gespielt und musste nun zuschauen, wie Welt brannte. Als ich mich zum Kapitol begab, war ich nicht bloß auf dem Weg zu einer Anhörung. Ich wollte Beichte ablegen.

Enthüllungen

Ich werde hier nicht mitteilen, wo genau ich wohne. Es ist irgendwo zwischen Shoreditch und Dalston im Londoner East End. Ich bin der Typ mit den rosafarbenen Haaren aus dem obersten Stock, dennoch errege ich kein besonderes Aufsehen. Der Gegend ist ihre Vergangenheit als Arbeiterviertel noch immer anzusehen, und viele Gebäude hier waren in Londons Industriezeitalter Fabriken. Verblichene Schriftzüge auf von Rauch geschwärzten Backsteinmauern werben für längst nicht mehr verfügbare Produkte von vor hundert Jahren. Indische, pakistanische und karibische Communitys, die sich in der letzten Einwanderungswelle aus dem Commonwealth hier niederließen, leben einträchtig neben den zugezogenen zahlreichen Künstlern, Schwulen und Lesben, Studenten und hierher ausweichen mussten. Es gibt Kinos im Art-Deco-Stil, Dachgärten und die rastlose Kakophonie besoffener Clubbesucher, die am Wochenende bis vier Uhr morgens Dosenbier trinken. Häufig begegnet man voll verschleierten muslimischen Frauen, die beim selben Gemüsehändler einkaufen wie die Clubkids mit Ganzkörpertätowierung und asymmetrischem Haarschnitt, die sich dort ihren Alkohol besorgen. Bis heute kann ich mich hier in relativer Anonymität bewegen.

Das Haus, in dem ich wohne, ist schon alt und wurde in

einer Zeit erbaut, als man sich nicht einmal vorstellen konnte, dass es einmal ein Internet geben würde, und Innentoiletten die Ausnahme waren. Die Fußböden sind aus Holz und solide, aber hier und da knarzt es. Die Wohnungstür ist mit Riegeln versehen, seit eine Gruppe von Männern in der Woche, in der ich an die Öffentlichkeit ging, ständig klingelte. Meine Nachbarn beschwerten sich, bis sie mich schließlich erkannten. Seitdem sagen sie mir Bescheid, wann immer sie Leute sehen, die sich in der Nähe herumdrücken.

Mir fehlt vieles in meiner Wohnung. In meinem Wohnzimmer befindet sich ein Gestell, auf dem früher ein Fernseher stand, und an der Wand dahinter baumeln immer noch Drähte herab. Es war ein Smart-TV, das mit meinen Netflix- und Social-Media-Konten verbunden war, und es hatte ein Mikro und eine Kamera. In einem Nachttisch in meinem Schlafzimmer gibt es eine Schublade, die mit einem speziellen Metallgewebe ausgekleidet ist. Es verhindert, dass die Geräte darin elektronische Signale aussenden oder empfangen. Zu meinem abendlichen Ritual gehört, dass ich mein Smartphone usw. dort hineinlege. In einem Wandschrank stapeln sich die alten elektronischen Geräte aus meinem Vorleben. Ausgesteckt und einsam liegt eine Alexa unter einem Berg von Elektroschrott – Tablets, Handys, eine Smartwatch –, den ich noch ordnungsmäßig entsorgen muss. In einer Schachtel bewahre ich die Überreste von Festplatten auf, entmagnetisiert, zertrümmert, mit Säure gelöscht, nachdem die darauf gespeicherten Dateien den Behörden übergeben worden waren. Für mich sind die Daten für immer verloren, und ich könnte die Dinger auch wegwerfen, aber merkwürdigerweise hindern mich sentimentale Gefühle daran.

In meinem Wohnzimmer steht ein Schreibtisch aus Holz aus einer alten Fabrik, darauf ein abgeschirmter Laptop, den ich noch nie mit dem Internet verbunden habe. Ich habe ihn benutzt, um das Beweismaterial durchzuarbeiten, das dem Geheimdienstausschuss des US-Repräsentantenhauses übergeben wurde. In der Schublade liegt der Laptop, den ich auf Reisen benutze. Auf ihm befinden sich keinerlei Daten, für den Fall, dass er an der Grenze überprüft wird. Mein PC ist verschlüsselt und mit einem physischen U2F-Schlüssel geschützt. Die Kameras sind überklebt, gegen das eingebaute Mikrofon hingegen lässt sich nur wenig machen. Auf dem Boden steht ein privater VPN-Server, der an die Netzsteckdose angeschlossen ist, über die wiederum die Verbindung zu anderen Servern hergestellt wird.

Am Eingang des Gebäudes, in dem ich wohne, ist eine Überwachungskamera installiert, die ihre Daten an eine Sicherheitsfirma überträgt. Ich habe keine Ahnung, ob das Zeug verschlüsselt ist, und wer weiß, wer alles die Bilder zu sehen bekommt. Wenn ich aus dem Haus gehe, nehme ich einen tragbaren Alarmknopf mit, aber ich habe ihn noch nie benutzen müssen. Das NCA hat mich auf eine Beobachtungsliste gesetzt, die mit einem meiner Telefone verbunden ist. Sobald ich einen Anruf tätige, priorisieren sie eine Antwort, auch wenn ich nichts zum Administrator sage. In meinem Rucksack trage ich immer einen mobilen VPN-Router mit mir herum für den Fall, dass ich mich mit einem nicht abgesicherten WiFi verbinden muss, sowie mehrere Faraday-Etuis, die ich mir in der Farbe Rosa besorgt habe, weil ich das süß fand. Meist habe ich eine Mütze auf, aber man erkennt mich immer noch, auch wenn die ganze Geschichte schon über ein Jahr her ist. Fast täglich stellt mir jemand die Frage. »Sind Sie ... der Whistleblower?«

Ich führe das Leben eines Paranoiden, doch nachdem ich in den letzten zwölf Monaten auf der Straße überfallen worden bin, spät nachts in mein Hotelzimmer eingebrochen worden ist, während ich schlief, ich zwei Hacking-Versuche auf mein E-Mail-Konto erlebt habe, ist es nur vernünftig, vorsichtig zu sein. Als ich meine Wohnung auf ihre Sicherheit habe überprüfen lassen, wurde mein Fernseher zum Risiko erklärt, da man mich darüber hätte beobachten oder abhören können, ohne dass ich es gemerkt hätte. Als wir ihn zerlegten, musste ich lächeln. Was für eine Ironie – ein Fernseher, der einen anglotzt.

Wenige Tage vor der Veröffentlichung meiner Geschichte, als Facebook mir mit juristischen Schritten drohte und meinen Fall so aufbauschte, dass sich sein stellvertretender Justiziar und Vizepräsident damit befasste, wurde meinen Anwälten klar, dass das Unternehmen meine Enthüllungen als Bedrohung für seine Geschäfte betrachtete. Da sie bereits Erfahrungen mit anderen Hacking-Fällen hatten, wussten sie, zu was in die Enge getriebene Firmen in der Lage sind. Aber Facebook war nicht wirklich damit vergleichbar. Die Firma musste mich nicht hacken; über die Apps auf meinem Smartphone konnte sie mich einfach überall aufspüren und herausbekommen, wo ich war, wo sich meine Kontakte befanden, mit wem ich mich traf.

Ich verabschiedete mich von meinem Smartphone. Meine Anwälte kauften neue, saubere Geräte, die nie mit Facebook, Instagram oder WhatsApp in Kontakt gekommen waren. Die Geschäftsbedingungen der mobilen App von Facebook setzten Mikro- und Kamerazugang voraus. Das Unternehmen bestreitet zwar hartnäckig, Audiodaten von Nutzern für gezielte Werbung abzugreifen, aber auf unseren Smartphones befindet sich eine voreingestellte Erlaubnis, auf Audioressourcen zuzugreifen. Und ich war kein normaler User, ich war damals die größte Bedrohung für den Ruf der Firma. Zumindest theoretisch konnte der Audiobereich aktiviert werden, und meine Anwälte hatten Bedenken, Facebook könne meine Gespräche mit ihnen oder der Polizei abhören. Schließlich hatte das Unternehmen bereits Zugriff auf meine Fotos und meine Kamera gehabt, weshalb sie mich nicht nur belauschen, sondern auch sehen konnten, wo ich mich befand. Selbst wenn ich mich allein im Badezimmer aufhielt und duschte, war ich nie richtig allein. Wo mein Smartphone war, war auch Facebook. Es gab kein Entrinnen.

Doch mich von meinem Smartphone zu befreien, reichte nicht. Aus denselben Gründen mussten auch meine Mutter, mein Vater und meine Schwestern ihre Facebook-, Instagram- und WhatsApp-Konten löschen. Und dann waren da noch meine Freunde. Facebook wusste, wo sie waren, wohin wir abends ausgegangen waren, über was wir in unseren Messages geschrieben und wo wir alle gewohnt hatten. Selbst mit meinen Freunden abzuhängen, war jetzt gefährlich geworden, weil Facebook Zugang zu ihren Mobilgeräten hatte. Wenn ein Freund ein Foto machte, konnte das Unternehmen darauf zugreifen und mich theoretisch mithilfe ihrer Gesichtserkennungsalgorithmen auf den Fotos in den Handys anderer Leute identifizieren, selbst wenn sie mir völlig unbekannt waren.

Als ich meine ganzen alten elektronischen Geräte beseitigte, scherzten meine Freunde, das sei, als hätte ich die Dämonen in den Maschinen exorziert, und einer von ihnen brachte sogar Salbei mit, das wir verbrannten – für alle Fälle. Ein Ritual zum Spaß, natürlich, aber in gewisser Weise war es wirklich eine Teufelsaustreibung. Wir leben heute in einer Welt voller unsichtbarer Gespenster aus Codes und Daten, die die Macht besitzen, uns zu beobachten, uns abzuhören und über uns nachzudenken. Und ich wollte diese Spukgestalten aus meinem Leben verbannen.

Am 16. März 2018, einen Tag bevor der *Guardian* und die *New York Times* meine Geschichte veröffentlichten, verkündete Facebook, nicht nur meinen Zugang zu Facebook, sondern auch zu Instagram zu sperren. Facebook hatte sich geweigert, weiße Suprematisten, Neo-Nazis und andere Hassarmeen rauszuschmeißen, bei mir aber fackelten sie nicht lange. Sie verlangten, dass ich ihnen mein Smartphone und meinen PC aushändigte, und erklärten, die einzige Möglichkeit, die Sperrung aufzuheben, bestehe darin, ihnen dieselben Informationen zur Verfügung zu stellen wie den Behörden. Facebook verhielt sich wie ein Nationalstaat, nicht wie ein Unternehmen. Es schien nicht zu begreifen, dass nicht ich das Objekt der Ermittlungen war, sondern sie. Meine Anwälte rieten mir, ihre Forderungen zurückzuweisen, um die juristischen Ermittlungen von Polizei und Behörden nicht zu beeinträchtigen. Als ich später mit den Behörden zusammenarbeitete, erschwerte die Sperrung die Übergabe des Beweismaterials, das in meinem Facebook-Account gespeichert war, enorm, und damit auch die Untersuchung der Ereignisse um das Brexit-Referendum.

Es heißt, man schätze etwas erst, wenn man es verloren habe, und so war es auch bei mir. Erst als ich bei Facebook rausgeflogen war, wurde mir richtig bewusst, wie oft mein Leben mit ihrer Plattform in Berührung gekommen war. Mehrere meiner Smartphone-Apps funktionierten nicht mehr – eine Dating-App, eine Taxi-App, eine Messanging-App –, weil der Zugang über die Facebook-Authentifizierung lief. Aus demselben Grund kam ich nicht mehr an meine Abos und Konten auf verschiedenen Webseiten heran. Es wird viel über einen Dualismus zwischen der Cyberwelt und unserem »wirklichen Leben« gesprochen. Doch jetzt, wo der Großteil meiner digitalen Identität beschlagnahmt ist, weiß ich, diese Trennung existiert nicht. Wenn man von sozialen Medien ausgeschlossen wird, verliert man den Kontakt zu den Menschen. Ich wurde nicht mehr zu Partys eingeladen – nicht mit Absicht, sondern weil diese Einladungen stets über Facebook oder auf Instagram gepostet wurden. Freunde, die meine neue Mobilnummer noch nicht hatten, fanden es nahezu unmöglich, mich zu kontaktieren, es sei denn, sie kamen auf die Idee, eine E-Mail an meine Anwälte zu schicken. Als ich bei meinen Enthüllungen das Gröbste hinter mir hatte, traf ich nur bei zufälligen Begegnungen in Clubs oder Bars Leute wieder, die ich monatelang nicht gesehen hatte.

Und wenn sich heute Schwule auf Dating-Apps mein Instagram-Profil anschauen wollen, muss ich umständlich erklären, wieso ich rausgeworfen wurde – und dass ich ganz bestimmt nicht catfishe. Es ist, als wäre mir meine Identität gestohlen worden und die Leute würden nicht mehr glauben, dass ich der bin, der ich zu sein behaupte. Manchmal werde ich als »dieser Typ« erkannt, und dann kriegen die Leute Angst, jemand könnte sie beobachten, wenn sie sich mit mir treffen. Ich erkläre ihnen immer, dass es sinnlos sei, sich Sorgen zu machen, weil diese Unternehmen sie sowieso schon Tag und Nacht beobachteten. Die Sperrung war nichts weiter als eine miese Nummer. Für mich entstand daraus schlimmstenfalls ein lästiges Ärgernis, und es war bei weitem nicht so folgenreich für mein Leben wie die Vergeltungsmaßnahmen, die andere Whistleblower erleben mussten. (Ganz zu schweigen von dem riesigen Schaden für die moderne Gesellschaft, zu dem die Plattform bereits beigetragen und dem sie Vorschub geleistet hat.) Und dennoch: Es zeigte mir, wie sehr meine Online-Identität ein wichtiger Bestandteil vieler Facetten meines Lebens geworden war – und dass meiner Person kein faires Verfahren oder ein unparteiisches Urteil gewährt wurde. Vier Tage nach meiner Verbannung sagte der britische Kulturminister in einer Dringlichkeitssitzung des Parlaments, es sei »schockierend«, dass Facebook einseitig Whistleblower ausschließen könne, und das werfe ernste Fragen auf, ob ein Unternehmen eine solche unkontrollierte Macht ausüben dürfe.

Hunderte Millionen Amerikaner haben sich in dem Glauben in die unsichtbare Architektur von Facebook begeben, es sei ein harmloser Ort, um Bilder auszutauschen und das Tun und Lassen ihrer Lieblingspromis zu verfolgen. Sie wurden angelockt von der bequemen Art, Kontakte mit Freunden zu pflegen und die Langeweile durch Spiele und Apps zu vertreiben. Facebook machte seinen Nutzern weis, das Unternehmen wolle Menschen zusammenbringen. Doch die Facebook-»Community« schuf in Wirklichkeit »Quartiere« für Menschen, die einander ähnlich. Die Plattform beobachtete sie, las ihre Posts und studierte, wie sie mit ihren Freunden interagierten, um dann mithilfe von Algorithmen zu entscheiden, welche anderen Nutzer ihresgleichen waren, um sie in das entsprechende Quartier einzuordnen. Der Grund dafür war natürlich, dass sie auf diese Weise Werbekunden ermöglichten, eine homogene Gruppe mit gezielten Narrativen anzusprechen. Die meisten Nutzer wussten nichts von dieser Klassifizierung, da für sie die anderen Quartiere und ihre Bewohner unsichtbar blieben. Die Segmentierung von »Lookalikes«, wie es bei Facebook heißt, spaltete die Nutzergemeinschaft immer mehr. So entstand die Atmosphäre, in der wir alle heute leben.

Als Wiege der sozialen Medien gewöhnte sich Amerika über einige Zeit an die neuen digitalen Gemeingüter Newsfeeds, Follower, Likes und Shares. Und wie an den schrittweisen negativen Auswirkungen des Klimawandels auf unsere Küsten, unsere Wälder und unsere Tierwelt zu erkennen ist,

ist es meist schwierig, sich das Ausmaß der Veränderung dessen klarzumachen, was uns allzeit umgibt. Dennoch kommt es vor, dass wir die massiven Folgen der sozialen Medien klar erkennen können, nämlich dann, wenn sie ein Land mit voller Wucht treffen. Mitte der 2010er-Jahre bekamen auch die Bürger Myanmars Zugang zu Facebook, und das Unternehmen erreichte dort bald 20 Millionen Nutzer in einer Bevölkerung von 53 Millionen Menschen. Auf vielen Smartphones, die in dem Land verkauft wurden, war die Facebook-App vorinstalliert, und die Marktforschung zeigte, dass der Dienst zu den wichtigsten Nachrichtenquellen für die burmesischen Bürger gehörte.

Im August 2017 wurde Facebook von Hasskommentaren gegen die Rohingya, eine vorwiegend muslimische Minderheit in Myanmar, überschwemmt. Es wurde ein »muslimfreies« Land gefordert, und Rufe nach ethnischer Säuberung der Region gingen viral. Dies war zum Großteil Propaganda, die von Teilen des Militärs stammte und gestreut wurde, die Informationsoperationen durchführten. Nachdem militante Rohingya einen koordinierten Angriff auf die Polizei verübt hatten, machte sich das burmesische Militär eine Welle von Hetzbotschaften im Internet zunutze und tötete, vergewaltigte und verstümmelte systematisch Zehntausende Rohingya. Andere Gruppen beteiligten sich, und immer mehr Aufrufe, Rohingya zu töten, verbreiteten sich über Facebook. Rohingya-Dörfer wurden niedergebrannt. Mehr als 700.000 Bewohner waren gezwungen, über die Grenze nach Bangladesch zu fliehen. Internationale und lokale Organisationen warnten die Internet-Plattform wiederholt wegen der Situation in Myanmar. Das Unternehmen sperrte eine Widerstandsgruppe der Rohingya, nicht aber das Militär und regierungsfreundliche Gruppen, sodass sie weiterhin ihre Hasspropaganda verbreiten konnten. Und das, obwohl Vertreter der Vereinten Nationen das Massaker als »Paradebeispiel ethnischer Säuberung« bezeichneten.

Im März 2018 kamen die Vereinten Nationen zu dem Schluss, dass Facebook eine »entscheidende Rolle« bei dieser ethnischen Säuberung gespielt hatte. Die Gewalt war durch die reibungslose Struktur von Facebook möglich geworden, die die Hassbotschaften in der Bevölkerung mit einer bislang unvorstellbaren Geschwindigkeit antrieb. Die teilnahmslose Reaktion des Unternehmens war reinstes Orwellsches Neusprech. »Auf Facebook ist kein Platz für Hassbotschaften oder zu Gewalt aufrufendem Content, wir arbeiten mit aller uns zur Verfügung stehenden Energie daran, solche Dinge von unserer Plattform fernzuhalten«, hieß es in einer Stellungname des Unternehmens zum Vorwurf, es habe eine tragende Rolle bei der ethnischen Säuberung von vierzigtausend Menschen gespielt. Alle Welt konnte den Eindruck gewinnen, dass Facebook eine exzellente Wahl für jeden war, der ein unterdrückerisches Regime aufrechterhalten wollte.

Als das eigentlich Geniale am Internet galt, dass Leute plötzlich alle hinderlichen Barrieren niederreißen und mit jedem Menschen auf der Welt in Kontakt treten konnten. Tatsächlich aber wurden nur dieselben Trends verstärkt, die in einem Land auch in der materiellen Welt vorhanden waren. Leute verbringen Stunden in den sozialen Medien, folgen Menschen wie ihresgleichen, lesen Artikel, die von Algorithmen für sie »kuratiert« wurden und deren einzige Moral in möglichst hohen Anklickraten besteht – Botschaften, die nur den ohnehin schon eindimensionalen Blickwinkel verstärken und die Nutzer bis zum Äußersten treiben, nur damit sie immer weiterklicken. Hier findet eine *kognitive Segregation* statt, die Menschen verharren in ihren eigenen Informationsblasen. Was wir sehen, ist die Segregation unserer Wirklichkeiten. Wenn Facebook eine »Gemeinschaft« ist, dann eine geschlossene.

In einer modernen pluralistischen Demokratie bilden gemeinsame Erfahrungen die fundamentale Basis für Solidarität unter Menschen, und die Geschichte von der Bürgerrechtsbewegung ist zum Teil die Geschichte von der Möglichkeit, einen Raum miteinander zu teilen: im selben Teil des Kinos zu sitzen oder denselben Wasserspender oder dasselbe Badezimmer zu benutzen. In Amerika hat sich die Segregation stets in einer heimtückisch banalen Art und Weise manifestiert – in Form von getrennten Plätzen im Bus, verschiedenen Wasserspendern, Schulen, Theaterkarten und Parkbänken. Und vielleicht jetzt in den sozialen Medien. Für Rosa Parks war die Tatsache, dass sie ihren Platz im Bus freimachen sollte, nur eine der zahllosen Methoden, mit denen das weiße Amerika systematisch dafür sorgte, dass ihre dunkle Haut sie separierte und unsichtbar machte – dass sie *das andere* blieb, das nicht zu *ihrem* Amerika gehörte. Und während wir nicht mehr zulassen, dass es in Gebäuden je nach »Rasse« des Besuchers getrennte Eingänge gibt, bleibt Segregation ein Fundament für die Architekturen im Internet.

Aus der sozialen Isolation entsteht der Rohstoff für Verschwörungstheorien und Populismus: Misstrauen. Cambridge Analytica war das unvermeidliche Produkt dieses diskriminierenden Cyberspace. Das Unternehmen konnte seine Zielpersonen nur deshalb wutsüchtig machen, weil nichts es daran hinderte, und so ertränkte es sie in einem Mahlstrom der Desinformation – mit den vorhersehbaren katastrophalen Folgen. Aber es reicht nicht, CA einfach aufzuhalten. Wir befinden uns in einer Erkenntniskrise, die sich immer mehr verschlimmert, solange wir nicht die grundlegenden Architekturen angehen, die uns in diese Misere gebracht haben. Wenn wir angesichts all dessen einfach die Hände in den Schoß legen, sind die Folgen fatal. Die Auslöschung gemeinsamer Erfahrungen ist der wesentliche erste Schritt hin zum *Othering*, zur Unterscheidung zwischen einem Wir und einem Sie, zur Verweigerung von Zugehörigkeit.

Steve Bannon erkannte, dass die »virtuellen« Welten des Internets sehr viel wirklicher sind, als den meisten Menschen bewusst ist. Sie checken im Durchschnitt zweiundfünfzig Mal pro Tag ihr Smartphone. Viele schlafen heute mit dem Gerät neben sich, während es aufgeladen wird – sie schlafen häufiger mit ihrem Smartphone als mit anderen Menschen. Das Erste und Letzte, was sie im wachen Zustand sehen, ist das Display. Und was sie auf ihrem Display sehen, bewegt sie unter Umständen dazu, Hasstaten zu begehen oder sogar extreme Gewalt auszuüben. Man kann nicht mehr »einfach online« sein, und zielgerichtete Informationen – oder Desinformationen –, die ihre Zielpersonen direkt ansprechen, können zu verheerenden Tragödien führen. Facebooks Antwort darauf besteht darin, sich der Verantwortung mit demselben Argument zu entziehen wie die National Rifle Organisation of America (NRA), und das lautet: »Gewehre töten keine Menschen.« Sie heben achselzuckend die Arme und erklären, keinen Einfluss darauf zu haben, ob ihre Nutzer ihre Produkte missbrauchen, auch wenn das Ergebnis ein Massenmord ist. Wenn nicht einmal ethnische Säuberungen sie zum Handeln veranlassen, was dann? Und wenn Facebook dann in die nächste Verteidigungsrunde geht und laut bekundet, das Unternehmen werde »weiter daran arbeiten«, dann ist das leere Rhetorik und nichts weiter als das Betroffenheitsgerede eines Technologieunternehmens, das mit dem Status quo nicht schlecht Profit macht. Für Facebook sind die Leben der Opfer zu externen Kosten ihrer Strategie des *move fast and break things* geworden.

Als ich meine Geschichte enthüllte, richtete die digitale Wutmaschine der Alt-Rights ihren Blick auf mich. In London schubsten mich aufgebrachte Brexit-Befürworter vor sich nähernde Autos. Alt-Right-Stalker liefen hinter mir her und veröffentlichten Fotos, auf denen ich zusammen mit Freunden in Clubs zu sehen war, auf Webseiten der Bewegung mit Informationen darüber, wo ich zu finden sei. Als meine Anhörung vor dem Europaparlament bevorstand, sickerten mehr und mehr Verschwörungstheorien über die Kritiker von Facebook in die Foren der Alt-Rights. Während meiner Aussage im EU-Parlament hörte ich Leute hinter mir skandieren: »Soros, Soros, Soros«. Hinterher trat vor dem Parlamentsgebäude ein Mann auf mich zu und schrie »jüdisches Geld«. Damals hatte es den Anschein, als kämen diese Narrative aus dem Nichts. Später stellte sich heraus, dass Facebook, durch seine PR-Krise in Panik geraten, die auf Schmutzkampagnen spezialisierte Lobbyfirma Definers Public Affairs engagiert hatte, die in der Folge gefakte Narrative voller antisemitischer Anspielungen auf ein angebliches, von George Soros finanziertes Komplott der Facebook-Kritiker verbreitete. Im Internet wurden Gerüchte gestreut, und wie ich selbst entdeckte, betrachteten die Zielpersonen sie als Aufruf, die Dinge selbst in die Hand zu nehmen.

Im Februar 2013 verfasste ein General des russischen Militärs namens Walerij Wassiljewitsch Gerassimow einen Artikel, in dem er die herrschende Auffassung von Kriegführung infrage stellte. Gerassimow, Russlands Generalstabschef, veröffentlichte seine Gedanken zu dem Thema im *Militärin-*

dustrie-Kurier unter dem Titel »Der Wert der Wissenschaft ist die Vorausschau«. Es handelte sich um eine Reihe von Ideen, die manche später als Gerassimow-Doktrin bezeichneten. Gerassimow schrieb: »Die Regeln des Krieges haben sich verändert. Die Rolle der nicht-militärischen Mittel, um politische und strategische Ziele zu erreichen, ist größer geworden.« Dann sprach er die Verwendungsmöglichkeiten künstlicher Intelligenz und von Informationen im Krieg an. Der »Informationsraum«, so Gerassimow, eröffne ein breites Spektrum asymmetrischer Strategien, um das Kampfpotenzial des Feindes zu vermindern. Im Grunde hatte Gerassimow von den Aufständen im Arabischen Frühling gelernt, die durch in den sozialen Medien verbreitete Informationen angefeuert worden waren. »Es ist leichter zu sagen, der ›Arabische Frühling‹ sei kein Krieg gewesen … Aber vielleicht ist es umgekehrt? Vielleicht sind just diese Ereignisse der typische Krieg des 21. Jahrhunderts?«

Auf Gerassimows Artikel folgte ein weiteres Strategiepapier des russischen Militärs, diesmal aus der Feder von Oberst S. G. Tschekinow und Generalleutnant S. A. Bogdanow. Die beiden Autoren führten Gerassimows Gedanken weiter und schrieben, es sei möglich, einen Gegner anzugreifen, indem man sich Informationen beschaffe, um über die Server der Netzwerke Facebook und Twitter Propaganda zu betreiben, und der Aggressor mit diesen mächtigen Informationstechnologien werde versuchen, alle öffentlichen Institutionen im Land ins Visier zu nehmen, vor allem die Massenmedien und religiösen Organisationen, kulturelle Einrichtungen, Nichtregierungsorganisationen, vom Ausland finanzierte Volksbewegungen und Wissenschaftler, die mit ausländischen Stipendien Forschung betrieben. Als der Artikel erschien, war dies ein radikal neuer Gedanke. Aus heutiger Sicht ist es eine präzise Blaupause für die Einmischung Russlands in die US-Wahlen 2016.

Die Geschichte der Kriegführung ist die Geschichte neuer Erfindungen und Strategien, von denen viele aus Notwendigkeit geboren wurden. In fast jeder Hinsicht sind Russlands Streitkräfte bedeutend schwächer als die der USA. Der amerikanische Verteidigungshaushalt ist mit 716 Milliarden Dollar über zehn Mal höher als der Russlands. Die Vereinigten Staaten verfügen über 1,28 Millionen Militärangehörige im aktiven Dienst gegenüber Russland mit 1 Million; über insgesamt 13.000 Luftfahrzeuge gegenüber Russland mit 4000; und sie haben 20 Flugzeugträger, Russland hingegen nur einen. Nach allen konventionellen Schätzungen wäre Moskau in einem Krieg der »Großmächte« auf jeden Fall unterlegen, und Wladimir Putin wusste das. Deshalb mussten die Russen eine andere Möglichkeit finden, ihre Überlegenheit zurückzugewinnen – eine, die nichts mit dem physischen Kampfspektrum zu tun hatte.

Militärstrategen können sich nur schwer neue Kampfarten vorstellen, solange ihr Fokus auf den vorhandenen Methoden der Kriegführung liegt. Bevor es Flugzeuge gab, kannten die Militärs nur Kriege zu Boden und zu Wasser. Erst als sich 1915 der französische Pilot Roland Garros in ein Flugzeug setzte, das mit einem Maschinengewehr ausgestattet war, wurde Militärstrategen klar, dass auch der Himmel ein Schlachtfeld sein könnte. Und sobald Flugzeuge an Angriffen beteiligt waren, zogen auch die Armeeeinheiten am Boden nach und erfanden kompakte, schnellfeuernde Flakgeschütze. Und so setzte sich die Entwicklung des Kriegs weiter fort.

Der Informationskrieg ist auf ähnliche Weise entstanden. Anfangs konnte sich niemand vorstellen, dass Facebook oder Twitter einmal zu Kampfinstrumenten würden; Krieg wurde am Boden, in der Luft oder zu Wasser geführt, vielleicht auch eines Tages im Weltraum. Doch die fünfte Domäne – der Cyberspace – erwies sich als ideales Schlachtfeld für jene, die die Fantasie und den Weitblick besaßen, sich vorzustellen, mithilfe der sozialen Medien einen Informationskrieg zu führen. Man kann eine direkte Linie von der von Gerassimow, Tschekinow und Bogdanow geschaffenen Grundlage geradewegs durch die Tätigkeit von Cambridge Analytica zu den Siegen der Kampagnen der Brexit-Befürworter und Trumps ziehen. In nur fünf Jahren ist es dem russischen Militär und dem russischen Staat gelungen, die ersten verheerend effektiven neuen Waffen des 21. Jahrhunderts zu entwickeln.

Sie wussten, dass es funktionieren würde, weil Unternehmen wie Facebook niemals den »unamerikanischen« Schritt gehen würden, ihre Nutzer an die Kandare zu nehmen. Also brauchte Russland keine Propaganda zu verbreiten. Es musste nur die Amerikaner dazu bringen, es selbst zu tun – durch Klicken, Liken und Sharing. Amerikaner, die bei Facebook waren, erledigten die Arbeit für sie, indem sie ihre Propaganda durch das amerikanische Recht auf Meinungsfreiheit weißwusch.

Aber diese neue Ära der Desinformation im großen Stil ist nicht auf die Politik beschränkt. Unternehmen wie Starbucks, Nike und andere Modemarken wurden ebenfalls zum Ziel der von den Russen finanzierten Desinformationsoperationen. Wenn solche Markenfirmen zu vorhandenen sozialen oder ethnischen Spannungen Stellung nehmen, ist es schon mehrfach vorgekommen, dass von Russen finanzierte Fake-News-Seiten, Botnets und Operationen in den sozialen Medien diese Narrative zu Waffen gemacht und soziale Konflikte angeheizt haben. Im August 2016 weigerte sich der Footballspieler Colin Kaepernick, beim Singen der amerikanischen

Nationalhymne aufzustehen, um gegen den systemischen Rassismus und die Brutalität der Polizei gegenüber Afroamerikanern und anderen Minderheiten in den Vereinigten Staaten zu protestieren. Die Modemarke Nike, Kaepernicks Sponsor, stellte sich hinter ihn, woraufhin eine Kontroverse entstand. Viele aber wussten damals nicht, dass Social-Media-Konten mit Verbindungen nach Russland binnen Stunden nach dem Protestakt von Kaepernick vorhandene Hashtags verbreiteten und verstärkten, die für einen Nike-Boykott mobilisierten. Ein Teil dieses Contents fand schließlich auch den Weg in die Mainstream-Nachrichten, womit das Nike-Boykott-Narrativ als rein amerikanischer Protest gegen den Sportausstatter erschien und legitimiert wurde. Cybersecurity-Firmen entdeckten außerdem von Alt-Right-Gruppen gefälschte Nike-Gutscheine, die afroamerikanische Social-Media-Nutzer mit Angeboten wie »75% Rabatt auf alle Schuhe für People of Color« ansprachen. Die Coupons sollten dazu führen, dass afroamerikanische Kunden damit ahnungslos in Nike-Läden wanderten und dort abgewiesen wurden. Im Zeitalter viraler Videos könnte ein solches Szenario »reale« Bilder erzeugen, in denen das rassistische Topos vom »wütenden schwarzen Mann« präsentiert würde, der in einem Laden etwas kostenlos haben will. Warum sollten solche Operationen zur Desinformation eine Modefirma ins Visier nehmen und die Marke zu einer Waffe machen? Weil das Ziel dieser feindlichen Propaganda nicht einfach nur darin besteht, störend in unsere politischen Prozesse einzugreifen oder unseren Unternehmen Schaden zuzufügen. Die Absicht ist vielmehr, unser soziales Gewebe zu zerreißen. Sie wollen, dass wir einander hassen. Und die Spaltung kann sich umso schlimmer auswirken, wenn diese Narrative die Dinge vergiften, denen im Alltag unsere Sorge gilt – die Kleider, die wir tragen, die Sportereignisse, denen wir zuschauen, die Musik, die wir hören, oder auch nur der Kaffee, den wir trinken.

Wir alle sind anfällig für Manipulationen. Wir treffen Urteile auf der Grundlage der uns zur Verfügung stehenden Informationen, aber wir alle sind der Gefahr ausgesetzt, manipuliert zu werden, wenn der Zugang zu diesen Informationen nicht mehr direkt, sondern vermittelt ist. Im Lauf der Zeit können unsere Vorurteile verstärkt werden, ohne dass wir es merken. Viele vergessen, dass das, was wir in unseren Newsfeeds und unseren Suchmaschinen sehen, das Ergebnis einer Modifizierung durch Algorithmen ist, deren einzige Aufgabe darin besteht, auszuwählen, was uns anspricht, nicht darin, uns zu informieren. Da hoch angesehene Nachrichtenquellen inzwischen eine Bezahlschranke haben, werden Informationen Schritt für Schritt zu einem Luxusprodukt auf einem Markt, auf dem Fake News stets kostenlos sind.

In der letzten Wirtschaftsrevolution ging es dem Industriekapitalismus darum, die Natur um uns auszubeuten. Erst jetzt, angesichts des Klimawandels, befassen wir uns mit den daraus resultierenden externen Kosten. Doch in der nun anstehenden nächsten Stufe des Kapitalismus sind die Rohstoffe nicht mehr Öl oder Edelmetalle, sondern zur Ware gewordene Aufmerksamkeit und kommerzialisierte Verhaltensweisen. In der neuen Ökonomie des Überwachungskapitalismus sind wir der Rohstoff. Das bedeutet, dass es einen neuen wirtschaftlichen Anreiz gibt, der erhebliche Informationsasymmetrien zwischen Plattformen und Nutzern entstehen lässt. Um das Verhalten von Nutzern in Profit ummünzen zu können, müssen die Plattformen alles über dieses Verhalten wissen, während ihre Nutzer nichts über das Verhalten der Plattform erfahren. Wie Cambridge Analytica erkannte, ist dies die ideale Umgebung, um Propaganda auszubrüten.

Das Aufkommen von Hubs für die Hausautomation wie Alexa von Amazon und Google Home ist der erste Schritt hin zur Integration des Cyberspace in unsere physische Alltagswirklichkeit. Das 5G-Netz und das Wi-Fi der nächsten Generation werden bereits auf den Markt gebracht und legen den Grundstein dafür, dass das »Internet der Dinge« (IoT) zur absoluten Normalität wird, wobei große wie kleine Haushaltsgeräte mit superschnellen und allgegenwärtigen Netzwerken verbunden sein werden. Diese alltäglichen Geräte, sei es der Kühlschrank, eine Zahnbürste oder ein Spiegel, sollen mit Sensoren ausgestattet werden, um das Verhalten der Nutzer im eigenen Haus verfolgen zu können, indem die Daten zu den Service-Providern zurückgesandt werden. Amazon, Google und Facebook haben bereits Patente für die Erfindung »vernetzter Häuser« angemeldet, bei denen IoT-Sensoren im Haus und Online-Marktplätze, Ad-Netzwerke und Social-Media-Profile zu einer integrierten Einheit verbunden werden. In dieser Zukunft wird Amazon wissen, wann Sie eine Aspirin einwerfen, und Facebook wird beobachten, wie Ihre Kinder im Wohnzimmer spielen.

Eng verzahnt mit intelligenten Informationsnetzen wird diese neue IT-Umgebung in der Lage sein, uns zu beobachten, über uns nachzudenken und uns zu beurteilen, und versuchen, uns zu beeinflussen, indem sie sich als Mittlerin vor den Zugang zu Informationen stellt – wobei »sie« uns sehen kann, wir »sie« aber nicht. Zum ersten Mal in der Geschichte der Menschheit werden wir uns in *Räume mit einer Absicht* begeben, die beeinflusst sind von den Silicon-Geistern, die wir selbst geschaffen haben. Unsere Umwelt wird nicht mehr passiv oder freundlich sein; sie wird Absichten haben, Meinungen und Pläne. Unser Zuhause wird kein Rückzugsort mehr sein, zu dem die Außenwelt keinen Zutritt hat, weil in jedem der verbundenen Räume die Umgebung ständig aktiv sein wird. Wir schaffen eine Zukunft, in der unsere Wohnung über uns nachdenkt. In der unsere Autos und Büros uns bewerten. In der Türen zu Türstehern werden. Wir schaffen die Dämonen und Engel der Zukunft.

Das ist der Traum des Silicon Valley für uns alle – uns in jeder Minute und an jedem Ort zu umstellen. Als Cambridge Analytica die Dominanz im Informationssektor anstrebte, gab sich das Unternehmen nicht mit sozialen Daten zufrieden und hatte schon begonnen, Kontakte zu Satelliten- und TV-Providern zu knüpfen. Nachdem es bereits verbundene Fernseher angezapft hatte, plante es, auch Sensoren in Smart Homes in sein Überwachungssystem einzubeziehen. Man stelle sich vor, dass eine Firma wie Cambridge Analytica unser Fernsehprogramm zusammenstellt, mit unseren Kindern spricht und uns beim Schlafen ins Ohr flüstert.

Die Grundlage unseres Rechtssystems beruht auf dem Gedanken, dass unsere Umgebung passiv und unbelebt ist. Die Welt, die uns umgibt, mag zwar passiv unsere Entscheidungen beeinflussen, aber dieser Einfluss ist nicht motiviert. Die Natur und der Himmel über uns beschließen nicht, uns zu beeinflussen. Im Lauf der Jahrhunderte haben sich im Recht mehrere grundlegende Annahmen über die menschliche Natur entwickelt. Die wichtigste ist die, dass der Mensch handlungsfähig ist – dass er unabweisbar in der Lage ist, selbstständig rationale und unabhängige Entscheidungen zu treffen. Daraus folgt, dass die Welt nicht für die Menschen entscheidet, die Menschen aber in dieser Welt Entscheidungen treffen.

Dieser Gedanke ist die philosophische Basis für die Strafbarkeit von Verbrechen. Wir bestrafen diejenigen, die gegen das Gesetz verstoßen, weil sie eine verwerfliche Wahl getroffen haben. Ein brennendes Gebäude kann Menschen Schaden zufügen, aber wir bestrafen das Gebäude nicht, weil es keine Handlungsmacht besitzt. Daher stellt das Gesetz Regeln für das menschliche Handeln auf und nicht für Motive oder Verhaltensweisen der menschlichen Umgebung. Daraus folgen die grundlegenden Rechte, die wir heute haben. In der Aufklärung galt der Schutz der Handlungsfreiheit als zentrales Recht des Menschen. Das Recht auf Leben und Freiheit, die Versammlungs- und Redefreiheit, das Wahlrecht und die Gewissensfreiheit, all das beruht auf der *Annahme der Handlungsfreiheit* und geht aus ihr hervor. Aber die Handlungsfreiheit wurde nicht als Recht per se formuliert, denn man ging stets davon aus, das sie schlicht und einfach kraft unseres Menschseins existiert. Somit haben wir nicht ausdrücklich ein Recht auf Handlungsfreiheit *gegen die Welt*, das heißt, Handlungsfreiheit, die gegen die Umgebung ausgeübt wird. Wir haben kein Recht auf Handlungsmacht, die sich gegen den Himmel richtet oder gegen den unangemessenen Einfluss motivierter und denkender Räume mit dem Ziel, in die Ausübung unserer Handlungsfähigkeit einzugreifen. Zur Zeit der Gründung Amerikas war eine Situation, in der unsere Handlungsfähigkeit von einer motivierten und denkenden Umgebung manipuliert wird, undenkbar. Für die Gründungsväter wäre dies eine Macht gewesen, die Gott vorbehalten war.

Wir können bereits beobachten, dass Algorithmen, die miteinander um die größtmögliche Aufmerksamkeit der Nutzer konkurrieren, nicht nur Kulturen verändern, sondern auch die Erfahrung der Existenz neu definieren. Durch Algorithmen verstärkte »Interaktion« ist der Kern unserer Empörungs- und Anprangerungskultur, unserer von Selfies verstärkten Selbstgefälligkeit, der Technologiesucht und der Erosion des psychischen Wohlbefindens. Gezielt angesprochene Nutzer werden von Content überschwemmt, damit sie immer weiterklicken. Wir halten uns gern für immun gegen Einflüsse oder kognitive Verzerrungen, weil wir das Gefühl haben wollen, Herr unserer selbst zu sein, aber die Alkohol-, Tabak-, Fast-Food- und Spieleindustrie wissen, dass wir kognitiv und emotional beeinflussbar sind. Auch die Tech-Unternehmen haben das längst kapiert und erforschen das »Nutzer-Erlebnis«, die »Gamifizierung«, das »Growth Hacking« und die »Interaktion«, indem sie »ludische Schleifen« und Verstärkungsprogramme aktivieren, die denen in Spielautomaten gleichen. Bislang ist diese Gamifizierung auf soziale Medien und digitale Plattformen beschränkt, aber was wird sein, wenn wir unsere Leben weiter in vernetzte Informationsarchitekturen integrieren, die dazu dienen, die evolutionären Schwachstellen in unserer Erkenntnisfähigkeit auszunutzen? Wollen wir wirklich in einer »gamifizierten« Umgebung leben, die unsere Leidenschaften manipuliert und mit unserem Leben umspringt, als befänden wir uns in einem Spiel?

Die den sozialen Medien zugrundeliegende Ideologie ist nicht die Erweiterung der Wahlmöglichkeiten oder der Handlungsfreiheit, sondern vielmehr die Verengung, Filterung und Reduzierung der Entscheidungsfreiheit für den Profit der Urheber und Werbetreibenden. Die sozialen Medien pferchen die Bürger in überwachte Räume, wo ihre Architekten sie aufspüren und kategorisieren können und ihr Wissen über sie nutzen, um ihr Verhalten zu beeinflussen. Demokratie und Kapitalismus beruhen auf zugänglichen Informationen und freier Wahl, aber was wir jetzt sehen, ist deren Aushöhlung von innen.

Aber es geht hier nicht nur um Privatsphäre oder Zustimmung. Es geht darum, wer unsere Wahrheiten und die der

Menschen in unserem Umfeld beeinflussen darf. Es geht um die Architekturen der Manipulation, die wir in unserer Gesellschaft errichten. Genau darin liegt die Lehre, die wir aus Cambridge Analytica ziehen können. Um zu erkennen, welche Schäden die sozialen Medien anrichten, müssen wir zunächst einmal verstehen, was sie sind. Facebook mag sich gegenüber seinen Nutzern als »Community« bezeichnen oder gegenüber den Kontrollbehörden als »Plattform«, aber es ist genauso wenig ein Dienstleister wie ein Gebäude. Selbst wenn man nicht genau weiß, wie der Cyberspace funktioniert, so ist es doch wichtig, sich klarzumachen, dass er uns heute umgibt. Jedes verbundene Gerät, jeder Computer ist Teil einer vernetzten Informationsarchitektur und bestimmt darüber, wie Sie die Welt erleben. Die häufigsten Stellenbezeichnungen in den meisten Unternehmen im Silicon Valley sind *Ingenieur* und *Architekt*, nicht *Kundendienstleiter* oder *Leiter Kundenbeziehungen*. Doch im Gegensatz zu anderen Sektoren müssen Tech-Unternehmen keine Sicherheitstests durchführen, um den Nachweis zu liefern, dass die Bauordnung eingehalten wurde, bevor sie ihr Produkt auf den Markt bringen. Plattformen dürfen stattdessen Dark Patterns verwenden, die User absichtlich zu anhaltender Nutzung verführen, wodurch sie dann immer mehr Daten preisgeben. Tech-Entwickler bauen gezielt verwirrende Labyrinthe in ihre Plattformen ein, die die Leute dazu bringen, sich immer tiefer in diese Architekturen hineinziehen zu lassen, ohne dass der Ausgang klar zu erkennen ist. Und wenn sich die Leute durch ihr Labyrinth klicken, freuen sich diese Architekten an der steigenden Interaktionsrate.

Soziale Medien und Internetplattformen sind keine Dienste; es sind Architekturen und Infrastrukturen. Wenn sie ihre Architekturen als »Services« deklarieren, heißt das, dass sie versuchen, dem Nutzer durch seine »Einwilligung« die Verantwortung zuzuschieben. In keinem anderen Sektor wird dem Konsumenten eine solche Bürde auferlegt. Flugpassagiere werden nicht aufgefordert, die Technik der Flugzeuge zu »akzeptieren«, Hotelgäste werden nicht aufgefordert, die Zahl der Ausgänge im Gebäude zu »akzeptieren«, und die Bevölkerung wird nicht aufgefordert, den Reinheitsgrad ihres Trinkwassers zu »akzeptieren«. Und als einstiges Clubkid weiß ich, wenn Bars oder Konzertsäle überfüllt sind und bersten vor Ravern, kommen Brandinspektoren und ordnen an, dass die einwilligenden Kunden den Raum verlassen, weil die Situation offenkundig gefährlich ist.

Facebook mag sagen: Wenn es dir nicht gefällt, musst du es ja nicht nutzen. Aber es gibt keine vergleichbaren Alternativen zu diesen alles beherrschenden Playern im Internet, so wie es auch keine Alternativen zum Strom- oder Wasserversorger gibt. Wer auf die Nutzung von Plattformen wie die von Google, Facebook, LinkedIn und Amazon verzichtet, nimmt sich aus der modernen Gesellschaft heraus. Wie soll er einen Job finden? Wie kommt er an Informationen? Wie pflegt er Kontakte zu anderen? Diese Unternehmen reden gern von Kundenwahl, obwohl sie doch wissen, dass sie alles in ihrer Macht Stehende getan haben, um für die meisten zum unverzichtbaren Bestandteil ihres Lebens zu werden. Nutzer aufzufordern, auf den Button »Akzeptieren« zu klicken, nachdem man ihnen seitenweise in einzeiliger Formatierung Juristenjargon vorgeknallt hat (bei Facebook sind es fast zwölftausend Wörter), ist nichts anderes als Erschleichen der Einwilligung. Diese Plattformen sind Spezialanfertigungen, um Nutzereinwilligungen durch den Fleischwolf zu drehen. Niemand erklärt sein Nichteinverständnis bei diesen Plattformen, weil niemand eine andere Wahl hat, als einzuwilligen.

Als Facebook mich sperrte, deaktivierte das Unternehmen nicht einfach mein Konto; es löschte meinen gesamten Auftritt inklusive dem auf Instagram. Wenn meine Freunde alte Nachrichten von mir anschauen wollten, kam nichts: Mein Name, meine Wörter – alles war verschwunden. Ich wurde zu einem Schatten. Die Verbannung ist eine alte Form der Bestrafung, mit der sich eine Gesellschaft ihrer Verbrecher, Häretiker und politischen Extremisten entledigte, die die Macht des Staates oder der Kirche gefährdeten. Im antiken Athen konnten Menschen für zehn Jahre aus welchem Grund auch immer aus der Gesellschaft ausgeschlossen werden, ohne dass sie die Möglichkeit hatten, Beschwerde dagegen einzulegen. In der Sowjetunion verschwanden in der Stalinzeit Staatsfeinde nicht nur, sondern es wurden auch alle Zeugnisse ihrer Existenz – Fotos, Briefe, Erwähnungen in Nachrichten – ausgelöscht und aus den Annalen der offiziellen Geschichtsschreibung getilgt. In der Menschheitsgeschichte haben die Mächtigen das soziale Gedächtnis und das kollektive Vergessen stets als wirksame Waffe eingesetzt, um Widerspruch zu unterdrücken und die Geschichte so zu korrigieren, wie sie ihnen genehm war, um damit die Gegenwart zu formen. Und wenn wir verstehen wollen, warum sich diese Technologiefirmen so verhalten, wie sie es tun, sollten wir auf die Worte derjenigen hören, die sie aufgebaut haben. Peter Thiel, der Risikokapitalgeber, der hinter Facebook, Palantir und PayPal steht, äußerte sich ausführlich dazu, warum er nicht mehr glaube, dass »Freiheit und Demokratie miteinander vereinbar sind«. Und bei der näheren Ausführung seiner Ansichten zu Technologieunternehmen erklärte er, CEOs seien die neuen Monarchen in einem techno-feudalen Regierungssystem. Wir bezeichnen es nur deshalb nicht öffentlich als Monarchie, sagte er, weil »sich die Leute bei allem, was keine Demokratie ist, unbehaglich fühlen«.

Die philosophische Begleitmelodie des Autoritarismus ist die Schaffung absoluter Gewissheit in der Gesellschaft. Sie bedeutet eine Neupositionierung der Freiheit – jetzt heißt es nicht mehr *Freiheit zu*, sondern *Freiheit von*. Strikte Vorschriften und Gesetze bestimmen und prägen Verhalten, Gedanken und Handlungen des Gemeinwesens. Und das wichtigste Instrument autoritärer Regime ist stets die Informationskontrolle – sowohl in Form der Sammlung von Informationen über die Bevölkerung durch Überwachung als auch in Form von Filterung der Informationen für die Bevölkerung durch staatliche Medien. In seinen Anfängen schien das Internet eine Bedrohung autoritärer Regime zu sein, doch mit dem Aufkommen der sozialen Medien sahen wir die Entstehung von Architekturen, die die Bedürfnisse jedes autoritären Regimes befriedigen: Überwachung und Informationskontrolle. Autoritäre Bewegungen sind nur möglich, wenn sich die allgemeine Öffentlichkeit an eine neue Normalität gewöhnt – und von ihr betäubt wird.

Das Internet hat die alten Annahmen über das Recht und das unter seiner Herrschaft stehende Gemeinwesen enttäuscht. Es ist überall und zugleich nirgendwo – es ist physikalisch von Servern und Kabeln abhängig, hat aber zugleich keinen festen Sitz. Das bedeutet, dass ein einziger digitaler Vorgang teilweise an unzähligen physischen Schauplätzen gleichzeitig stattfinden oder eine Handlung an einem Ort Auswirkungen an anderen haben kann. Der Grund dafür ist, dass das Internet eine Art *hyperobject* ist – wie unser Klima und die Biosphäre umgibt uns das Internet, und wir leben darin. Die Tech-Community bezeichnet ihre Plattformen oft als »digitale Ökosysteme«, womit sie implizit sagt, dass ihre Konstruktion ein digitales Behältnis oder ein Bereich ist, in dem zumindest ein Teil unseres Lebens stattfindet. Wir können es nicht sehen oder berühren, aber wir wissen aufgrund seiner Auswirkungen, dass es existiert.

Ich bin oft Polizeiermittlern begegnet, die mit Datenkriminalität nicht vertraut waren und falsche Analogien verwendeten wie die Auffindung der »Mordwaffe«, den »Fundort der Leiche« und lineare »Kausalketten«. Aber Datenkriminalität findet in der Regel nicht an einem bestimmten Ort statt. Daten sind absolut beweglich und nicht greifbar, da sie lediglich Informationen darstellen. Sie können gleichzeitig in verschiedenen Servern überall auf der Welt gespeichert werden; und selbst wenn sie sich an einem Ort befinden, sind sie doch nicht ausschließlich an diesem Ort. Auf Servern, die in Land A stehen und Daten von Personen in Land B verarbeiten, kann von einer Person in Land C zugegriffen werden, die die Daten in eine Plattform in Land D einspeist, nachdem sie von einer Firma in Land E dazu aufgefordert wurde, die von Land F finanziert wird. Das war das komplexe Konstrukt von Cambridge Analytica. Auch wenn zweifelsfrei schwerwiegende Schäden erlitten worden sind – wie Hacking, Datendiebstahl, Drohungen oder Täuschungen –, war stets unklar, wer dafür zur Verantwortung gezogen werden konnte, und die uns zur Verfügung stehenden Systeme, Schuld zuzuweisen, versagten hier komplett.

Wir stellen uns unsere Regierung gern als unseren Schiffskapitän vor, aber wenn sich das Meer in einer Weise verändert, auf die unser Kapitän nicht vorbereitet ist, verliert er womöglich die Kontrolle über unser Schiff. Im Juli 2018 stellte die britische Wahlkommission fest, dass die Kampagnenorganisation Vote Leave durch Absprachen mit BeLeave gegen das Gesetz verstoßen hatte. Am 30. März 2019 – ein Jahr nachdem die Enthüllungen um den Brexit bekannt geworden waren –

verzichtete das Vote-Leave-Team auf das von ihm beantragte Berufungsverfahren gegen das Urteil der Wahlkommission und das angeordnete Bußgeld, was einem Geständnis gleichkam. Manche meinten: »Was sind schon 700.000 Pfund?« Nur damit in dieser Hinsicht keine Zweifel aufkommen: *Das Vorgehen von Vote Leave war der größte bekannte Verstoß gegen das Wahlfinanzierungsgesetz in der Geschichte Großbritanniens.* Doch selbst wenn es das nicht gewesen wäre, Wahlen sind, wie ein Hundert-Meter-Lauf bei den Olympischen Spielen, Nullsummenspiele, bei denen der Gewinner alles einstreicht. Wer den Sieg davonträgt, sei es auch mit einer Mehrheit von nur ein paar Stimmen oder einem Vorsprung von Millisekunden, hat das ganze Rennen gewonnen. Er wird ein öffentliches Amt bekleiden. Er bekommt eine Goldmedaille. Er ernennt die Richter des Obersten Gerichtshofs. Er führt ein Land aus der Europäischen Union.

Der Unterschied zwischen den beiden Szenarien ist natürlich, dass man, wenn man bei den Olympischen Spielen betrügt, disqualifiziert wird und seine Medaille zurückgeben muss. Da gibt es keine Debatten darüber, ob der Sportler nicht »so oder so gewonnen hätte« – die Integrität des Sports verlangt einen sauberen Wettkampf. In der Politik hingegen setzen wir Integrität nicht als unabdingbares Element unserer Demokratie voraus. Sportler, die betrügen, haben härtere Strafen zu erwarten als Kampagnenorganisationen, die bei Wahlen ein falsches Spiel spielen. Obwohl die Brexit-Befürworter beim Referendum nur 3,78 Prozent mehr Stimmen bekamen, behaupteten sie, »das Volk« habe sich für sie ausgesprochen – und als beim landesweiten Ergebnis der Präsidentschaftswahl Trump um 2,1 Prozent hinter seiner Konkurrentin lag, sprach auch er von Sieg. Obwohl Vote Leave der Betrug nachgewiesen wurde, durften die »Brexiteers« ihre Medaille behalten. Niemand wurde von zukünftigen Wahlkämpfen ausgeschlossen, und die beiden Anführer von Vote Leave, Boris Johnson und Michael Gove, durften für die Parlamentswahlen ins Rennen gehen. Verbrechen gegen unsere Demokratie galten für die politische Klasse nicht als »echte Verbrechen«. Für viele waren diese Vergehen mit einem Parken im Halteverbot vergleichbar, und das trotz des sehr realen Schadens, der für uns entsteht, wenn unsere bürgerlichen Institutionen so leicht von Verbrechern und feindlichen Ländern ausgehöhlt werden können, die unsere Gesellschaft mit Wahlterrorismus beschädigen wollen. Und natürlich behaupteten die mächtigsten Leute in Großbritannien und den Vereinigten Staaten, dass diese Verbrechen gar nicht geschehen seien, sondern eine »Ente« seien, die Erfindung der verbitterten Gegner, die sie bezwungen hätten. Und das trotz allem, was einmal als »Tatsachen« und »Wirklichkeit« galt.

Man könnte meinen, dass eine Verschwörung mit dem Ziel, die privaten E-Mails und Krankenberichte einer weltbekannten Spitzenpolitikerin zu hacken, Minister zu bestechen, Zielpersonen zu erpressen und Wähler mit Videos von brutalen Morden und Drohungen zu überschwemmen, rechtliche Folgen nach sich ziehen würde. Aber es gab keine Konsequenzen für irgendjemanden, der in die afrikanischen Projekte von Cambridge Analytica involviert war. Es war zu schwierig, eine rechtliche Prüfung durchzuführen – ob »ein ausreichender Anteil« des Verbrechens in Großbritannien geschehen war, um eine Strafverfolgung vor britischen Gerichten zu rechtfertigen. Die Server des Unternehmens waren über die ganze Welt verstreut, die Meetings fanden in verschiedenen Ländern statt, die Hacker saßen in wieder anderen Ländern, und Cambridge Analytica erhielt das gehackte Material nur in London, erfasste es aber nicht in Großbritannien. Obwohl es mehrere Zeugen gab, kam Cambridge Analytica einfach ungeschoren davon. Ein Manager des Nigeria-Projekts arbeitete sogar anschließend in einer hohen Position im britischen Kabinettsbüro bei außenpolitischen Projekten mit, also auf höchster Ebene der britischen Regierung.

Auch in den USA gab es keine Konsequenzen für Cambridge Analytica. Das Unternehmen hatte wissentlich und willentlich gegen den *Foreign Agents Registration Act* (FARA), das Registrierungsgesetz für Auslandsvertreter, verstoßen. Es hatte Operationen zur Unterdrückung afroamerikanischer Wähler durchgeführt. Es hatte Facebook-Nutzer betrogen und sie mit widerlichem Content bedroht. Es hatte Hunderte Millionen privater Dokumente feindlichen Staaten zugänglich gemacht. Und doch passierte nichts, weil Cambridge Analytica von der sogenannten *Jurisdictional Arbitrage* profitierte, der Diskrepanz zwischen verschiedenen nationalen Rechtsordnungen. Häufig werden Steuern umgangen, indem Strohfirmen auf tropischen Inseln auf der ganzen Welt gegründet werden, um Geld über eine ausreichend komplexe Länder- und Unternehmenskette mit jeweils eigenen Regeln zu waschen, sodass die Behörden nicht mehr nachverfolgen können, wo sich das Geld befindet. Möglich ist dies, weil Geld – wie Daten – ein leicht bewegliches Gut ist und sehr schnell durch ein globales Finanzsystem verschoben werden kann. Und so nutzte Cambridge Analytica komplexe, verschiedene Rechtsordnungen übergreifende Unternehmenskonstruktionen nicht nur, um Geld zu waschen, sondern etwas, was genauso wertvoll war: *Ihre Daten.*

In Großbritannien hatten auch die Operationen von AIQ keine Konsequenzen. Nachdem Sanni und ich Beweise dafür veröffentlicht hatten, dass Vote Leave durch AIQ mehr Geld als gesetzlich erlaubt für die Referendumskampagne ausgegeben und das Unternehmen für niemanden sichtbar Targeting mit dem Instrumentarium von Cambridge Analytica betrieben hatte, wollte in der Brexit-Debatte niemand darüber sprechen. Großbritannien hatte bereits formell gegenüber der Europäischen Union seinen Austritt erklärt. Der Gedanke, dass der hauchdünne Sieg der Brexit-Befürworter durch systematischen Betrug, Verstöße gegen den Datenschutz und ausländische Eingriffe bewirkt worden sein könnte, wurde bereitwillig ignoriert, weil die Auswirkungen unvorstellbar gewesen wären. Wäre dasselbe in Kenia oder Nigeria passiert, hätten britische Beobachter umgehend nach Neuwahlen gerufen.

Andere britische Institutionen versagten ebenfalls. BBC-Manager, die vom *Guardian* über die Geschichte informiert worden waren und vor der Veröffentlichung das gesamte Beweismaterial erhalten hatten, ließen die Geschichte Tage, bevor sie an die Öffentlichkeit ging, fallen – sie war einfach zu brisant. Stattdessen interviewte der Sender Alexander Nix, bevor der Enthüllungsbericht auf *Channel 4* gesendet wurde, und fügte keinerlei Kommentar der Whistleblower ein. Als ich dann später bei *Newsnight* auftrat, dem Vorzeigeprogramm für Abendnachrichten, bemühte sich der Moderator, immer wieder einzuwerfen, der Gesetzesbruch von Vote Leave einschließlich der Verwendung von illegal erworbenen Geldern für Milliarden gezielter Werbeanzeigen auf Facebook sei lediglich eine meiner »Anschuldigungen«. Dabei war dies bereits von der Wahlkommission als Tatsache festgestellt worden. Frustriert und irritiert geriet ich dann in eine Auseinandersetzung darüber, was eine »Tatsache« ist und wie grotesk es sei, dass mich die BBC trotz der veröffentlichten Entscheidung britischer Rechtsbehörden nicht sagen lassen wollte, wie Vote Leave das Gesetz gebrochen hatte oder dass unter den Augen von Facebook gesetzwidrige Handlungen stattgefunden hätten.

Das NCA ließ plötzlich seine Ermittlungen zu den russischen Einmischungen fallen, obwohl ihm Beweise vorlagen, dass die russische Botschaft Beziehungen zu Leave.EU unterhalten hatte. Später weigerte sich die Premierministerin zu bestätigen, dass sie die Ermittlungen zum Brexit-Votum gestoppt habe: Es gab einfach keine parlamentarischen Ermittlungen über den Betrug während des Brexit-Referendums. Und am Ende wurde ich vor dem US-Kongress länger über das Brexit-Votum befragt als im britischen Parlament. Während es in Großbritannien keine Untersuchungen gab, nahm das kanadische Parlament Ermittlungen zur Rolle von AIQ beim Brexit-Votum auf, um den britischen Behörden zu helfen, Antworten von AIQ zu erzwingen, nachdem die Firma deren Zuständigkeit umgangen hatte, indem sie ihren Sitz in Kanada behielt.

Anscheinend ist Betrug eine ziemlich gute Methode, um zu gewinnen, da sie kaum Konsequenzen nach sich zieht. Die Wahlkommission räumte später ein, an dem Ergebnis des Referendums werde festgehalten, auch wenn es mithilfe illegaler Daten oder illegaler Finanzierung gewonnen worden sei. Facebook weigerte sich, alle Details der Geschehnisse auf seiner Plattform vor dem Referendum oder die Zahl der Wähler preiszugeben, die in illegalen Kampagnen durch Targeting und Profiling angesprochen worden waren. Mark Zuckerberg widersetzte sich drei Mal der Aufforderung, vor dem britischen Parlament auszusagen, und als sich fünfzehn Nationalparlamente, die zusammen fast eine Milliarde Bürger aus sechs Kontinenten repräsentierten, zusammenschlossen, um Zuckerberg zu befragen, und das auch nur per Telefon, wies er auch sie ab – zwei Mal. Anscheinend war ihm seine Zeit wichtiger als die von Gesetzgebern, die fast ein Siebtel der Menschheit vertraten. So erfuhr Facebook, dass es trotz der Empörung, die in den Medien über das Unternehmen hereinbrach, kaum Konsequenzen zu befürchten hatte, wenn es die Parlamente der Welt einfach ignorierte – dass es sich wie ein souveräner Staat verhalten konnte, der deren Kontrolle entzogen war. Schließlich schickte Facebook seinen Technischen Geschäftsführer Mike Schroepfer zur Anhörung vor dem britischen Parlament, aber laut einem anschließenden Statement des Ausschusses beantwortete er die vierzig Fragen nicht vollständig. Am verräterischsten bei seinem Auftritt aber war vielleicht der Mangel an Bedauern seitens des Unternehmens. Als Schroepfer gefragt wurde, ob die unmittelbare Reaktion von Facebook, Journalisten mit juristischen Maßnahmen zu drohen, Mobbing sei, erwiderte er, seiner Auffassung nach sei dies die »übliche Praxis im Vereinigten Königreich«. Als er von den ungläubigen Abgeordneten gedrängt wurde, fügte sich Schroepfer, entschuldigte sich schließlich und sagte, es tue ihm leid, »wenn Journalisten das Gefühl haben, wir würden versuchen zu verhindern, dass die Wahrheit herauskommt«.

Für mich war es traurig zu sehen, dass von all denjenigen, die in diesem Drama offiziell bestraft werden konnten, einer der Einzigen, die sanktioniert wurden, Darren Grimes war, der zweiundzwanzigjährige Praktikant bei Vote Leave. Es war frustrierend für ihn, dass er nach der überalterten Gesetzgebung persönlich für den Verstoß gegen das Wahlgesetz verantwortlich war. Der Ausschuss setzte eine Geldstrafe von 20.000 Pfund für ihn persönlich fest und leitete seinen Fall an die Polizei weiter. Später legte er erfolgreich Berufung gegen dieses Ergebnis ein, aber womöglich wird es noch weitere Rechtsmittelverfahren der Wahlkommission geben. Der Kampagnenorganisation, Vote Leave, wurde ein

Bußgeld von 61.000 Pfund auferlegt, was aber zum Teil ihrer Weigerung geschuldet war, mit der Aufsichtsbehörde zusammenzuarbeiten. Vote Leave zog aber eine Berufungsklage zurück, und so bleibt zumindest diese Strafe bestehen.

Es war für mich unglaublich hart zu sehen, was mit Grimes geschah, dessen Leben durch einen Betrug auf den Kopf gestellt wurde, den andere angezettelt hatten. Wir hatten gehofft, er werde mit Sanni, Gettleson und mir in den Zeugenstand treten, aber er verteidigte den Betrug bis zum bitteren Ende. Er geriet in Panik und rastete aus, sobald Sanni das Thema ansprach, und wollte nicht einsehen, dass er von den Menschen, denen er vertraut hatte, benutzt worden war. Grimes sollte ihr Bauernopfer werden, und Vote Leave hätte sich keinen besseren Kandidaten wünschen können. So sehr er auch das Vorgehen seiner alten Chefs verteidigte, er war ihr Gefangener. Sie machten aus dem talentierten, liberalen und künstlerisch begabten Studenten einen Lockvogel für ihre Alt-Right-Ziele, und im Gegenzug gab's dafür Hilfe bei den Anwaltsgehältern.

Ein paar Wochen nachdem die Story an die Öffentlichkeit ging, flog Shahmir Sanni bei TaxPayers' Alliance, einer rechten Denkfabrik, auf Druck von Beratern der Konservativen Partei raus. Die Alliance räumte später gegenüber seinen Anwälten ein, die rechtswidrige Kündigung sei ein Akt der Vergeltung für seinen »weltanschaulichen Glauben an die Unantastbarkeit der britischen Demokratie« gewesen. Obwohl im Parlament mehrmals die Frage nach Parkinsons Job in der Downing Street 10 aufgeworfen wurde, behielt er seine Stelle und wurde nicht dafür zur Rechenschaft gezogen, dass er die Pressestelle der Premierministerin dafür benutzt hatte, seinen ehemaligen Praktikanten als schwul zu outen. Bevor Theresa May als Premierministerin zurücktrat, schlug sie Parkinson in ihrer Ehrenliste zum Amtsende als Peer im House of Lords vor. Als Mitglied dieses Hauses würde er berechtigt sein, über Gesetze abzustimmen, und bis an sein Lebensende Spesen kassieren. Und Mark Gettleson, der den Behörden auf beiden Seiten des Atlantiks Beweise geliefert hatte, verlor seine neue Stelle bei einer App-Firma, weil sie wegen seiner Enthüllungen um ihren Ruf fürchtete.

Im März 2018, kurz bevor das Personal von Cambridge Analytica von dem bevorstehenden Ende seiner Firma erfuhr, soll Alexander Nix 6 Millionen Pfund von den Firmenkonten abgezogen haben, vorgeblich für Abfindungen, die seine ehemaligen Angestellten erhalten hätten. Später bestritt er dies vor dem Parlament und sagte, das Geld sei »ein Ausgleich für ungebuchte Dienstleistungen« gewesen, und er habe vor, einen Teil davon zurückzuerstatten. Nix wurde von vielen seiner ehemaligen Geschäftspartner und Kollegen in den Privatclubs der Pall Mall gemieden, doch als Mann mit außergewöhnlichem Reichtum konnte er weiter von seinem Erbe in seinem Herrenhaus in Londons Holland Park leben. Bis auf ein paar hochnotpeinliche öffentliche Anhörungen im Parlament, bei denen er die »weltweiten liberalen Medien« für den Untergang seiner Firma verantwortlich machte, passierte ihm nicht viel.

Nachdem die Cambridge-Analytica-Story an die Öffentlichkeit ging, verpasste sich Brittany Kaiser das Image einer Whistleblowerin und heuerte einen PR-Manager an, der Interviews für sie arrangierte. Sie trat bei einer Parlamentsanhörung auf und räumte ein, am Niagara-Projekt beteiligt gewesen zu sein, erklärte, Cambridge Analytica habe wahrscheinlich Facebook-Daten einbehalten, und skizzierte ihr Verhältnis zu Julian Assange. (Später wurde bekannt, dass sie Assange in der Botschaft von Ecuador in London besucht hatte.) Unmittelbar nach Kaisers Aussage textete Nix ihr: »Gut gemacht, Britt, es sah ja ziemlich hart aus, und Du hast Dich gut geschlagen. ;-)« Am nächsten Tag flog sie nach New York und hielt eine Pressekonferenz ab, um für ihr neues Datenprojekt Werbung zu machen, mit dem irgendetwas namens Internet of Value Omniledger eingeführt werden sollte – anscheinend, um unsere »Datenfreiheit« herzustellen.

Wie Kaiser gründeten auch mehrere andere Cambridge-Analytica-Manager später eigene Datenfirmen, so der Leiter der Produktentwicklung Matt Oczkowski, der ein Unternehmen mit dem Namen Data Propria (lateinisch für »Personenbezogene Daten«) ins Leben rief. Dabei nahm er auch den leitenden Datenanalysten David Wilkinson mit. Laut eigener Angabe will sich das Unternehmen auf »motivierende Verhaltensauslöser« konzentrieren und hat bereits die Arbeit für den Wahlkampf Donald Trumps 2020 aufgenommen. Mark Turnbull, der ehemalige Managing Director bei Cambridge Analytica, tat sich mit einem der einstigen Partner, Ahmad Al-Khatib, zusammen, um Auspex International auf die Beine zu stellen, eine Firma, die sie als »ethisch ausgerichtet« und »kleine geopolitische Beratungsfirma« bezeichneten.

Meine größte Enttäuschung war Jeff Silvester. Ich kann nicht annähernd in Worte fassen, wie unerträglich und entmutigend es für mich war, mit dem Wissen dazustehen, was er und AIQ getan hatten. In meiner Teenagerzeit war er mein Mentor und der Mann gewesen, der mir überhaupt in die Politik verholfen hatte. Er hatte mich unterstützt und ermutigt und meine Begabungen gefördert, sodass ich mich entwickeln und wachsen konnte. Und ich begreife bis heute nicht, dass er weiterhin für etwas so Falsches, etwas so Kolonialistisches, so Gesetzwidriges und Böses arbeiten konnte. Ich redete mit ihm und sagte ihm, er solle sich dem *Guardian* gegenüber offenbaren, aber es war vergeblich. Er hätte auspacken können. Er hätte mit den Ermittlern zusammenarbeiten können. Er wusste, dass das, was AIQ gemacht hatte, falsch war. Er wusste, dass seine Arbeit tiefgreifende Folgen für die Zukunft eines ganzen Landes und für die Rechte von Millionen Menschen hatte. Sich zwischen einer Freundschaft und der Meldung eines Verbrechens entscheiden zu müssen, kann quälend sein, da man beides schrecklich bedauern wird. Aber ich musste ihn verraten. An dem Tag, an dem der *Guardian* alle beschuldigten Parteien über das Recht auf Gegendarstellung informierte, zermarterte ich mir den ganzen Tag das Gehirn darüber, was geschehen würde, und wartete darauf, etwas zu erfahren. Der Brief zeigte Silvester schließlich, wie ich mich entschieden hatte, und er begann zu ahnen, was ihm bevorstand. Seine letzte Nachricht an mich lautete einfach: »Wow«.

Als ich beim Geräusch klickender Kameras und unter in den Saal gerufenen Fragen zum ersten Mal zu einer Anhörung vor ein Parlament trat, war ich unerwartet gelassen. Allen saß hinter mir und schob mir hin und wieder Notizen mit juristischen Ratschlägen zu. Wir hatten uns stundenlang vorbereitet und das Beweismaterial durchgearbeitet, und ich genoss den besonderen Schutz des »parlamentarischen Vorrechts« – mit anderen Worten, nichts von dem, was ich sagte, durfte in Zivil- oder Strafrechtsverfahren gegen mich verwendet werden. Die Anhörung löste weltweit große Aufmerksamkeit unter Regierungen auf, und Damian Collins, der Vorsitzende des Ausschusses für Digitales, arrangierte internationale gemeinsame Anhörungen mit fünfzehn Parlamenten. Im Unterhaus kam es zu Debatten und einem parteiübergreifenden Plädoyer für eine Regulierung der sozialen Medien. Ein paar Monate lang sah es so aus, als würde Großbritannien den Kampf gegen die Macht des Silicon Valley anführen.

Doch dann, im Oktober 2018, sieben Monate nachdem der Cambridge-Analytica-Skandal Facebook erschüttert hatte, verkündete das Unternehmen, einen wichtigen Mann gewonnen zu haben: einen neuen Chefverteidiger gegenüber den Regierungen der Welt. Facebooks neuer PR-Mann und Tatsachenverdreher vor der Welt sollte Nick Clegg sein, der ehemalige Führer der Lib Dems und stellvertretende ehemalige Premier des Vereinigten Königreichs – derselbe Mann, mit dem ich in meiner Zeit in der Zentrale der Lib Dems zusammengearbeitet hatte. Ironischerweise hatte er einmal geschworen, eher würde er ins Gefängnis gehen, als sich in eine nationalen Pilotdatenbank zur Erfassung der Identität aufnehmen zu lassen. Aber er war auch der Mann, dessen Amtszeit als stellvertretender Premier faktisch zu einer langen Entschuldigung wurde, nachdem er in der Koalitionsregierung eine Reihe wichtiger Versprechen gebrochen hatte. Und je mehr ich darüber nachdachte, desto mehr erschien mir die Paarung wie vom Himmel gemacht. Sowohl Zuckerberg als auch Clegg hatten ihre Karriere der Tatsache zu verdanken, dass sie gegen ihre Prinzipien verstießen, beide hatten katastrophale Einbußen an öffentlichem Vertrauen hinnehmen müssen, nachdem sie ihre Versprechen gegenüber Nutzern beziehungsweise Wählern gebrochen hatten, und beide hatten 2010 aufgehört, als cool zu gelten. Als *Channel 4* mich nach der Ankündigung der Anstellung Cleggs vor laufender Kamera um einen Kommentar bat, konnte ich nur sagen: »Was für ein Bullshit.« Sie brachten meinen Kommentar, allerdings mit einem Piepton anstatt meiner anstößigen Wortwahl.

Am 24. Mai 2019 verkündete Premierministerin Theresa May ihre Absicht zurückzutreten und löste damit einen Machtkampf um die Führung in der Konservativen Partei aus. Wenn in Großbritannien ein Premier während der Amtszeit zurücktritt, ernennt traditionell Ihre Majestät die Königin den neuen Anführer der Regierungspartei zum Premier, ohne dass allgemeine Wahlen abgehalten werden. Das bedeutet, dass die Hinterzimmerpolitiker, Spender und bezahlten Mitglieder der Partei unter sich ausmachen können, wer Großbritannien führen soll. Am 23. Juli beschlossen die Mitglieder der Konservativen Partei, dass Boris Johnson Premierminister werden sollte, der ehemalige Außenminister und führende Befürworter eines EU-Austritts ohne Abkommen (des sogenannten harten Brexit). Bei der Bildung seiner Regierung ernannte Johnson Dom Cummings, seinen früheren Kollegen bei Vote Leave, zu einem seiner wichtigsten Berater in Downing Street 10. Dabei schien es keine Rolle zu spielen, dass Cummings Leiter einer Kampagnenorganisation gewesen war, die bei genau dem Referendum betrogen hatte, das Johnson nun als die »demokratische« Grundlage dafür benutzte, die Europäische Union um beinahe jeden Preis zu verlassen. Zugespielte Dokumente des Regierungsbüros zeigten später, dass Johnsons Berater als einen der ersten Akte ihrer neuen Regierung vorschlugen, das Parlament aufzulösen. Dies würde verhindern, dass die Abgeordneten ihre Pläne für einen Brexit unter die Lupe nahmen. Diese Abneigung gegen demokratische Kontrollen überrascht allerdings nicht. Nur ein paar Monate vor seiner Einstellung war Cummings der Missachtung des Parlaments beschuldigt worden, nachdem er eine Anweisung ignoriert hatte, vor der Volksvertretung Fragen zum Betrug und der Streuung von Fake News im Zusammenhang mit dem EU-Referendum zu beantworten. Cummings gehört zu den wenigen, die durch ein einstimmiges Votum des Unterhauses jemals ermahnt wurden, aber die parlamentarische Autorität hatte wohl ihre Grenzen, und allem Anschein nach hatte sein Verhalten kaum Konsequenzen für

Cummings. Er erhielt nach seiner Einstellung sogar einen Parlamentsausweis. Vorgesehen dafür, Cummings in die neue Johnson-Regierung als Sonderberater in das Finanz- und Wirtschaftsministerium zu begleiten, war Matthew Elliott, der einstige Geschäftsführer von Vote Leave und Mitbegründer von TaxPayers' Alliance, der Lobbygruppe, die Sanni als Vergeltung für seine Enthüllungen gefeuert hatte. Es sah ganz so aus, als hätte Vote Leave die britische Regierung übernommen. Während seiner ersten Fragestunde im britischen Unterhaus wollten Oppositionsmitglieder von Johnson wissen, worüber man im Dezember 2016 gesprochen habe, als er sich, damals noch britischer Außenminister, mit dem Geschäftsführer von Cambridge Analytica Alexander Nix getroffen habe. Seine Antwort lautete einfach: »Ich habe keine Ahnung.«

Bei Cambridge Analytica bekam ich mit, wie Gier, Macht, Rassismus und Kolonialismus bei näherer Betrachtung aussehen. Ich bekam mit, wie Milliardäre sich verhalten, wenn sie die Welt nach ihren Vorstellungen formen wollen. Ich bekam Einblick in die düstersten Winkel unserer Gesellschaft. Ich sah, was große Unternehmen zu tun bereit sind, um ihre Profite zu sichern. Ich konnte sehen, wie weit Menschen gingen, um Verbrechen zu decken, die andere begangen hatten, nur um sich etwas schönzureden. Ich sah, wie Fahnen schwingende »Patrioten« bei der wichtigsten Verfassungsfrage einer Generation einfach wegschauten, als das Rechtsstaatsprinzip bis zur Unkenntlichkeit entstellt wurde. Aber ich sah auch all die Menschen, die sich deshalb Sorgen machten und gegen ein versagendes System ankämpften. Ich sah, wie Journalisten des *Guardian*, der *New York Times* und von *Channel 4* daran arbeiteten, die von Cambridge Analytica begangenen Verbrechen und die Inkompetenz von Facebook zu bezeugen. Ich sah, wie meine hervorragenden Anwälte jede Drohung von mir abwehrten. Ich sah die Großherzigkeit von Menschen, die mich unterstützten und nichts dafür verlangten. Ich sah, wie das kleine Büro des Datenschutzbeauftragten in Wilmslow alles in seiner Macht Stehende unternahm, um einen amerikanischen Tech-Giganten zu stellen – und schließlich dafür sorgte, dass Facebook das höchstmögliche gesetzlich zugelassene Bußgeld für die Verletzung der Datensicherheit zahlen musste.

Und ich sah Mitglieder des Kongresses, die besorgt waren über die schöne neue Welt, in der wir uns inzwischen befinden, und mehr darüber erfahren wollten. Als ich nach meiner Anhörung vor dem Geheimdienstausschuss des Repräsentantenhauses mit meinen Anwälten und Sanni aus dem SCIF trat, schüttelten mir Mitglieder des Ausschusses die Hand, und der Kongressabgeordnete Adam Schiff und seine Referenten begleiteten mich zur Sicherheitstür. Sie waren so liebenswürdig, mir dafür zu danken, dass ich nach Amerika gekommen war, um ihnen zu helfen, Cambridge Analytica zu verstehen. Und sie sagten, sie hätten jetzt auch begriffen, welche neuen Risiken die Social-Media-Plattformen für die amerikanischen Wahlen darstellten. Es sollte meine letzte Zeugenaussage in den Vereinigten Staaten sein, aber mir schien, dass das Problem noch längst nicht gelöst war.

Am 24. Juli 2019 erlegte die Federal Trade Commission Facebook das Rekord-Bußgeld von 5 Milliarden Dollar auf, und am selben Tag gab die Securities and Exchange Commission bekannt, sie erhebe eine zusätzliche Strafe in Höhe von 100 Millionen Dollar. Die Kontrollbehörden hatten festgestellt, dass Facebook nicht nur versäumt hatte, die Privatsphäre seiner Nutzer zu schützen, sondern auch die Öffentlichkeit und Journalisten durch bewusste Falschaussagen mit der Behauptung getäuscht hatte, dem Unternehmen lägen keine Beweise für sein Fehlverhalten vor, obwohl das der Fall war. Die Strafe war eine der höchsten, die jemals von einer US-Regierung für einen Gesetzesbruch erhoben worden war. Es war darüber hinaus die größte je gegen ein amerikanisches Unternehmen erhobene Strafe für die Verletzung der Rechte von Konsumenten und zwanzig Mal höher als die umfassendste für die Verletzung der Privatsphäre oder Datensicherheit verhängte Strafe weltweit. Und dennoch galt all das für Investoren als gute Nachricht. Sie ließ sogar den Facebook-Aktienwert um 3,6 Prozent ansteigen. Damit gab der Markt stillschweigend kund, dass nicht einmal das Gesetz das Wachstum dieser Tech-Giganten aufhalten kann.

Ich muss zugeben, dass ich heute viel zynischer bin als vor diesem Abenteuer, alles andere wäre gelogen. Aber ich habe nicht resigniert. Eher bin ich radikaler geworden. Früher glaubte ich, dass unsere Systeme im Großen und Ganzen funktionieren. Ich war überzeugt, dass es immer jemanden gibt, der einen Plan hat und ein Problem wie Cambridge Analytica lösen kann. Das war ein Irrtum. Unser System ist kaputt, unsere Gesetze funktionieren nicht, unsere Aufsichtsbehörden sind zu schwach, unsere Regierungen begreifen nicht, was vor sich geht, und die Technologie unterwirft sich die Demokratie.

Doch bevor ich darüber reden konnte, was ich gesehen hatte, musste ich erst meine eigene Stimme finden. Es gibt mir Zuversicht, dass ich erlebt habe, was möglich ist, wenn wir unsere Stimme finden. Als der *Guardian* sich dieser Geschichte annahm, sahen viele Journalisten in ihr zunächst nichts weiter als eine Ansammlung von Verschwörungstheorien. Die Tech-Giganten im Silicon Valley lachten nur über die Idee, dass sie irgendeiner Aufsicht unterworfen werden sollten. Die Politikerkaste in Washington und London tat die Geschichte als nebensächlich ab. Ein Team aus Frauen des Kunst- und Kulturteils des *Guardian* und seiner Sonntagsausgabe, des *Observer*, musste seine ganze Hartnäckigkeit aufwenden, um diese Riesensache an die Öffentlichkeit zu bringen. Es bedurfte der Aufmerksamkeit der Frauen, die die Datenschutzbehörde und die Wahlkommission leiten. Und es bedurfte zweier eingewanderter queerer Whistleblower mit einer standhaften Anwältin im Rücken. Diese Geschichte wäre nicht möglich gewesen, hätten nicht entschlossene Frauen, Einwanderer und queere Personen die Initiative ergriffen, die Öffentlichkeit wachzurütteln und ihr vor Augen zu führen, wie sich das Silicon Valley insgeheim in die Gefilde der Macht einschleicht und uns mit seiner Digitaltechnik umzingelt. Wir alle haben unermüdlich unsere Stimmen erhoben, bis auch die Welt schließlich sah, was wir sahen.

Wer queer aufwächst, lernt schon früh, dass sich das eigene Leben nicht im Bereich der Normen bewegt. Wir entwickeln uns im Verborgenen, bleiben unerkannt, verschweigen die Wahrheit, bis wir es nicht mehr ertragen können. Das ist eine schmerzliche Erfahrung, geprägt von emotionaler Gewalt, die wir uns selbst zufügen, um uns nahestehende Personen nicht zu beunruhigen. Queere Personen haben ein unmittelbares Verständnis für Machtsysteme, und das Coming-out ist für uns der alles verändernde Moment der Wahrheit. Wir spüren dann, welche Macht darin liegt, allen, die sie nicht hören wollen, unsere Wahrheit ins Gesicht zu sagen. Wir verweigern uns ihrer Bequemlichkeit und zwingen sie, uns zuzuhören. Warum benutzen so viele Schwule auf einer Pride Parade eine Trillerpfeife? Um Aufmerksamkeit zu erregen. Um zu verkünden, dass wir uns nicht länger verstecken. Um die Mächtigen herauszufordern. Und wie so viele Queere vor mir musste auch ich erst meine Wahrheit akzeptieren und mit der Unmöglichkeit klarkommen, jemals das zu werden, was die Gesellschaft sich unter einem perfekten Mann vorstellt.

Ich bin ein queerer Whistleblower, und dies war mein zweites Coming-out. Verschwiegenheitserklärungen hatten mich erneut gezwungen, mich zu verbergen und bedeckt zu halten, unliebsames Wissen und unbequeme Wahrheiten für mich zu behalten. Zwei Jahre lang lebte ich privat nach dem Prinzip *don't ask, don't tell*, – frag nicht, sag nichts –, das mir von mächtigen Unternehmen auferlegt worden war. Um den Preis schwerwiegender Konsequenzen war es mir verboten, mich zu offenbaren, und ich wurde zu einer Person, über die man mit Schweigen hinwegging. Doch wie andere Queere bin auch ich ein Sprachrohr der Wahrheit, und schließlich hielt ich mit meinen unbequemen Wahrheiten nicht mehr hinter dem Berg, ich wollte mich nicht mehr verstecken oder das Geheimnis anderer Leute sein. Ich war bereit, die Konsequenzen zu tragen und aller Welt laut zu verkünden, was ich wusste.

Das sprichwörtliche *closet*, in dem queere Personen zu leben gezwungen sind, ist kein realer Ort, es ist eine gesellschaftliche Struktur, die wir als queere Menschen verinnerlichen und an die wir uns anpassen. Dieses Kämmerchen ist ein Behältnis, dessen Grenzen uns von anderen auferlegt werden, die kontrollieren wollen, wie man sich zu verhalten und darzustellen hat. Das Kämmerchen ist unsichtbar, und man wird dort ungefragt hineingesperrt, niemand begibt sich freiwillig hinein. So schaffen sich die anderen eine für sie verträglichere Version unserer Person – sie tun das zu ihrem Vorteil, gewiss nicht zu unserem. Wer in solch einem Kämmerchen aufwächst, lernt jeden Tag ein bisschen mehr, wie er in der Gesellschaft durchkommt – welche Bewegungen, Tonlagen, Ausdrücke, Ansichten oder Wünsche die sozialen Normen überschreiten, die ihnen vorgegeben wurden. So gewöhnen sich queere Kinder langsam und allmählich daran, sich in ihrem Verhalten zurückzunehmen. Schließlich wird es für sie zur zweiten Natur, unauffällig zu sein. Diese Veränderungen gehen so unmerklich vor sich, dass die Betroffenen nicht einmal bemerken, wie sehr sie ihr Verhalten geändert haben, bis sie eines Tages aus dem Kämmerchen heraustreten. Zum Coming-out gehört auch, damit zurechtzukommen, wie viel des eigenen Ich dort in dem Kämmerchen von anderen konstruiert wurde. Es kann ein schmerzlicher Prozess werden, wird man sich darüber klar, wie viel der eigenen Person einem von anderen aufgedrängt wurde, ohne dass man sich dessen bewusst war, geschweige denn seine Zustimmung dazu gegeben hat. Das Kämmerchen ist ein Ort, der einen lehrt, sich in die Gesellschaft zu fügen, um ihre Akzeptanz zu erhalten, aber es ist auch ein Ort, an dem sich Wut anstaut, da seine Grenzen und Definitionen solche Erstickungsgefühle hervorrufen, dass man es irgendwann nicht mehr in diesem Gefängnis aushält.

Das Coming-out ist unsere Zurückweisung der Definitionen, die uns von anderen auferlegt wurden. Die Fähigkeit, unsere eigene Identität zu definieren, verleiht uns ungeheure Macht, und ganz gleich, ob die Bedrohungen dieser Macht nun in Form gesellschaftlicher Einengung oder in der Form von Algorithmen kommen: Wichtig ist, dass wir gegenüber jedem und allem Widerstand leisten, der oder das sich anmaßt, zu seinem eigenen Vorteil zu definieren oder zu klassifizieren, wer wir sind. Das Silicon Valley ist drauf und dran, durch die Konstruktion personalisierter Räume für jedermann eine neue Hegemonie der Identität zu schaffen. Und diese Räume sind nichts anderes als neue Kämmerchen zur Definition unserer Identitäten, unserer Ausdrucksmöglichkeiten und unseres

Verhaltens. Algorithmen zapfen sozusagen unsere Datenpersönlichkeit an und verarbeiten sie, Algorithmen treffen Entscheidungen, sie definieren und klassifizieren uns, sie lenken unsere Aufmerksamkeit und steuern, wer auf uns aufmerksam wird. Dabei gibt es nur einen schmalen Grat zwischen einem Algorithmus, der eine Persönlichkeit bestimmt, um sie so darzustellen, *wie sie wirklich ist,* und einem Algorithmus, der eine Person so definiert, dass sie im Sinne einer selbsterfüllenden Prophezeiung zu der Überzeugung kommt, *sie müsse so werden, wie der Algorithmus sie sich vorstellt.*

Schon jetzt versuchen sich Menschen, den Vorstellungen anzupassen, die Maschinen über sie haben. Nicht wenige pflegen um der Zahl ihrer Follower willen derart ihr Image in den sozialen Medien, dass ihr reales Leben und ihre Online-Existenz ineinanderfließen. Und haben deren Follower erst einmal genug von diesen zurechtgetrimmten Identitäten gesehen, dann werden manche womöglich unzufrieden mit ihrem eigenen Leben und ihrem Aussehen, und sie kasteien sich mit Diäten, um ihren Körper den neuen Standards anzupassen, die sie umgeben. Andere klicken die Links an, die ihnen von Algorithmen empfohlen werden, beschäftigen sich mit deren Inhalten und geraten tiefer und tiefer in die Falle der Personalisierung, bis sich ihre Weltsicht ändert, ohne dass es ihnen bewusst ist. Was wir online kaufen, suchen wir dann nach dem Profil aus, *das nicht von uns erstellt und gepflegt wird.* Unser Wert auf dem Arbeitsmarkt, unsere Versicherungsrate, Kreditwürdigkeit, unsere Hypothekenrate, all das hängt heute von unserem Profil ab, *das nicht von uns definiert wird.* Die Sendungen, die wir sehen, die Musik, die wir entdecken, werden nach einem Profil für uns vorausgewählt, *das nicht wir erstellt haben.* Je mehr wir uns auf die unvermeidliche Verschmelzung der physischen und der digitalen Welt zubewegen, desto mehr wird unser Leben nicht mehr von uns, sondern *von einem anderen Akteur* definiert. Wenn wir also nicht wollen, dass unsere Zukunft *von etwas anderem als uns selbst definiert wird*, dann werden wir wohl alle aus unseren Kämmerchen kommen müssen, bevor jemand oder etwas uns darin einschließt.

Am 23. Mai 2019 wachte ich schon um 6 Uhr auf, für mich eine ungewöhnlich frühe Zeit. Im Zimmer war es hell und warm, der Sonnenaufgang spähte durch die Gardinen herein. Ich hasse es, früh aufzustehen, und so starrte ich erst eine Weile an die Decke, bevor ich aus dem Fenster schaute, wo das Leben auf der Straße erwachte. Der Typ, mit dem ich damals ausging, war über Nacht geblieben, weshalb ich so leise wie möglich aus dem Bett glitt. Es war Wahltag im Vereinigten Königreich, die womöglich letzte Europawahl. Auf meiner Wahlbenachrichtigung stand, die Wahllokale würden um sieben öffnen, und ich wollte mich rasch aus dem Haus stehlen und zu dem Gemeindezentrum laufen, das als Wahllokal für meinen Stimmbezirk diente.

Mit übertrieben vorsichtigen Schritten schlich ich zur Kommode hinüber und sammelte unterwegs meine Jeans und ein T-Shirt auf, die in einem Haufen auf dem Boden lagen. Das T-Shirt war ein Geschenk der englischen Designerin Katharine Hamnett. Weiche schwarze Baumwolle mit der simplen Aufschrift »Second Referendum Now!« in fetten weißen Buchstaben. Heute ist der Tag für dieses T-Shirt, dachte ich. Ich angelte mein Mobiltelefon aus der Schublade, und kaum hatte es ein Signal gefunden, verkündete es summend eingegangene Nachrichten.

Scheiße, dachte ich. Ich wandte mich um, um zu schauen, ob ich ihn geweckt hatte. Er brummelte ins Kissen, warum ich so früh schon auf sei, und ich antwortete einfach, dass ich wählen gehen wolle. Er setzte sich auf und grinste, rollte mit den Augen und fragte, ob das für Leute wie mich so was wie Weihnachten sei. Nein, antwortete ich, ich wolle es nur früh hinter mich bringen, bevor die Wahlbeobachter der Parteien aufzogen. Ich hatte keine Lust, mich schon wieder mit UKIP- und Brexit-Anhängern herumzustreiten. Mir reichte es, dass man mich einen Verräter genannt und auf der Straße herumgeschubst hatte, ich wollte nicht auch noch von der Wahl abgehalten werden.

Es hatte kein bisschen etwas von Weihnachten und war auch sonst nicht aufregend. Es war ein trauriger Tag, denn ich wusste in meinem tiefsten Herzen, dass ich nicht an einer *echten* Wahl teilnahm – es war nur Teil der Abschiedsvorstellung Großbritanniens vor dem Ausscheiden aus der Europäischen Union. Trotz der Vorwürfe der Wahlkommission gegen Vote Leave, einer noch nicht abgeschlossenen Untersuchung des NCA dazu, Anhörungen im Parlament und einer Enthüllungsserie im *Guardian* über die Vertuschungsmaßnahmen in der Downing Street war die Regierung nach wie vor fest entschlossen, der Europäischen Union aufgrund eines durch Schwindel und Betrug errungenen Mandats den Rücken zu kehren.

Mein Briefkasten quoll über von Flugblättern und Wahlkampfbroschüren. Es hätte mich nicht gewundert, wenn ich darin etwas Verrücktes von Arron Banks oder Leave.EU gefunden hätte, ein Brexit-Flugblatt in einer Flasche russischem Wodka oder dergleichen, liebten sie es doch, mich und die *Guardian*-Journalistin Carole Cadwalladr zu provozieren. Doch nichts dergleichen, nur die üblichen Flugblätter. Von den Grünen. Den Lib Dems. UKIP. Seltsamerweise nichts von den Tories oder Labour. Ich schaute mir das der Lib Dems an und überlegte, welche Daten sie benutzt hatten und ob sie mich gezielt mit einer bestimmten Botschaft anzusprechen versuchten. Es sah mir nicht danach aus, es war ein ganz gewöhnliches, stinklangweiliges Wahlkampffaltblatt.

Mit einem Blick zur Überwachungskamera im Eingangsbereich des Hauses trat ich ins Freie. Zügig lief ich durch die Straßen meines Viertels. Alte Reihenhäuser aus georgianischer Zeit, dazwischen immer mal wieder ein Wohnblock. Es war ein strahlend sonniger Tag. Die Morgenluft war frisch und belebend. Ich bog in eine größere Straße ein, deren Läden noch geschlossen waren, nur ein Café hatte bereits geöffnet. Ich trat ein und bestellte mir einen Kaffee mit einem Schuss Sojamilch. Während ich in der Schlange stand, beobachtete ich, wie alle auf ihre Telefone starrten, scrollten, Nachrichten lasen, selbst welche schrieben. Ich stand direkt neben ihnen, aber sie waren alle in ihre digitalen Welten abgetaucht. Um ehrlich zu sein, ich war genauso gewesen vor meiner Sperrung. Aber ohne soziale Medien, abgesehen von einem Twitter-Account, den ich kaum benutzte, scrolle ich nun seltener, poste seltener und mache weniger Fotos. Ich lebe jetzt vielleicht außerhalb dieser digitalen Welten, aber dafür bin ich wenigstens mehr in dieser Welt präsent. Mit meinem Kaffee in der Hand ging ich hinaus und folgte einer von Bäumen gesäumten Straße bis zum Gemeindezentrum. An den Bäumen waren große weiße Schilder befestigt, auf denen in schwarzen Buchstaben WAHLLOKAL stand. Ich näherte mich langsam und spähte vorsichtig umher, aber es waren noch keine herumlungernden Parteivertreter zu sehen. So ging ich hinein und folgte den Schildern, die mich über einen Korridor zu einem einfachen, schmucklosen Raum mit Wahlkabinen aus Karton und kleinen Bleistiften ohne Radiergummis führten.

Die Wahlhelferin schaute mich an und fragte mich nach meinem Namen. Sie blätterte eine Liste durch, fand ihn und strich ihn durch. Das war alles – kein Ausweis, keine Elektronik. Dann reichte sie mir einen wohl einen Meter langen Wahlzettel mit den Londoner Abgeordneten für das Europaparlament. Das Papier war kaum dicker als Zeitungspapier. Als ich es in Händen hielt, musste ich daran denken, wie körperlich der Akt des Wählens sich anfühlt und wie viel ausgefeilte Online-Aktivität schließlich auf nichts Weiteres hinausläuft, als ein Kreuzchen auf einem dünnen Stück Papier zu machen. Ich warf den Stimmzettel in die Wahlurne und hoffte, dass es nicht das letzte Mal gewesen war.

Epilog

Über Regularien:
Ein offener Brief an Gesetzgeber

Wenn wir verhindern wollen, dass ein zweites Cambridge Analytica unsere Gesellschaft und deren Institutionen angreift, müssen wir uns die Missstände der Umgebung ansehen, in der eine solche Firma gedeihen konnte. Schon zu lange hängen die Parlamente der Welt dem Irrglauben an, dass aus irgendeinem Grund »Gesetze niemals mit den technologischen Entwicklungen Schritt halten können«. Die Technologie-Branche plappert diesen Merksatz begeistert nach, da er den meisten Gesetzgebern das Gefühl gibt, dass ein Versuch, die Macht dieser Branche zu beschneiden, dumm oder realitätsfremd wäre. Aber die Gesetze können mit der Technologie Schritt halten, genau wie es bei Medizin, Ingenieurswesen, Lebensmittelstandards, Energie und zahllosen anderen hochtechnisierten Bereichen geschehen ist. Weder brauchen sich Gesetzgeber mit der exakten chemischen Zusammensetzung eines neuen Krebs-Medikaments auszukennen, um für ein vernünftiges Verfahren zur Genehmigung von Medikamenten zu sorgen, noch müssen sie über das Leitvermögen von Kupfer in Hochspannungsdrähten Bescheid wissen, um für vernünftige Sicherheitsstandards bei Isolierungen zu sorgen. Wir erwarten von unseren Gesetzgebern auf anderen Gebieten kein Expertenwissen, weil wir die Verantwortung für die technische Aufsicht Regulierungsbehörden übertragen. Diese Art der Regulierung funktioniert, weil wir darauf vertrauen, dass Menschen, die sich besser auskennen als wir selbst, Industrien und Innovationen im Interesse der öffentlichen Sicherheit pflichtbewusst kontrollieren. »Regulierung« dürfte ein Wort mit besonders geringem Sexappeal sein, denn es ruft immer das Bild von gesichtslosen Paragrafenreitern mit ihren geliebten Checklisten hervor, und wir werden stets über Details ihrer unvollkommenen Regularien diskutieren, aber dennoch funktionieren ihre Sicherheitsbestimmungen im Allgemeinen. Wenn wir Lebensmittel im Supermarkt kaufen oder eine Arztpraxis besuchen oder in ein Flugzeug steigen und uns viele Tausend Meter hoch in die Luft katapultieren lassen – fühlen wir uns dann sicher? Die meisten würden das bejahen. Haben wir jemals das Gefühl, dass wir uns in diesem Zusammenhang mit irgendwelchen wissenschaftlichen Grundlagen beschäftigen sollten? Wahrscheinlich nicht.

Move fast and break things – Tech-Konzerne sollten nicht so agieren dürfen. Auf Straßen gibt es aus gutem Grund ein Tempolimit: um den Verkehr aus Sicherheitsgründen zu verlangsamen. Ein Pharmaunternehmen oder ein Flugzeughersteller kann Innovationen erst auf den Markt bringen, wenn sie einen Genehmigungsprozess durchlaufen haben, warum sollten also digitale Systeme ohne jegliche Prüfung herausgebracht werden dürfen? Warum sollten wir den Tech-Konzernen erlauben, groß angelegte Menschenversuche anzustellen, nur um am Ende festzustellen, dass dadurch schwerwiegende, unkontrollierbare Probleme entstanden sind? Wir haben Radikalisierungen, Amokläufe, ethnische Säuberungen, Essstörungen, Veränderungen im Schlafrhythmus und groß angelegte Angriffe auf unsere Demokratie erlebt, die alle in direktem Zusammenhang mit der Nutzung sozialer Medien stehen. Es mag sich bei ihnen um virtuelle Räume handeln, aber der Schaden, den die Opfer erleiden, ist real.

Größe ist ein entscheidender Faktor. Wenn Manager aus dem Silicon Valley auf Kritik mit der Erklärung reagieren, dass ihre Plattform schlicht und einfach zu groß sei, um dort die Übertragung eines Amoklaufs oder die Aufstachelung zu ethnischen Säuberungen zu verhindern, dann ist das ein implizites Eingeständnis, dass sie ihre eigene Schöpfung nicht mehr allein kontrollieren können. Zudem äußern sie damit, ebenfalls implizit, die Meinung, dass ihr Recht auf Profit aus dem System schwerer wiegt als die von ihm verursachten gesellschaftlichen Kosten. Wenn ein Konzern wie Facebook sagt: »Wir haben das Feedback erhalten, dass wir mehr unternehmen müssen«, so geschehen, nachdem die Plattform benutzt wurde, um das Attentat auf zwei Moscheen in Neuseeland live zu übertragen, dann sollten wir seiner Führungsriege eine Frage stellen: »Da diese Probleme offenbar zu groß sind, um sie kurzfristig lösen zu können, möchten wir Sie bitten, uns zu erklären, warum Ihnen weiterhin gestattet sein sollte, Produkte herauszubringen, deren mögliche gesellschaftliche Folgen nicht erforscht wurden?«

Wir brauchen neue Regeln für eine gesunde Verlangsamung der Entwicklungen im Internet, die wie Bodenschwellen auf einer Straße wirken, um die Sicherheit der neuen Technologien und Ökosysteme zu gewährleisten. Ich bin kein Regulierungsexperte und behaupte auch nicht, auf alles eine Antwort zu kennen, also betrachten Sie das, was ich im Folgenden schreibe, nicht als der Weisheit letzter Schluss. Ich hoffe, dass eine Diskussion entsteht, an der möglichst viele

Menschen teilnehmen. Dazu möchte ich einige Vorschläge beisteuern – und sei es auch nur als Denkanstöße. Einige dieser Vorschläge mögen praktikabel sein, andere vielleicht nicht, aber wir müssen anfangen, über dieses schwerwiegende Problem nachzudenken. Technologie ist wirkmächtig, sie besitzt das Potenzial, die Menschheit in vielerlei Hinsicht zu beflügeln. Aber diese Macht muss konstruktiv eingesetzt werden. Hier sind nun also ein paar Vorschläge, die Ihnen bei der Entscheidung über das weitere Vorgehen helfen sollen.

1. Eine Bauordnung für das Internet

Die Geschichte der Bauordnungen reicht zurück bis in das Jahr 64 n. Chr., als Kaiser Nero, nachdem ein verheerendes Feuer neun Tage lang in Rom gewütet hatte, per Erlass die zulässige Höhe von Gebäuden, die Mindestbreite von Straßen und die öffentliche Wasserversorgung regelte. Zwar führte schon im Jahr 1631 ein Feuer im englischen Boston dazu, dass dort hölzerne Kamine und Strohdächer verboten wurden, doch die erste moderne Bauordnung wurde erst nach den Verwüstungen durch die große Londoner Feuersbrunst des Jahres 1666 erlassen. Genau wie in Boston bestanden die dicht beieinanderstehenden Häuser primär aus Holz und Stroh, wodurch es dem Feuer möglich war, sich vier Tage lang ungehindert auszubreiten. Es zerstörte 13.200 Wohnhäuser, 84 Kirchen und fast alle Regierungsgebäude der Stadt. Anschließend verfügte König Charles II., dass künftig »sämtliche Gebäude, ob groß oder klein, nur aus Ziegeln oder Steinen zu errichten sind«. Außerdem ordnete er an, die Durchgangsstraßen zu verbreitern, damit Feuer in Zukunft nicht mehr von einer Straßenseite zur anderen überspringen konnten. Nach anderen legendären Feuersbrünsten des 19. Jahrhunderts folgten viele Städte diesem Beispiel, und schließlich wurden Beamte beauftragt, Kontrollen vorzunehmen, damit sichergestellt war, dass von Privatgebäuden keine Gefährdung der Bewohner und der Öffentlichkeit ausging. Die Bestimmungen wurden ständig ergänzt, und am Ende wurde die öffentliche Sicherheit zum obersten Kriterium, dem zu verdanken war, dass unsichere oder unerprobte Bauweisen auch gegen den Willen der Eigentümer oder künftigen Bewohner verboten wurden. Auf Plattformen wie Facebook lodern seit Jahren eigene Katastrophen – Cambridge Analytica, die Wahlkampf-Einmischungen durch die Russen, die ethnischen Säuberungen in Myanmar, das Attentat in Neuseeland – und genau wie der König nach der großen Londoner Feuersbrunst, müssen wir politische Erwägungen außer Acht lassen und uns um die grundlegenden baulichen Probleme kümmern, die unseren gesellschaftlichen Zusammenhalt und das Wohlbefinden der Bürger gefährden.

Das Internet enthält zahllose Formen baulicher Strukturen, mit denen die Menschen täglich und bisweilen sogar stündlich zu tun haben. Und je stärker die digitale mit der physischen Welt verschmilzt, desto größer wird die Auswirkung dieser digitalen Strukturen auf unser Leben. Der Datenschutz zählt zu den grundlegenden Menschenrechten und sollte eine angemessene Wertschätzung erfahren. Doch die Persönlichkeitsrechte werden allzu oft bereits dadurch verletzt, dass man bei dem unverständlichen Text allgemeiner Geschäftsbedingungen auf »Akzeptieren« klickt. Dieses *Zustimmungs-Reinwaschen* erlaubt großen Tech-Plattformen immer wieder, ihre manipulativen Praktiken durch den verlogenen Begriff der »Verbraucherentscheidung« zu rechtfertigen. Dies lenkt unsere Aufmerksamkeit von der Konstruktion – und den Konstrukteuren – dieser fehlerhaften Strukturen ab und führt zu einem wenig hilfreichen Fokus auf die Aktivitäten eines Nutzers, der die Konstruktion des Systems nicht begreift und nicht kontrollieren kann. Wir erlauben Menschen nicht, per Opt-In ihr Einverständnis zu geben, in einem Gebäude zu leben, das schadhafte Stromleitungen oder keinen Notausgang hat. Das wäre zu riskant, und keine allgemeinen Geschäftsbedingungen an der Eingangstür würden es einem Architekten ermöglichen, ein gefährliches Bauwerk zu errichten. Warum sollte das bei den Verantwortlichen für die Entwicklung von Software und Online-Plattformen anders sein?

Aus diesem Grund sollte Zustimmung nicht die alleinige Grundlage für die Möglichkeit einer Plattform sein, eine Funktion zu nutzen, die die grundlegenden Rechte der Nutzer berührt. In Übereinstimmung mit dem kanadischen und europäischen Vorgehen, das den Datenschutz als ein Thema der Informatik und der IT-Gestaltung behandelt – woraus Regelwerke auf der Grundlage von »privacy by design« (Datenschutz per IT-Design) resultierten –, sollten wir eine umfassende Informatik-Ordnung erschaffen: eine Bauordnung für das Internet. Sie würde neue Prinzipien jenseits des Datenschutzes beinhalten, um die Handlungsfähigkeit und Würde des Endnutzers zu respektieren. Eine solche Ordnung würde ein neues Prinzip erschaffen – *agency by design* (Handlungsfähigkeit per IT-Design). So müssten Plattformen mündige Entscheidungen per Design unterstützen. Dieses Prinzip würde auch die Verwendung von Dark Patterns verbieten, bei denen es sich um weit verbreitete Gestaltungsmuster handelt, die die Nutzer absichtlich verwirren, täuschen oder manipulieren, damit sie einer Funktion zustimmen oder sich auf eine bestimmte Weise verhalten. *Agency by design* würde auch eine *Angemessenheit der Auswirkungen* vorschreiben, womit gemeint ist, dass ein angemessenes Verhältnis zwischen den

Auswirkungen der Technologie auf den User und dessen Interessen und Nutzen besteht. Es würde, mit anderen Worten, ein *Verbot übermäßiger Beeinflussung* bei der Plattform-Gestaltung geben, das dauerhafte schädliche Wirkungen verhindert, wie beispielsweise die Förderung von Suchtverhalten oder das Hervorrufen schwerer psychischer Probleme.

Genau wie bei herkömmlichen Bauordnungen würde die *Schadensvermeidung* zentraler Bestandteil einer solchen digitalen Bauordnung sein. Dadurch wären Plattformen und Anwendungen gezwungen, ihre Produkte oder Funktionen auf die *Gefahr des Missbrauchs* prüfen zu lassen, ehe sie herausgebracht oder stark beworben werden. Die Tech-Firmen müssten den Beweis erbringen, dass ihre Produkte sicher sind, ehe sie in Umlauf kommen dürften. Die Öffentlichkeit für groß angelegte Experimente mit ungetesteten neuen Funktionen zu benutzen, wäre verboten, und die Bürger würden nicht mehr als Versuchskaninchen dienen. Dies würde helfen, Geschehnisse wie die in Myanmar zu verhindern, als sich Facebook nicht vorher überlegt hatte, ob bestimmte Funktionen die Anstachelung zur Gewalt in Regionen mit ethnischen Konflikten fördern würden.

2. Ein Ethikkodex für Softwareingenieure

Wenn Ihr Kind sich verlaufen hätte, bei wem sollte es dann Ihrer Meinung nach Hilfe suchen? Vielleicht bei einem Arzt? Oder womöglich einem Lehrer? Was ist mit einem Kryptowährungshändler oder dem Entwickler einer Gaming-App? Unsere Gesellschaft hält Menschen, die bestimmte Berufe ausüben, für besonders vertrauenswürdig – Ärzte, Anwälte, Krankenpfleger, Lehrer, Architekten und so weiter – vor allem, weil sie bestimmte Ethikordnungen und Gesetze befolgen müssen, die aus Sicherheitsgründen erlassen wurden. Die Wertschätzung, die diese Berufe in unserer Gesellschaft genießen, ist mit hohen Anforderungen an Professionalität und Pflichterfüllung geknüpft. Als Folge davon regeln in vielen Ländern gesetzliche Bestimmungen das zulässige Verhalten von Mitgliedern dieser Berufsgruppen. Damit eine Gesellschaft funktioniert, müssen wir Bürger uns darauf verlassen können, dass Ärzte und Anwälte stets in unserem Interesse handeln und dass die täglich von uns benutzten Brücken und Gebäude fachmännisch und gemäß einer Bauordnung errichtet wurden. In diesen regulierten Berufen kann unethisches Verhalten für jene, die gegen Bestimmungen ihres Berufsstands verstoßen, schwerwiegende Konsequenzen haben – von Strafzahlungen und öffentlicher Kritik bis hin zu vorübergehendem oder bei besonders schweren Vergehen dauerhaftem Berufsverbot.

Software, KI und digitale Ökosysteme spielen in unserem Leben inzwischen ein wichtige Rolle, aber die Entwickler der Geräte und Programme, die wir tagtäglich benutzen, werden weder von Gesetzen noch Ethikordnungen dazu verpflichtet, die Auswirkungen ihrer Produkte auf die User oder die gesamte Gesellschaft sorgsam zu bedenken. Der Berufsstand der Softwareingenieure hat ein ernsthaftes Ethikproblem, das behoben werden muss. Tech-Firmen erschaffen heikle oder gefährliche Plattformen nicht wie durch Zauberhand – Menschen stellen diese Technologien in den Unternehmen her. In diesem Zusammenhang gibt es ein offenkundiges Problem: Softwareingenieure und Datenwissenschaftler riskieren nicht, dass es ihnen wegen ihrer Arbeit ans Leder geht. Wenn ein Ingenieur von seinem Arbeitgeber den Auftrag erhält, ein System zu entwickeln, das manipulativ, moralisch fragwürdig oder für die Nutzer potenziell gefährlich ist, dann ist er nicht verpflichtet, sich zu weigern. Gegenwärtig läuft der angestellte Ingenieur bei einer Weigerung, sich unethisch zu verhalten, sogar Gefahr, abgemahnt oder entlassen zu werden. Selbst wenn später festgestellt wird, dass das unmoralische IT-Design gegen geltende Gesetze verstößt, haftet zumeist die Firma und zahlt eine Strafe, während die Ingenieure, die die Technologie entwickelt haben, nicht dieselben beruflichen Konsequenzen befürchten müssen wie ein Arzt oder Anwalt, der sich eines gravierenden Verstoßes gegen seine Berufsethik schuldig gemacht hat. Dies ist ein absurder Anreiz zu Fehlverhalten, den es bei anderen Berufen nicht gibt. Wenn ein Arbeitgeber einen Anwalt oder einen Arzt auffordern würde, sich unethisch zu verhalten, wäre dieser gezwungen, sich zu weigern oder sich auf einen möglichen Verlust seiner Berufszulassung einzustellen. Er würde, mit anderen Worten, riskieren, dass es ihm ans Leder geht, falls er sich seinem Arbeitgeber nicht widersetzt.

Wenn wir Softwareingenieure und Datenwissenschaftler uns Experten nennen wollen, denen Wertschätzung und ein hohes Gehalt gebührt, muss es für uns zugleich die Pflicht zu ethischem Verhalten geben. Regeln für Tech-Firmen werden erst in dem Moment die erhoffte Wirkung haben, in dem die Menschen in diesen Firmen befürchten müssen, dass es ihnen selbst ans Leder geht. Wir müssen Druck auf Ingenieure ausüben, damit es sie endlich kümmert, was sie bei ihrer Arbeit entwickeln. Ein kurzer Workshop oder auch ein mehrwöchiger Kurs über Ethikfragen reicht bei Weitem nicht zur Bewältigung der Probleme aus, mit denen wir aufgrund der neuen Technologien konfrontiert sind. Wir können auf dem bisherigen Weg nicht weitergehen, denn er hat dazu geführt, dass technologischer Paternalismus und die abgeschirmte, männlich dominierte Welt des Silicon Valley einen gefährlichen Menschenschlag erzeugt haben, der nicht über die Schäden nachdenkt, die seine Arbeit anrichten kann.

Wir brauchen eine Berufsordnung, die von einer Körperschaft öffentlichen Rechts erlassen wird, so wie es in vielen Ländern bei anderen Ingenieuren und bei Architekten der Fall ist, damit es für Softwareingenieure und Datenwissenschaftler spürbare Folgen hat, wenn sie ihre Begabung und ihr Knowhow benutzen, um Technologien zu entwickeln, die gefährlich, manipulativ oder auf andere Weise unethisch sind. Diese Berufsordnung sollte nicht aus vagen Empfehlungen bestehen, sondern aus unmissverständlichen Verhaltensregeln, die erklären, was akzeptabel und was inakzeptabel ist. Es sollte eine Pflicht bestehen, die Selbstbestimmung der Nutzer zu respektieren, Risiken zu benennen und zu dokumentieren und Codes einer kritischen Überprüfung zu unterziehen. Eine solche Berufsordnung sollte auch die Pflicht enthalten, die Auswirkungen der eigenen Arbeit auf die vulnerablen Teile der Bevölkerung zu bedenken, einschließlich jeglicher unverhältnismäßiger Auswirkung auf Nutzer verschiedener Ethnien, Geschlechter, Fähigkeiten, sexueller Orientierungen oder auf andere schutzbedürftige Menschen.

Und wenn ein Ingenieur nach reiflicher Überlegung zu dem Schluss gelangt, dass der Auftrag, ein bestimmtes Feature herzustellen, unethisch ist, muss es eine *Weigerungspflicht* und eine *Meldepflicht* geben, verbunden mit ernsthaften Konsequenzen im Fall der Zuwiderhandlung. Wer den beiden Pflichten nachkommt, muss außerdem per Gesetz vor Strafmaßnahmen durch seinen Arbeitgeber geschützt sein.

Von allen möglichen Arten der Regulierung, ist eine öffentlich-rechtliche Berufsordnung für Softwareingenieure wahrscheinlich diejenige, die am effektivsten Schaden von den Verbrauchern abwenden würde, da die Entwickler gezwungen wären, über ihre Arbeit nachzudenken, *ehe* deren Resultate herausgebracht werden, und sie nicht länger jegliche moralische Verantwortung mit der Begründung abwälzen könnten, sie hätten nur Anweisungen befolgt. Technologie spiegelt oft unsere Werte wider, daher ist die Förderung einer Kultur ethischen Verhaltens von zentraler Bedeutung für unsere Gesellschaft, die immer stärker von den Produkten der Softwareingenieure abhängig sein wird. Mit dem richtigen Verantwortungsbewusstsein ausgestattet, können Softwareingenieure künftig eine entscheidende Rolle bei der Verhinderung des Missbrauchs von Technologien spielen. Und wir Softwareingenieure, die wir die neuen Strukturen unserer Gesellschaften errichten, sollten ausnahmslos danach streben, das Vertrauen der Öffentlichkeit in unsere Arbeit zu gewinnen.

3. Internet-Versorger und das öffentliche Interesse

Versorgungsbetriebe dienen traditionell dem öffentlichen Interesse. Ihre Stellung auf dem Markt ist einzigartig, denn ihre Dienste sind für das Funktionieren des Wirtschafts- und Gesellschaftslebens von derart zentraler Bedeutung, dass wir ihnen erlauben, anders als normale Firmen zu operieren. Oft besteht die Notwendigkeit, dass ein Versorgungsbetrieb über ein Monopol verfügt. Auf dem freien Markt profitieren die Verbraucher von einem fairen Wettbewerb normalerweise durch Innovationen, hohe Qualität und niedrige Preise. Aber es wäre sinnlos, in ein und derselben Stadt nur um der Konkurrenz willen mehrere Strom-, Wasserleitungs- oder U-Bahn-Netze zu betreiben, denn das würde zu einer massiven Überversorgung und gestiegenen Kosten für die Verbraucher führen. Die Beschränkung auf nur einen effizienten Anbieter birgt allerdings die Gefahr übermäßiger Macht – Verbrauchern, denen es nicht möglich ist, den Strom-, Wasserleitungs- oder ÖPNV-Anbieter zu wechseln, können von skrupellosen Firmen in Geiselhaft genommen werden.

Im Internet gibt es eindeutig äußerst dominante Marktteilnehmer. Über 90 Prozent aller Suchanfragen werden bei Google gestellt, und fast 70 Prozent aller Erwachsenen, die in den sozialen Medien aktiv sind, benutzen Facebook. Aber dadurch werden sie nicht per se zur lebensnotwendigen Infrastruktur. Wenn eine Tech-Plattform plötzlich nicht mehr funktioniert, können wir das eine Weile (wenn auch nicht ewig) aushalten. Anders sieht es natürlich bei einem Ausfall der Stromversorgung aus. In den seltenen Fällen, in denen Googles Suchmaschine ausfällt, sind die Nutzer auf andere, weniger bekannte Suchmaschinen ausgewichen, bis Google sein Problem gelöst hat. Es gibt auch Schwankungen bei der Beliebtheit von Internet-Firmen, die in der realen Infrastruktur nicht vorkommen. MySpace war die wichtigste Plattform der sozialen Medien, bis sie durch Facebooks Erfolg bedeutungslos wurde. Solche Marktzyklen erleben wir nur sehr selten bei den Betreibern von Wasserleitungs- oder Stromnetzen.

Dennoch haben die wichtigsten Marktteilnehmer des Internets und herkömmlichen Versorgungsbetriebe einiges gemeinsam. Genau wie bei Letzteren fungieren ihre Strukturen de facto als zentraler Pfeiler von Wirtschaft und Gesellschaft, und auch sie sind aus dem täglichen Leben nicht wegzudenken. Firmen verlassen sich beispielsweise darauf, dass ihren Angestellten Googles Suchmaschine für berufliche Zwecke zur Verfügung steht. Und das ist nichts Schlechtes. Suchmaschinen und soziale Medien profitieren von Netzwerkeffekten, denn je mehr Menschen eine solche Dienstleistung benutzen, desto nützlicher wird sie. Wie bei herkömmlichen Versorgungsbetrieben kann Größe den Verbrauchern gewaltige Vorteile bringen, und wir wollen auf diesen Vorteil für die Allgemeinheit nicht verzichten. Dennoch drohen den Verbrauchern durch Monopole, die sich im digitalen Bereich entwickelt haben, dieselben Gefahren wie durch Monopole im »realen Leben«. Und die Schäden, die sich daraus ergeben können, müssen von neuen Regularien verhindert werden.

Im vollen Bewusstsein, dass es grundlegende Unterschiede zwischen dem Internet und realer Infrastruktur gibt, werde ich der Einfachheit halber den Begriff *Internet-Versorger* benutzen, der Firmen bezeichnen soll, die herkömmlichen Versorgern ähneln, sich aber doch von ihnen unterscheiden. *Internet-Versorger sind Dienstleister, Programme oder Plattformen, deren Präsenz im Internet so dominant ist, dass schon allein aufgrund ihrer großen Bedeutung ein öffentliches Interesse an ihnen besteht.* Die Regeln für Internet-Versorger sollten die besondere Rolle berücksichtigen, die sie für Gesellschaft und Wirtschaft spielen, und sie zu verantwortungsvollem Verhalten gegenüber Nutzern verpflichten. Diese Regeln sollten in Gesetzesform gegossen werden, wobei sich die Strafzahlungen bei Verstößen an den jährlichen Profiten orientieren müssten, um die gegenwärtige Situation zu beenden, in der Strafzahlungen verhandelbar sind und als Betriebsausgaben abgesetzt werden können.

Genau wie wir Elektrizitätsfirmen nicht für ihre Größe bestrafen, sollte die Größe eines Internet-Versorgers, der für Netzwerkeffekte sorgt, von denen die Öffentlichkeit profitiert, nicht der Grund für eine Bestrafung sein. Es geht, mit anderen Worten, nicht darum, große Tech-Konzerne zu zerschlagen; vielmehr geht es darum, sie zur Verantwortung zu ziehen. Als Ausgleich für die Erlaubnis, ihre Größe beizubehalten, sollten Internet-Versorger jedoch verpflichtet werden, proaktiv als verlässliche Treuhänder dessen tätig zu werden, was einst in unserer digitalen Allmende aufgehen wird. Sie müssen begreifen, dass aus ihrer Größe ein öffentliches Interesse resultiert, das in einigen Fällen zwangsläufig schwerer wiegen wird als ihr Interesse am Erzielen von Profiten. Vergleichbar mit den Regeln für andere Versorgungsbetriebe müssen diese neuen Bestimmungen hohe Sicherheitsstandards für die Benutzung von Software-Anwendungen und einen neuen Kodex digitaler Verbraucherrechte beinhalten. Diese neuen digitalen Verbraucherrechte sollten als Basis für universell gültige allgemeine Geschäftsbedingungen dienen, damit die Interessen der Internet-Nutzer auch auf jenen Gebieten angemessen berücksichtigt werden, auf denen die Tech-Firmen wiederholt die Menschen enttäuscht haben.

4. Öffentliche Aufsicht über die digitalen Allmenden

Die Macht dieser Internet-Versorger, unseren gesellschaftlichen Diskurs, den sozialen Zusammenhalt und die psychische Gesundheit zu beeinflussen, sei es beabsichtigt oder aus Unfähigkeit oder Fahrlässigkeit, muss durch die Öffentlichkeit eingeschränkt werden. Es sollten neue *Regulierungsbehörden für digitale Angelegenheiten* entstehen, die für die Umsetzung der neuen Digitalgesetze zuständig sind und Strafen verhängen dürfen. Vor allem sollten diese Behörden technisch versierte Ombudsleute beschäftigen, die das Recht haben, im Namen der Öffentlichkeit proaktiv Überprüfungen von Plattformen vorzunehmen. Wir sollten auch marktwirtschaftliche Verstärkungsmechanismen benutzen wie die Vorschrift, dass Internet-Versorger eine Versicherung abschließen müssen, die bei Schäden durch Datenmissbrauch einspringt. Dadurch, dass die Prämien einer solchen Versicherung nach einer Datenpanne gemäß dem Wert der betroffenen Daten steigen würden, könnte man einen finanziellen Anreiz für Sicherheitsverbesserungen schaffen.

Wir haben erlebt, dass der hohe Wert persönlicher Daten zum Entstehen völlig neuer Geschäftsfelder und zu gewaltigen Profiten für die Betreiber sozialer Medien geführt hat. Plattformen wie Facebook betonen unablässig, dass sie »kostenlose« Dienstleistungen anbieten und sich die Firma keines wettbewerbswidrigen Verhaltens schuldig machen kann, da der Verbraucher nicht für ihre Dienste bezahlt. Diese Argumentation basiert jedoch auf der Annahme, dass bei der Überlassung von Daten im Austausch für die kostenlose Benutzung einer Plattform kein Austausch von Werten stattgefunden hat, obwohl das eindeutig der Fall ist. Es gibt eine eigene Branche, die sich mit der Bewertung, dem Verkauf und der Lizenzierung von Datenbeständen beschäftigt. Der Fehler bei den gegenwärtigen Versuchen, Kartellgesetze auf Tech-Konzerne anzuwenden, besteht in der unzutreffenden Einschätzung des Werts von Verbraucherdaten.

Wenn wir den steigenden Wert der persönlichen Daten, die die Verbraucher den Plattformen überlassen, in Betracht zögen, würden wir zu dem Schluss kommen, dass die Verbraucher von diesen Firmen, die den Wert ihrer Plattform für die Verbraucher nicht im selben Maße erhöht haben, beständig übervorteilt wurden. Diesem Gedanken folgend überlassen die Verbraucher durch ihre Daten den marktbeherrschenden Plattformen Werte, ohne eine entsprechende Gegenleistung zu erhalten. Aus Amerikas Kartellgesetzen in der gegenwärtigen Form ließe sich daraus das Argument ableiten, dass der Preis, den die Konsumenten zu entrichten haben, zu hoch ist. Doch selbst das wäre eine zu eng gefasste Sicht, die auf die

Prüfung verzichtet, welches Gebaren gegenüber dem Verbraucher fair und gerecht wäre. Wenn wir eine neue Klassifizierung von bestimmten Unternehmen als Internet-Versorger vornähmen, könnten wir eine umfassende *Prüfung des öffentlichen Interesses* bezüglich des operativen Geschäfts, des Wachstums und der Aktivitäten auf dem Gebiet Mergers & Acquisitions dieser Firmen durchführen.

Da soziale Medien und Suchmaschinen jedoch, im Gegensatz zu normalen Versorgungsbetrieben, nicht von derart existenzieller Bedeutung sind, dass sie unverzichtbar wären, sollten gesetzliche Bestimmungen auch die positiven Aspekte wirtschaftlicher Entwicklung bedenken. Wir wollen Bestimmungen vermeiden, die die Position von derzeit marktbeherrschenden Internet-Versorgern zu Lasten neuer und besserer Angebote zementieren. Denn wir müssen den Eindruck vermeiden, dass die Regulierung riesiger Konzerne neue Konkurrenten abschreckt. Das wäre etwa so, als würden Sicherheits- und Umweltbestimmungen für die Ölbranche Firmengründungen auf dem Gebiet erneuerbarer Energien erschweren, was natürlich Unsinn wäre. Und wenn wir uns wegen möglicher Einschränkungen der Wirtschaftsentwicklung sorgen, sollten wir die Internet-Versorger zwingen, ihre übermächtige Infrastruktur mit kleinen Konkurrenten zu teilen, um dadurch die Wahlmöglichkeiten für die Verbraucher zu verbessern, so wie es im Telekommunikationssektor geschieht, in dem die großen Konzerne ihre Infrastruktur mit kleineren Anbietern teilen müssen. Die Einhaltung von Sicherheits- und Verhaltensstandards durch bestehende große Anbieter und weiterer technologischer Fortschritt schließen sich nicht gegenseitig aus. Aus diesem Grund sollten Bestimmungen erlassen werden, die auf *Prinzipien* statt auf *Technologien* basieren, damit sichergestellt wird, dass wir keine veralteten Technologien oder Geschäftsmodelle in regulatorische Bestimmungen einfließen lassen.

Danke und viel Glück.

Danksagung

Unter einem Whistleblower stellt man sich zumeist einen David vor, der es ganz allein mit einem Goliath aufnimmt. Doch was mich betrifft, war ich nie allein. Immer standen mir sehr viele Menschen zur Seite, ohne die dieses Buch nicht möglich geworden wäre. Von Anwälten bis zu Journalisten, von Vertrauten bis hin zu Taxifahrern – viele Menschen haben in hohem Maße zu dieser Geschichte beigetragen, und ich bin unsagbar dankbar für ihre Ratschläge, Standhaftigkeit, Geduld und Hartnäckigkeit. Besonders danken möchte ich allen Frauen, die mich auf dieser Reise unterstützt haben. Es waren Frauen, die dieses Buch erst ermöglicht haben.

Die Anwälte

Dafür, dass sie mich verteidigt hat, egal, wie schlecht die Chancen auch standen, und dass sie die coolste Anwältin ist, die man sich nur wünschen kann, möchte ich als Erstes meiner brillanten Hauptanwältin Tamsin Allen danken. Tamsin, du hast mir geholfen, noch bevor irgendjemand wusste, wer ich war oder was sich hinter Cambridge Analytica verbarg. Du hast mir die Möglichkeit gegeben, es mit einigen der mächtigsten Leute und Unternehmen der Welt aufzunehmen. Als ich nach Washington reisen musste, um vor dem Geheimdienstausschuss des Repräsentantenhauses auszusagen, erfuhr ich drei Dinge über dich. Erstens, du hast Flugangst. Zweitens, es gibt offenbar nichts sonst, was dich aus der Fassung bringt. Drittens, selbst nach einem Transatlantikflug und mehr als fünf intensiven Stunden Anhörung vor dem Kongress an meiner Seite trotz mörderischem Jetlag warst du immer noch in der Lage, abends bei der TIME 100-Gala Jennifer Lopez auf dem Tanzparkett die Show zu stehlen.

Es waren so viele brillante Anwältinnen und Anwälte, die unermüdlich hinter den Kulissen gearbeitet haben, damit ich meine Geschichte erzählen konnte und um mich zu schützen. Adam Kaufmann, Eric Lewis, Tara Plochocki und mein gesamtes Anwaltsteam in den USA von der Kanzlei Lewis Baach Kaufmann Middlemiss PLLC – danke, dass Sie sich so unermüdlich meiner Sache angenommen, mühelos den juristischen Dschungel gelichtet und mir geholfen haben, diese Geschichte unbeschadet zu überstehen. Nur dank Ihres Beistands ist es mir gelungen, in einer solch chaotischen Zeit ruhig und gefasst zu bleiben. In England wurde ich zudem von Tamsins hervorragenden Kollegen von Bindmans LLP unterstützt, darunter Mike Schwarz und Salima Budhani, und einem kleinen Bataillon von Anwälten der Kanzlei Matrix Chambers, darunter Gavin Millar, Clare Montgomery, Helen Mountfield sowie Ben Silverstone und Jessica Simor. Martin Soames und Erica Henshilwood von Simons Muirhead & Burton LLP standen mir über alle Maßen bei, als ich noch anonym mit dem *Guardian* zusammenarbeitete, und ihre Ratschläge haben das Fundament für den Rest der Geschichte gelegt. Sie alle sind unglaubliche Anwälte, und wenn ich heute gesund und munter bin, so verdanke ich das Ihrem Engagement.

Die Whistleblower

Mark Gettleson und Shahmir Sanni, danke für die großen persönlichen Opfer, die ihr beide auf euch genommen habt, und danke, dass ihr diese verrückte Reise mit mir angetreten seid. Die schlimmen Repressalien, die ihr hinnehmen musstet, haben euch nicht davon abgehalten, die Missstände aufzudecken. Mark, seit ich dich vor all diesen Jahren kennengelernt habe, sind mir nur wenige Menschen begegnet, die dir an Eloquenz, Humor, Empathie und Intelligenz gleichkommen. Shahmir, danke, dass du an meiner Seite stehst, seit wir unsere Reise als Whistleblower zusammen begonnen haben, und dafür, dass du den Mächtigen die Wahrheit ins Gesicht sagst. Wir sind gemeinsam durch die Hölle gegangen, und ich bin so unsagbar stolz, euch meine Freunde nennen zu dürfen. Und allen übrigen Whistleblowern, die anonym bleiben möchten, ebenfalls danke für eure Hilfe. Auch wenn die Welt nichts von eurem persönlichen Einsatz weiß, ist er wahrlich unverzichtbar.

Die Journalisten

Carole Cadwalladr, danke, dass du mir geglaubt hast – und dass du an mich geglaubt hast. Im ersten Moment unseres Zusammentreffens wusste ich, dass du zu den wenigen gehörst, die diese Geschichte auf eine Weise erzählen können, die die Leute aufmerken lässt. Du hast die Welt wachgerüttelt und Giganten ins Wanken gebracht. Ich habe das pinkfarbene Haar beigesteuert, aber du warst diejenige, die die Feder geführt hat. Du hast immer weiter gemacht, trotz einer schier endlosen Folge von Beleidigungen und Drohungen der Alt-Right-Konsorten, privater Spionagefirmen und dem Silicon-Valley-Klüngel. Du hast dich für mich aus keinem anderen Grund eingesetzt als der absoluten Hingabe an das Gemeinwohl, und für deinen brillanten Journalismus verdienst du jede Anerkennung. Sarah Donaldson und Emma Graham-Harrison, danke für eure entscheidende Rolle dabei, diese Geschichte aller Welt kundzutun. Eure Arbeit ist neben der Caroles der Hauptgrund, warum ich so sicher behaupten kann, dass ich ohne die Frauen, die mir geholfen haben, nicht dort wäre, wo ich heute bin. Der *Guardian* und der *Observer* können sich glücklich schätzen, dass sie euch beide in ihren Reihen haben. Und natürlich danke auch Paul Webster, John Mulholland und Gillian Phillips, dafür, dass ihr unbeirrt diese Geschichte verteidigt habt, allen Milliardären, Technologiegiganten, zornigen Beamten des Weißen Hauses, Geheimdiensten und einer Fülle von fast täglich eingetroffenen juristischen Drohungen zum Trotz. Matthew Rosenberg, Nicholas Confessore, Gabriel Dance, Danny Hakim, David Kirkpatrick und *The New York Times,* danke dafür, dass ihr diese Geschichte in den USA auf eine Weise publik gemacht habt, wie es sonst niemand gekonnt hätte, und dafür, dass ihr Facebook und andere Giganten aus dem Silicon Valley durch euer Eintreten so nachdrücklich zur Rechenschaft gezogen habt. Job Rabkin, Ben de Pear und *Channel 4 News*, danke, dass ihr es gewagt habt, trotz des großen Risikos undercover zu gehen und diese Story einem Fernsehpublikum mitzuteilen, während andere davor zurückgeschreckt sind. Eure Berichte haben der Welt das wahre Ausmaß der ruchlosen Unternehmungen von Cambridge Analytica anhand der eigenen, erschreckenden Aussagen dieser Firma vor Augen geführt.

Die Parlamentarier

Alistair Carmichael MP, danke für deine unverbrüchliche Verbundenheit und deine Ratschläge in all den Jahren, danke für die nächtlichen Gespräche in deinem Büro und dafür, dass du mir in einer stressigen Zeit den Genuss von Scotch nahegebracht hast. Noch vor der Veröffentlichung meiner Geschichte war deine Hilfe von unschätzbarem Wert. Ohne eine Gegenleistung zu erwarten, hast du Risiken auf dich genommen und dein enormes Wissen über die parlamentarischen Gepflogenheiten genutzt, um mich und verschiedene andere Whistleblower zu schützen. Dadurch konnten Beweise von bedeutendem öffentlichem Interesse gerettet und publik gemacht werden. Damian Collins MP und der gesamte Ausschuss für Digitales, Kultur, Medien und Sport des britischen Parlaments, danke, dass Sie zu den lautesten Stimmen gehörten, die vom Silicon Valley Rechenschaft forderten. Ihre überparteiliche Zusammenarbeit bei der Untersuchung von Desinformation und »Fake News« hat das öffentliche Interesse erst geweckt, und Sie alle haben ein leuchtendes Beispiel dafür gegeben, wie Politik praktiziert werden sollte. Durch Ihre Zusammenarbeit konnte Ihr Ausschuss es mit den Riesen des Silicon Valley aufnehmen und für gesetzgeberische Maßnahmen weltweit Unterstützung sammeln. Und Damian – ich als sentimentaler Liberaler, der nie geglaubt hätte, dass ich so etwas jemals sagen würde –, Sie haben mir gezeigt, dass – vielleicht – manch ein Tory tatsächlich cool sein kann.

Die unbesungenen Helden

Ich danke euch, meinen Eltern Kevin und Joan, für eure bedingungslose Liebe, Unterstützung und Weisheit, und meinen beiden Schwestern Jaimie und Lauren dafür, dass sie alles stehen und liegen gelassen haben, um mir zu helfen, wenn es chaotisch wurde. Danke, dass ich meinen Stress bei euch abladen durfte und dass mein Kühlschrank immer reichlich gefüllt war. Und danke auch allen anderen, die dabei geholfen haben, diese Geschichte aufzudecken und zu veröffentlichen. Besonders danken möchte ich Lord Strasburger (für Ihren diskreten, aber unschätzbaren Beistand hinter den Kulissen), Peter Jukes (für all Ihre Ermutigung und die brillante Präsentation der Geschichte), Marc Silver (für Ihren tollen Film und die stundenlangen inspirierenden Gespräche), Jess Search (für Ihre weisen Ratschläge und dafür, dass Sie mich in meiner Nonkonformität bestärkt haben), Kyle Taylor (für Ihren leidenschaftlichen Einsatz), Elizabeth Denham, Michael McEvoy und der gesamten Datenschutzbehörde des Vereinigten Königreichs (für Ihr Engagement für den Datenschutz), dem Abgeordneten Adam Schiff und den Mitarbeitern des Geheimdienstausschusses des US-Repräsentantenhauses (für all die unbemerkte Arbeit, die Sie leisten), Glenn Simpson und Fusion wq (für Ihre brillante investigative Arbeit), Ken Strasma (dafür, dass Sie mein Interesse an Daten geweckt haben), Dr. Keith Martin PC (dafür, dass Sie meinen unabhängigen Geist gefördert haben), Jeff Silvester (für die Unterstützung meines jüngeren Ichs, trotz allem, was später geschah), Tom Brookes (für Ihre immerwährende Unterstützung), David Carroll und Paul-Olivier Dehaye (für Ihre beharrliche Verteidigung der Datenschutzrechte), Dr. Emma Briant (für die Aufdeckung entscheidender Beweise), Harry Davies, Ann Marlowe und Wendy Siegelman (für Ihre frühe investigative Arbeit), meiner ehemaligen akademischen Betreuerin Dr. Carolyn Mair (für die Begutachtung dieses Buchs und dafür, dass Sie mir so viel über Psychologie, Daten und Kultur beigebracht haben) und Professorin Shoshana Zuboff (deren Arbeit über Überwachungskapitalismus mir half, viele meiner Ideen exakter zu fassen). Am wichtigsten ist vielleicht, den Hunderttausenden Menschen zu danken, die diese Geschichte gelesen, ihre Abgeordneten kontaktiert, sich an Protestmärschen beteiligt, Transparente hochgehalten und mir aufmunternde Botschaften geschickt haben – es gibt so viele Menschen, die ich überhaupt nicht kenne, die mir aber auf dieser Reise leidenschaftlich den Rücken gestärkt haben.

Dieses Buch

Und schließlich möchte ich meinen beiden brillanten Mitarbeitern bei diesem Buch danken, Lisa Dickey und Gareth Cook, meinem Lektor bei Random House, Mark Warren, meinen Literaturagenten von William Morris Endeavor, Jay Mandel und Jennifer Rudolph Walsh, sowie Kelsey Kudak für den Fakten-Check und meinem Medienanwalt Jared Bloch. Sie alle haben mich durch das Schreiben meines ersten Buches geleitet, mich dazu gebracht, zur Feder zu greifen, mir geholfen, den Kern dieser Geschichte herauszuarbeiten, meinen Unsinn eliminiert und meinen Hang zur Weitschweifigkeit im Zaum gehalten.

Aus Gründen der besseren Lesbarkeit wird im Buch auf die gleichzeitige Verwendung weiblicher, diverser und männlicher Sprachformen verzichtet und das generische Maskulinum verwendet. Sämtliche Personenbezeichnungen gelten gleichermaßen für alle Geschlechtsidentitäten.

April 2021
DuMont Buchverlag, Köln
Alle Rechte vorbehalten
Copyright © Verbena Limited, 2019
Die amerikanische Originalausgabe erschien 2019 unter dem Titel ›Mindf*ck. Cambridge Analytica and the Plot to Break America‹ bei Random House, einem Imprint von Penguin Random House LLC, New York.
© 2020 für die deutsche, unter dem Titel „Mindf*ck" erschienene Ausgabe: DuMont Buchverlag, Köln
Übersetzung: Gabriele Gockel, Claus Varrelmann, Bernhard Jendricke und Thomas Wollermann
Lektorat: Jochen Veit
Umschlaggestaltung unter Verwendung der englischen Originalausgabe von Peter Dyer
Satz: Fagott, Ffm
Gesetzt aus der Documenta und der Oakes Grotesk
Druck und Verarbeitung: CPI books GmbH, Leck
Gedruckt auf säurefreiem und chlorfrei gebleichtem Papier
Printed in Germany
ISBN 978-3-8321-6594-9

www.dumont-buchverlag.de